2012-2013 中国数字出版产业年度报告

ANNUAL REPORT ON DIGITAL
PUBLISHING INDUSTRY IN CHINA:
2012-2013

主　编／郝振省
副主编／魏玉山　张　立　王　飚

中国书籍出版社
China Book Press

《2012–2013 中国数字出版产业年度报告》课题组

组　　　长：郝振省

副 组 长：魏玉山　张　立　王　飚

课题组成员：李广宇　毛文思　李　熙

　　　　　　汤雪梅　李　游　郝园园

　　　　　　杨　涛

《2012-2013 中国数字出版产业年度报告》撰稿人名单

撰稿人名单（按文序排列）：

中国数字出版产业年度报告课题组
孙香娟　彭云飞　乔莉莉　李广宇
戴铁成　周震矾　中国版协游戏工委
国际数据公司　　曾龙文　张燕鹏
曾达峰　张孝荣　严　峰　李　熙
周宇红　刘成芳　朱新兵　刁良彦
张　畅　林晓芳　张书卿　童之磊
闫　芳　吴如镜　张　博　庄子匀
李宇辰　余姣卓　陈　彤　周芷旭
石　昆

统　稿：王飚　李广宇

前　言

《2012－2013 中国数字出版产业年度报告》是对《2005－2006 中国数字出版产业年度报告》、《2007－2008 中国数字出版产业年度报告》、《2009－2010 中国数字出版产业年度报告》和《2011－2012 中国数字出版产业年度报告》的延续与发展。本《报告》既有对前四部《报告》的继承，又有根据产业实际发展情况进行的创新。

在研究方法上，本《报告》依然采用数据实证分析与文本分析相结合的方式，且更侧重于前者。在《报告》的撰写过程中，研究人员运用产业组织经济理论，着力从产业主体、产业行为、产业绩效等方面对数字出版产业进行了深入分析，主要通过对各领域从业企业规模、生产规模、用户规模、运营及盈利状况等方面的大量一手数据的梳理、解析，用图表形式呈现，这正是以往相关报告所缺乏的。同时，本《报告》对我国数字出版产业的环境加以阐析，以求对我国数字出版产业的脉动进行深刻追溯。这些努力可能会有利于读者较好地把握我国数字出版产业现状；同时，也能了解到发展的来龙去脉及其因果联系。

在结构上，由于"主报告、分报告、相关专题报告、附录"这样的结构设置有利于使有关我国数字出版产业的主体发展状况的部分在报告中更加突出、确保报告的层次更加清晰，有利于读者更好地把握、研读、使用本报告，因此结构设置继续保持原貌，未作调整。

在内容上，本《报告》在保持基础内容的同时，根据产业发展的实际情况，又对报告内容加以调整：增加了相关专题报告内容，包括数字教育出版研究报告和手机杂志发展报告等内容的研究板块；本《报告》对电子图书出版产业、互联网期刊出版产业、博客与播客出版产业、数字报纸出版产业、网络（数字）动漫出版产业、网络游戏出版产业、手机出版产业、数码印刷与按需印刷（出版）产业、全国新闻出版业网站运营、数字版权保护状况、数字出版标准、数字出版教育、数字出版产业基地等领域的最新进展和变化情况仍均有体现，报告内容因此更加丰富充实。同时，由于实际情况所限，减少了对部分板块的研究。

在数据采集方面，本《报告》坚持采用实地调研及深度采访获得数据、企业提供数据以及与现有公开的第三方数据相结合的方式，力求严谨。需要说明的是，虽然我们在采用第三方数据时力求准确，但由于我们不了解这些数据的采集方法，而且各方数据出入差距较大，故我们只能选用据多方佐证更趋于合理的数据，以期最大限度接近我国数字出版产业的真实情况。

在时间跨度上，按照工作安排，本《报告》以2012年我国数字出版产业发展状况为主要研究分析对象，并对相邻年度数字出版产业发展状况略作阐述。

本《报告》是中国新闻出版研究院的课题。中国新闻出版研究院院长郝振省担任课题组组长；副院长魏玉山和张立、数字出版研究所所长王飚担任副组长，共同主持了本《报告》的撰写，并对主报告和有关分报告作了必要的把关及修改工作。中国新闻出版研究院数字出版研究所、北大方正、清华同方、中文在线、互联网实验室、中国出版协会游戏出版物工作委员会、中国印刷科学技术研究所的部分研究人员、业界专家共同参与了本报告的撰写工作。

本《报告》全书统稿工作由王飚、李广宇负责，毛文思、李熙、杨涛和汤雪梅协助完成；部分报告中的数据采集与分析、表格制作由毛文思、杨涛等完成。

为数字出版产业的规划和发展提供连续、可比的数据依据，是编写数字出版产业报告的一个重要思路。但鉴于我们的力量和水平还很有限，本《报告》在专题设置、结构布局及数据获取上都有不尽如人意之处，有个别分报告还略显单薄，甚至难免会存在一些缺陷及错误，故恳请广大读者见谅，并予以指正，以便我们在今后的编撰工作中不断改进，进一步提升《中国数字出版产业年度报告》的质量和价值。

本《报告》在撰写过程中得到了多方面的帮助与支持，北大方正、清华同方、万方数据、重庆维普资讯、龙源数字传媒等企业提供了大量一手数据；同时我们也参考了大量的相关论述及文献，虽然在《报告》中有所标注，但可能仍存在遗漏现象，在此我们一并致谢！

编　者

2013 年 6 月 18 日

目 录

主报告

破局之年的中国数字出版
——2012–2013 中国数字出版产业年度报告
………………………… 中国数字出版产业年度报告课题组（3）
 一、数字出版产业环境综述 ………………………………………（3）
 二、数字出版产业规模分析 ………………………………………（9）
 三、数字出版产业态势分析 ………………………………………（14）
 四、数字出版产业存在的问题与对策分析 ………………………（25）
 五、数字出版产业趋势分析 ………………………………………（31）

分报告

2012–2013 中国电子图书出版产业年度报告 …………… 孙香娟（37）
 一、电子图书出版综述 ……………………………………………（37）
 二、电子图书出版产业规模与发行状况 …………………………（42）
 三、电子图书出版产业盈利状况分析 ……………………………（45）
 四、主要技术提供平台发展状况 …………………………………（47）
 五、年度影响电子图书出版产业发展的重要事件 ………………（50）
 六、总结与展望 ……………………………………………………（52）
 附录 国外电子图书出版产业发展特点及启示 …………………（55）

· 1 ·

2012-2013中国数字报纸出版产业年度报告……………彭云飞　乔莉莉（58）
　　一、数字报纸出版概况………………………………………………（58）
　　二、数字报纸出版产业规模与发展状况……………………………（59）
　　三、数字报纸技术提供商发展现状与规模…………………………（62）
　　四、数字报纸出版的盈利模式及状况………………………………（63）
　　五、总结与展望………………………………………………………（65）
　　附录　国外数字报纸发展现状及启示………………………………（69）

2012-2013中国互联网期刊出版产业年度报告
　　………………………………………李广宇　戴铁成　周震矾（73）
　　一、互联网期刊出版产业概述………………………………………（73）
　　二、互联网期刊出版销售策略及盈利情况分析……………………（78）
　　三、主要技术提供平台发展状况……………………………………（82）
　　四、年度影响互联网期刊出版产业发展的重要事件………………（90）
　　五、总结与展望………………………………………………………（92）

2012-2013中国网络游戏出版产业年度报告
　　…………………………………中国版协游戏工委　国际数据公司（100）
　　一、中国网络游戏市场规模及预测…………………………………（101）
　　二、中国网络游戏用户状况…………………………………………（104）
　　三、中国网络游戏细分市场分析……………………………………（108）
　　四、年度影响网络游戏出版产业发展的重要事件…………………（125）
　　五、总结与展望………………………………………………………（127）
　　附录　海外游戏市场综述……………………………………………（135）

2012-2013中国网络（数字）动漫出版产业年度报告
　　………………………………………曾龙文　张燕鹏　曾达峰（142）
　　一、网络（数字）动漫生产商和动漫基地情况……………………（142）
　　二、网络（数字）动漫出版产业生产规模与市场规模状况………（148）
　　三、年度影响网络（数字）动漫出版产业发展的重要事件………（157）
　　四、总结与展望………………………………………………………（158）
　　附录　国外网络（数字）动漫发展状况及启示……………………（161）

2012–2013 中国博客与播客出版产业年度研究报告 ……张孝荣 严 峰（164）
  一、中国博客与播客发展概述…………………………………………（164）
  二、主要博客与播客服务商的发展情况………………………………（169）
  三、2012年博客和播客的发展特点……………………………………（176）
  四、年度影响博客和播客出版产业发展的重要事件…………………（180）
  五、总结与展望…………………………………………………………（181）

2012–2013 中国手机出版产业年度报告 ………………………李 熙（185）
  一、手机出版产业发展概述……………………………………………（185）
  二、手机出版产业发展现状……………………………………………（190）
  三、几款重要的手机软件………………………………………………（196）
  四、年度影响手机出版产业发展的重要事件…………………………（200）
  五、总结与展望…………………………………………………………（201）

2012–2013 中国数码印刷与按需印刷（出版）产业年度报告
  ………………………………………………………周宇红 刘成芳（206）
  一、数码印刷与按需印刷（出版）市场发展状况及特点……………（207）
  二、数码印刷与按需印刷（出版）市场分析与预测…………………（209）
  三、年度影响数码印刷与按需印刷（出版）产业发展的重要事件
  …………………………………………………………………………（221）
  四、展望未来……………………………………………………………（222）

相关专题报告

中国数字教育出版产业发展报告
  ………………………………………………………朱新兵 刁良廖（227）
  一、数字教育出版的政策环境…………………………………………（227）
  二、国际数字教育出版发展概况………………………………………（229）
  三、我国数字教育出版发展情况………………………………………（239）
  四、数字教育出版产业面临的问题及对策……………………………（249）
  五、数字教育出版产业发展趋势………………………………………（251）

中国手机杂志阅读年度报告 …………………………………… 张 畅（254）
　　一、手机杂志用户行为分析 ………………………………………（255）
　　二、2012年度手机杂志排行榜 ……………………………………（262）

中国新闻出版业网站运营分析年度报告 ………………… 林晓芳（272）
　　一、中国出版业网站影响力分析 …………………………………（272）
　　二、中国出版业网站成长性分析 …………………………………（274）
　　三、中国出版业网站服务效率分析 ………………………………（275）
　　四、中国出版业网站用户忠诚度分析 ……………………………（277）
　　五、中国出版业各类网站影响力比较 ……………………………（278）
　　六、中国出版业网站用户客户端使用情况分析 …………………（279）
　　七、中国出版行业网站分类分析 …………………………………（280）
　　八、总结及建议 ……………………………………………………（294）

数字出版标准化年度报告 …………………………………… 张书卿（296）
　　一、背 景 …………………………………………………………（296）
　　二、数字出版标准化现状 …………………………………………（297）
　　三、数字出版标准化工作面临的问题和下一步工作任务 ………（306）

中国数字版权保护状况年度报告
　　　　　　　　　　　　　　　　　　童之磊　闫 芳　吴如镜（310）
　　一、我国数字版权保护新进展 ……………………………………（310）
　　二、各省区版权保护状况统计分析 ………………………………（316）
　　三、数字版权保护技术发展状况 …………………………………（319）
　　四、典型案例分析 …………………………………………………（321）
　　五、数字版权保护存在的困境及应对措施 ………………………（323）
　　六、2013年数字版权保护展望 ……………………………………（326）

中国数字出版教育年度报告 ……… 张 博　庄子匀　李宇辰　余姣卓（330）
　　一、中国数字出版教育的新进展 …………………………………（330）
　　二、中国数字出版教育的典型范例 ………………………………（334）
　　三、中国数字出版教育发展中的主要问题 ………………………（337）
　　四、加快中国数字出版教育发展的对策 …………………………（339）

中国数字出版产业基地研究报告 ……………………… 陈　彤（369）
　　一、基地审批及建设情况 ………………………………………（370）
　　二、国家数字出版产业基地特点概述 …………………………（374）
　　三、基地平台建设情况 …………………………………………（378）
　　四、基地在发展过程中仍存在的问题 …………………………（382）

中国移动出版发展报告 ………………………………… 周芷旭（384）
　　一、移动出版概述 ………………………………………………（384）
　　二、移动出版发展的驱动因素 …………………………………（385）
　　三、移动出版面临的问题 ………………………………………（390）
　　四、移动出版发展对策 …………………………………………（393）
　　五、移动出版发展趋势 …………………………………………（394）

附　录

2012 年中国数字出版大事记 ………………… 石昆搜集整理（401）
　　一、电子图书 ……………………………………………………（401）
　　二、互联网期刊 …………………………………………………（403）
　　三、数字报纸 ……………………………………………………（404）
　　四、手机出版 ……………………………………………………（405）
　　五、网络游戏 ……………………………………………………（408）
　　六、网络动漫 ……………………………………………………（410）
　　七、博客与播客 …………………………………………………（413）
　　八、数码印刷 ……………………………………………………（414）
　　九、数字版权 ……………………………………………………（416）
　　十、电子阅读器与平板电脑 ……………………………………（420）
　　十一、综　合 ……………………………………………………（422）

主 报 告

破局之年的中国数字出版

——2012－2013 中国数字出版产业年度报告

中国数字出版产业年度报告课题组

  2012 年，全球数字出版产业发展势头依旧迅猛：国外，传统出版与数字出版的融合继续深入，数字出版市场表现抢眼，数字终端不断有新的突破，行业内部整合与企业间合作趋势日渐明显；国内，政府主管部门对产业引导力度不断加强，数字出版产值跃升新高，传统出版单位数字化转型步伐进一步加快，数字出版内容平台建设多样化特征明显，移动互联网上升为主要传播渠道。经过 2011 年"十二五"的平稳开局，我国数字出版产业步入"十二五"的快速发展阶段，在文化产业中的比重逐年上升，已经成为新闻出版业的战略性新兴产业和出版业发展的主要方向，也是国民经济和社会信息化的重要组成部分。

一、数字出版产业环境综述

（一）国际环境

  2012 年，全球出版业继续经历着从纸质出版向数字出版的转型。传统出版的数字化进程日趋深入，新模式纷纷涌现；各行业、企业间合作与竞争并存的局面进一步加强。

  1. 传统出版业与数字出版融合继续推进

  数字出版对出版业的贡献进一步加大。美国出版商协会公布的销售数据显示，2012 年美国出版业整体销售额实现了大幅度增长，整体收入增长 4.51 亿美元，达到 65.33 亿美元。而这其中，电子书销售额较 2011 年增长了 42%，达到

12.51亿美元[1],为美国图书整体市场增长作出了重要贡献。2012年8月,亚马逊公司表示,其在英国的电子书销量已经超越纸质图书。最新数据显示,自2012年初以来,网站平均每销售100本纸质图书,相应的电子书下载量就已达到114本[2]。此外,据美国报纸协会发布的《2012年美国报业收入概况》[3]报告显示,包括移动设备和互联网在内的数字报纸广告收入较2011年上升5%,而纸质报纸广告总收入为1890亿美元,下降9%,其收入在总收入中的比重从2011年的49%下降到46%。同时,一些新的收入来源受到了报业关注,如事件营销、电子商务和贸易及为地方商业提供数字咨询等服务为报业获得了30亿美元收入,占报业总收入的8%。这表明随着数字化程度的不断加深,报业的商业模式和赢利渠道正在经历数字化浪潮所带来的重大变革,也焕发了新的生机。

订阅模式受到追捧。美国媒体稽核联盟近日发布报告表示,从2012年10月到2013年3月底,《华尔街日报》工作日版订阅量平均为238万份,同比增长了12%。读者付费阅读《华尔街日报》的网络版和手机版成为该报发行量增加的主要原因,数字报纸成为了纸版报纸内容有效的补充与延伸[4]。在多份报纸纷纷关闭的处境下,《华尔街日报》实行的"收费网站+纸质版报纸"结合的运营模式,让其经受住了数字化浪潮带来的挑战。据《2012年美国报业收入概况》报告显示,2012年美国报业发行收入自2003年以来首次出现增长,其中单独订阅数字报纸的发行收入增长了275%,推动2012年美国报纸总发行收入增长5%。这表明,数字报纸订阅模式为报业带来了新的利润增长点。

传统出版社积极寻求数字出版新模式,实现角色的转变。德国学术出版社德古意特以其创新的PDA数字出版发行模式为图书馆带来了数字内容供应的新方式。图书馆只需支付一定的PDA费用,便可以租用"德古意特在线"上数字内容供读者阅读。图书馆可以根据读者的实际使用率调整图书的采购内容。该模式开拓了出版社与图书馆合作的新模式,实现了双方的共赢。此外,美国的西蒙舒斯特出版社与纽约市的公共图书馆签署协议,试行电子书借阅服务。

---

[1] 中国数字出版信息网,http://www.cdpi.cn/xzx/huanqiusaomiao/guojidongtai/20130524/6553.html

[2] 《英国电子书销量也超越纸质图书》,http://gj.chuban.cc/my/tj/201208/t20120807_126475.html

[3] 《数字报纸助推美国2012年报业发行量首次增长》,http://forex.hexun.com/2013-04-09/152959117.html

[4] 中国新闻出版网,http://data.chinaxwcb.com/epaper2013/epaper/d5531/d7b/201305/33201.html

至此，美国六大出版商已经全部开始为纽约市的图书馆系统提供短期性电子书服务。可见，传统出版商从内容商向服务商的角色转变已成为全球化趋势。

2. 数字出版市场表现抢眼

儿童数字出版成为市场热点。美国少儿图书出版商学乐公司于2012年5月推出少儿电子书阅读应用软件Storia。Storia针对3－14岁具有不同阅读水平的少儿阅读群体进行电子书的开发，包括印刷版少儿图书的数字化和增强型电子书两个版本。此外Storia还将孩子的父母和老师都融入了这个电子书系统，实现对孩子的学习与阅读的及时了解与管理[①]。企鹅、兰登书屋、阿尔波特·惠特曼出版社等多家知名出版社也纷纷涉足童书数字出版领域，开发应用软件或电子书。与之相对应，儿童的阅读方式也已发生改变。据调查数据显示，英国儿童在计算机及其他电子设备上的阅读量首次超过纸质书籍、杂志、报纸和漫画的阅读量。英国国家文教信托组织通过对3万余名8－16岁的青少年进行调查的研究结果表明：39%的儿童和青少年使用平板电脑、电子阅读器等电子设备进行日常阅读，同时儿童阅读电子书的数量在过去的两年中增加了一倍[②]。数据和市场状况表明，儿童数字出版市场正在崛起，数字阅读终端及内容对儿童的影响将逐渐深化，童书数字出版市场成为出版商们争相抢夺的一片蓝海。

自助出版热度高涨。电子书的出现改变了人们的阅读方式，也推动了新的出版模式出现。网络作品的发表形式实现了从在线阅读向自助出版的转变，并取得了不错的反响。近些年来，越来越多的作者采用自助出版的形式发表作品。2012年8月，4名自助出版作者登上了《纽约时报》畅销书排行榜[③]。自助出版业不断繁荣带动了自助出版平台的兴起。2010年，亚马逊推出名为"Kindle直接出版"的自助出版平台。2012年4月，美国巴诺书店旗下子公司Nook推出名为"Nook Press"的自助出版平台[④]。

电子教材形式用途多样化。美国大学教科书价格颇为昂贵，导致美国二手教材交易市场的繁荣。美国最大的大学教科书租赁服务公司Chegg，于2012

[①] 徐丽芳、唐翔：《Storia：学乐公司的少儿电子书应用软件》，《出版参考》2013年1月上旬刊。
[②] 《研究表明：英国儿童阅读电子书比纸质书多》，中国图书网，http://www.bkpcn.com/Web/ArticleShow.aspx?artid=114115&cateid=A1804。
[③] 新京报，http://epaper.bjnews.com.cn/html/2012-08/11/content_363815.htm?div=-1。
[④] 《巴诺Nook推出自助出版平台同亚马逊竞争》，http://tech.qq.com/a/20130410/000054.htm。

1月推出基于HTML 5的电子教材阅读应用软件[①]。该软件可以安装在PC、智能手机、平板电脑等任何可联网设备上，实现电子教材的购买、重复租赁和在线学习与阅读，开辟了电子教材使用的新模式。

3. 数字终端研制得到突破

智能穿戴设备兴起。随着技术不断升级，人类社会已经渐渐步入"智能时代"。科技的发展为人们提供了更加便利的生活。终端与人之间的距离更加紧密，人们对终端的便携性需求得到了更大程度的满足。美国新媒体联盟发布的《2013年地平线报告》将"可穿戴设备"列为未来4–5年值得关注的新兴技术之一。事实上，可穿戴设备在近两年已经悄然兴起。所谓可穿戴设备，就是把穿戴在人们身上的事物赋予了智能化的功能。穿戴式科技逐渐受到业界巨头的关注。谷歌推出了"智能眼镜"，通过电脑化的镜片能够以类似于智能手机的格式将消息展示在用户眼前，同时能够语音控制导航应用程序和浏览网页。苹果公司也计划进入这一领域，正在研发智能手表产品iWatch，可以实现智能手机的部分功能[②]。智能技术的迅猛发展，也为数字出版的未来提供了更多可能。

平板电脑功能应用得到进一步拓展。近年来，平板电脑成为终端市场的一大热点，而功能上的趋同，也在某种程度上削弱了各家品牌的竞争力。因此部分企业开始在功能上寻求新的突破。一家名为Memo的公司推出了老年人专用的平板电脑。针对老年人经常出现的短期失忆，这款平板电脑带有定制软件进行帮助，允许家庭其他成员给老人设置事务安排提示。家庭成员可远程登录到一个伴侣网站进行事项安排和查看，可进行天气预报、日历、常用号码、家庭相册、用药时间等设置[③]。

4. 行业内部整合及企业间合作加强

近年来，由于产业融合不断加深，为了寻求更好的发展，企业间的关系不再仅仅停留在竞争对手的层面，而是成为合作伙伴。2012年10月，德国贝塔斯曼集团与英国培生集团宣布合并二者旗下的兰登书屋与企鹅出版社。此举有利于两家出版商的协同合作，增强实力，共同应对来自亚马逊、苹果及谷歌等

[①] 徐丽芳、骆双丽：《无纸化学习：Chegg的电子教材服务》，《出版参考》，2013年2月上下旬合刊。

[②] 《穿戴式设备：谷歌眼镜与智能手表背后的科技新浪潮》，腾讯科技，http://tech.qq.com/a/20130209/000013.htm。

[③] 中关村在线，http://pad.zol.com.cn/263/2630106.html。

方面的市场竞争压力，提升它们在电子书等新兴出版领域的竞争力。

同样也是在2012年10月，全球第一大图书零售商巴诺书店与IT巨头微软公司联合宣布，两家公司正式建立战略合作伙伴关系①。微软向巴诺旗下的Nook Media公司投资3亿美元，以获得该公司17.6%的股权，目前这家公司估值大约为17亿美元。共同成立的新公司，将包含巴诺现有的Nook与在线教材等数字业务，并针对Windows 8操作系统开发Nook应用程序。这次合作同样是为了综合两家企业的实力，与苹果、亚马逊、谷歌等互联网巨头相抗衡。

（二）国内环境

2012年以来，我国数字出版的整体环境进一步优化，行业政策日益趋好。在政府的统一部署及推动下，我国文化产业改革进一步深化，产业融合不断加深，科技在出版行业发挥的作用日益加深，文化产业占我国GDP的比重不断提升。

1. 政策带动产业变革，科技与出版融合加深

政策为科技与出版融合保驾护航。为落实《国家"十二五"时期文化改革发展规划纲要》，深入实施科技带动战略，推进文化科技创新，科技部会同中宣部、财政部、文化部、广电总局、新闻出版总署，于2012年8月24日印发了《国家文化科技创新工程纲要》②。《纲要》指出，我国文化科技发展将以"创新引领、促进融合；市场牵引、应用驱动；技术集成、模式创新；整合资源、统筹兼顾"为基本原则，全面提升文化科技创新能力，转变文化产业发展方式。同时，进一步提出未来文化科技改革的总体目标和主要任务，对我国文化科技发展的工作机制、扶持政策、人才培养等方面进行了全面规划。中国共产党"十八大"报告也强调了科技与文化融合的重要性，指出要"增强文化整体实力和竞争力，促进文化和科技融合，发展新型文化业态，提高文化产业规模化、集约化、专业化水平"。

机构改革推动产业融合。近年来，我国文化体制改革卓有成效，随着以数字技术、网络信息技术为核心的现代信息传播技术的不断创新和广泛应用，各种媒体之间的融合程度不断加深。为了进一步深化文化体制改革，统筹新闻出

---

① 徐丽芳、丛挺：《巴诺的纠结》，《出版参考》，2012年12月上旬刊。
② 中华人民共和国科学技术部网站，http://www.most.gov.cn/tztg/201208/t20120824_96391.htm。

版广播影视资源,作为新一届政府机构改革的一项重要举措,新闻出版总署与广电总局合并组建为"国家新闻出版广电总局"。两大部门合并能够减少职能交叉重叠,改善管理机制,有利于打破行业壁垒,对于加速文化产业跨行业、跨领域整合及多媒体综合发展有重大推动作用,意味着文化产业将步入大传媒、大出版时代。

近两年来,从国家财政部到各省级、地方政府纷纷加大了对文化产业、尤其是对新兴媒体及数字出版行业的资金投入扶持力度,收到了良好成效。

2. 步入第三次工业革命时代,文化产业产值再创新高

第三次工业革命带来巨大挑战。美国经济学家杰里米·里夫金在《第三次工业革命》中预言:第三次工业革命的时机已经到来,网络通信技术和可再生能源技术的融合,将为现存世界发展形势带来重大改变,将从根本上影响人们的工作和生活。新经济的五大支柱——高效的可再生能源、高效利用可再生能源的新型建筑、基于氢的能量存储系统、基于互联网技术的能源网络和基于电能或氢能源的新型运输物流系统,将对数字出版带来深远的影响,为我国的数字出版产业带来更多的发展机遇与挑战。

文化产业总产值占我国 GDP 比例不断升高。据《中国文化产业年度发展报告(2013)》显示,2012 年,中国文化产业总产值突破 4 万亿元,其 GDP 占比进一步提升,对社会经济发展的拉动作用正逐渐增强[①]。数字出版作为文化产业的重要组成部分,将对我国 GDP 增长起到越来越有力的推动作用。

3. 数字阅读率总体上升,推动全民阅读发展

据中国互联网信息中心(CNNIC)发布的《第 31 次中国互联网发展状况统计报告》显示,截至 2012 年 12 月底,我国网民规模达 5.64 亿,全年共计新增网民 5090 万人。互联网普及率为 42.1%,较 2011 年底提升 3.8 个百分点。我国手机网民规模为 4.20 亿,较上年底增加约 6440 万人,网民中使用手机上网的用户占比提升至 74.5%,手机已超越台式电脑成为第一上网终端。

中国新闻出版研究院发布的"第十次全国国民阅读调查"数据显示:2012 年我国 18-70 周岁国民包括书报刊和数字出版物在内的各种媒介的综合阅读率为 76.3%,数字化阅读方式(网络在线阅读、手机阅读、电子阅读器阅读、

---

① 网易北京,http://gov.163.com/13/0106/09/8KHDBOAI00234IJE.html

光盘阅读、PDA/MP4/MP5阅读等）的接触率为40.3%，比2011年的38.6%上升了1.7个百分点；从对电子书报刊的数字化阅读情况分析来看，2012年我国18-70周岁国民电子书阅读率为17.0%，电子报和电子期刊的阅读率分别为7.4%和5.6%。总体来讲，数字化阅读整体人数呈不断增长趋势，极大地推动了全民阅读的发展。

二、数字出版产业规模分析

2012年，我国数字出版继续保持强势增长势头，全年收入规模达1935.49亿元。其中，互联网广告、手机出版与网络游戏依然占据收入榜前三位。值得注意的是，过去的一年，数字报纸、电子图书均保持了高速的增长势头，增长幅度均超过30%。

（一）收入规模持续上升

2012年国内数字出版产业整体收入规模为1935.49亿元，比2011年整体收入增长了40.47%。其中：互联网期刊收入达10.83亿元，电子书（含网络原创出版物）达31亿元，数字报纸（不含手机报）达15.9亿元，博客达40亿元，在线音乐达18.2亿元，网络动漫达10.36亿元，手机出版（含手机彩铃、铃音、手机游戏等）达486.5亿元，网络游戏达569.6亿元，互联网广告达753.1亿元。收入比例情况见图1。

同时，从表1中的数据我们可以看出2012年互联网期刊、电子图书、数字报纸的总收入为57.73亿元，在数字出版总收入中所占比例为2.98%，比去年提高了0.92%，这一方面说明我国传统出版业数字化转型工作取得了一定的成效，另一方面也说明传统出版单位数字化转型仍需继续深化，单纯地将纸质出版物数字化而缺乏原创内容，是难以在市场中立足的。手机出版和网络游戏的收入分别为486.5亿元和569.6亿元，在数字出版总收入中所占比例分别为25.13%和29.43%，两者合计占据半壁江山，这说明手机出版和网络游戏依然是拉动数字出版产业收入的主力军，也意味着娱乐化产品在数字出版产业中占据相当比重。具体情况详见表1。

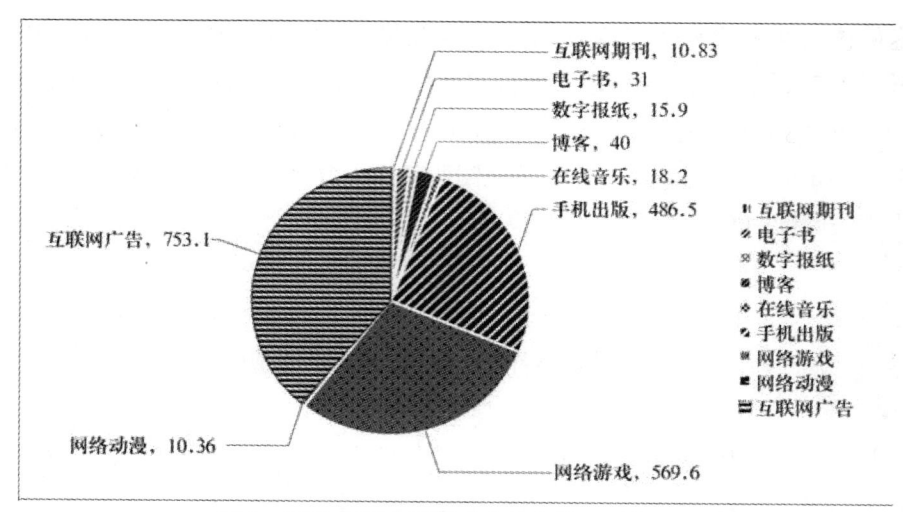

图 1 2012 年数字出版产业收入情况（亿元）

表 1 数字出版产业收入情况　　　　　　　　单位：亿元

数字出版分类	2006 年	2007 年	2008 年	2009 年	2010 年	2011 年	2012 年
互联网期刊	5＋1（多媒体互动期刊）	6＋1.6（多媒体互动期刊）	5.13	6	7.49	9.34	10.83
电子书	1.5（电子图书）	2（电子图书）	3（电子图书）	14（电子图书4＋电子阅读器10）	24.8（电子图书5＋电子阅读器19.8）	16.5（电子图书7＋电子阅读器9.5）	31①
数字报纸	2.5（网络报＋手机报）	1.5＋8.5（网络报＋手机报）	2.5（网络版）	3.1（网络版）	6（网络版）	12（不含手机报）	15.9（不含手机报）
博客	6.5	9.75	—	—	10	24	40
在线音乐	1.2	1.52	1.3	—	2.8	3.8	18.2②
手机出版	80	150	190.8	314	349.8（未包括手机动漫）	367.34（未包括手机动漫）	486.5（未包括手机动漫）
网络游戏	65.4	105.7	183.79	256.2	323.7	428.5	569.6

　　① 受苹果 iPad 等平板电脑类产品的冲击，国内电子书阅读器市场在 2012 年依然整体陷入低迷，产品销售出现大规模萎缩，所以本年度未对其收入进行统计。2012 年，电子图书收入包括（B2B 和 B2C 两种销售模式）正式出版物和网络原创出版物两部分。
　　② 数据来源：《2012 中国网络音乐市场年度报告》。

续表

数字出版分类	2006 年	2007 年	2008 年	2009 年	2010 年	2011 年	2012 年
网络动漫	0.1	0.25	—	—	6	3.5	10.36
互联网广告	49.8	75.6	170.04	206.1	321.2	512.9	753.1①
合计	213	362.42	556.56	799.4	1051.79	1377.88	1935.49

从表1中我们可以看出：互联网期刊的收入规模从2006年的5亿元增长至2012年的10.83亿元，虽在7年间增幅出现过稍微的起伏波动，但总体依旧呈现为增长趋势，且近两年来态势趋稳；电子图书（e-book）收入规模2006年为1.5亿元，2007年为2亿元，2008年为3亿元，2009为4亿元，2010年为5亿元，2011年为7亿元，2012年为31亿元，虽然其收入总量与纸版图书销售收入相比，所占比例依然较少，但进入"十二五"时期后，呈现快速增长态势，2012年增长幅度为342.86%，出版企业生产制作产品的日益丰富、三大电信运营商的大力推广、以智能手机和平板电脑为代表的移动阅读终端的广泛应用，都为电子图书在2012年实现井喷贡献了力量，这既证明了我们以往对移动互联网出版将是数字出版的发展方向的判断的正确性，也说明在机构用户需求趋于饱和的情况下，B2C模式对电子图书产业发展的至关重要性；手机出版的收入规模从2006年的80亿元发展到2012年的486.5亿元，相对于前五年来的高速发展，手机出版近两年来收入规模相对稳定；数字报纸、网络游戏、互联网广告，在2006年至2012年，都出现了大幅度增长，均表现出强劲的发展势头。

（二）用户规模平稳增长

从表2可以看出：截至2012年底，我国数字出版产业的累计用户规模达到11.82亿人/家/个（包含了重复注册和历年尘封的用户等）。其中：电子图书从2006年至2012年的7年间，其用户规模相对稳定，均呈现出平稳增长的趋势；而博客、在线音乐、网络游戏的用户规模数则分别在2008年至2012年都有一个跨越式的大幅增长过程。虽然原创网络文学注册用户数从2009年开始统计，但也保持着高速增长的势头。

3. 网络原创作品显著增加

从表3我们可以看出，互联网期刊产品规模从2009年的9000种，增加至

---

① 数据来源：艾瑞咨询《2012-2013年中国网络广告行业年度监测报告（简版）》。

表2 2006～2012年中国数字出版产业用户规模（单位：人/家/个）

数字出版物	2006年	2007年	2008年	2009年	2011年	2012年	增长率	来源
互联网网期刊用户数	6300万人	7600万人	8700万人	9500万人	数据缺失	数据缺失	—	分报告
电子图书机构用户数	3000家	3800家	4000家	4500家	8000家	8500家	6.25%	分报告
数字报纸用户数	网络报800万	手机报2500万	5500万	6500万	>3亿人	数据缺失	—	分报告
博客注册用户数	6340万	9100万	1.62亿人	2.21亿人	3.1864亿人	3.7299亿人	17.1%	分报告
在线音乐用户数	1.19亿	1.45亿	2.48亿人	3.2亿人	3.8亿人	4.36亿人	14.7%	《2012年中国网络音乐市场年度报告》
网络游戏用户数①	3260万人	4017万人	4935万人	6587万人	1.2亿人	1.4亿人	316.7%	分报告
手机阅读活跃用户数	—	—	1.04亿	1.55亿	3.09亿	数据缺失	—	—
原创网络文学注册用户数	—	—	—	1.62亿人	2.03亿（数据截止2011年12月）	2.33亿（数据截止2012年12月）	14.8%	《第31次中国互联网络发展状况统计报告》http://wenku.baidu.com/view/877dcf00581b6bd97f19eaa4.html
合计②	—	—	—	10.84亿	16.31亿	11.82	—	—

注：由于网络原创作品数无法追溯，所以2008年和2010年数据无法搜集

① 主要指客户端网络游戏用户数。
② 电子图书机构用户数没有计算在内；2012年互联网期刊用户数、数字报纸用户数和手机阅读活跃用户数缺失，未计算。

表3 数字出版物品种数(单位:种/家/户/款)①

产品	出版者	2009年(截止2010年5月查询所得)	2011年(截止2012年5月查询所得)	2012年(截止2013年5月查询所得)
互联网期刊产品种数	同方知网	9185	9109	8900
	万方数据	学术期刊5729	7300	7300
	维普资讯	—	8000	9000
	龙源期刊	≈3000	3800	3800
		减去平台之间重复授权数量,总数应在16000左右(包括学报等)	减去平台之间重复授权数量,总数应在25000左右(包括学报等)	减去平台之间重复授权数量,总数应在25000左右(包括学报等)
多媒体互动期刊种数	Zcom	16485	13572	2369
	Xplus	5872	533	524
	Vika	869	≈880	未查到
	Poco	546	639	535
		4家合计数至少为23772,减去少量的传统期刊的数字化,实际种数约20000种左右	4家合计数至少为15624,减去少量的传统期刊的数字化,实际种数约12600种左右	3家合计数为3420种左右
电子图书出版种数	方正阿帕比	—	—	—
	超星			
	书生			
	中文在线			
		约540家出版社开展了电子图书出版业务,共出版电子图书超过60万种	超过540家出版社开展了电子图书出版业务,共出版电子图书超过90万种	超过540家出版社开展了电子图书出版业务,共出版电子图书超过100万种
电子书原创平台出版种数	起点中文网	412724	765311	960515
	搜狐读书原创、连载、小说、文学频道	34478	39522	36182
	晋江原创网	633850	936900	1141400
	子归原创文学网	4714	15267	6261
	红袖添香	888888	未查到	未查到
	潇湘小说原创、文学网	—	—	—
	诸子原创文学网	—	—	—
		1.6万种互联网期刊+2万种多媒体互动期刊+60万种电子图书+118.67万种互联网原创作品+0.05万种数字报纸=182.32万种数字化书报刊(总计)	2.5万种互联网期刊+1.26万种多媒体互动期刊+90万种电子图书+175.7万种互联网原创作品+0.09万种数字报纸=269.55万种数字化书报刊(总计)	2.5万种互联网多媒体互动期刊+100万种电子图书+214.43万种互联网原创作品+0.34万种电子数字报纸=317.36万种数字化书报刊(总计)
数字报纸数	方正Xplus	396	900	900
		减去平台重复数总数在500左右	减去平台重复数总数在900左右	减去平台重复数总数在900左右
博客注册用户数		231	164	173
		>200000000	318640000	372990000
网络游戏数		321	353	580

① 表中电子书原创平台出版种数采集方法为:2013年5月31日,检查各原创网站书库计算所得,由于多数网站对作品的计算方式是以提交稿件为单位的,实际上那些连载性的作品可能是按章节计算的,这种计算方式与传统出版物的计算方式可能存在差距。

2012年的2.5万种，增长率达到177.78%；多媒体互动期刊产品规模从2009年的2万种，降至2012年的0.342万种，降幅为82.9%，这说明多媒体期刊这一数字出版形态与市场需求之间还没有很好地吻合，不能迎合消费者的需要，能否持久发展还需要观察；电子图书产品规模从2009年的60万种，增至2012年的100万种，增长率为66.67%；互联网原创作品的产品规模增幅非常显著，从2009年的118.68万种，增至2012年的214.43万种，增幅高达80.68%，产品规模增幅最为显著，表现极为活跃。数字报纸产品规模增幅也很明显，从2009年的500种，增至2012年的900种，增幅高达80%，仅次于互联网原创作品。上述数据表明，互联网新的产品形态如果不符合互联网用户消费习惯及使用特点，最终将被市场淘汰；如果数字出版产品生产不注意数字出版与网络科技发展的新趋势相结合，就会失去开拓市场的新机遇。

三、数字出版产业态势分析

我国数字出版产业在经历了"十五"、"十一五"时期的发展起步期后，开始步入"十二五"的成长期。2012年是我国数字出版产业"十二五"时期破局之年，创新与突破是这一年的主题词。在过去的一年里，无论是政府主管部门的产业引导范围与力度，还是产业链建设的深度与广度，都取得了许多突破与创新：从政府管理引导层面来看，产业政策体系进一步完善，新闻出版公共服务数字化体系建设进一步拓展，产业指导领域进一步拓宽、基地（园区）建设布局进一步完善，提前超额完成了"十二五"规划的预定目标；从企业发展层面来看，传统出版单位的数字化转型日趋深入、新媒体企业在数字出版业务方面取得新突破；在内容投送平台建设层面，多样化趋势日渐明显；在技术应用层面，技术研发与应用取得新进展；在渠道建设层面，移动互联网渐成主流；在保障体系建设层面，标准体系建设和版权保护工作日渐完善。数字出版企业创新能力不断增强，盈利模式日益清晰，为产业良性发展奠定了基础。

（一）政府主管部门加大力度，推进产业实现破局

在数字出版产业发展壮大的过程中，政府主管部门一直都是引导者和推动

者。2012－2013年，政府主管部门主要有以下举措：

1. 大力推动具有现代企业制度和法人治理结构的市场主体的形成，促进数字出版市场快速发展

市场主体是数字出版产业发展的根本动力。培育具有"自主经营、自负盈亏、政企分开、政事分开"的市场主体的形成，是数字出版市场环境建设的基础。2012－2013年，政府主管部门在此方面主要做了以下四项工作：

第一，推进完成转企改制任务的新闻出版单位建立现代企业制度和法人治理结构，释放新闻出版企业的创新活力。期间，原新闻出版总署开展了《传统出版单位数字化转型示范》评选工作，最终，评选出5家出版集团和20家图书出版单位、5家报业集团和20家报纸出版单位以及20家期刊出版单位，作为数字化转型示范单位。下一步计划将这些单位转型的成功经验进行推广，并在政策、申报项目等方面给予其扶持与倾斜，最终形成能引领全行业的标杆企业，带动传统出版产业顺利实现整体升级转型。

第二，通过并购、上市等方式，引导大型出版集团做大做强，成为市场上更加灵活的战略投资者。据国家新闻出版广电总局统计，截至2012年底，在中国境内外上市的出版、印刷、发行集团已达到32家，其中，中国境内上市26家，香港上市5家，美国上市1家。可以说，这些大型集团的上市，对于促进新闻出版业的战略调整，实现我国建设"出版航母"的宏伟构想，具有极其重要的意义。

第三，推动基地布局取得新突破，促进基地集群效应由"规模型"向"效益型"迈进。产业集群是更大的市场主体。为形成全国一盘棋的数字出版产业布局，2012年底至2013年初，新闻出版总署又批准建立3家国家级数字出版基地，分别是安徽国家数字出版产业基地、北京国家数字出版产业基地和福建海峡国家数字出版产业基地。

政府积极推动基地向"效益型"发展。到目前为止，部分基地已实现由"重规模"向"出效益"转变。截至2012年底，张江基地数字出版注册文化创意企业累计已达400家，数字出版、文化创意直接产值超过200亿元。杭州基地2012年实现总产值接近70亿元。江苏基地2012年各园区数字出版总产值超过120亿元。不仅如此，针对基地建设，国家新闻出版广电总局制定了《新闻出版产业基地（园区）管理办法》，目前正在征求各方意见，择时发布。根据

《办法》相关规定，将对各类基地和园区进行年检年审，对未通过者予以黄牌警示、摘牌并发布公告等管理措施。这将有效推动基地建设质量与水平的提高。

第四，支持民营企业平等参与出版经营活动。在国民经济的任何领域，民营企业都是一支不可忽视的、极具创造力的力量。2012－2013年，政府主管部门出台并继续落实《关于支持民间资本参与出版经营活动的实施细则》，支持民间资本参与出版经营活动，建立开放、统一的市场秩序。该项政策的颁布与落实，对吸引民间资本注入数字出版产业，并不断推进各种所有制新闻出版企业以及与其他高新技术企业之间在数字出版领域的战略合作，具有重要意义。同时，在民营企业申请国家科研项目、承担国家新闻出版任务等方面，政府主管部门正在推进实施与公办企业平等的支持政策。

2. 打通数字出版产业链各环节，完善数字出版生产要素市场

数字出版产业的快速发展，需要有完备的生产要素市场做基础。2012－2013年，在产业链上游，主管部门在资本市场加大了与金融机构的合作，继2011年与中国工商银行达成合作协议之后，2012年11月，原新闻出版总署和交通银行在京签署《支持新闻出版业发展战略合作协议》。根据协议，交行将在未来3年内为我国新闻出版产业的发展提供500亿元的融资支持。在产业链的下游，与中国联通签订了合作协议，至此与中国移动、中国电信、中国联通三大电信运营商均建立起合作关系。

3. 加强政策法规制定，保障数字出版市场健康有序发展

为了进一步引导与规范数字出版市场环境，推动新闻出版产业完成"十二五"规划任务，政府主管部门加大了对政策法规的制定与落实力度。目前，《国家新闻出版产业基地（园区）管理办法》、《网络出版服务管理规定》和《数字出版内容平台建设指导意见》均起草完毕，进入征求意见阶段，今年有望向社会公布。可以说，这些政策的出台，为健全数字出版法律法规体系，保障数字出版市场的健康有序发展有着重要的意义。

4. 夯实公共服务基础，稳定数字出版市场经济体系

一个健康、稳定的市场经济体系，离不开社会公共服务。在数字出版领域，全民数字阅读与数字农家书屋建设就发挥着这样的作用。2012年，政府主管部门加大了对公益性数字出版投入与扶持的力度，并依托"农家书屋"，加

快了农村新闻出版公共服务数字化体系的建设步伐；结合数字阅读的潮流，开展各种内容形式丰富的数字出版阅读活动，提升了人民群众的阅读品质，丰富了人们的精神文化生活。

（二）企业加大创新力度，谋求发展破局

作为数字出版产业的主体，2012－2013年，数字出版企业加快发展步伐，积极求新求变，在以下两个方面形成了显著特色：

1. 传统出版与科技融合步伐加快，数字出版赢利模式日渐清晰

对于传统出版与科技融合，传统出版从业者首先表现在认识上的突破：几年前，提到数字出版，许多传统出版从业者能想到的就是"媒体搬家"，认为只要和技术商合作，把内容交给他们数字化，就是数字出版；现在许多传统出版从业者已经摆脱了盲目跟随的角色，开始应用数字技术进行自主探索的道路。面对未来，他们已经摒弃了"隔岸观火"的心态，积极投入到数字出版的实战中来。

其次表现在行动上的突破：数字出版的赢利模式日渐清晰。几年前，传统出版单位从事数字出版，几乎没有可持续的赢利模式，都处在基础投入阶段，也鲜有收入；现在，随着对科技应用的深入，将自身业务与科技融合形成可持续赢利的数字出版产品与服务，成为传统出版企业关注的焦点。一些传统出版企业在这方面已经获得一定的突破，在专业出版领域，形成了一些特色数据库，取得不错的业绩；在教育领域，形成了可盈利的在线教育平台；在大众出版领域，销售了许多广受欢迎的电子书和其他数字出版产品与服务，其中包括以平板电脑和智能手机作为主要客户端得到的收入。特别值得一提的是，随着移动互联网时代的到来，移动互联网出版成为传统出版获取数字出版收入最重要的一块业务。

2. 新兴技术公司向新闻出版领域渗透，数字出版业务获得较大进展

由于新闻出版内容资源的重要性，电商、技术商、运营商等都将触角伸向了内容生产领域，纷纷加大了数字出版布局。著名电子商务网站当当、京东、淘宝都分别在近两年开始运营电子书分销平台业务，亚马逊也正在瞄准中国电子书市场。

以盛大文学为代表的原创内容网站已经供应了网络文学百分之七八十的内

容，更是国内三大运营商主要的数字内容提供商。2013年4月，盛大文学成立编剧公司，这是盛大在网络出版、实体图书、移动阅读、网络游戏基础上，向影视改编等全媒体版权运营迈进的又一举措。

虽然与盛大汇聚内容资源的方式不同，但各大门户网站对内容资源的重视程度是相同的。腾讯、搜狐、新浪等大型门户网站早就开始布局，向内容领域扩张，纷纷开设读书频道，汇集原创网络文学、出版社出版的图书、网络杂志等内容资源。2012年，网易启动了原创精品文学计划、京东商城电子书刊平台、天猫书城和豆瓣阅读作品商店纷纷上线。这些平台都在抢占内容资源的优势，为了做到一家独大，不断蚕食着传统出版商的利益。不仅如此，门户网站还对旗下的新闻业务、视频业务、游戏业务、动漫业务等进行了补充和完善，尤其是移动互联网崛起之后，更加紧了自身对"入口"优势的资源布局。

同时，以中国移动、中国联通、中国电信为代表的电信运营商借助渠道优势，纷纷成立了手机阅读、手机动漫、手机游戏等基地，不断聚合内容资源。据了解，现在和电信运营商合作的出版单位数量已达到400家。

（三）数字出版内容投送平台呈现多样化，迈向开放性未来

数字出版内容投送平台是推动产业发展的突破口，2012年国内平台建设依旧如火如荼，基本形成了运营商型内容投送平台、文学创作型内容投送平台、技术服务型内容投送平台、互联网门户或信息服务型内容投送平台和电子商务型内容投送平台等五大类别，呈现出多元化的发展态势。除了老牌同方知网、万方数据、维普资讯等以技术企业为主导的学术性平台推出"知识服务"概念外，在数字化浪潮的强烈冲击下，几乎国内所有出版集团都成立了数字传媒公司或数字出版部门，搭建起属于自身特色内容的服务平台体系，同时各大出版集团也开始了"跑马圈地"式的抢滩运动，一方面积极对自身内容资源进行整合，另一方面大力购买更加丰富的高品质内容资源。

随着智能手机CPU的运行能力已远远超过PC机，大众数字出版阅读平台正在全面迈向移动化，并且逐步向数据化深耕、电商结合方向延伸。根据《第31次中国互联网络发展状况统计报告》显示，2012年底中国手机网民数量为4.2亿，移动数字阅读平台前景广阔，目前比较出名的纸媒期刊，用户在App store上均可以下载，其中大部分采取的是"精华试读+订阅+过期免费"的运

营模式。2012年8月,中国区App Store在线APP累计数达到352261个。越来越多的数字内容提供商正在为移动终端量身定制移动应用等数字出版产品。

媒介融合快速推进,新型数字内容投送平台发展潜力巨大。三网融合正在变为现实,电视阅读由抽象概念变为数字出版投送平台。湖北省新闻出版局、长江出版传媒集团、湖北广播电视总台联合打造了以嵌入电视阅读模块的机顶盒为核心业务的数字电视互动平台,数字内容版权得到有效保护、内容可控可管,促进了数字出版良性发展。2012年8月,优酷网与土豆网宣布以100%换股的方式合并,建立了拥有庞大用户群体、多元化视频内容、成熟数字技术的视频投送平台,进一步拓宽了数字出版的投送渠道。

互联网的发展,使数字出版平台的开放性逐渐成为行业发展的新兴服务模式,具体表现为:对具有出版资质的内容提供商开放,实现让内容提供者自主上传开放、定价机制开放、平台销售数据及客户数据开放;对著作权人和有关权利人开放,提供版权交易、作品经营等情况,推动数字内容在法律保障的机制下最大限度地在各类数字出版平台上传播;对各种渠道和终端产品开放,以实现多元产品形态、多渠道传播。

(四) 新兴技术的应用突显科技与文化的融合,开启数字出版全新业态

2012年柔性显示技术受到广泛关注。随着智能手表和智能眼镜这些可穿戴设备的应用,数字终端从固定的玻璃显示屏中解放,进化成外观各异、屏幕可以附着到不平整的表面上,甚至被拉伸的形式。加拿大研究人员用此技术研发出"纸手机",厚度堪比信用卡,重量不足苹果iPhone4手机的六分之一,不仅能拨打电话、发送短信,还具有储存电子书和播放音乐等功能。此外,三星也宣布正准备打造一款可弯折的全屏幕平板电脑。目前这一技术还处于实验室阶段,但LG公司称已经快到规模生产阶段,而苹果也申请了柔性显示屏专利。相信这项技术成果会很快进入到大众视野。韩国的科学家制造出一款可弯曲的锂电池。这款电池不仅可以弯曲而且非常稳定,该项技术的与柔性显示屏技术相得益彰。

3D打印技术受到重视。3D打印在2012年来势凶猛,数字化和模拟化让3D印刷从设计到产品制造,从人体器官到数字烹饪,纵横多个领域。目前3D打印机已被引入上海市一些设计公司和高校科研机构,并开始在基础教育领域

初试身手。上海市静安区青少年活动中心创意梦工厂购置了两台3D打印机，以及配套的3D扫描仪，定期开设相关课程，免费供学生学习三维设计和计算机辅助制造，打印自己设计的机械零件。可以预见，未来3D打印将潜移默化地改变着人们生活的方方面面。

增强现实（AR）技术得到初步应用。增强现实是把原本在现实世界的一定时间空间范围内很难体验到的实体信息（视觉信息，声音，味道，触觉等），通过科学技术模拟仿真后再叠加到现实世界为人类感官所感知，从而达到超越现实的感官体验，这种技术叫做增强现实技术，简称AR技术。它具有三个突出的特点：（1）真实世界和虚拟世界的信息集成；（2）具有实时交互性；（3）是在三维尺度空间中增添定位虚拟物体。2012年11月，谷歌发布了其首款虚拟现实化游戏"Ingress"，成为目前最受欢迎的增强现实移动端应用。国内首次将这项技术应用到普通生活中，是在苹果的App Store上发布的一款名为出行百科（增强现实版）XINGWIKI的软件。AR技术将在人工智能、遥感、游戏娱乐、信息互动等许多领域投入应用，其影响必将日益扩大。

（五）信息技术更新换代，数字出版重心向移动互联网转移

终端优势。数字出版的发展得益于终端技术的不断推进，终端的普及是移动互联网快速发展的基础。随着硬件技术的不断更新换代，以苹果iPad/iPhone引领的终端革命的到来，拉开了平板电脑与智能手机代替台式电脑的序幕。据研究机构IDC发布的最新报告预计，2013年全球平板电脑出货量将达2.293亿台，① 全球智能手机出货量预计为9.186亿部，② 全球PC出货量预计为3.458亿台。③ 无可置疑，数字出版的重心已经从台式电脑向平板电脑和智能手机转移，与之相关的移动应用研发也正在成为IT界主流。

渠道优势。主要表现在两个方面：第一，通过移动互联网获取信息的用户越来越多。据统计，手机已经成为用户上网第一终端，用户数大大超过了通过

---

① 《IDC：2013年全球平板电脑出货量将超笔记本》，http://www.chinabidding.com/jksb-detail-219439137.html。
② 《IDC：2013年全球智能手机出货量将超功能手机》，http://www.c114.net/news/51/a749582.html。
③ 《IDC：预计2013年全球PC出货量达3.458亿台同比降1.3%》，http://www.199it.com/archives/98270.html。

台式机上网网民数。随着终端的普及，移动互联网也已经进入 2 亿用户时代[1]，手机网民与平板电脑网民已由刚开始的"少数派"、"非主流"变成现在的用户主流了，这是任何一个从业者都无法忽视的市场基础。另外，比起传统互联网，移动互联网可以让人随时、随地获取资讯，这种便利是用户快速增长的重要原因。第二，付费优势成就数字出版产业。付费问题一直是传统互联网时代困扰数字出版发展的主要瓶颈之一。传统互联网倡导的价值观：开放、免费、共享，曾一度被认为是数字出版难以形成赢利模式的主要障碍。但现在，随着移动互联网时代的到来，这一问题迎刃而解。现在，移动阅读已经成为部分传统出版单位数字出版收益的主要来源，也成为以盛大文学为代表的原创网络文学最主要的收入来源。因为良好的付费模式，附着在其上的其他各种商业应用也雨后春笋般发展起来，不断完善着移动互联网的各种服务，满足着用户各种各样的需求。

（六）终端格局基本形成，发展路径日趋明朗

智能手机攻占低端消费市场。报告前文中已提及，手机当前已超越台式电脑，成为我国网民的第一大上网终端。手机阅读的不断普及，移动互联网应用的不断开发，加上微博、微信等移动社交产品的兴起，极大地推动了智能手机这一终端市场的发展。2012 年多个领域的企业纷纷加入到手机终端生产的队伍中来，其中以互联网企业开发智能手机尤为引人注意。小米科技迈出了互联网手机的第一步，先后推出了其品牌的第一代、第二代手机，以平民化的价格、高性价比的品质获得手机用户的欢迎，可谓互联网手机的领军品牌。此外，百度、360、阿里巴巴等知名企业也先后推出了自己的手机产品。2012 年 4 月，阿里巴巴与手机商天语公司合作推出天语 W806，该手机基于阿里巴巴在电子商务领域的优势，具有较强的购物和支付功能，内置各种购物信息。2013 年 5 月，国内知名修图软件美图秀秀，推出其品牌智能手机[2]，该产品定位于强大的自拍功能，并可实现图像的自动修复，对于爱美人士尤其是女性用户群体有

---

[1] 李开复：《中国移动互联网已进入 2 亿时代》，http://net.china.com.cn/ywdt/hyxw/txt/2012 - 10/23/content_ 5426112. htm。

[2] 《美图秀秀智能手机 5 月 16 日发布定位自拍神器》，http://it.sohu.com/20130411/n372349822. shtml。

一定的吸引力。2012年以来，智能手机市场发展的显著特点之一，就是价格趋于平民化。连昔日的手机巨头诺基亚，都先后推出了两款低价智能手机，希望凭借低廉的价格、较强的续航能力，挽回在过去几年里失去的手机市场。

平板电脑持有量上涨迅猛。凭借其丰富的阅读体验、多元化的功能和良好的视觉效果等优势，平板电脑在2012年迅速崛起，发展势头并不亚于智能手机。各终端厂商纷纷进军该领域，加入新一轮的激烈的市场竞争中。美国市场研究机构Display Search报告显示，2013年平板电脑销量将大幅度超过笔记本电脑，并认为中国将成为世界第二大平板电脑市场。在中国本土小品牌商的推动下，2013年国产平板电脑销售量将突破6000万台，市场份额达27%[①]。可见，平板电脑拥有非常远大的发展前景。然而，需要注意的是，平板电脑可能仍需面对与智能手机发展过程中所存在的同样问题——功能趋同导致竞争力下降。

电子阅读器呈现小众化、专业化趋势。近年来，电子阅读器的发展相比智能手机、平板电脑等终端而言，稍显沉寂。2012年，电子阅读器市场依然算不上火热，但似乎有回暖趋势。虽然大众市场眼下难以突破，但在小众化和在某些特定领域，电子阅读器仍有一定的发展空间。虽然电子阅读器的全球销量呈持续下滑态势，但其短时间内并不会消亡。电子阅读器的功能单一性是为人诟病的主要原因，但不可否认，其功能单一正好符合那些想要专注于阅读的人群的需求。智能手机和平板电脑虽然同样可以很好地实现阅读，但因为功能过于多样，也很容易分散读者的注意力。此外，对于一些专业领域，如医学、语言等，电子阅读器仍具有较大的发展潜力，可以通过专业书籍的打包销售或订阅模式，开拓专业领域的机构或个体用户市场。易博士于2012年深圳文博会上推出以OED电子纸技术为核心的赛伦纸电子阅读器，并提出了"载体化"的概念，通过版税制与码洋定价的方式确保上下游收益，为终端制造商与内容供应商的合作模式寻求了一条新路径。此外汉王科技、盛大集团也纷纷推出了各自的电子阅读器产品。因此，电子阅读器的发展前景仍待观望。

---

① 《中国将成世界第二大平板电脑市场》，网易科技，http：//tech.163.com/13/0111/09/8KU88AD2000915BD.html。

（七）数字出版保障体系不断创新与完善

产业的发展离不开保障措施的支持、保障体系的不断创新与完善。2012年，我国数字出版产业保障体系在诸多方面得以完善与丰富，尤其是在标准建设和版权保护方面取得了较好的成绩。

标准体系建设工作向更深、更新领域迈进。2012年是我国数字出版标准体系建设取得突破的一年。全国版权保护标准化技术委员会的筹建，标志着我国新闻出版行业标准化机构体系正在形成与确立，它将与全国新闻出版标准化技术委员会、全国新闻出版信息标准化技术委员会、全国出版物发行标准化委员会和全国印刷标准化技术委员会共同推动我国数字出版的标准化工作；多项标准的制定取得了重大进展，全国新闻出版标准化技术委员会组织完成的《新闻出版资源唯一标识符 PDRI》、《中国标准名称标识 ISNI》和《中国标准乐谱出版物号》行业标准已由国家新闻出版广电总局发布，这些标识类标准的制定将有利于海量数字资源的查找与利用，从而加强版权保护的力度。全国新闻出版标准化技术委员会组织制定的《手机出版标准体系表》和《动漫出版标准体系》行业标准的发布，意味着手机出版和动漫出版标准的未来将有明确的发展方向，这是一个重大突破。《手机出版物质量规范》、《手机出版内容数据格式》和4项电子书内容标准，以及《中国图书在线信息交换》（CNONIX）国家标准进入报批阶段，这些标准手机出版和电子书内容、出版物在线信息交换，将有效保障手机等出版物内容质量与出版信息的传递，满足产业参与者的标准需求；一大批数字出版标准处于组稿、制定或征求意见阶段，如《面向长期保存的文档格式》、《印刷技术术语 数字印刷》等，这意味着我国数字出版物不仅在内容和格式领域将取得突破与保障，还意味着数字印刷领域将得到进一步规范。需要强调的是，我国制定国际标准的主导地位进一步增强，一方面，我国主导制定的《国际标准文档关联编码》（ISDL），现已提交草案稿（DIS），有望在今年年底出台；另一方面，全国印刷标准化技术委员会正在围绕使我国成为ISO/TC130（国际标准化组织下设的第130号技术委员会——印刷标准化技术委员会）秘书处承担国而努力开展工作，预计今年我国将正式承担该国际标准化机构的秘书处工作，这意味着我国在国际标准制定领域的话语权将进一步增强。

数字版权保护，多方力量共促发展。数字出版的核心在于版权的售卖，数字版权的保护是产业发展的基石。如何在保护作者权益的基础上，同时保证出版企业数字化转型的可持续发展，以及兼顾各方利益的平衡，建立良好、合理的网络传播秩序，多方力量进行了可贵的探索与创新。

数字版权保护标准建设正在重点推进。全国版权标准化技术委员会（筹）正在制定的《数字版权标识符》（DCI）和《版权保护标准体系表》、全国新闻出版标准化技术委员会制定的《数字版权保护平台基本技术要求》和数字版权保护技术研发工程先期和二批启动的 22 项标准，涵盖版权保护标准体系框架建设、数字版权作品身份标识、数字版权保护平台和技术等诸多领域，这些标准将会为数字版权作品的识别、登记、交易、结算、取证，以及数字版权保护平台的搭建与数字版权保护技术研发工程的有序进行，提供规范与引导。

数字版权立法保护工作取得新进展。2012 年底，国家版权局正式呈报国务院的《著作权法》第三次修订送审稿相比现行《著作权法》，具有四大变化：一是体例结构调整明显，二是权利内容普遍增加，特别注重对智力创造成果的尊重，三是授权机制和交易模式重大调整，四是著作权保护水平显著提高。国务院 231 次常务会议通过的《计算机软件保护条例》、《著作权法实施条例》、《信息网络传播权保护条例》等三部修订条例，都提高了非法经营的罚款数额和罚款的最高限额，加大了对侵权盗版的威慑力。

司法与行政保护力度加强，成效显著。2012 年 11 月 26 日最高人民法院出台的《关于审理侵害信息网络传播民事纠纷案件适用法律若干问题的规定》明确规定了人民法院在审理信息网络传播权纠纷案件中行使自由裁量权的原则，对网络服务提供者、信息存储空间网络服务提供者侵害信息网络传播权提出了明确的判定标准。网络维权诉讼引起广泛反响，2012 年，网络侵权纠纷不断攀升，百度文库案、谷歌图书搜索案、苹果应用商店案等维权诉讼行动都有了一定的成果，在维护权利人合法权益的同时促进了数字出版规范化发展。打击网络侵权盗版专项治理工作的"剑网行动"成果显著。在 2012 年 7 月至 10 月底开展的行动中，共查办网络侵权盗版案件 282 起，共关闭违法网站 183 家。

社会保护获得新进展。社会保护整合优势资源，具有专业性与灵活性，与司法保护、行政保护、技术保护共同全方位推动数字版权保护工作。2012 年 1 月，我国首家专业版权评估中心——中国人民大学国家版权贸易基地版权评估中心的成立，不仅意味着我国版权评估正由理论探索向实践领域迈进，而且也将为文化企业在控制金融风险和版权保护方面发挥积极的作用；2012年6月，在我国首次承办的保护音像表演外交会议上签署的《视听表演北京条约》，既填补了视听表演领域全面版权保护国际条约的空白，完善了国际表演者版权保护体系，也标志着我国在知识产权保护领域国际地位的提高。

技术保护进一步推进。数字版权保护技术是数字内容交易和传播的关键技术，由近年来科技研发工作和市场反馈来看，数字版权保护技术的发展方向已由限制非法解密、复制与传播向根据业务模式需要进行细粒度控制转变。2012年，技术保护的进展主要表现在云技术应用与数字版权保护技术研发工程的推进。2012年对于版权保护与推广而言，是云技术应用年。由北京东方雍和国际版权交易中心等十家机构发起的"版权云"行动和重庆版权云端服务平台的建设推动了云技术在版权保护与推广领域的应用。国家新闻出版广电总局重大科技工程项目"数字版权保护技术研发工程"2012年已进入研发设计阶段，对技术架构进行了细化分解，制定了具体方案，这既是对该工程前期可行性方案的验证，也是对可行性方案的完善。

综上，数字版权保护和数字出版产业发展休戚相关，司法、行政、行业协会、技术企业等都是形成良好的数字版权保护体系的重要力量。

四、数字出版产业存在的问题与对策分析

2012年，尽管我国数字出版产业发展势头强劲，产值再创新高。但产业链尚不健全，同时盈利模式、版权保护、行业标准、品牌影响、渠道建设、人才队伍等困扰数字出版产业多年的问题仍未完全解决。集中表现在：第一，数字出版产业链循环不畅，产业协同机制缺失；第二，数字出版侵权手段日趋复杂，监管难度加深；第三，数字出版盈利水平和品牌建设能力较为弱小，模式单一；第四，复合型数字出版人才仍然短缺，当前出版从业人员未能满足数字出版行业发展的要求。

值得一提的是，2012年发生了多起典型数字版权维权案件。由此可见，数字版权保护机制仍然存在缺失，侵权现象依然存在，同时也表明，在数字出版

时代，内容的重要地位仍然毋庸置疑，并日益得到业内的重视，纷纷举起数字出版维权大旗。同时，智能终端的信息安全问题，存在隐私泄露的隐患也引起了广泛关注。因此，搭建互联网监管平台的呼声日益高涨。此外，我国数字出版总体水平还有较大上升空间，并呈现参差不齐的状态。在数字出版快速发展的形势下，我国数字出版从业者应认清形势，找寻对策，共同促进数字出版行业健康、有序发展。

（一）加强产业协作，完善数字出版产业链条

在完善的数字出版产业链中，主体应该是内容提供者，技术提供商只是产业链中的重要组成部分，目前我国大多数字出版单位将所拥有的版权内容提供给技术提供商，同时也就提供了长期积累的品牌、信誉资源，却所得甚少。无论在传统出版时代还是在数字出版时代，出版的核心价值都是内容，相对于内容来说，技术应是第二位的。数字出版单位必须把握好内容提供方的角色，以联合的方式与技术提供商签订数字出版合作协议，建立起互惠共赢的数字出版模式，以提高数字出版收入所占比例。同时，应以体制改革为契机，通过资本运营的方式，聚集优质内容资源，创新数字出版机制，走集约化、集团化的发展道路，对产业链的各部分进行整合，加快数字出版业务的发展步伐。

1. 优化产业布局，加强产业引导

政府各级相关主管部门应进一步加强宏观指导作用，通过制定方针政策，对我国数字出版产业的发展进行整体布局，并加以合理引导，正确指引数字出版发展方向。

一方面，应以数字出版业"十二五"中期评估为契机，深入调查研究，细化发展思路，进一步加强数字出版产业的整体布局和引导，查找不足，明确发展的重点领域和阶段性目标，以规划引领，以政策保障，使"十二五"中期评估成为促进各地数字出版建设的强大助推力。

另一方面，要采取包括建立行业准入机制在内的各种措施，预防因行业个体行为不当而扰乱整个行业发展秩序行为的发生，保护并营造有利于行业发展的生态环境。相关职能部门需要担负起公共服务和监管职责，研究制定相关生产进入和退出机制，加强各项标准建设，从而提高数字出版市场的繁荣与规范。

2. 完善产业链整体建设，优化各环节之间的资源配置

随着计算机信息技术和网络信息技术的进步，传统上分为报纸、图书、期刊、广播、电视和网络等各行业的传统的产业链和价值链正在被重新构建，并正在被内化为数字出版产业链和价值链的各个环节。同时，也造就了数字出版的产业链和价值链，比传统出版更为复杂且增值能力更强的特点。作为同一产业链和价值链上的各个环节，数字内容提供商、数字内容出版商、数字技术提供商、网络服务提供商和读者之间各自具有自身的比较优势，相互对彼此有所需求且各方均存在很强的互补性。建立一个常态化的交流和沟通机制，建立具有战略意义的产业联盟，加强产业链各个环节和各个环节的组成部分之间的交流和合作，则可以促进产业链各环节之间的协同运作，能够有效推动数字出版产业健康有序的发展。

（二）加大数字出版科技研发力度，构建各类数字出版平台

传统出版单位网站若为独自经营，从点击率和下载率获得的收益往往是微不足道的，只有多个出版单位联合起来，形成具有一定规模的群体，实行差异化定位，以数据库的形式集成出版，同时利用专业优势组织营销，才能获得理想的收益。我们应加大对数字化建设的投入，建立数字出版、信息发布并集成各类资源的一站式数字出版平台，提高使用效率，实现数字出版产业升级。

1. 构建数字出版技术支撑平台

从数字出版发展的历史进程来看，技术提供商在相当程度上推动和主导着数字出版产业的发展。技术的研发与应用，对于数字出版产业来说，至关重要。出版企业在技术探索方面，多处于弱势地位。因此，集数字出版产业链各环节关键技术于一体的技术支撑平台的构建，对于推动产业发展，显得尤为重要。在对已有平台和产品进行大量调研的基础上，要建立面向数字资源生命周期、基于服务和构件驱动的多层管理和服务框架，构建具有自主知识产权的通用软件支撑平台。要研发数字内容管理体系结构、条目管理、内容转码、内容聚合、内容搜索、内容版权等技术；要开发数字内容技术支撑原型试验平台，开展相关标准的研究制订，从而推动数字出版产业的发展。

2. 构建数字出版内容服务平台

搭建数字出版内容服务平台，可以使数字出版产业链各环节主体在协议分成的基础上互享产品销售渠道，丰富产品种类，提供版权服务，促进版权交易密切合作，满足读者以最小的成本来不断获取新书的需求，为受众提供更加全面和丰富的服务，从正面积极引导版权的开发利用，维护数字出版产业链整体价值的实现，促进文化传播的顺畅和繁荣。

一方面，服务于商业模式的构建。数字出版平台是一个集资源、服务、信息为一体的专业化、市场化的全方位服务平台，它比孤立的数字产品更能够导向成功的商业模式。在这一平台上，数字出版产业链上、中、下游的内容提供商、技术提供商、产品销售商可以进行深层次的相互投资参股合作，甚至建立合资公司，利用双方的优势，共同开发数字出版业务。

另一方面，服务于产业链的优化。服务平台的搭建可以充分发挥产业链的驱动效应和联动效应，从而产生驱动产品制造、拉动产品销售、带动后续产品开发的理想效应，实现资源的重组整合和有效配置。通过产业集群效应，降低产品开发成本，更好地发挥数字出版的优势，为成长性数字出版单位提供技术研发、人才培养、信息交流等支持，最终在平台内形成上下联动、左右衔接、一次投入、多次产出的相对完整的产业链条，形成真正的数字出版产业集群，推动产业链的扩大和发展，促进产业链的良性循环。

（三）加强市场实践探索，增强盈利能力

作为新兴业态，数字出版是新闻出版未来的发展方向，必须要不断加强市场实践，总结经验，增强营收能力，以保证自身的发展、壮大。

满足用户需求，提高产品的易获得性。要保证大量小众化的产品被用户发现并购买，不仅需要它的流通渠道足够大，还需要在提高用户的需求方面加大力度。用户的满足程度，本质上是对内容的满足程度。传统出版单位作为从事内容生产与服务的专业机构，提供的内容本身就具有一定的权威性。因此，在满足用户需求方面，内容本身不会有太大的问题，而最重要的问题则集中在用户选择的费力程度上。数字出版的价值，要通过优质内容、现实的需求、便于获取的途径等方面去实现。因此，要想提高数字出版产品的销售量，使其被用户发现并节省读者选择的费力程度则成为数字出版盈利的关键所在。

利用专业化，提高生产率，创造更大价值。在信息充足的情况下，为了被受众发现并尽可能减少受众获得内容的费力程度，传统出版单位在情况允许的

情况下可以采用联合的模式。联合是指产品开发商将产品给许多有能力推广的合作者,而不仅仅局限于与技术提供商、产品开发者和运营合作者分享产品收益。这样,一方面可以解决传统出版单位数字出版技术上的难题,另一方面借助其营销平台,也有利于产品的推广。二者各取所需,并专注于自己的特长,能大大提高生产效率,从而创造出最大的价值。

(四) 规范市场环境,加大监管与版权保护力度

数字出版侵权规模大,侵权手段复杂,增长速度快,危害程度深,已经威胁到版权产业的生存和发展。同时,移动应用软件造成的用户隐私的泄露问题,将应用软件的安全问题摆在了我们面前。为了净化数字出版的生存发展环境,全社会应当积极行动起来,探讨建立以制度、服务、技术等因素相结合的版权保护体系,消除个人隐私安全隐患,更好地保证产业链中的各环节健康、有序地发展,将数字出版产业做强、做大。

1. 加快版权保护技术的研发

数字内容的传递具有易复制、易传播等特性。这个特点固然有利于信息的传播和文化的普及,但也为部分人从事不法行为提供了可乘之机。在目前侵权手段复杂且版权保护相关法律制度建设相对落后的情况下,加快版权技术保护措施将有利于防止侵权行为的发生。数字版权管理技术可以对数字内容进行加密和附加使用规则来限定数字内容的使用情况,从而保护数字内容免遭侵权危害。

2. 建立数字出版版权集体管理组织

作为社会传播系统中的一个子系统,数字出版行业不仅具有相对独立的结构和功能,而且和其他子系统之间相互连接、相互交织。这种子系统之间的互相作用,不仅可以在内部信息流通的基础上形成内部制约机制,规范内部成员行为,而且可以消除与其他组织系统之间的传播障碍和隔阂,进而可以对外部环境造成影响。成立数字出版版权集体管理组织,可以充分发挥社会传播系统对组织内部机制的制约功能,规范数字出版行业各成员的行为,培养群体感情和群体归属意识,增加数字出版行业版权利益相关方的良性进程,为倡导行业自律和为数字出版产业的发展创造广阔空间。

一方面,成立数字出版版权集体管理组织,不但可以更好地发挥组织力量,有效展开对侵权方的大规模集中诉讼,节约单个成员维权成本,增加组织

向心力与凝聚力,而且可以发挥社会传播系统对组织的内部机制制约功能,促进有利于开展版权保护与合作的行业规范的自我创造与自我完善。

另一方面,数字出版版权集体管理组织内部成员均为版权利益相关方,自身具有维权的意愿,也具有维权义务。这些组织内部成员,可以在互相监督的同时增强自身抵制侵权行为的自觉性,从而在整体上促进行业监管的力度。通过外因和内因的共同作用,特别是利益关系的引导,来促使侵权方转入合法经营轨道。同时,组织成员共同打造的正版平台,有利于品牌的营造和市场的大规模推广,从而进一步缩小盗版市场或使其丧失用户基础。

3. 加强移动互联网监管

近年来,移动互联网发展迅猛,加强其监管,层面不仅在于其内容,也在于个人隐私保护、用户权益等方面。2013 年央视的"3.15 晚会",曝光了移动应用软件开发商窃取用户个人信息的事件,引起广泛关注。据国家互联网应急中心发布数据显示,2012 年,我国移动互联网恶意代码数量达到 16 万,比 2012 年增加了 25 倍,其中占比最大的手机病毒威胁为恶意扣费[①]。APP 恶意扣费、擅自收集用户隐私等不良现象,严重损害了用户利益,也不利于市场健康发展。目前,移动互联网已成为数字出版重要的传播渠道,这些问题如不加以解决,将对整个数字出版业发展造成不良影响。因此,亟需建立相关监管制度,搭建互联网监控管理平台。

(五)关注民营数字出版企业发展,加大扶持力度

民营出版企业与国有出版单位都是我国新闻出版产业的重要组成部分,对推动我国文化产业大发展大繁荣发挥着不容忽视的重要作用。近年来,数字出版为民营企业带来发展机遇,民营企业在数字出版领域迅速崛起,取得了突出成绩,成为出版行业的生力军。民营出版企业具有灵活的体制机制,敏锐的市场反应速度,但是在资金规模、资源占有、重大项目获取等方面,不占据先天优势,这使得民营企业在市场中缺乏与国有出版单位同等的竞争机会,制约其能力的充分发挥。近两年,国有出版单位与民营出版企业的合作日益增多,但合作程度还不够深入,且存在地位不对称、不对等的现象,二者还需要相互磨

---

① 《手机应用商店曝隐患安全消费须多加防范》,中国信息产业网,http://www.cnii.com.cn/mobileinternet/2013-03/29/content_1118826.htm。

合，达到平衡。

2012年6月，《关于支持民间资本参与出版经营活动的实施细则》的发布，为民营出版创造良好的发展环境打下了良好的政策基础，为民营出版企业的发展找到了有力的突破口，进一步激发了民营出版企业市场竞争的动力。然而，政策的推行和落实还需要一个过程，同时，仅仅依靠政策引导是不够的，民营企业的地位还需要得到业内的进一步正视。而民营出版企业自身也要积极打造企业核心竞争力，提高管理水平，加强创新能力，开发优质产品，提供优质服务，从而壮大企业品牌。国有企业与民营企业要加强合作，优势互补，共同为推动我国数字出版产业发展贡献力量。同时，建议管理部门进一步对民营出版企业给予政策扶持和引导，为数字出版产业发展构建良性的竞争机制和开放的市场环境。

五、数字出版产业趋势分析

4核手机问世不久，8核时代立刻来袭，在人们还在疑惑手机是否真的需要那么多"核"的时候，硬件踏着比摩尔定律还快的步伐大步向前：更快、更高、更大、更广、更多、更强，主导了数字终端的前进方向。除了更快的速度、更高的像素、更大的英寸（显示屏），还有更多的连接（无线互联网的布局深入）、更广的应用（各种应用、各种设备），更多的传感器（自组式机器人）以及更多的自我（社交网络与微传播）。

伴随硬件与移动网络布局的快速发展，出版业智能化、互动性、触摸交互，以及去书本化将成为主流发展趋势；而微博、微信等自媒体的迅速成长，将进一步加深受众对于媒体的参与——用户创造内容通过社交媒体得到大范围传播，微传播力量逐步显现，具体到未来一年，我们将看到如下发展重点。

（一）管理机构合并将进一步推动媒介融合

2013年3月，新闻出版总署与广播电影电视总局撤并成立国家新闻出版广电总局，之前两职能部门分别管理新闻出版、广播电影电视领域，在传统的文化产品供需模式下可以各司其职，但在新兴媒体不断崛起、数字出版快速发展背景下,两个部门职能交叉现象进一步突出。合并后的总局将打破过去媒体业务分割管理的局面,初步实现"大传媒"的统一管理体制,为新闻出版广电企业实现全产业链发展打开空间。伴随管理体制的融合,新媒体传播业态间的融合趋势将取得更加快速的发展。今后,传统出版与数字出版的融合、互联网与移动互联网的融合、虚拟与现实、线上(电子版+手机报)与线下(实体刊物)的融合、产业链间、渠道与平台、平台与终端、终端与内容的融合将全方位展开,融合是未来媒介发展的重要趋势。

(二)科技与新闻出版融合的趋势进一步加强

2012年,对于中国数字出版业来说是一个政策利好年,中央提出"科技与文化融合"的战略发展方向。8月,科技部联合新闻出版总署等六部委推出《国家文化科技创新工程纲要》,作为科技与出版业融合的典范,数字出版获得史上最好的政策机遇期,必将迎来新一轮的高速增长。在第三次工业革命背景下,科技与文化的融合实际表现为信息产业与文化产业的融合,当今社会,这两个产业是"互为表里的超级产业"。信息产业所体现的是形式,是表;文化产业则是内容,是里。以技术提升文化价值,用文化增加技术内涵,技术与文化融合共进,共生共长,将是未来产业经济的发展方向。

在数字出版领域,最早涉足数字出版的技术提供商,都已加快向内容提供商拓展的布局,如方正、同方、谷歌、百度、盛大。以百度为例,百度文库版权纠纷的解决,百度已然开始了从网络服务提供商向内容服务提供商的发展步伐。

(三)传统新闻出版单位数字化转型将进一步深化

传统新闻出版单位是我国文化产业的主力军与重要支柱,其数字化转型的速度与质量,关系着数字出版产业的市场主体构成与规模效益。数字出版产业发展虽然迅猛,但如果缺乏传统新闻出版单位的参与,将是不完美的、缺憾的。目前,国家新闻出版广电总局已经开展了推动传统新闻出版单位数字化转型工作的尝试——传统新闻出版单位数字化转型示范评选,希望通过总结推广现有转型成功经验,带动产业的整体转型。下一步转型工作将继续深化,通过组建数字出版专业社团,加强企业间的交流与合作;通过数字出版基础工程建设，打造转型的良好环境；通过项目扶持，增强转型实力；通过新技术研发，推动转型企业的技术应用；通过新产品研制，探索企业发展重心所在；通过对终端与渠道特性的把握，扩大传播领域。以转型成功企业示范尚在摸索路径的企业、以新闻出版业发达地区带动欠发达地区，从而实现我国传统新闻出版业整体升级转型。

（四）社交化传播成为数字出版的重要方式

无论是即时通讯（IM），还是社交网站（SNS），早期的社交网站，无不是以交友为主要功能，而从去年开始大热起来的社会化阅读，则是将内容资源有效地嫁接到了交友平台上，大众传播的内容嫁接到人际传播的平台上，诞生出惊人的传播效力。数字阅读平台与社交网络平台相结合，将成为未来数字出版发展的一个重要趋势。这种结合，是在传统的以"内容"为核心的架构上，增加了"关系"要素，这种社交加内容传播的方式，一改过去单纯依靠内容为建构主体的平台建构方式，增加了用户主体建构。多重建构的社会化阅读平台，使平台建构更加立体化。数字出版不再仅仅停留在满足人们静态阅读的需求层面，还满足着人与人之间关系拓展的需求，满足着信息构建与社群传递的需求，满足着内容欣赏与互动展示的需求。

（五）大数据分析与挖掘将走进数字出版

数字出版正步入一个大规模生产、分享和应用数据的时代，社交网络、电子商务与移动通信把人类社会带入了一个以"YB"（1024ZB）为单位的结构与非结构数据信息时代。其中，结构数据是指来自于企业的 ERP、CRM 等各类数据库，非结构性数据是指越来越多的来自互联网与移动互联网的日志、音视频、图片、地理位置等信息。据估算，非结构性数据占比会达到整个数据量的 75% 以上，以往的数据库技术对于这些实时动态的数据进行分析与使用时力有不逮，随着大数据挖掘与分析技术的不断提升，海量数据在经过精确分析后会诞生出巨大的价值，比如依据客户购买与阅读行为的全数据进行分析，对之进行精准内容投送、个性化、精确化营销定位；对数字内容进行定位与改进，提升内容价值；提高使用效率等等。处于大数据时代的数字出版，在大量繁复的信息内容中，探索数字出版领域新型产品、服务、商业模式与投资机会，将是全新的挑战。

（六）微传播的角色地位越来越高

微传播是指传播主体、传播内容与传播方式都以"微"为特征，以个人声音为主导，采用微话语表达，传递微内容的新型网络传播方式。通过互联网、移动互联网的实时交互，微传播使不同价值观在同一时空中发酵、交织，进而聚集弥散在民众中的细微力量，从而获得社会的持续关注力。在过去的一两年中，通过微传播（如微博传播）引爆的社会公众事件屡见不鲜，且呈现出不断攀升之势。伴随时间的发展，微传播所爆发出的媒介公信力与影响力，将会越来越重要，大有与大众传播抗衡之势。

微时代的出现，是中国当代社会文化激烈变化的结果。今天网民的欲望和诉求更加多元，在一个价值多元的时代，他们希望以自己的努力，影响舆论与公众，共建一个和谐、美好的社会。微博、微信、QQ、MSN、SNS、BBS等这些微传播渠道在聚合散乱力量，表达出碎片的思想方面，正体现出其强大的力量。重用微传播，并对微传播进行有效管理，在未来数字出版领域，乃至整个互联网、移动互联网领域，都是一个不容忽视的课题。

（课题组组长：郝振省；副组长：魏玉山、张立、王飚；成员：毛文思、李广宇、李熙、郝园园、李游、汤雪梅、杨涛。本报告由课题组成员共同执笔，成员按撰文先后顺序排序，其中杨涛主要负责本报告数据整理、核算与制表等工作）

分 报 告

告 別

2012–2013 中国电子图书出版产业年度报告

孙香娟

一、电子图书出版综述

任何一个产业的崛起都绝非一朝一夕的事情，凡是在这个行业耕耘奋斗着的人们或者参与过以及众多关注这个行业的媒体人都会对这十多年来电子图书出版产业发展的曲折历程有着深刻的感受。从 2000 年开始，号称世界上第一本电子图书的美国小说《骑弹飞行》（英文名为 Riding the Bullet）首次发表电子版，就在 24 小时内被下载了 40 万次，这一事件在全球开始得到广泛传播。在国内，市场嗅觉灵敏的商业精英们开始走上经营电子图书之路。最初从业者都希望能够借力桌面互联网直接发展 B2C，寄希望于更多的读者喜欢电子图书并通过网络付费购买。但是很快就发现，在当时的环境下，内容、支付体系、阅读习惯、版权等方面诸多障碍导致购买者寥寥，这一商业模式无法进行下去。好在教育领域的电子图书需求应运而生，众多大学、中小学都有对电子图书馆藏和向师生提供阅读的需求，因此业者几乎一致转向这个"战场"，于是在随后的几年内成为拯救电子图书产业继续发展的唯一可靠的支撑性商业模式，可谓之 B2B。国产电子书手持阅读器设备也曾间或推出新的品牌，但都没能最终形成可持续的商业模式。随着数字图书馆市场逐渐饱和，业界开始探索读者付费阅读。2008 年以后，随着移动互联网应用的崛起，B2C 商业模式显现雏形。中国移动率先发力，成立了手机阅读基地。手机阅读业务在运营商的大力推广下迅速发展起来。这期间，国际巨头苹果公司先后推出的智能手机 iPhone 以及平板电脑 iPad 等助推了电子图书产业的发展。回顾这一历程，发现产业发展所需要的力量包括：技术创新、积极探索等。处于产业发展上升期的2012年，依然展现出电子图书产业发展的良好势头。

（一）我国电子图书出版商总体情况

1. 出版社开展电子图书业务情况

（1）出版社开始主动策划图书的数字出版

从广义范围看，国内出版社已经普遍开展电子图书出版业务，2012年出版的电子图书数量（含2012年之前已经出版的纸书的数字化）增至18万种，累计总量已经达到100万种。

年度电子图书出版总量逐年增长，与出版社对电子图书出版的重视程度密切相关。几年前国内出版社开展电子图书出版业务主要是通过与技术公司进行合作，把已经出版的纸书内容进行数字化。随着数字出版市场逐步走向成熟，出版社已经不断在开拓新的渠道，有的开始独立策划电子图书产品，这在教育出版领域更为明显。有的对童书单品进行多媒体电子图书开发；随着平板电脑的热销，部分出版社也开发了一些应用，上传至App Store。暨南大学出版社对出版的每一种纸书都会考虑能否同步用于数字出版，编辑在策划纸书时已能综合考虑数字出版的策划，努力实现一种内容多种载体发布。与之类似进行图书数字出版规划的出版社已经越来越多，虽然短期内还难以获得明显的预期收益，但这些举措切实说明了出版社在电子图书业务上已经从被动参与逐步向主动策划和出版转变。

2. 不同类型出版社结合自身优势，侧重不同数字出版细分市场

现代出版业包括大众出版、教育出版、专业出版。由于不同类型出版社的出版物相对集中，对应不同的消费群体，这一特征在数字出版领域表现依然明显。因此，各类型出版机构在电子图书出版业务规划方面，展现出了不同的内容优势，并结合各自的内容特点主推不同的渠道。大众出版，涉及的图书类型比较丰富多样，适应的人群范围比较广泛，因此推广的渠道也相对较多，除了满足数字图书馆领域的应用外，随着手机阅读业务如火如荼地开展，大众类出版机构相继展开了与三大电信运营商在手机阅读业务推广上的合作，部分有着优质内容资源的出版机构，在手机阅读业务运营领域取得了不错的成果。教育出版内容特征明显，在手机阅读方面尚未取得突破，多是在数据库出版方面不

断探索。部分教育类出版社也在积极开展内容资源,为电子书包业务做战略性准备,也有付诸探索的出版社,如人民教育出版社。相对教育出版,专业类出版社的探索比较多元化,尤其是在数据库出版方面,能够利用已有的渠道进行数据库销售,如人民军医出版社开发的《全军医学数字集成应用系统》借助渠道优势获得不错的收益。个别专业出版社在手机阅读渠道上也进行了业务拓展,成果虽不如大众出版明显,但也不乏成功案例,如人民邮电出版社,结合自身优势,通过对资源的分类和挖掘,有选择性地将手机阅读内容投送到不同的渠道和平台。综上可见,出版社对于电子图书出版业务的开展已经不仅仅停留在战略规划上,而是进行了有针对性的业务实践。

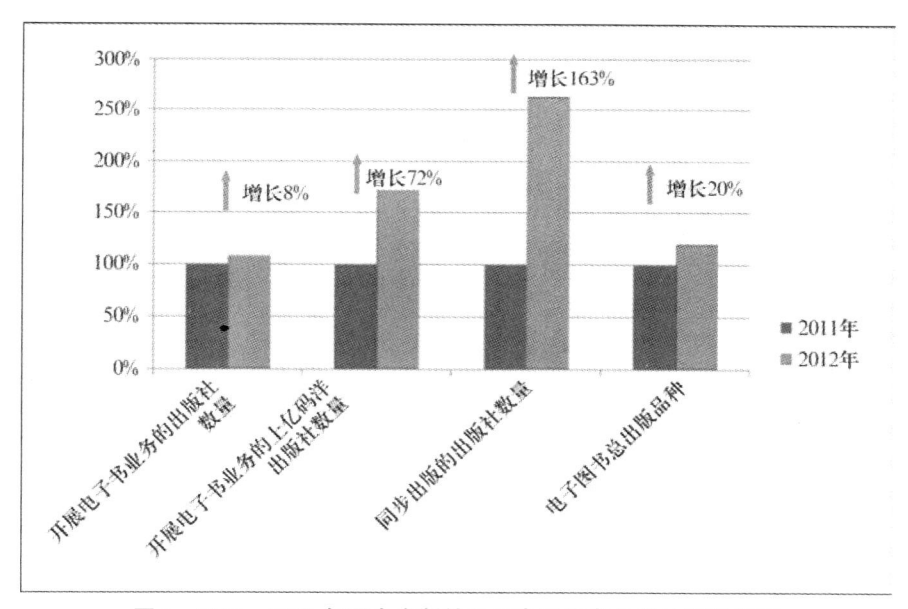

图1　2011-2012年国内出版社开展电子图书业务的增长情况

2. 出版机构更加聚焦和专注电子图书出版业务

(1) 出版集团多成立数字出版公司,独立经营电子图书业务

在早期,出版社一般会把电子图书业务放在音像电子部门或信息中心,随着业务的进一步发展,为了能更有效地推动电子图书的经营,出版社逐渐成立了数字出版部。近几年来,很多出版集团为了给新业务的成长创造发展的环境和空间,相继成立了数字出版公司独立经营电子图书业务。据不完全统计,全国38家出版集团中,已经有20家出版集团成立了数字出版公司,如四川出版

集团、河北出版集团、浙江出版集团等。除了出版集团，也有一些出版社成立了数字出版公司，如暨南大学出版社等。各大出版集团纷纷成立数字出版公司或源于几个方面的考虑：一是新兴业务单独运作，更易核算新业务的经营效益，这样更容易促进这项业务的发展；二是通过独立经营也可以结合资本层面进行运作；三是通过集团化运作，集中更多资源，发挥规模效应。出版集团成立数字出版公司，在某种程度上充分说明了对数字出版发展未来的认同。纸书市场的发展变化以及新媒体的快速发展都促使出版集团及出版社不再犹豫是否要开展数字出版，而是更多地在规划如何实现真正的转型，跟上或引领数字出版的发展。这对出版业而言，可以说是质的变化。

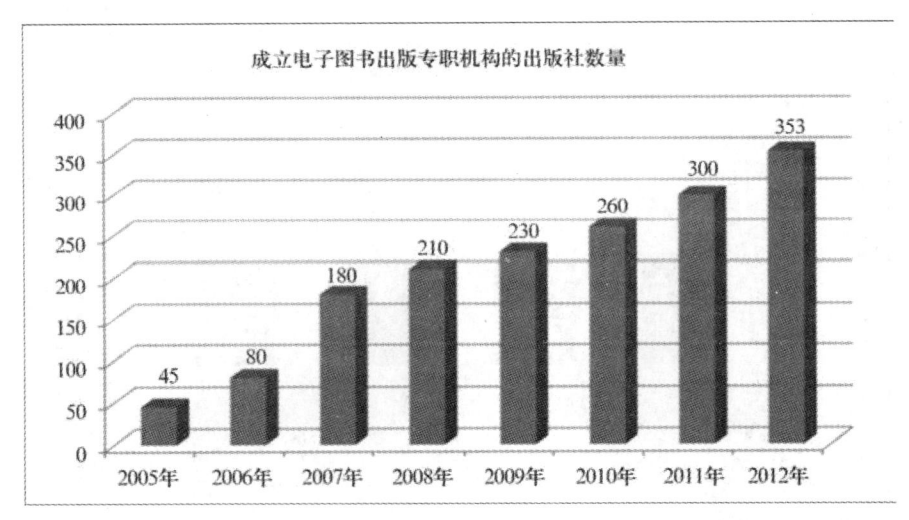

图2　2005－2012年国内出版社电子图书出版专职机构设立情况

（2）电子图书出版日益受到出版社编辑的关注和重视

电子图书业务发展初期，由于担心电子图书对纸书的销售造成冲击。电子图书销售尚未成规模、预期收益无法估量，盗版问题的困扰，使出版社对是否支持电子图书出版怀有疑虑。近两年，数字版权保护技术的相对成熟、数字出版市场体系不断完善，让从业者对电子图书出版有了全新的认识。全媒体出版给了出版者更多的启示，"一种内容、多种媒体、同步出版"的全媒体理念已经逐步赢得认可。部分单品种图书的电子版收入已经超过了纸书的收入，使从业者认识到数字出版的价值。业界对电子图书出版的认可，将有助于激发出版单位对数字出版的热情、调整组织架构、考核机制，以适应数字出版的发展。

(二) 我国电子图书年度出版情况

1. 电子图书出版总量达到 100 万种，新书同步出版比例仍然较低

截止 2012 年年底，中文电子图书出版总量达到 100 万种，资源总量已经连续 8 年位居全球单一语言电子书资源库总量第一位。电子图书出版的种类涵盖了众多领域。目前电子图书仍然以纸书的数字化版本为主。虽然电子图书总量已成规模，但不容忽视的一个事实是当年出版新书的数字化比例仍然很低，一般当年出版新书进行数字化的比例不足总量的五分之一。为了避免冲击纸书销量，出版社通常会将新书数字化的时间推迟到纸书发行后的三个月、半年，甚至一年以后。但是随着电子图书在手机阅读领域的良好市场表现，也有一些新书真正实现了同步出版，如 2012 年出版的《灵宠物语》一书在当当网的纸书新书榜上销量一度排在首位，虽然同时推出同版电子图书，纸书的销量并未受到影响。类似的案例还很多，如《谈笑间》等。这说明：新书同步出版的价值逐渐被认可。我们有理由相信会有更多的新书实现同步出版，读者可以更及时地看到更多的新书电子版。

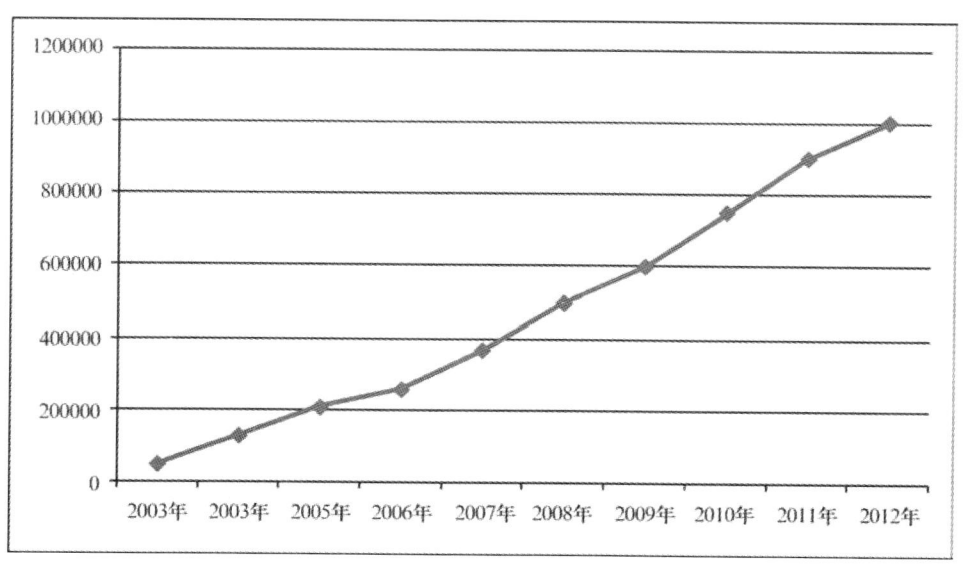

图 3　2003－2012 年国内出版社电子图书出版总量增长情况

2. 电子图书表现形式多样化

目前电子图书的表现形式日趋丰富，除了文字版，还有有声书、视频书等，

同一种内容经过重新包装和策划，借助技术的力量，可以形成有声图书，也可以制作成多媒体图书，或者进行汇编，形成新的图书。这些新的电子图书类型也有各自的市场空间和固定的用户群，比如有声书在课堂、开车途中以及现在的手机阅读业务领域都有应用，视频图书经过新的内容加工，通过客户端进行推广。

二、电子图书出版产业规模与发行状况

（一）电子图书 B2C 领域的发行规模与现状

1. 手机阅读业务规模增长迅速，用户群不断扩大

出版业者一直都希望电子图书业务的 B2C 商业模式能够得到成长，这样的期望直到以中国移动为代表的三大电信运营商启动手机阅读基地的业务才得以初步实现。当然，市场的成长都会有一个过程。在手机网民不断增加、3G 网络出现、技术手段能够支撑电子图书在手机上的良好展示和互动、支付模式更加成熟、智能手机应用日趋普及的情况下，再加上三大电信运营商拥有的庞大用户群，这些因素综合起来就构成了有利于手机阅读业务发展的"天时、地利、人和"。据不完全统计，手机阅读业务的累计访问用户数约 7 亿，全国已经有 200 余家出版机构与手机阅读基地建立了业务合作，通过三大电信运营商平台提供自身内容。电子图书销售在手机阅读业务领域展现出良好的发展态势，其规模增长速度远远超越了其他渠道。

图4　截至 2012 年底我国网民和手机网民的数量及历年增长情况

2. 电商平台的电子图书销售蓄势待发

2012 年，值得特别关注的是当当网、京东商城、淘宝等电商平台纷纷进军电子图书网络零售市场。经过了一年的运营，由于有数据加工成本、版权授权成本以及其他营销成本等开支，电商平台的电子图书网络零售并未如预期的那样红火，但是凭借多年积攒的用户规模和推广能力，电子商务平台的电子图书销售仍可期待，毕竟任何事物的发展都不是一帆风顺的，任何业务的成长都需要经历铺垫期、成长期和成熟期。2012 年末，全球电子商务巨头之一——亚马逊 Kindle 落地中国的消息更加激起了大家对电子图书 B2C 业务的期待。

由于电商平台同时在售卖纸书和电子图书，因此与纸书捆绑销售的营销方式也在逐步采用。随着电子商务平台对电子图书经营的深入，电子图书内容和表现形式的丰富，硬件设备对电子图书阅读体验支持得越来越好，电子商务平台的电子图书零售业绩将会逐渐增长。

（二）电子图书 B2B 领域发行规模与现状

1. 数字图书馆服务模式转换，仍是 B2B 商业模式主流

电子图书产业能走到现在，与数字出版企业成功地找到数字图书馆服务模式密切相关。因为馆藏和电子图书阅读服务的需要，电子图书数据库被销售给高校、中小学、企事业单位等机构用户。随着十余年的市场开拓，全国很多高校图书馆、公共图书馆都已经购买了电子图书数据库，覆盖率超过 80%。相比而言，中小学由于数量众多和购买经费的限制，在前几年未能有效实施覆盖。最近 2-3 年，数字图书馆的服务模式发生了深刻的变化，已经由以往的本地安装数据库模式向互联网服务模式转变。同时，中小学的数字图书馆建设也发生了很大的变化，中小学开始利用互联网图书馆让学生通过互联网阅读图书，如书香中国数字图书馆在江苏、浙江、福建等十多个省市落地，其中书香江苏的数字图书馆向江苏全省 13 个地级市、6300 多所中小学提供阅读服务。截至 2012 年 7 月，书香江苏的累计访问量已经超过 1.5 亿人次。另外高校数字图书馆的电子图书阅读服务也开始向纵深发展，仅从电子图书数量来讲，通过几年来市场的覆盖，各图书馆数字图书总量已经初具规模，图书馆需要更多新书资源，同时也希望在服务上更加精细，如虚拟咨询服务等。然而新书资源的数字版提供相对滞后，导致目前在高校领域数字图书馆的市场规模呈现增长态势缓

慢的状况。

2. 数字图书馆用户数量仍在增长，电子图书使用频率提高

截至 2012 年底，高等教育院校数字图书馆建设仍然是电子图书 B2B 领域的采购大户，中国普通高校数量超过 1800 所，普通高校图书馆文献资源采购经费接近 80 亿元人民币。电子图书的阅读在各大高校的数字图书馆里面已经非常普遍，且由于供应商不同，会出现多家电子图书数据库同时提供服务的情形。另外，目前高校数字图书馆的资源类型也发生了变化，有很多种类的资源数据库，如视频数据库等。电子图书在高校图书馆的借阅率在逐年攀升，这也与数字图书馆提供的服务相关，目前根据使用终端的多样性，学生可以持手机或者平板电脑上网借阅电子图书。电子图书使用的便利性逐渐得到了师生的认可，在可预见的时间内，电子图书数据库的需求仍然会不断增加。

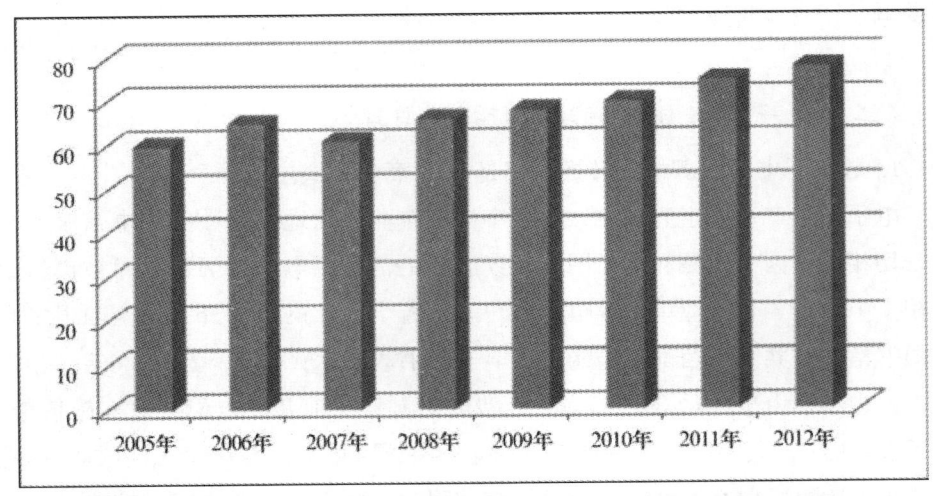

图 5　2005－2012 年中国高校文献采购总金额变化情况（单位：亿元）

3. 电子图书在国内机构市场发行数量超过 1 亿册

截至 2012 年底，电子图书在国内机构市场发行数量超过 1 亿册。随着国家对教育投资的增加，机构用户对数字资源的采购规模仍将会逐年增长；随着数字农家书屋的建设以及社区数字图书馆和家庭数字图书馆的推广，电子图书的 B2B 市场仍然有较大的市场空间。现在有线电视已能满足阅读需要，阅读推广将扩大到家庭。数字图书馆的优势使其建设的数量有增无减。截至 2012 年末，全球累计共有超过 8500 家的高校、中小学、教育城域网、企事业单位等机构

采购了国内500多家出版社出版的电子图书。其中，2012年国内提供电子图书服务的大学图书馆较2011年新增22%，中小学图书馆增加了180%，公共图书馆增加了16%，其他用户如政府、企业等增加了165%；销售的总册数较2011年增加了25%。

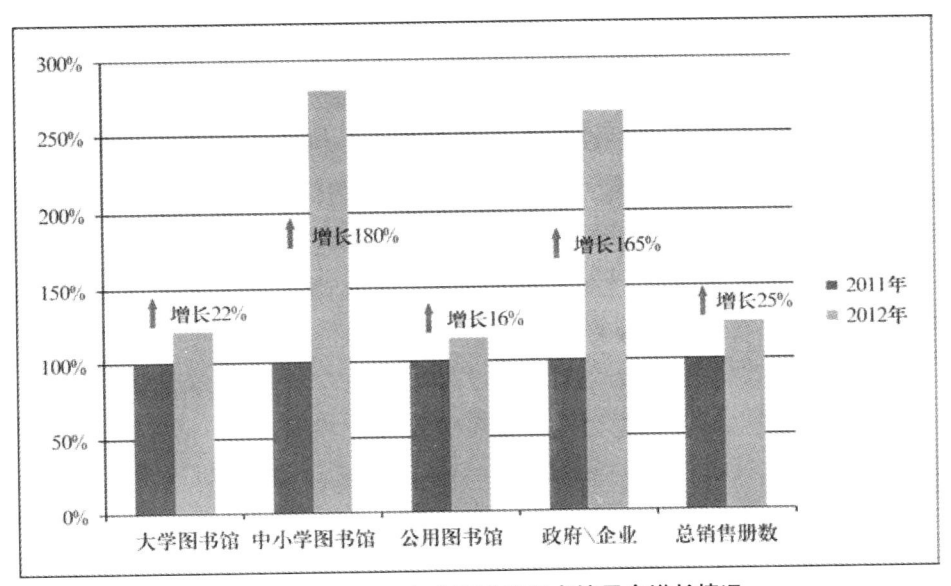

图6 2011-2012年中国数字图书馆用户增长情况

三、电子图书出版产业盈利状况分析

（一）总体状况

2012年，我国电子图书出版内容产业（含正式出版物和原创出版）的收入规模（含B2B和B2C）达到31亿元。电子图书的收入来源结构变化显著，B2C领域的收入规模占整体收入的80%，正在呈现加速增长的态势；B2B领域的销售规模仍然呈现稳步增长的态势，但规模上升增速放缓。虽然电子图书B2B领域收入规模年度增长的比例降低，但总体规模还是跃开新高，这与电子书在B2C领域的快速发展密不可分。

（二）现状和问题

1. 权利问题严重困扰发展

《信息网络传播权保护条例》明确规定：电子图书所属的权利为信息网络传播权。但由于《条例》颁布时，数字出版产业尚处在发展初期，这项权利体现在图书出版合同中的描述还不尽完整或者明确，虽然有的出版社修改了图书出版合同，加入了信息网络传播权，但有的出版社还在使用电子出版物或者数字版权等多种字样，这些潜在的问题都影响到出版社是否真正拥有这项权利。

近几年，电子图书产业发展迅速，涉及越来越广，已经不再局限于数字图书馆领域。同时，各类终端层出不穷，权利的描述也越来越复杂，其中包括转授权是否存在。

电子图书的销售渠道和形式与纸书销售通路有较大差别，电子图书交易和纸质书完全不同，纸质书交易是一种现实的交易，需要有买卖双方，但是卖方并未拥有所售内容的版权。相反，电子图书交易则是一种权利使用许可协议。这些都有待随着行业不断发展壮大去完善和解决。

2. 定价问题悬而未决

不可否认，电子图书的定价一直饱受争议。传统纸书的定价策略并未在电子图书的定价上有所体现。电子图书的定价基本上会在纸书价格的三分之一到五分之一的区间，近两年也有到十分之一的趋势。这与国外有显著的不同，美国的电子图书价格有采取纸书定价的50%–70%区间的，有时候也会高于纸书的定价。但普遍都高于我国的定价。当然，产生低定价的原因很多，比如成本核算并不清晰，与纸书成本核算会有重叠，市场上对高价电子图书的接受度较低等，这些因素都困扰着定价的制定和实施。出版社往往会认为定价低，但因不直接参与销售，无法了解市场上对电子图书价格的接受程度，因此定价问题就无从解决，当然这也与现在电子图书在市场上的定位有很大关系，相信当电子图书发行拥有与纸书一样的地位时，电子图书的定价问题也会随之得到有效解决。

3. 有序生态系统尚未形成

虽然数字出版产业发展多年，但由于各种各样的原因，电子图书行业各环节之间仍未形成良好的生态系统，环节之间相互抱怨的情况更为多见。从内容提供方来讲，因为电子图书收益还无法与纸书相比，因此对电子图书的重视程度不够，投入有限，无法像对待纸书那样输出成品，因此只希望各项投入越少越好，参与度较低；而数字出版公司或者渠道方不同，因为他们主要靠销售电子图书作为盈利模式，从数据加工到销售到售后服务都要负责，因此付出的成本也会更高；最终销售平台或用户会对产品质量严格要求，希望能提供与纸书一样精美完整的阅读体验，但电子图书的制作同纸书不同，需要排版文件，还涉及字体及版式的转换，这都让电子图书在呈现上时常难言完美。

此外，由于电子图书格式标准的缺失，导致电子图书的格式仍然缺乏统一性，这直接导致了加工成本的居高不下，面对不同的终端需要不同的格式，数字出版公司以及电商平台就要进行多次加工。产业链上各方都有各自的"苦衷"，因此还需要时日让整个产业链步入一个健康有序的生态系统，这既需要产业的力量，也需要政府在政策上能够给予更多的支持。

四、主要技术提供平台发展状况

（一）电子图书技术平台发展综述

2012年，国内主要电子图书技术平台依然维持了原有的格局，也都有各自的市场表现，详见表1。

表1 国内具有代表性的电子图书出版公司

公司名称	主要商业模式	目标市场	电子图书产品特性	主要产品
中文在线	手机阅读业务 互联网业务 数字图书馆业务 电子书包 手持终端出版业务等	个人消费市场（广大网民） 国内高校、中小学图书馆市场 出版机构用户等	文本转换、扫描图书均有，以PDF、EPUB格式为主	大众阅读产品 教育阅读产品 书香中国 电子书包服务平台 数字出版管理系统
方正阿帕比	数字图书馆业务 数字出版技术平台服务 云出版	国内图书馆和企业等机构用户 海外机构 出版社用户、期刊社等	由排版文件直接转换 自有CRB格式	电子图书、数字报刊、年鉴数据库、工具书数据库等云出版平台 云端读报

续表

公司名称	主要商业模式	目标市场	电子图书产品特性	主要产品
超星公司	数字图书馆业务、在线业务等	以国内图书馆为主的机构用户、个人消费市场	排版文件转换、扫描图书自有格式	电子图书数据库、学术视频数据库等
书生公司	电子图书、在线业务、电子政务业务等	以国内图书馆为主的机构用户、个人消费市场	排版文件转换、扫描图书自有格式	电子图书数据库、移动图书馆系统

（二）国内主要电子图书技术平台发展状况

1. 中文在线

中文在线是中国数字出版的开创者之一，以版权机构、作者为正版数字内容来源，进行内容的聚合和管理，向手机、手持终端、互联网等媒体提供数字阅读产品；为数字出版和发行机构提供数字出版运营服务；通过版权衍生产品等方式提供数字内容增值服务。

中文在线已与国内400余家版权机构合作，签约知名作家、畅销书作者2000余位，拥有驻站网络作者超过10万名。中文在线的数字内容类型覆盖全面，除名家经典、青春言情、历史军事、官场职场、经管励志等文艺类作品之外，还长期储备社科和教育类内容资源。

2012年，中文在线与上海市虹口区教育局正式签约合作电子书包项目。同时在数字出版运营和渠道拓展方面取得了较大的进展，推出了适应移动阅读的多种客户端产品，2013年初，推出了"中文在线微书房"等个人图书馆产品和汤圆客户端。

2. 方正阿帕比

方正阿帕比公司已发展成为全球领先的数字出版技术提供商和专业数字出版服务提供商。方正阿帕比公司为出版社、报社、期刊社等新闻出版单位提供全面的数字出版和发行综合服务解决方案。目前，方正数字出版系统提供包括电子图书、数字报、数字博物馆、各类专业数据库及移动阅读的技术解决方案，并提供丰富多样的数字资源产品的运营服务。中国90%以上的出版社在应用方正阿帕比（Apabi）技术及平台出版发行电子图书，每年新出版电子图书超过12万种，累计生产正版电子图书近70万册；中国90%的报业集团、800多种报刊正在采用方正数字报刊系统同步出版数字报纸。此外，全球8000多家学校、公共图书馆、教育城域网、政府、企事业单位等机构用户应用方正阿帕比数字资源及数字图书馆软件为读者提供网络阅读及专业知识检索服务。主要合作伙伴及客户机构包括：人民日报报业集团、经济日报报业集团、北京日报报业集团；上海世纪出版集团、中国科学出版集团、北京出版社出版集团、江苏凤凰出版传媒集团。方正阿帕比拥有较强的技术研发力量，在2012年大力推广云出版服务平台解决方案。

3. 超星公司

超星公司是国内最早从事纸质资料的数字化以及制作电子出版物的公司之一；超星数字图书馆目前藏书量达到260万种，并且每年以十万种左右的速度递增。

北京超星公司是中国规模最大的数字图书馆解决方案提供商和数字图书资源提供商之一。业务范围包括数字图书资源加工、供应、采集、管理以及提供数字图书的创作、发布和交流为一体的完整平台。用户群体不仅覆盖全国各省区以及各行业、专业的图书馆，而且承担着大量国外图书出版机构的数字化业务。迄今为止，超星阅览器SSReader成为国内使用人数最多、技术最成熟、创新点最多的图书阅览器之一。根据超星公司网站公布的数据，截至目前已有近35万作者和超星签订了授权协议。同时超星在2012年不断推陈出新，推出了学术视频数据库，并向图书馆提供相关服务。

4. 书生公司

北京书生公司是一家以技术起家的IT企业，其SEP文档库技术为文档互操作提供了可行之路。由书生公司主导制定的UOML标准是第一个进入ISO标准的中国软件标准。SEP技术和UOML标准使软件都能打开并处理其他软件生成的文档。

书生公司与出版社合作，同时也开展签约作者版权授权，其同样提供数字图书馆服务解决方案。2011年，其开发了移动图书馆系统并向高校推广应用，取得了不错的市场反响。书生公司一直致力于以数字文档取代传统纸质信息的技术研发及相关产品推广，在数字文档领域具有全球竞争力，是中国极少数掌握IT产业核心技术的软件公司之一。基于书生公司的SEP数字纸张技术，可以搭建符合传统纸张特性的技术平台，将传统基于纸张的应用全面电子化。书生技术已在电子政务和数字图书馆领域得到了成功应用，数百万书生用户遍布全国每个省（除台湾外）、每个城市、大约90％的县和海外20多个国家，每天新增数百种书生数字图书。

五、年度影响电子图书出版产业发展的重要事件

每一年关于电子图书的事件都会有很多，2012年同样有很多值得我们重视和回味的事件。

（1）2月15日，《国家"十二五"时期文化改革发展规划纲要》正式发布，纲要中提出：加快发展文化创意、数字出版、移动多媒体、动漫游戏等新兴文化产业。

点评：国家政策鼓励数字出版、移动多媒体产业，对电子图书产业发展而言是利好。此外《中华人民共和国国民经济和社会发展第十二个五年规划纲要》、《新闻出版业"十二五"时期发展规划》等都提出了要加大数字出版和数字内容产业的发展。这些都充分体现了国家对数字出版产业发展的高度重视。

（2）4月19日，2012中国移动手机阅读高峰论坛暨"悦读中国"大型移动互联网读书活动启动仪式在北京举行。在原新闻出版总署的指导下，中国移动携手中国出版集团、人民日报出版集团、中文在线等各方开展"悦读中国"大型移动互联网读书活动。

点评：随着新技术、新媒体的发展，移动互联网已经成为文化传播的重要手段。这样的倡议活动能够有助于更好地发挥移动互联网优势，创新文化传播业态，形成全民阅读的新风尚。

（3）5月，中国新加坡出版高峰论坛日前在京举行，500本新加坡数字图书将进入中国市场。

点评：在这届论坛上，来自中新两国的出版企业共同签署了四项出版协议。该论坛是中新两国在出版方面第一次正式开展合作与交流，此次合作的重点是数字出版。据悉，有500种新加坡图书将数字化推向中国市场，1000种中

国数字图书也即将通过新加坡进入东南亚。虽然此次电子图书版权合作的数量不高，但充分体现出了电子图书市场的活跃度已经日渐深入。

（4）7月19日，2012中国数字出版年会在北京成功召开。中国新闻出版研究院在年会上发布了《2011 – 2012中国数字出版产业年度报告》。报告显示2011年数字出版产业产值达到1377.88亿元，再创新高。

点评：报告显示，广告、游戏、手机出版在数字出版产业中成为三驾马车，数字出版基地布局基本完成。互联网广告、网络游戏和手机出版三者的收入之和在数字出版总收入中占比近95%，说明这三个领域是拉动数字出版产业收入的主力军，这也从侧面说明手机阅读业务发展迅速。

（5）10月，莫言纸书脱销，电子图书"显身手"。

点评：10月11日，中国作家莫言力压村上春树、威廉·特雷弗两大夺冠热门人物获得了2012年诺贝尔文学奖。一时间，莫言的作品成为各大图书商城、电商网站最为热销的图书。无论纸质图书怎么补货，依然难以扭转莫言图书供不应求而致脱销的局面，但电子图书却在此时显示出了在这方面得天独厚的优势。各大图书销售网站也纷纷针对莫言电子图书作品进行营销。电子图书作为有效的补充缓解了纸书脱销的尴尬，同时也满足了广大读者的阅读需求。

（6）10月，南京21所公办中小学试点电子书包。

点评：除南京之外，上海、广东等地也有中小学校加入电子书包试点的行列。电子书包作为教育信息化的重要实践，还处于初步试点阶段，能否顺利推广，需要了解学校、家长、专家等各方面的意见。电子书包能否真正减肥，硬件成本过高等多重因素都在影响着电子书包产业的发展。但其便利性，如提升课堂参与率、构建泛在学习环境等，也逐渐为大家所认可。如何推进电子书包扬长避短、让家长不再纠结和担忧，或许是一个长期的课题。

（7）11月，数字出版让党的十八大精神传播更广。

点评：由人民出版社出版的党的十八大报告和《中国共产党章程》等的电子书11月21日在中国理论网、中国移动、中文在线、当当网、京东商城、四川文轩九月网等网络渠道上线发行。上线一周时间，便获得了很高的点击率，党和国家重要文件、文献出版物首次实现纸质、数字同步出版，受到了广泛关注。

六、总结与展望

（一）总体态势

1. 手机阅读业务步入快速发展期

手机阅读业务是近几年兴起的业务，其规模性发展始于以中国移动为首打造的手机阅读基地。中国移动手机阅读是中国移动以手机（WAP、客户端）和移动电子阅读器为主要形态，基于用户对各类题材内容的阅读需求，与具备内容出版或发行资质的机构合作，整合各类阅读内容，打造全新的图书发行渠道。手机阅读业务以移动阅读终端为核心阅读载体，以 WAP、HTML5、客户端、互联网和彩信为辅助阅读载体，为用户提供各类电子图书，包括图书、杂志、漫画等。用户可以在前端上选择感兴趣的内容在线阅读，也可下载之后离线阅读。截至 2012 年 9 月，中国移动手机阅读月访问用户超过 8500 万，每天的页面点击量接近 5 亿次。排名第一的图书点击量已经超过了 19 亿次，销售额超过了 5000 万。目前，正版图书在平台上已经超过了 35 万册，已经成为互联网阅读用户最多、正版内容最多、业务收入最大的中文内容获取平台。除中国移动外，中国联通、中国电信也相继开展各自的手机阅读业务。据专家预测，手机阅读业务的市场规模在未来三年的复合增长率将超过 30%。

2. 阅读客户端应用开发蔚然成风

随着移动互联网应用的兴起，针对不同的系统环境、不同的机型、不同的内容，很多企业都开发了自身的阅读客户端。这些客户端都会集合很多功能，比如支持阅读、互动、购买电子图书和纸书等多种功能于一体的阅读类软件，也有包括支持手机写作的客户端软件。这些软件为客户提供了丰富的功能，并能帮助客户实现方便阅读自己想要的内容。由于 iPad 热销，类似支持 IOS 和 Android 系统的客户端层出不穷，这里面涌现出了很多优秀的客户端，如中文在线的 17K 阅读客户端、91 熊猫看书、多看阅读、掌上书院、塔读文学、天翼阅读、京东 LeBook、起点阅读、网易阅读、QQ 阅读、掌阅 iReader 等客户端都拥有各自的客户群。虽然这只是一些客户端应用，但其通过良好的用户体验、丰富的内容、及时的新书推送等功能有效地提升了用户的使用黏性。客户端应用的推陈出新，是技术引领创新的一种体现，技术创新带动市场发展，体现了技术对产业的贡献。

3. 电商平台推动电子图书应用热情不减

当当网、京东商城等相继进入电子图书业务领域，曾在产业内刮起了一阵旋风，虽然仍然存在当年新书提供电子版上网的数量不多、加工成本高昂等因素，但这丝毫没有影响电商平台对电子图书业务的推广，淘宝等平台也在大力经营电子图书业务。尤其是亚马逊 Kindle 进入中国市场，这都让人们对电子图书产业 B2C 商业模式充满了想象和期待。

（二）主要问题

1. 传统出版内容策划急需适应数字出版时代需求

面对电子图书出版领域成长规模最快的盈利模式——手机阅读，出版社出版的传统内容却在与原创文学的竞争中处于劣势，虽然这跟阅读群体相关，但另一方面也说明传统内容在适应数字出版时代缺乏有针对性的策划。虽然在童书出版领域，面对越来越多的客户端重新策划的数字内容产品已经出现，个别品类收获了高流量和高收益。但这样的内容还依然很少。适应数字时代的内容产品不足一直是近年来困扰数字出版发展的核心问题之一，传统出版单位虽然拥有大量内容资源，但能转化为数字产品、适合数字终端呈现、带来收益的内容还很有限。目前传统图书资源的数字化可利用率偏低，原因在于出版社对新媒体的特性认识不足，对新媒体的用户需求把握不够，提供的内容在选题策划与数据加工方面都与市场需求存在偏差。

2. 数字出版产业链发展尚未形成良性的生态系统

历史发展表明，任何一个产业的可持续发展都需要产业链各环节形成一个生态系统，简而言之就是利益共享，发展均衡。如果发展的天平倾斜太大，那么长远的发展就不会存在。当前，国内的数字出版产业链包括作者、出版社、技术提供商、平台提供商、电信运营商、硬件设备厂商等主要环节。长期以来，数字出版产业链发展并不均衡，产业链之间缺乏合作精神，产业链分工不甚明确也是制约数字出版技术商、运营商与传统出版社之间合作的一大障碍。因此，产业链各环节应建立协商机制，能够分工协作，每个环节都能秉承自身的优势，没有内容资源、人才、技术、资金的融合，数字化转型无法成功。只有全身心投入、通力合作，数字出版才有未来。

3. 机制僵化，投入不够

经过十余年的发展，电子图书业务已经逐步受到了出版单位的重视，成立专门的数字出版部，数字出版公司，但这些举措不足以真正推动出版单位电子图书业务的实质性发展，由于机制的原因，包括考核机制、奖励机制等，还无法调动全员参与数字出版的热情，虽然出版社已经转企，但部分机制还是有些僵化，如在投融资策略上的选择和推进，在面对新媒体领域业务选择的犹豫，以及在技术和人才投入上的瞻前顾后，都使出版社在电子图书出版业务上行动缓慢。

（三）未来走向预测

1. 移动阅读应用开发将会极大地推动电子图书出版向纵深发展

移动化是未来互联网的发展趋势，已是业界共识。移动互联网时代，"万物互联"将会成为现实，一切具备屏功能的产品，皆有可能成为数字终端。移动互联网的深度开发，将催升多种新应用，尤其是移动终端的大面积覆盖将给移动阅读带来更多的便利。从目前的情况看，已经能够看到手机阅读业务的快速发展，虽然目前大众出版在移动阅读领域的表现比较出色，但是随着教育出版数字化进程的加快，教育阅读针对移动终端的开发也会越来越多，包括专业出版。随着技术的不断推陈出新，硬件设备的支撑越来越完善，有针对性的内容策划将会越来越多，大众出版、专业出版、教育出版有望在移动阅读应用领域全面开花。

2. 电子图书出版内容将从"粗放式"经营走向精耕细作

近年来，我国电子图书出版的发展，有一个特点：过度集中于进行基础内容数字化加工转换、建数字出版发行平台这些"宏观"建设与"基础"建设。重项目、轻产品，是数字出版界，尤其是传统出版单位电子图书出版过程中普遍存在的现象。可以说，在电子图书发展的初期，数量的积累非常重要，数据库建设如果没有一定的图书数量，自然无法显示出数据库的优势。但随着进一步的发展，单纯追求数量的时代已经在逐步走远，粗放式生产将无法满足数字出版发展需求，应加强产品的精耕细作。在数字出版时代，良好的用户体验可以让一个产品出奇制胜，电子图书出版产品创新与出版"基础建设"并不冲突，而产品无疑是投入小、见效快的高效项目，我国电子图书出版的发展应加强产品开发，提升产品的功能性和易用性，良好的用户体验加上口碑效应往往会取得出其不意的市场效果。

3. 内容、运营与渠道互为支撑，不可或缺

对于电子图书出版产业链哪一环节更为重要的争论一直都难解难分，内容为王，渠道为王。随着电商平台和手机阅读业务的兴起，运营为王的说法也开始出现。从长远发展来看，内容是发展的基础，没有好的内容就无法吸引读者；渠道是电子图书分发的通路，它能帮助更多读者找到产品，如果没有渠道，则无法将产品全面铺开，收益自然会受到影响；运营是让更多的优秀产品脱颖而出，能够通过各种营销手段让产品价值最大化，此外还有很多相关环节。可以想象，在未来，内容、运营和渠道等环节相互依存，互为支撑，哪一个都不可或缺，也正是因为这一点，电子图书出版产业的生态系统终将会形成。

附 录

国外电子图书出版产业发展特点及启示

（一）发达国家电子图书业务发展特点

据鲍克市场研究公司与皮尔森、Tata 咨询服务、科尔尼、美国书业研究组织发布的《全球电子图书监控报告 2012》（Global e-Book Monitor 2012）显示，包括美国、英国、澳大利亚等发达国家或新兴国家的电子图书发展呈现出以下特点。

1. 读者热情高

据报告显示，澳大利亚、韩国、英国、日本的互联网普及率高达 80% 以上。在参与调查的所有国家读者中，新兴市场如印度、巴西等国家中有超过半数的读者近半年内下载过电子图书产品，特别是印度，读者对电子图书的参与性最高，4 类版本（付费完整版电子图书、免费完整版电子图书、付费摘要版电子图书、免费摘要版电子图书）的下载比重都比较高。其中非英语市场如巴

西、韩国、西班牙的读者相对比较倾向于免费产品，而欧美或英语市场的读者比较愿意付费购买电子图书产品。

2. 付费意愿积极

虽然很多读者都更倾向于免费产品，但值得关注的是，也有相当比重的读者愿意付费购买一本完整的电子读本。

从结构上来看，愿意免费下载的读者也愿意付费下载。印度和巴西的读者参与热情很高，半数以上都表示在未来的半年中一定会下载免费的电子书，英国、美国、澳大利亚市场的读者意向比例和结构较为相近，表现出英语国家的市场发展模式相对一致。

3. 读者群体呈现年轻化、知性化

在受调查国家中电子图书读者群呈现出如下特征：受教育程度高，全职工作的年轻人（通常34岁以下），居住在城市地区，有购买纸质图书的习惯。总而言之电子图书的消费者是充满活力的、有较好的购买能力并喜爱创新的一个群体。此外，学生群体也是电子图书阅读活动的主体，这在澳大利亚、法国、英国的市场表现尤为显著。

4. 产品内容以成人读物表现突出

调查显示目前读者群对电子图书消费速度取决于市场供给而不是需求，各个市场都表现出供货因素（包括图书品种、价格、税收等）相对于技术更占主导。

就不同种类电子图书的下载量来看，成人小说类和非小说类产品下载较多，目前该类产品的现有读者和潜在读者占读者总数一半以上；职业类和学术类电子图书在印度和巴西的市场份额超过40%，在韩国更是唯一的高端出版市场产品。这主要是因为韩国政府定下目标，到2015年将国内的所有学术类图书全部转化为电子图书。印度由于廉价平板电脑投放市场，客观上推动了学术类电子图书销售。

5. 移动阅读设备占据主流

调查显示在国外，计算机（台式和手提式）是最普遍的电子书阅读设备。值得关注的是，便携式移动设备占较大比重，电子图书阅读器在英国和美国最受欢迎，各占36%，其次是德国和西班牙各占22%。日本、韩国的读者更青睐智能手机，分别占20%和39%。平板电脑已为大多数国家市场的读者所接受，成为主要的电子阅读设备产品。调研中的多数国家市场里,三分之二的电子图书读者通常会选择平板电脑和智能手机作为唯一的电子图书阅读设备。[①]

(二) 启 示

1. 软硬结合提高便利性

在国外,促进电子图书销售增长的主要因素中,便利因素是读者消费电子图书的最主要的影响因素,读者会因为节省储存空间、便于携带的优势而去购买电子书产品。阻碍读者购买电子书的首要因素是出于"载体选择",三分之二的读者提到使用格式的局限,五分之二的读者提到待机时间有限。这就要求从业者要注重阅读体验的提升,首先能够促进标准的统一,同时硬件对于阅读体验的支撑也非常重要,如屏幕能够更加减少对视力的影响,待机时间能够更长等。只有阅读体验不断提升,才能增加用户的阅读黏性。

2. 制定合理的价格

价格竞争力也是电子图书销售的关键影响因素,这里既包括电子图书的定价,也包括阅读设备的投资成本。当前,电子图书价格的制定并未有合理的策略,如何计算成本,如何结合市场需求,如何捆绑与纸书的营销策略,如何针对不同的销售模式,这些都让电子图书的定价显得尤为重要。而不管如何定价,能够让消费者认可是检验价格合理与否的考量标准。

3. 政策的引导和推动

在整个行业发展尚未形成良好生态系统的阶段,政策的影响有时会起到重要的推动作用,如韩国政府对于电子书包项目的推动客观上加快了对于学术图书数字化的进程。在国内,电子书的书号、格式标准、版权规范等都还需要进一步细致的研究并制定合适的解决方案。

(作者单位:中文在线)

[①] 以上信息部分转自 2013 年 2 月《中国新闻出版报》发表的文章《2012 年全球电子书监控报告》。

2012－2013中国数字报纸出版产业年度报告[①]

彭云飞　乔莉莉

一、数字报纸出版概况

（一）数字报纸出版企业总体情况

数字报纸又称多媒体数字报纸，自2006年至今，数字报纸就如雨后春笋般日益发展起来，数字报纸出版体系不断完善，数字报纸盈利模式逐渐清晰，越来越多的报社成立了新媒体中心，甚至成立了公司，有的已经有所收获。可以预见，2013年是值得期待的一年。

截至2012年年底，我国国内数字报纸及新媒体内容投送呈现平台化特点，已形成电信运营商型、技术服务型、报社门户、互联网门户或信息服务型，以及电子商务型五大平台。可见，数字报刊及新媒体业务的主要平台类型已经囊括了全国近70%的报社开展新媒体业务，在新媒体领域不断尝试和探索可盈利的商业模式。全国性报纸、主流报业集团都在着手或已经上线全媒体系统，数字报纸及新媒体技术的应用进一步助推了中国数字出版产业的整体发展。同时数字报刊及新媒体在内涵上也迅速拓展。多数行业在实质性内涵上的拓展往往慢于外在规模上的发展，但数字报纸及新媒体则在内涵拓展上表现良好。

---

① 本报告在撰写过程中参考了梅花网、虎嗅网和百度文库上的文献，在此一并致谢。

（二）数字报纸年度出版情况

2012年，数字出版发生了诸多新变化，这一年，政府部门给予数字报业极大的支持，国家数字出版产业基地布局与建设取得更大的进展；这一年，传统报业集团逐渐成为数字报纸出版的主角，主动积极地改变数字报纸出版业态。

从2012年底，全国核心党报及40多家报业集团所属的报刊几乎都已经开展数字报刊出版，绝大部分报业集团上线或拟上线全媒体系统。数字报刊已趋于普及，大部分核心党报已经上线或准备开展以新技术为核心的全媒体业务。数字报业发展趋势从单一出版形式到复合出版形式，从核心党报、报业集团带动独立报社、行业报，从大中型城市带动二、三线城市，从东部发达地区带动西部欠发达地区逐步转变。报刊行业的发展是一个指向标，除国家正式报刊外，企业报、校园报对待数字出版的探索也在加强。

二、数字报纸出版产业规模与发展状况

（一）数字报纸出版规模与现状

2012年，以信息化和网络化为基础的数字报纸出版发展迅速，正深刻地影响着传统报业，数字报业的所有环节，从内容创作方式、编辑业务流程、资源检索系统、产品制作发布流通形态、产业链上下游信息衔接、资源管理等到处都有数字技术的身影。在传统报业的各个领域，都出现了数字化转型的明显趋势，新兴数字媒体的出现，丰富了出版的内涵，扩展着出版的外延；现代信息技术通过新兴载体的不断开发，主导着数字报纸出版业的发展方向和格局。

在学术出版领域，在线报纸和数字期刊的成功引人注目。在政府引导和支持下，一些技术开发商依托著名高校、科研单位，将中国的期刊和报纸进行数字化，以在线数据库的形式向公众提供服务，取得了相当可观的社会效益和经济效益，如中国最大的在线期刊数据库——中国知网。

2012年数字报产业的发展重点仍集中在报网融合、移动阅读及全媒体报道三个方面。从报业发展形势上看，2012年是报业改革的三年计划的后期，我国报业正处于结构调整和部署落实阶段。在一部分时政类的报刊、新闻机构保持

现有体制运作的同时,许多行业性、非时政类的媒体转向市场,在市场竞争中发展。这一改革约涉及5000多家报纸和刊物。国内媒体逐步进入等级管理后,部分缺乏竞争力、影响力、社会效益、经济效益的媒体,将会逐步退出市场。一些小的、弱势的媒体,将考虑以联合、重组、兼并等方式进入大的传媒集团。相关企业的上市进程正在进一步加快。现有49家报业集团,在完成经营性资产转制改革后,将逐渐全面推向市场。

(二) 数字报纸用户规模与现状

数字报纸出版作为一种基于信息技术、数字技术和计算机网络技术而诞生的一种新型报纸出版形态,是纸质出版的智能化形式,是纸本出版物集合影像、声音、读编在线互动等元素的智能化呈现,这离不开需求驱动因素。从本质上讲,数字报纸出版就是技术与需求双轮驱动的结果,它以终端、内容、用户体验为三大核心展示要素,为用户带来了优秀的阅读体验,为内容创造了新的价值。

伴随智能手机、平板电脑的快速发展,内容资源的不断丰富,用户获取数字内容的终端日益多样化,用户数量虽容易增加,但是对象并无太大的变化,按照数字报内容运营方式和对象分为PC数字报用户(PC浏览器、PC客户端、电脑光盘等)、移动设备数字报用户(手机、手机客户端、手机浏览器、阅读器等)、公共展示设备的数字报用户(户外大屏、移动电视、触摸屏等)三类。

1. PC用户

数字报纸受众的最早群体是互联网用户,移动互联网业务的优势不仅体现在可以"随时、随心"享受互联网业务带来的便捷,还表现在更为丰富的业务种类、个性化的服务和更高服务质量的保证上,这些优势无疑使越来越多的人更热衷于在互联网上阅读报纸。目前数字报纸的展现形式已经不再仅是单纯的文字呈现,用户还可以通过视频、音频等进行阅读,这些技术给受众带来的视觉上的冲击力,也使数字报纸用户不断增加。个人电脑配置越来越高,显示器越来越薄,这些便利条件都使数字报纸PC用户不断增加,可以说PC产业飞速发展的同时也促进了数字报纸产业的发展。

2. 移动用户

移动设备数字报用户主要集中在以手机等移动阅读终端为载体的报刊受众群体。其中,手机报的产生和发展给人们日常获取信息提供了更加便捷的渠道。

2012年，手机报普及率继续上升。但是，经过几年的快速发展，手机报似乎已走出高速成长期，进入平稳发展阶段。

据《2012年中国移动互联网用户调查报告》显示，在手机阅读方面，超过六成的手机用户会使用手机阅读新闻类资讯。阅读手机报纸或杂志的人群也达到了36.1%。移动阅读已成为人们生活中重要的一部分。其所产生的市场效应也是潜力巨大。

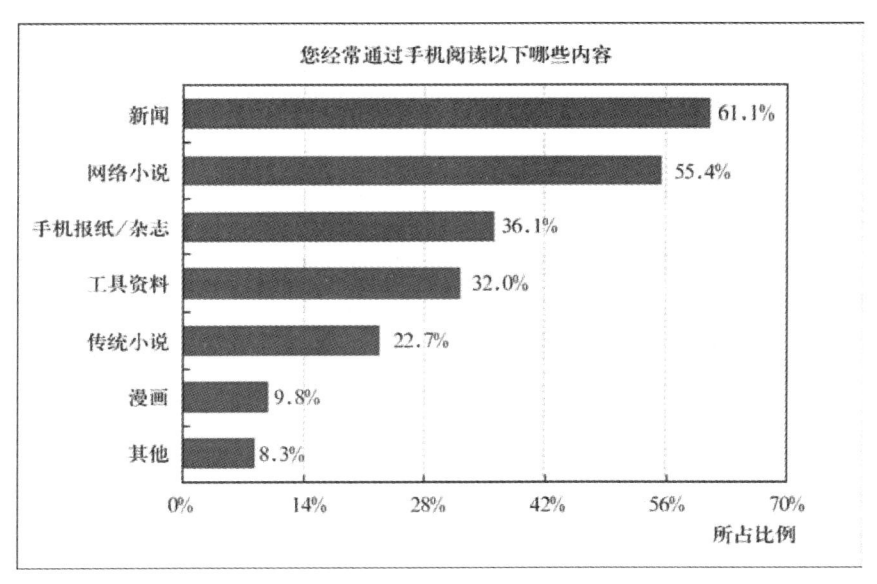

您经常通过手机阅读以下哪些内容

内容	比例
新闻	61.1%
网络小说	55.4%
手机报纸/杂志	36.1%
工具资料	32.0%
传统小说	22.7%
漫画	9.8%
其他	8.3%

图1

来源：《2012年中国移动互联网用户调查报告》（手机阅读篇）

近几年来，电信运营商开始涉足数字报纸行业，随着电信天翼阅读的加入，运营商阅读业务的竞争逐渐拉开。从中国移动和中国电信的阅读基地规模及运营能力来看，近两年内还会呈现较为高速的发展，继续推动移动阅读市场。目前全国已推出手机报1500余种，仅中国移动公司运营的全网手机机报就由2007年初的17份发展到现在的135份。其中发行量最大的为中国移动公司自营的《新闻早晚报》，月均付费订户有3308万。另外两大电信运营商也于2009年推出自营手机报，即中国联通的《新闻早晚报》和中国电信的《新闻早晚报》、《天翼手机报》。

3. 公共设备用户

公共展示设备的数字报用户主要是在公共场所以大型电子屏幕、公共电视屏幕、触摸屏为报纸载体的受众群体。

2012年数字报纸的运营模式也在触摸屏、数字电视上成功地延续，数字报的浏览方式可以完美地与触摸屏的操作方式融合在一起，加上大屏幕高清晰的宣传效应，使数字报触摸屏在多个图书馆得以应用，一般在公共大厅位置摆放让进馆用户浏览数字报纸，受众多为图书馆读者用户。

三、数字报纸技术提供商发展现状与规模

（一）北京方正阿帕比技术有限公司

北京方正阿帕比技术有限公司（以下简称"方正阿帕比公司" www.apabi.com）是方正信息产业集团旗下专业的数字出版技术及服务提供商。方正阿帕比公司自2001年起进入数字出版领域，在继承并发展方正传统出版印刷技术优势的基础上，自主研发了数字出版技术及整体解决方案。

目前，方正阿帕比数字出版系统提供包括电子图书、数字报、数字博物馆、各类专业数据库及移动阅读的技术解决方案，并提供丰富多样的数字资源产品的运营服务。中国90%的报业集团、800多种报刊正在采用方正数字报刊系统同步出版数字报纸。方正阿帕比内容生产制作系统可为报业提供从传统纸报出版向数字出版转型的一站式服务，支持目前主流的反解和标引程序，该系统可以帮助报刊社实现快速生产制作以及多媒体数字报产品发布。其数字报刊系统做到了内容的生产、制作、发布，还可以做到数据加工、舆情分析与审读等功能，这些功能在方便各社运作的同时，也大大提高了报社的收益。

（二）青苹果数据中心

青苹果于1991年筹建，1992年注册，二十多年来，主要从事电子出版物、数据库产品的开发、出品、销售，完成了100多项国内外大型数字化工程，逐步从单纯产品制作转向多种经营，已成为中国主要的数字化产品制作商和内容供应商之一。通过长期的技术改进，青苹果已形成成熟而独特的数字化生产工艺，完善的生产流程，可以制作不同功能需求的大型数据库和电子出版物。根据国际市场的普遍需求，青苹果先后开发了适合多语言的数据库检索平台、数

据质量控制平台和版式重构技术。青苹果的主要客户现为报社、出版社及图书馆，其主营业务数字化产品制作，包括网页、电子图书、电子期刊、电子报纸、手机出版物和数据库产品。向外国政府和企业提供数字化产品的外包服务、数字化产品内容服务等。

（三）北京高术科技公司

高术科技创建于1994年，是一家从事电子出版系统及网络应用系统的开发、生产、集成、服务工作的科技公司。公司在北京、广州、上海、长沙等地设立了分支机构，其主要研究与服务内容为新闻与出版行业综合信息管理系统、印艺生产及管理整体解决方案、ERP企业资源管理系统，高术媒体事业部开发报业综合信息应用及管理系统以追求对报社信息化的跟踪、收集和分析。其媒体产品体系是以新闻采编系统为基础，以广告经营管理系统和报刊发行管理系统为经营核心，以排版软件、数字资产管理系统、网络媒体系统等为辅助工具的报社业务解决方案。

四、数字报纸出版的盈利模式及状况

（一）总体状况

一般来说，出版业盈利模式的属性很大程度上取决于出版物的属性，即作为内容产品的广告资源的属性。和其他出版物相比，数字报纸出版物的流通与产品市场、服务市场和要素市场等有诸多不同，所以盈利模式呈现非单一性。从数字报纸产业链的角度分析盈利模式，可分为如下几种模式。

1. 平台服务商盈利模式

平台服务商是专门为数字报纸出版活动提供内容增值渠道、技术支撑的服务商。一方面通过合作经营，借助平台硬软件弥补出版企业的不足，另一方面借出版业的经营来拓展平台的业务范畴，两者结合形成资源的优势互补。

2. 硬件生产商盈利模式

硬件生产商是生产数字报纸内容阅读载体的厂商，包括计算机、手机、电子阅读器和教育辅助类电子产品等制造商。苹果ipad、汉王黄金屋、方正文书等阅读器丰富并刺激着电子阅读器的市场,通过销售硬件产品盈利,依靠电子设备的供应脱颖而出,电子阅读器的盈利模式依赖于植入式广告和内容下载业务。

3. 网络运营商盈利模式

网络运营商是数字内容的传输方,国内主要是中国移动、中国联通和中国电信三大通讯网络运营商,其介入数字报纸出版的途径主要有手机出版、博客网站等。读者可以通过手机报等方式查看报纸内容。

4. 内容提供商盈利模式

内容提供商是数字报纸内容的生产者和供应方,成员众多的传统报纸出版商,也是崇尚"内容为王"的忠实拥簇者。在长期发展过程中,内容产品是作为利润源出现的,盈利模式自然以产品为中心,以发行码洋为衡量标准。数字时代,内容提供商为了应对新技术挑战,开发了探索工具书检索、线上增值服务、二维码等新的盈利模式。

2012年,数字报纸出版的整体收入约53亿元,近两年的年均增长速度超过30%。其中,手机报收入规模约37.1亿元,报网融合、数据库运营、公众阅读服务也是数字报业重要的盈利手段,而收费发行和移动阅读等模式处于探索与成长初期。

(二)主要问题

我国数字报纸出版产业面临着众多问题,这些问题不仅内部构成因素复杂,而且与其他问题相互作用,使影响也复杂化。而盈利模式构建不当及其导致的不良影响,将减少资本和人才等因素进入该行业的积极性,很容易导致全行业的发展受阻。要加强数字报纸盈利模式的研究,推出适合各企业自己特点的盈利模式,加快数字报纸出版产业发展进程,是一项重要的议题。我国数字报纸出版盈利过程中的主要问题表现在如下几点。

1. 受众免费获取内容的惯性

当下,尽管网络版权保护环境一再改善,网民仍能较方便地在网上免费获取、阅读所需的内容。但受众因免费获取服务的惯性,并不容易做出改变。数字报纸发展至今,作为印刷媒体媒介融合的重要举措形式日渐多样,且不断趋于成熟。但目前绝大多数数字报纸仍然免费,而且内容仍较为容易地通过报社网站、门户网站等途径免费阅读,弱化了受众付费阅读报纸的意向。

2. 行业发展数字报纸的意愿有待提高

近几年来中国报业发展速度虽有所放缓，但总体规模仍不断扩大，部分报纸对数字报纸的风险承受意愿有限。可以说，中国报业还处在稳定发展时期，尚未需要调整赢利模式来增加报业收入。对于全国性报纸而言，如《人民日报》开展了数字报纸收费的尝试，尽管其依托报纸本身的重要地位取得一定成果，不过推出后很快便实行当日免费阅读；而其他报纸尚未做出类似尝试。

3. 版权环境与政策支持有待加强

受众免费获取内容惯性的背后，是中国互联网内容版权保护的困境。收费后的数字报纸吸引的读者会减少，这在客观上会减少广告收入，减少的广告收入能否通过数字报纸收费的途径来实现平衡，也是难题。目前，对报纸发行量的计量办法仍是以纸张印数来计算，换句话说，如果把数字报纸发行量也作为实际发行量计算的话，或许对数字报纸的收费发行能起到刺激作用。

4. 市场认可度不高

数字报纸的发行量尚未被广告行业充分重视。在一些广告部门的运作中，网站广告更多地以打包、套餐与纸报广告捎带的形式出售。值得注意的是，随着互联网的普及，人们为获取信息求诸报纸的意愿不断下降，青年一代更加倾向于从互联网了解信息。

5. 数字报纸创新不足

就目前运营比较成熟的收费数字报纸而言，数字报纸应更好地依托互联网传播的特点，提供更加丰富完善的多层次服务。纵观收费模式较为成功的数字报纸，大多文图并茂，功能丰富，互动性强。读者不仅可以"阅读"到报纸内容本身，更"享受"浏览数字报纸的过程。这也非目前大多数数字报纸服务提供者所能达到的。

五、总结与展望

（一）总体态势

数字报纸出版成为全球出版人的聚焦点，与其说是吸引力不如说是一种不可抗力。尽管世界各国的数字化市场存在着巨大差异，但以秒为计量单位的传播更新速度及难以预测的未来，令国际书报业深感数字化带来的挑战与风险。

尽管数字报纸在产品形态、服务模式上有了极大的变化，但无论是传统报纸还是数字报纸，要解决的仍然是阅读需求问题，在内容上的控制力，对阅读市场走向的敏感与引导力无法一蹴而就，因此，对数字报纸企业来说，必须尊重传统报纸的价值，通过合理分成，与传统报社形成利益共同体，共享数字阅读的蛋糕。

（二）主要问题

纵观数字报纸行业近年来的发展，可以看出数字报纸在发展中也出现了如下问题。

1. 优质内容缺乏，同质化现象严重

目前，严重缺乏优质内容，而且优质内容也很难脱颖而出，是数字报纸发展面临的一个重要问题，这不仅有害于数字报纸品牌的创建与打造，而且也很容易导致同质化现象发生。以同城手机报为例，无论在内容、编辑、发行以及传播方式上，都呈现出同质化的现象，这使得手机报缺少特色、竞争力和不可替代性。除了少数全国性大报和各地主流都市报外，大多数同质化的手机报由于自身报媒品牌没有竞争优势而难以吸引足够多的用户订阅。此外，手机报按月收费的订阅模式，使得陷入同质化漩涡的手机报存在用户订阅数不稳定的情况，无法令受众满意的手机报就难逃被淘汰的命运。

2. 数字报纸的版权保护机制尚未真正确立

现阶段，数字报纸的版权保护机制（包括技术手段、授权模式和保护体系等）的建立还没有完全完善。由于数字报纸著作权主体是海量的，一对一获得作者授权的方法是不现实的，数字报纸提供商在与出版单位签署数字报纸内容预装或下载协议时，在版权问题上可能遇到如下问题：在数字版权概念尚未出现时，出版单位一些报道存在数字版权模糊现象，不知道数字版权归属于出版社还是作者本人，出版社越权签署协议，造成事实侵权；而在数字版权概念出现后，作者没有授予出版单位数字版权，虽然数字提供商不知道版权的归属，但为方便仍与出版单位签订了协议，侵犯了作者的数字版权。数字报纸出版在数字出版行业这个大体系中，同数字出版一样，其商业

模式还不成熟，有些产业链利益分配不均衡，权利人产生严重的信任危机。在数字报纸出版中很多作者因为没有从数字版权中得到收益或者收益很少，从而不愿意授权数字版权。

3. 人才仍是制约新闻出版业实现发展转型的关键因素

传统报纸出版单位信息技术方面的人才非常缺乏，特别是既懂出版又懂技术研发的人才。而在新媒体出版及制作单位中，数字报纸出版流程及审读规范还不完善，缺乏适应数字报纸出版要求的编辑人才。现在的高校很少涉及数字出版专业，且师资力量不足，造成人才培养与数字出版发展不同步。人才的缺乏，导致企业对技术含量高的数字出版新业态无法把握。

4. 数字报纸领域标准滞后

数字出版标准化对于行业发展的重要性不言而喻，但当前我国的标准制定仍存在严重滞后。业界对数字报纸出版标准化的认识还不够深入，尚存在一定的盲目性，对于关键标准制定的意见还未达成一致。标准的滞后已成为制约我国数字报纸出版发展进程的重要因素之一。缺乏统一的行业标准，特别是数字报纸产业的整个标准体系尚未形成。数字报纸标准化的一系列问题，直接影响了数字报纸的顺畅快速发展。

5. 大规模开拓中小市场的需求机制尚未激活

目前，我国的数字报纸出版产业存在着"抓大放小"的现象。数字报纸出版企业一般更加注重大市场、缺乏对市场细分的认识与作为，缺乏对中小市场需求的调研与调动，没有引发中小市场对数字出版强烈的渴望与渴求。虽然有些数字报纸出版企业创建了面向中小机构用户的个性化出版服务模式和商业模式，但是普遍而言，中小机构对信息和知识服务的需求意识还相当薄弱，市场启动还需要通过典型用户的示范和引导加以推动。

（三）建议及未来走向预测

1. 加快推动传统报纸出版单位数字化转型

大力推动报刊出版单位采用新技术和现代生产方式改造传统出版流程；切实加快出版资源数字化工作，抓好存量资源整理，按统一标准进行分类、存储；积极探索出版资源数字版权授权解决方案；鼓励传统报纸出版单位开展网络出版业务；支持传统报纸出版单位设立完全市场化的数字出版公司，尽快做大做强，成为数字报纸出版龙头企业。

2. 加快推动传统印刷复制企业数字化改造

推动传统印刷复制企业积极采用数字和网络技术，改造印刷生产流程和设备，大力发展数字印刷，提高对消费者多样化、个性化需求的服务供给能力。

3. 切实加强新闻出版公共服务项目的数字化建设

对新闻出版公共服务工程中的数字化项目予以政策、资金、技术等方面的扶持；支持和鼓励出版单位、数字化公司承担和拓展数字报纸出版公共服务项目；积极支持各类纸质报纸向数字化方向发展。

4. 加快推进数字出版相关标准研制工作

坚持"基础、急用"标准先行的原则，尽快制定各种数字报纸出版相关的内容标准、格式标准、技术标准、产品标准、管理和服务标准，完成数字报纸出版、移动报纸出版等相关数字出版标准体系的制定，在生产、交换、流通、版权保护等过程中形成符合行业规范的数字出版业标准化体系，创造公平的市场竞争环境。

5. 推动数字报纸出版产业聚集区建设

打破行政区划壁垒，在有条件的区域建设数字报纸出版产业聚集区，形成一批核心数字出版产业集群和特色产业基地；吸引国内国际知名的相关企业落户，逐步形成产业集群效应；支持进入国家级数字出版基地的企业开展互联网出版业务。

6. 推动数字报纸出版"走出去"

充分利用国际国内两种资源和两个市场，借助网络传输快捷、覆盖广泛和无国界特性，加快推动优秀报纸通过数字出版方式进入国际市场，参与国际竞争，不断增强中国出版的传播能力，提高中华文化的国际影响力；重点扶持和培育在"走出去"方面措施得力、成效显著的数字出版骨干企业和示范单位，对切实跨出国门并取得显著成绩的重大项目和重点企业予以资金资助、税收减免和其他奖励。

附 录

国外数字报纸发展现状及启示

（一）国外数字报纸发展现状

1. 美 国

在当下的美国，由于互联网强势增长而平面媒体受众正在加速萎缩，到2012年底，美国五分之一的报纸对数字访问收费。《华尔街日报》、《金融时报》等名气大、专业性强的报纸早已开始对在线内容收费，而这种趋势已经逐渐蔓延到美国的一些地方报纸上。皮尤研究中心卓越新闻项目最新推出的《新闻媒体现状》（State of the News Media）报告中，数字新闻频道正在增长（相比较传统媒体）。在受众人数和参与频率方面，数字报纸媒体已经超越广播和纸质媒体。数字媒体将很快超越电视成为主要的新闻平台。美国的报业数字化经过长期发展，已涵盖媒介技术的数字化、新闻内容的数字化、报业从业人员的数字化、报业组织结构的数字化、报业商业模式的数字化等多个层面。

（1）媒体技术的数字化

美国报业在受到新技术挑战的形势下，大力进行技术数字化转型，采取相对传统报业的差异化发展战略以拓展报业网站，不断发展RSS技术、视频技术和播客技术等。近年来，美国报业网站使用RSS技术的比例大幅提升，据统计显示，在美国报业100强中有96家报业已采用RSS技术。而提供视频新闻的报业的比例也从2006年的61%增长到如今的92%。

（2）新闻内容的数字化

当前的美国报业数字化发展已经基本实现新闻内容的数字化。新闻内容均通过多种终端，包括新闻网站发布、RSS订阅、手机阅读、平板电脑阅读等送达受众。新闻内容也得以通过多媒体的形式呈现，包括文字、图片、音频和视频等。

（3）报业从业人员的数字化

伴随着媒介融合时代的发展，报业从业人员的数字化也开始进行。新媒体环境下，"全媒体记者"应运而生。所谓"全媒体记者"，是指具备突破传统媒体界限的思维与能力，并适应融合媒体岗位的流通与互动，集采、写、摄、录、编、网络技能运用及现代设备操作等多种能力于一身的人才。在当今美国报业中，"全媒体记者"已经成为对从业记者的基本要求。

（4）报业组织结构的数字化

在美国报业数字化进程中，为适应全媒体时代的发展要求，实现报纸、电视、网站、新媒体终端等各个编辑部门之间的沟通协调和资源整合，各大媒体集团纷纷调整和改革内部组织结构，进行报业组织结构的数字化。

（5）报业商业模式的数字化

从2005年开始，报业广告大幅减少，这对报业盈利影响巨大。报业传统商业模式亮起"红灯"，为了在数字化时代生存和发展，美国报业开始了"以用户为中心"、"以效果为中心"的全面整合资源的商业模式的数字化转型。数字报业并非对传统报业的简单替代，而是对传统报业在新技术背景下的整体结构重塑和价值提升。由此，报业的商业模式数字化是要实现在新的全媒体数字平台上的经营方式的整合、分销和互动，并延长价值链和增添附加值至别的相关产业。

2. 英　国

英国是一个"报纸王国"，英国报业主要由三个组成部分：全国报纸、地方报纸和免费报纸。金融危机为英国数字报纸的新发展带来契机。

（1）强调纸质报纸与数字报纸的互动

一方面在报纸上刊登网站要闻导读，另一方面在纸质报纸的重要报道结尾添加网站的相关链接，延伸报纸容量，提供数字阅读服务。而报纸网站也适时通过短信、邮件、RSS等多种订报方式，向读者推送纸质报纸的新闻信息。

（2）数字内容收费

默多克旗下的新闻国际集团的《金融时报》是提出阅读收费的领头羊。《金融时报》网站作为全世界访问量最高的网站之一，2002年起开始对读者收费。想要访问《金融时报》的所有内容，每年需缴纳299美元的年费，由于费率的提高，《金融时报》的阅读订阅费收入也在不断攀升。目前，非付费用户每月可免费阅读10篇《金融时报》网站上的文章，超过十篇则会被要求付费。新的支付模式，如针对单篇文章开发的微型支付模式，也已投入使用。

(3) 地方报纸数字化

在金融危机的冲击下，传统的报纸成本越来越高，一些地方中小型报社不堪重负，入不敷出，面临严重的生存危机。而数字报纸则为他们带来了一线生机。这些地方报业都建立起自己的网站，提供数字阅读。同时也相应增加了收费项目。英国大型地方报业集团约翰斯顿出版公司（Johnston Press）从2010年开始限制旗下6个新闻网站的免费内容，要求网民为阅读网站内容付费。

3. 日 本

日本是世界上报纸普及率最高的国家之一，同样也面临着互联网传媒的挑战，日本各报业围绕自身的优势，尝试跨媒体的资源整合，以求转危为安，在新媒体时代获得新发展。

(1) 多家报纸合作建设网站

从2008年开始，《读卖新闻》、《朝日新闻》和《日本经济新闻》在运营各自新闻网站的同时，联合运营了新网站ALLATANYS，轰动一时。该网站将3份报纸的头版、社会版以及社论等并列展示，供读者比较阅读。

(2) 手机报的发展

为了尽快完成数字化转型，日本各大报社相继提供了手机新闻服务。日本的手机采用的是"I-Mode"技术，用户可随时接入互联网浏览网页。《读卖新闻》、《朝日新闻》和《日本经济新闻》等报社纷纷通过手机传送新闻，用户可菜单式地选择网络信息服务。现在可提供的服务包括新闻、体育、娱乐明星动态等，各种内容基本覆盖。

(3) 关注内容收费

近期，日本报社推出了收费的终端版网络新闻服务，如应用程序"朝日新闻Digital"和面向iPad推出的"产经新闻HD"。日本报业还发挥自身优势，整合信息资源，开发信息检索媒体，建立数据库供用户查阅。例如，朝日新闻社一直致力于构建日本最大规模的报纸版面数据库，该数据库包括《朝日新闻》创刊100多年来所有版面的PDF文件，及珍贵史料的精选照片，可缩小或放大浏览，也可打印。

(二) 国外数字报业带给我们的思考

根据目前数字报刊出版的局势来看，内容是王道，强大的内容资源是数字报出版商发展的基础，参考国外发展较好的数字报企业，对我国数字报发展有如下几方面参考：①丰富的内容积累是数字报出版业务的基础；②数字报刊生产加工可为数字出版企业带来丰厚的商业回报；③为客户提供全面、个性化的信息与知识服务是数字报刊的发展趋势；④传统报刊出版单位成为数字报刊出版产业的主体，但技术提供商是产业链中不可缺少的一部分；⑤国际数字报出版集团，迫使我们要加快数字报纸加工出版的步伐。

（作者单位：北京方正阿帕比技术有限公司）

2012–2013 中国互联网期刊出版产业年度报告

李广宇　戴铁成　周震矾

一、互联网期刊出版产业概述

互联网期刊出版是相对传统纸质期刊出版而提出来的，它包含两个方面的内容：传统纸质期刊的数字化，并在互联网上出版；以期刊为主要内容的包含文献和学术论文等在内的系列知识库在互联网上的出版。

随着专业期刊网站逐步形成期刊的主要传播渠道，自从2008年开始，纸质期刊与专业期刊网站的合作模式发生了重要变革，出现了数字化期刊的两种独家许可经营模式：一种是独家授权发行模式，发行权使用费分年度约定，例如中华医学会系列杂志等220多家科技期刊与"万方数据"签订了独家许可经营模式，其他期刊网站不能收录中华医学会系列杂志；另一种是数字版权独家许可使用模式，版权使用费按年度以保底+发行版税分成的方式结算，如《中国科学》、《中国社会科学》、中华预防医学、中国疾控医学系列和中国实用医学系列期刊等720多种学术类期刊与中国学术期刊（光盘版）电子杂志社（"中国知网"的主办单位）使用的就是该种模式。

独家许可经营模式显著提高了部分期刊的数字网络出版收益，也大幅增加了专业期刊网站的经营风险。但是，众多学术权威或核心期刊对独家授权模式的选择，将大大促进期刊网络出版市场的规范化和产业化，显著改变期刊网络出版的产业格局，其结果将在近年内显现出来。

2012年互联网期刊出版行业的发展平稳，主要出版商仍然是中国学术期刊

（光盘版）电子杂志社和同方知网（北京）技术有限公司（以下简称同方知网）、万方数据科技有限公司（以下简称万方数据）、重庆维普资讯有限公司（以下简称维普资讯）、龙源数字传媒集团（以下简称龙源数媒）。这四家主要的传统期刊互联网出版商依然是互联网期刊出版市场的主力军，占据了互联网期刊出版的主要份额。

（一）传统期刊互联网出版商总体情况

2012年，传统互联网期刊出版行业依旧保持了增长的态势，虽然各家出版商增速不同，但整体来看，增速有所放缓。2012年整个行业实现了销售收入超过10.83亿元，与2011年相比，增速为15.95%。主要出版商的数字加工能力普遍提高，新的数字加工生产线相继投入使用，加工的期刊论文篇数超过1000万篇。2012年，金融资本开始介入该行业，行业整合态势已经出现。

（二）传统期刊互联网出版生产规模年度变化情况

目前，传统期刊互联网出版商基本都已经拥有了各自的专业数据加工生产线和较大规模的生产能力，为传统期刊及时实现数字化加工和互联网出版提供了可靠的保证。2012年，中国期刊数据库各主要企业期刊资源年度加工情况见表1。

表1　中国期刊数据库各主要企业期刊资源2012年加工情况

出版能力＼出版单位	同方知网	万方数据	维普资讯	龙源数媒
出版文献篇数	>400万	——	480万	100万

同时，各传统期刊互联网出版商为了保证企业的可持续发展，满足产业未来发展的海量内容加工和供给需求，拓展市场领域，挖掘市场潜力，不断建设数字生产加工基地和分公司，努力形成各自的独有优势。具体情况如表2。

对用户需求的了解程度决定了互联网期刊出版产品的市场满意度和企业营销手段的确定，也决定了互联网期刊出版产业各主要生产商的销售业绩。综合我国互联网期刊出版产业发展的情况来看，各主要生产商都有明确的服务对象，并形成了一定的规模，这些都是产业持续发展的有力保障。具体情况见表3。

表2 中国期刊数据库各主要企业加工基地、分公司和资源建设情况

企业名称 \ 具体分项	加工基地和分公司建设情况	资源建设情况
同方知网	该公司新的数字生产加工基地已经进入设计阶段，建成后将新增生产规模为期刊15万本/年；博硕论文40万本/年；会议论文50万篇/年；报纸160万篇/年；工具书500万条/年；年鉴、统计年鉴2000本/年；各专业知识300－350万篇/年；优先数字出版3000种/年；国内外文献整合：200－500种数据库；各类外部合作加工业务：100万本的能力。该数据生产线采用了最新的基于图像的结构化自动标注技术、双编改校对技术，以及现代化的数字化生产制作平台。在质量保证方面，对于结构化数据加工过程中的关键环节以及最终的产品，根据其特点选取合适的检验方法和抽样标准对加工质量进行检验，系统自动对每个生产人员的质量进行统计分析，根据分析的结果自动按预先设定的规则调整各加工人员的抽样检验方案。该项目建成后将成为华北地区最大的数字加工基地	《中国学术期刊网络出版总库》收录1915年至今的我国学术期刊6930种，《中国知识资源总库》已经囊括我国90%的信息资源，包括7000多万篇期刊、学位论文、会议论文、报纸、年鉴、统计年鉴、工具书、专利、标准、国学古籍、图书、国外数据库等产品，涵盖了学术、文艺、文化、科普、高等教育、基础教育、医药卫生、农业工业等出版内容
万方数据	在资源加工方面，该公司具有国内最现代化数据加工基地，全套规范化加工生产线，采用了高清晰扫描、OCR识别、人工智能标引、PDF制作技术等先进制作工艺，以及严格的质量管控体系，从而保证了产品的高质量；在资源加工方面，2012年11月，由北京万方数据股份有限公司投资建设的石家庄智库科技有限公司文献数字化处理生产线顺利投产	资源包括中国期刊、学位论文、会议论文、图书、新方志、标准、专利、专业数据等诸多文献类型海量文献，并与外文文献、医药文献、基础教育文献、特种文献及视频库等共同构成了覆盖所有学科、专业范围的巨型信息内容数据库平台，通过知识服务平台和各种行业产品与服务，为国内外广大客户提供信息服务

续表

企业名称 \ 具体分项	加工基地和分公司建设情况	资源建设情况
维普资讯	具备自主生产的能力，建有全套数字化加工生产线，拥有自己的数字化加工中心，主要从事文档资料数字化加工、图像压缩及处理、信息检索等服务，日加工能力期刊600本左右，文章3万篇左右	《中文科技期刊数据库》收录了中国境内历年出版的中文期刊12000余种，近4000万篇文章，引文9000余万条，分三个版本（全文版、文摘版、引文版）和8个专辑（社会科学、自然科学、工程技术、农业科学、医药卫生、经济管理、教育科学、图书情报）定期出版发行
龙源数媒	中国北京出版创意产业园区成员；另外，分别在天津数字出版基地、上海张江数字出版基地建立了分公司，在广州、南京、兰州建立了办事处，同时扩大了海外市场的营销力度，除多伦多外，又在旧金山增建营销办公室。在北京、天津、兰州设有数据加工基地	收录的核心期刊达到3800种，覆盖了时政、财经、文学、文化、体育、保健、军事、社会科学、电脑网络、教育教学等全部领域

表3　中国期刊数据库各主要企业服务对象及规模情况

公司 \ 项目	服务对象	用户规模
同方知网	国内机构用户（高校、公共图书馆、科研机构、政府机关、医院、企业）和个人用户、海外机构用户（美、德、澳、日和港澳台的高校、公共图书馆和政府机关）	同方知网的机构用户总数逾6000家，在各个行业的用户数量和市场占有率分别为：本科院校100%；高职高专50%；省级、副省级以上图书馆91%；地级市以上图书馆21%；科研机构200多家；政府机关近500家；军队用户近百家；医院上千家，其中三级医院市场占有率为85%；企业约400家；中小学600余家。此外，海外机构用户遍布美国、德国、澳大利亚、日本和港澳台等30多个国家和地区，用户有500多家，包括哈佛大学、剑桥大学、东京大学、香港中文大学、美国国会图书馆、德国国会图书馆、日本科技部等均是同方知网的用户

续表

项目 公司	服务对象	用户规模
万方数据	机构用户（高等院校、科研机构、信息机构、公共图书馆、医疗机构、政府机构、科技及生产企业）、个人用户和海外机构用户（美洲、欧洲、亚洲等十几个国家的相关机构）	不详
维普资讯	机构用户（国内外教育机构、科研机构、企业用户）和个人用户	拥有高等院校、中等学校、职业学校、公共图书馆、科研机构、政府部门、信息机构、医疗机构、企业等各类用户6200余家，个人用户40万以上。
龙源数媒	国内机构用户（公共图书馆、高校、中小学和党政军企事业单位）、海外机构用户（公共图书馆、高校、中小学）和个人用户	机构用户达3000多家，省级图书馆覆盖率83%、市级图书馆15%，基础教育城域网覆盖10个省级城市，用户1200多家；海外用户总数600多家，其中美国、加拿大公共图书馆主要城市覆盖率达80%；个人用户2000多万。

（三）传统期刊互联网出版市场占有率年度变化情况

"十二五"期间我国数字出版产业营销收入增长依旧迅猛。2011年数字出版产业营销收入为1377.88亿元，到2012年底达到1935.49亿元，增幅为40.47%。而传统期刊互联网出版市场营销收入则从2011年的9.34亿元增长到了10.83亿元，增幅为15.959%。整个行业收入规模增速远低于数字出版产业收入增速，规模明显偏小，约占整个数字出版行业的0.56%（见表4）。虽然年度增长额度在逐年提高，但是在整个数字出版产业收入规模中所占比例自2009年开始，连续四年呈现下降趋势。如何做大传统期刊互联网出版的市场规模，仍然是全行业面临的共同课题。

表4 近3年传统互联网期刊占整个数字出版行业规模比例

分项 年份	2010年	2011年	2012年
数字出版产业收入规模（亿元）	105.79	1377.88	1935.49
传统期刊互联网出版规模（亿元）	7.49	9.34	10.83
互联网期刊与数字出版行业比	0.71%	0.68%	0.56%

二、互联网期刊出版销售策略及盈利情况分析

（一）总体营销策略及盈利状况概述

总体来看，各家传统期刊互联网出版商的经营模式主要包括：网上包库、镜像网站、流量计费等方式，各家出版商侧重的方式有所不同。同时网上广告也成为一些出版商的补充收入。网上包库即用户按一定期限购买数据库使用权限，通过远程登录服务器获取服务，这种方式不需要用户维护服务器等硬件设备，也不需要负责数据更新等烦琐工作，主要用户群包括网络条件较好、使用频率较高的中小机构用户，如中小科研机构、企业、中小学等；镜像网站即机构用户购买数据库，并在本地服务器安装，在自身局域网范围内使用，这种方式适合于硬件条件较好、有内部局域网的机构用户，如高等院校、科研机构、公共图书馆、党政机关、企业、中小学等；按流量计费，读者购买专用账号下载，通过购买专用卡、银行卡、电信卡等付费。从发展趋势来看，随着互联网的普及，网上包库逐渐成为了最重要的营销模式。

在盈利状况方面，就传统期刊互联网出版和知识库互联网出版方面，同方知网2011年期刊数据库的销售收入已超过5.3亿，2012年销售收入超过6.5亿元。万方数据2011年的营业收入接近3亿元，2012年的营业收入为3.1亿元。维普资讯2011年的营业收入超过0.62亿元，2012年的营业收入为0.73亿元。龙源数媒2011年营业收入为0.42亿元，2012年达到0.5亿元。

四家出版商中，同方知网市场规模最大，销售收入仍然保持着22.64%的高速增长，显示了比较强的创收能力，发展态势良好。维普资讯、龙源数媒的增长速度略低于20%，万方数据收入略有增长，仍然牢牢占据着市场第二的份额。从四家出版商的总体情况看，2011年收入为9.34亿元，2012年收入为10.83亿元，年度增长率为15.95%。四家出版商占据了传统期刊互联网出版的绝大部分市场，15.95%的增长速度也基本反映了传统期刊互联网出版产业平稳发展的现实状况。

表5 中国期刊数据库各主要企业销售收入年度对比表（单位：亿元）

销售收入＼出版单位＼年份	同方知网	万方数据	维普资讯	龙源数媒
2008 年	3.6	1.1	0.2	0.23
2009 年	4.5	1.6	0.3	0.28
2010 年	4.4	2.2	0.51	0.38
2011 年	5.3	≈3	0.62	0.42
2012 年	6.5	3.1	0.73	0.5

（二）传统期刊互联网出版不同销售模式收入情况

1．同方知网

同方知网2012年加强了网上包库的营销，这种模式也顺应了当前互联网发展的趋势。目前机构用户数超过6000家，在各个行业的用户数量和市场占有率分别为：本科院校已经基本全部覆盖；高职专院校达到50%；省级以上公共图书馆覆盖率达到90%以上；地级市以上图书馆达到四分之一；政府、科研机构近千家；军队用户近百家；医院用户超过千家，其中三级医院市场占有率为85%；企业用户超过500家；中小学用户近千家。此外，在文化"走出去"精神的指导下，大力发展海外机构用户，截止2012年，公司在美国、德国、澳大利亚、日本等30多个国家和地区已经拥有500多家用户，其中包括哈佛大学、剑桥大学、东京大学、香港中文大学、美国国会图书馆、德国国会图书馆、日本科技部等知名用户。同方知网2012年营业收入为6.5亿元，其中包库收入为38000万元，较2011年增长200%以上，网上包库收入占年度销售收入的比例飙升至近60%左右。镜像站版收入2.4亿元，约占收入的36%，销售份额有所下降。2012年流量计费收入3800万元，比2011年略有下降。各项分类收入所占比例见图1。

比较同方知网2011和2012年各种销售模式所占比例（见图2）可以看到，虽然镜像站点具有很多鲜明的特点，对大型机构用户来说，使用方便，受外部环境影响小，使用成本低廉等特点，仍然占有较大的销售比例，但是所占比重下降很快。而网上包库由于更新速度快、便于维护、版本统一等特点，其营收比例大幅增长，已经成为了公司盈利的主力军。

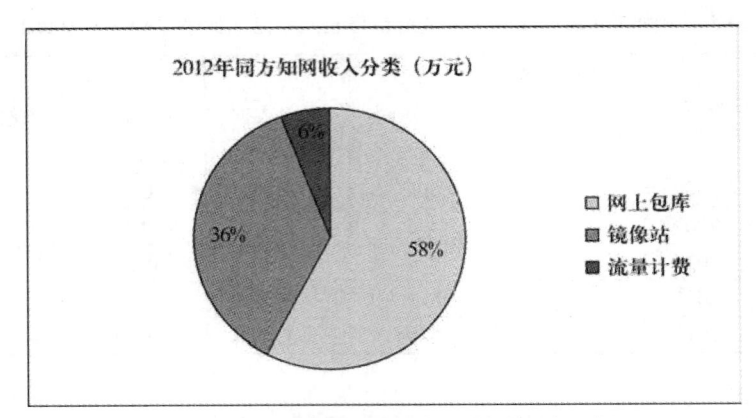

图1 同方知网2012各种销售模式所占比例

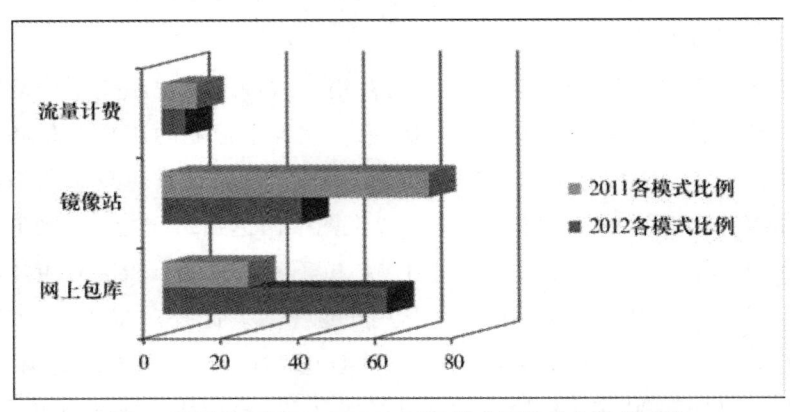

图2 同方知网2011-2012不同模式下的收入比例变化

2. 维普资讯

维普资讯2012年实现营收7300万元，其中网上包库收入为1400万元，比2011年大幅增长约58%，占总销售额的19%左右。镜像站版收入为5250万元，占全部营收的72%，流量计费收入为350万元，占整个收入的5%，广告收入为300万元，占收入的4%。各分类收入比例参见图3，不同模式下的营收增长比例变化见图4。

从图中可以看到，网上包库营收增长迅速，与2011年相比增幅高达58%，正在逐渐发展成为该公司的重要销售模式。虽然网上包库收入增长很快，但镜像站版仍然是维普资讯的主要营收模式，占据着70%以上的营收收入。流量计费与广告收入只是整个营收的一部分补充。

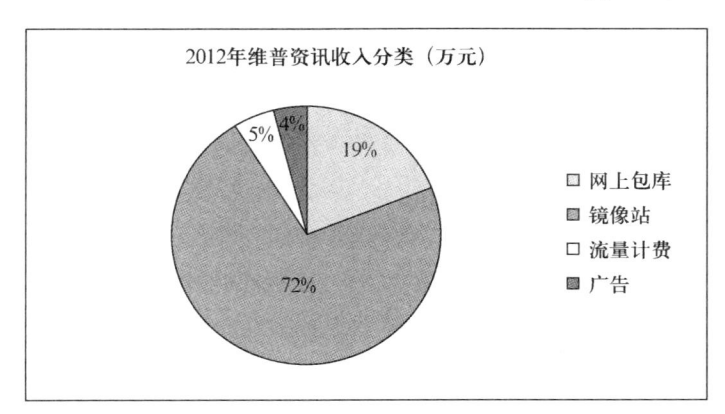

图3 维普资讯2012各种销售模式所占比例

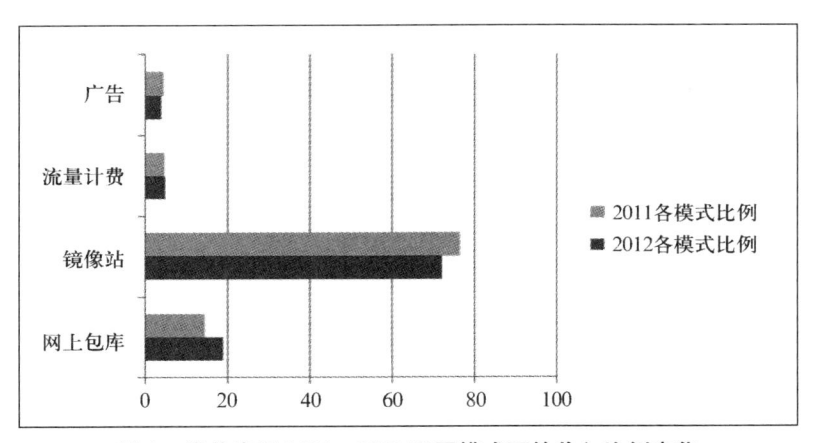

图4 维普资讯2011-2012不同模式下的收入比例变化

3. 龙源数媒

龙源数媒服务并满足于国内外的机构用户、互联网用户、移动互联网用户对于人文、大众优质版权内容的阅读需求；以人文期刊等优质版权内容为核心，对内容予以个性化组合提供付费阅读。龙源数媒的2012年营收主要包括网上包库和流量计费两种模式，营收总额达到了5000万元。其中网上包库收入为3750万元，占全部收入的75%，是公司的主要营收模式。流量计费为1250万元，占全部收入的25%。

从整个行业来看，传统期刊互联网出版的广告经营模式还不明确。维普资讯已经开通广告经营业务，制定了比较完整的网站广告招商和管理方案，2012

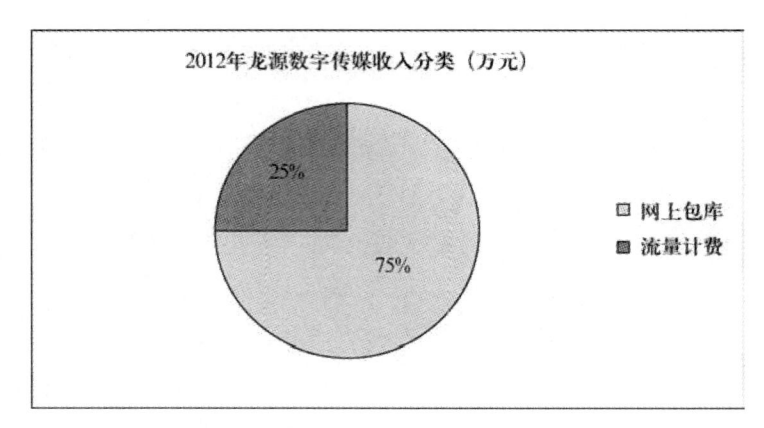

图 5　龙源数媒 2012 年各种销售模式所占比例

年广告收入 300 万元。其他公司或者没有开展广告服务，或者其收入所占比例可以忽略不计。

三、主要技术提供平台发展状况

（一）同方知网

同方知网是清华大学建设国家知识基础设施（CNKI），以知识文化服务回报社会的重要窗口，自主开发了一大批国际先进的数字出版、知识管理、知识服务技术，与全国知识界、出版界等合作，建设的《中国知识资源总库》已经囊括我国 90% 的信息资源，包括 7000 多万篇期刊、学位论文、会议论文、报纸、年鉴、统计年鉴、工具书、专利、标准、国学古籍、图书、国外数据库等产品，涵盖了学术、文艺、文化、科普、高等教育、基础教育、医药卫生、农业工业等出版内容。同方知网还率先启动了学术期刊优先数字出版，确定了"单篇定稿出版"和"整期定稿出版"两种优先数字出版方式，以及与各期刊的优先数字出版合作模式，并成功签约 400 多家期刊杂志社，帮助期刊出版单位实现了从传统出版向数字出版转型。

2012 年，公司《中英文科技文献创新点数据库》、《中国经济社会发展统计分析数据库》、《民国档案与报刊数据库》、《英汉双解世界民俗文化比较辞典》、《中国学术文献创新点数据库》和《"新三农"数字出版与服务平台》共

6个项目入选"十二五"国家重点电子出版规划项目——国家新闻出版改革发展项目库，另有10个新增补项目申报。

公司目前承担着"2013国家科技支撑计划"课题——"学习需求驱动下的数字出版资源定制投送系统及应用示范"。本项目建设总目标为"知识聚合，数字学习；激发需求，按需出版；机构建馆，商业投送"。其任务主要包括：

一是知识聚合，数字学习：将出版社资源进行知识聚合，形成知识网络型资源库，以服务于建设学习社区、满足于读者数字化学习需求为目标，形成各类知识型出版物产品，培育新型社区学习模式，实现工作、生活、学习一体化，促进学习型社会的形成和发展。

二是激发需求，按需出版：通过建设学习社区，提供更有效的数字化学习平台和更好的学习资源，从而激发读者的学习需求，特别是从个体主动学习提升到机构组织学习，扩大学习范围，提升学习需求强度。通过捕获读者的学习需求，反馈给出版社，帮助出版社实现按需出版。

三是机构建馆，商业投送：机构内读者的学习需求通过建设个性化的机构数字图书馆来表达，满足这些学习需求的资源将通过个性化定制和精准投送的方式实时投送到数字图书馆中，满足读者实时、有效的学习。投送过程中，通过电子商务平台实现了资源购买和支持，为出版社提供了精准的数字出版商业模式。

本项目为各专业出版机构精确、及时、全面、系统地响应各专业群体和机构建设数字化学习社区的个性化知识资源需求，开发准确、高效的按需数字出版与资源投送平台，从而促进出版产业的数字化、集约化转型升级。项目以项目主承担单位数字化学习、云出版、出版超市、机构/个人云数字图书馆等为基础，进一步开发XML结构化数据自动化加工与知识网络建构技术，基于内容发现、用户行为分析技术，构建书、刊、音像、数据库产品的需求分析模式与选题策划决策系统，支持重组、修订、再版、新创和数据库开发，并创建第三方监督下的B-B（C）、B-B-B（C）自动推送、超市交易产品投送平台。

1. 资源建设

同方知网以提供知识服务为目标，不断完善产品种类，提高服务质量。除了以收录学术期刊为主的《中国学术期刊网络出版总库》外，还分别建设了《中国高等教育期刊文献总库》、《中国精品科普期刊文献库》、《中国精品文化期刊文献库》、《中国精品文艺作品期刊文献库》、《中国党建期刊文献总库》、《中国经济信息期刊文献总库》、《中国政报公报期刊文献总库》、《中国基础教育期刊文献总库》等八大非学术期刊库，期刊种类已涵盖理、工、农、医、政治、军事、法律、教育等学术领域，同时涉及文艺、文化、科普、党建等休闲娱乐和信息领域。

2010年，自然科学类期刊收录3400多种，社会科学类期刊收录2700多种，非学术类期刊1500多种，总计8500多种。

2011年，自然科学类期刊收录约4400种，社会科学类期刊收录2800多种，非学术类期刊收录约1600种，总计8800多种。

2012年收录期刊总数为8900种，其中，自然科学4400种，社会科学2900种，非学术类1600中。如表6所示。

表6　同方知网2011年和2012年期刊收录情况

2011年				2012年			
学术类		非学术类	总计	学术类		非学术类	总计
自然科学	社会科学			自然科学	社会科学		
4387	2847	1583	8817	4408	2901	1591	8900

2. 加工规模

同方知网目前正在筹建新的数字生产加工基地，建成后将新增生产规模为期刊15万本/年；博硕论文40万本/年；会议论文50万篇/年；报纸160万篇/年；工具书500万条/年；年鉴、统计年鉴2000本/年；各专业知识300－350万篇/年；优先数字出版3000种/年；国内外文献整合：200－500种数据库；各类外部合作加工业务：100万本的能力。2012年加工期刊348.2万篇；学位论文20.8万篇；会议25.4万篇。

3. 营收情况

同方知网2012年营业收入为6.5亿元，其中包库收入为3.8亿元，镜像站版收入为2.4亿元，流量计费收入约为0.37亿元。营业收入较2011年增长20%。

2012年下载量6.14亿篇次，日均下载168万次；年访问量（登录、检索、浏览、下载）70.2亿人次，日均访问量1926万人次。

4. 年度革新

在传统出版向数字出版转型过程中，同方知网对数字出版和增值服务业务积极实施业务转型，推出了基于数字出版权的文献版权共有合作出版业务、基于内容资源的信息服务系统软件技术业务和知识数据库出版与知识服务、互联网广告等新兴业务，继续保持了市场领先的地位。公司的个人馆和机构馆项目分别获得了个人用户和机构用户的认可和好评。

在数字出版领域，与国内外出版业"共享内容资源、共享技术资源、共享平台资源、共享市场资源"，为各出版社打造自主运营的云采编、云加工、云出版、云发行、云服务平台，构建资源共享机制下的盈利模式。同方知网新推出的优先出版项目得到了各个期刊出版社的好评，并且被大多数期刊出版社采用。2012年，同方知网还推出了中文创新点数据库（科技）、学术文献评价参考系统、生命科学知识元数据库与数字化学习研究平台。

在增值服务领域，同方知网在加快软件产品化、服务化的同时，面向客户需求不断实施创新，推出了互联网信息监管系统、学术不端文献监测平台、科研管理系统、科研人才管理系统等产品，并与学术期刊优先出版业务结合，加快文献发表的速度、优先获取优质内容资源、加强文献评价。公司新研发项目"基于指纹特征的出版物原创内容监控机版权保护系统"得到了北京市2012文化创新发展专项资金的支持。2012年，同方知网完成了出版物内容发现引擎的系统设计与核心技术开发，为新业务的培育奠定了基础。

（二）万方数据

万方数据股份有限公司是由中国科技信息研究所以万方数据（集团）公司为基础，联合中国文化产业投资基金、中国科技出版传媒有限公司、北京知金科技投资有限公司、四川省科技信息研究所和科技文献出版社发起组建的高新技术股份有限公司。

万方数据股份有限公司是国内第一家以信息服务为核心的股份制高新技术企业，是在互联网领域，集信息资源产品、信息增值服务和信息处理方案为一体的综合信息服务商。

万方数据是国内最早引入ISO9001：2000质量管理体系认证的数字出版单位。在扫描、识别、文摘、标引每道工序均有严格的加工流程及作业文件把关，对于信息资源产品的质量目标是交付合格率为100%。公司的质量方针"数据 信息 知识 不断满足用户需求"阐述了公司的产品线，层层递进；"价值 增值 超值 持续提升服务品质"反映了公司追求持续改进，不断超越自我的意识。在资源加工方面，公司具有国内最现代化的数据加工基地，全套规范化加工生产线，采用了高清晰扫描、OCR识别、人工智能标引、PDF制作技术等先进制作工艺，以及严格的质量管控体系，从而保证了公司产品的高质量。在资源加工方面，2012年11月由北京万方数据股份有限公司投资建设的石家庄智库科技有限公司文献数字化处理生产线顺利投产。

2012年12月中国科技出版传媒股份有限公司联合中国文化产业投资基金管理有限公司收购万方数据33.5%的股权，万方数据顺利完成股权变更，从而在资源及资本合作双层面加强了与文化科技出版源头企业的深入合作。有利于双方充分整合产业优势资源，加强企业核心竞争力，对实现知识服务的持续发展、推动文化繁荣与创新具有重要而长远的意义。

作为国内第一批开展互联网服务的企业之一，万方数据坚持以信息资源建设为核心，努力发展成为中国第一的信息服务供应商，开发独具特色的信息处理方案和信息增值产品，为用户提供从数据、信息到知识的全面解决方案，服务于国民经济信息化建设，推动中国全民信息素质的成长。

1. 资源建设

万方数据资源包括中国期刊、学位论文、会议论文、图书、新方志、标准、专利、专业数据等诸多文献类型海量文献，并与万方数据的外文文献、医药文献、基础教育文献、特种文献及视频库等共同构成了覆盖所有学科、专业范围的巨型信息内容数据库平台。

核心期刊收录标准以中国科技信息研究所、南京大学社科引文研究中心和北大图书馆核心期刊目录为准，收录非医学核心期刊有1300余种，覆盖全部领域和专业范围。

2. 生产规模

2012年公司建设的智库泉数据处理有限责任公司、石家庄智库科技有限公司等生产基地投入生产，全部实现数字化自行加工。公司为了不断超越自我，在生产加工方面严格把关，率先采用了ISO9001：2000版质量管理体系认证，在加工工艺方面，对每道工序——扫描、图像识别、文摘、标引等均制定了严格的加工流程，并制定了相应的作业文件来严格把关，从工艺上保证了信息资源产品的质量合格率为100%。

3. 营收情况

万方数据的数据库产品形式主要为：网上包库、镜像站点和流量计费三种形，2012年公司营业总规模实现3.1亿元，比2011年略有增长。

4. 年度革新

本年度，万方数据加强了资本方面的运作，2012年12月中国科技出版传媒股份有限公司联合中国文化产业投资基金管理有限公司收购万方数据33.5%的股权，万方数据顺利完成股权变更，从而在资源及资本合作双层面加强了与文化科技出版源头企业的深入合作。这种合作有利于双方充分整合产业优势资源，加强企业核心竞争力，对实现知识服务的持续发展、推动文化繁荣与创新具有重要而长远的意义。

（三）维普资讯

维普资讯有限公司的前身为中国科技情报研究所重庆分所数据库研究中心，是中国第一家进行中文期刊数据库研究的机构。公司的主要产品《中文科技期刊数据库》收录了中国境内历年出版的中文期刊12000余种，近4000万篇文章，引文9000余万条，分三个版本（全文版、文摘版、引文版）和8个专辑（社会科学、自然科学、工程技术、农业科学、医药卫生、经济管理、教育科学、图书情报）定期出版发行。《中文科技期刊数据库》已经成为文献保障系统的重要组成部分，是科技工作者进行科技查新和科技查证的必备数据库。

维普资讯于2000年建立了维普资讯网（www.cqvip.com），将《中文科技期刊数据库》搬到了互联网上，以服务更大的人群。经过10多年的商业运营，维普资讯网已经成为全球著名的中文专业信息服务网站，以及中国最大的综合性文献服务网站，同时也是中国主要的中文科技期刊论文搜索平台。维普资讯网和全球最大的搜索引擎提供商谷歌（Google）进行战略合作，已成为谷歌学术搜索频道（scholar.google.com）在中国的重要合作伙伴，并且成为谷歌学术搜索频道最大的中文内容提供商。目前注册用户数超过820万，累计为读者提供了超过12亿篇次的文章阅读服务。维普资讯网经过数年发展，数次名列中国出版业网站百强,网站已经进入中国网站前200强,并在中国图书馆业网站排名中名列第一。

经过多年的运营,维普资讯有限公司已经从信息内容服务提供商,发展成为以提供信息资源产品为主,同时以提供信息内容管理及服务一体解决方案的综合信息服务提供商。在"博衍天下智慧助推中国创新"的理念指导下不断进取,为中国先进科技文化知识的传播和科技创新作出贡献。

1. 资源建设

公司拥有自主开发的中文搜索引擎技术,强大的文献数字化加工能力,以及遍布全国的营销服务网络。2012年公司通过邮局、书商以及自行订阅等方式采购和获取近9000种期刊资源,其中近80%左右通过与期刊社、出版社签授权协议获得全文版权授权。收录核心期刊1980余种(以北京大学图书馆《中国核心期刊要目总览》为准),覆盖各个学科类别。

2. 生产规模

公司具备自主生产的能力,建有全套数字化加工生产线。日加工能力期刊600本,文章3万篇。

2011年加工文献420余万篇,2012年加工文献达480万篇。

3. 营收情况

公司营收构成主要来自传统数据库业务、网络内容提供服务及广告收入。产品形式主要为:网上包库、镜像站点、流量计费三种形式。广告收入作为一种补充。

2012年下载量2300万篇次,浏览量达到7亿人次。预计2013年公司中心站点下载量2500万篇次,浏览量可达到8亿人次。2012年拥有机构用户数量6200余家,个人用户数量30万以上。在市场占有率方面,高校占80%,公共图书馆60%,科技信息所90%,医院30%,科研单位50%。

2012年公司营业规模达7300万元。其中产品销售7000万元,包库占总收入的20%,镜像站点占75%,流量计费占5%。2012年广告收入300万元。

4. 年度革新

2012年维普资讯采取的革新措施包括:加强网络硬件条件,改善网络访问速度;改善查询功能,提高检索准确率和检全率;网站全新改版,资源整合,深度知识挖掘,开发智立方项目。

（四）龙源数媒

2012年在国家文化产业发展的环境以及在移动互联网飞速发展的环境下，龙源数媒坚持商务模式和技术创新，在机构用户中构建个性化知识服务，推出移动阅读的系列产品。其中"龙源网"、"刊"成为移动阅读的主干产品。2012年9月深圳文博会，龙源数媒推出的党政数字学习平台、公共文化服务平台、海外内容平台受到了积极评价和鼓励。2012年龙源在人文期刊数字出版方面的理论创新、商务模式中获得重大突破，并首度接受风险投资。

龙源数媒2013年5月正式入驻中国出版创意产业园区，成为企业发展的重要里程碑。

1. 资源建设

截止到2012年底，龙源数字传媒收录有3800种期刊，并且获得了不同载体的授权。类别涉及时政、财经、文学、文化、体育、保健、军事、社会科学、电脑网络、教育教学等诸多方面。

2. 生产规模

龙源数媒在北京、天津、兰州设有数据加工基地。通过数据深加工，方便了碎片化出版，有利于打造知识服务产品，这是龙源数据加工的优势和基础。通过数据库的标签化和数据分析平台的技术提升，使期刊从按本为单位的"单元产品"向以篇为单位的"流产品"转化，根据数字化和移动互联网的特点，在积累用户阅读行为和分析的基础上，实现内容服务的个性化服务飞跃。

2012年龙源数媒新加工文章100多万篇。

3. 营收情况

公司营收构成从产品形式上主要为：网上包库和流量计费两种形式。

公司2012年总收入5000万元，其中网上包库占75%、流量计费占25%。

4. 年度革新

龙源数媒在2012年在取得了一系列成绩，包括与中国最大的杂志《读者》实现独家授权合作，推出龙源移动阅读产品——龙源网（mqikan.com），在张江数字出版基地、天津空港新区数字出版基地建立分公司。

此外，龙源数媒还发布了"2012龙源期刊TOP100排行榜"。该排行榜已连续发布八年，为期刊数字传播总结了很多经验，发现了规律和特征，有效地指导了期刊的数字化转型。

四、年度影响互联网期刊出版产业发展的重要事件

（1）原新闻出版总署发布《关于报刊编辑部体制改革的实施办法》。

2012年7月，原新闻出版总署发布《关于报刊编辑部体制改革的实施办法》，提出所有经新闻出版总署批准从事报刊出版活动、获得国内统一连续出版物号、但不具有独立法人资格的报刊编辑部，原则上不再保留报刊编辑部体制，应转企改制的报刊出版单位所属的报刊编辑部，一律随隶属单位进行转企改制。

针对科研部门主要承担专业学术领域工作指导、情况交流任务的期刊和高等学校校报，《实施办法》提出一律改为内部资料性出版物；而对于在国家基础学科和前沿学科中具有领先水平、能代表国家学术水准，并入新闻出版传媒企业或转为期刊出版企业条件不成熟的重点科技期刊和学术期刊编辑部，《实施办法》规定可暂时保留，但要建立由科研部门编辑、由出版企业统一出版发行的运行模式，依托大型新闻出版传媒集团公司搭建学术出版经营平台。

（2）《中国学术期刊国际引证报告（2012版）》发布。

2012年12月，中国学术期刊电子杂志社、中国科学文献计量评价研究中心与清华大学图书馆共同发布《中国学术期刊国际引证报告（2012版）》，同时公布了2012年度"中国最具国际影响力学术期刊"和"中国国际影响力优秀期刊"，科技界和社科界418个学术期刊分别入选两个名单。

据《光明日报》、《中国新闻出版报》、《中国教育报》等媒体报道，此前我国对于学术期刊国际影响力的评价，多以SCI（科学引文索引）、SSCI（社会科学引文索引）等国际权威检索机构收录与否作为唯一衡量标准，很多未被收录期刊往往不被看好。《中国学术期刊国际引证报告》基于Web of

Science（包括 SCI – EXPANDED、SSCI、A&HCI、CPCI – S、CPCI – SSH）引文数据统计的基础上，分别计算了我国 5786 种期刊的总被引频次、影响因子等计量学指标，并评选出 156 种"中国最具国际影响力学术期刊"和 217 种"中国国际影响力优秀学术期刊"，这份报告的发布是我国学术期刊乃至学术评价领域的一个突破性进展，是我国，也是国际上第一次从文献计量的角度，全面、系统、深入地向社会揭示中国学术期刊走向世界取得的成果和存在的问题。此举标志着我国学术期刊有了统一的国际影响力认证标识，将进一步提升我国学术期刊的国际传播范围和影响力，有望缓解我国优秀学术研究成果的流失困境。

（3）大众期刊呈现"深阅读"趋势。

2012 年 12 月，龙源期刊网络传播研究中心发布"2012 年期刊网络传播 TOP100"排行榜，《三联生活周刊》、《电脑爱好者》、《看天下》、《新民周刊》、《大众摄影》、《南都娱乐周刊》、《南方人物周刊》、《环球宝贝》、《轻兵器》、《意林》等分列前十名。

该排行榜主要基于与龙源合作的 3000 种期刊，按照网络付费阅读量、下载量、微博影响力等数据从大到小进行倒序排行、取前 100 名进行社会发布的系列榜单。专业人士指出，从榜单中"小众"专业性期刊比例的增长变化来看，未来在线大众期刊将呈现"深阅读"的趋势，更具思想性的大众期刊内容有望在移动阅读领域兴起。

（4）《读者文摘》第二次申请破产。

2013 年 2 月，拥有 91 年历史的美国老牌杂志《读者文摘》向破产法庭申请第二次破产保护，这距离其首次破产保护申请仅仅 4 年。《读者文摘》曾被美国总统里根誉为必备读物，发行量多年高居榜首，风靡全球，现在却负债 4.65 亿美元，经营困境难以逆转。

有分析人士指出，互联网产物的繁衍与社交媒体的蓬勃发展，快速蚕食着《读者文摘》的发行和利润。资本的介入并没能挽救《读者文摘》，相反，资本本身也存在不少泡沫。只有简化国际业务、降低负债并重点经营北美市场，该刊才能向数码传媒转型，起死回生。

五、总结与展望

2012－2013 年，期刊数字化阅读终端技术持续更新，出版加工能力大幅提高，传统期刊互联网出版的内容、形式和市场基础进一步成熟，行业收入规模从 2011 年的 9.34 亿元增长到 10.83 亿元。但相较 2010－2011 年 24.69% 的增幅，2012－2013 年的增长速度明显下降，仅为 15.95%。互联网期刊出版在整个数字出版行业的占比也从 2011 年的 0.68% 降至 0.56%。

上述数据暴露出目前互联网期刊出版行业发展后劲不足的问题，如何利用如今互联网出版数字化、移动化、智能化的优势，在内容与服务上加强与读者的互动营销，在出版模式与盈利模式上进一步创新，正成为行业未来可持续发展的关键问题。

此外，传统期刊数字化转型步伐加快，数千家科技学术类期刊和学报编辑部正面临数字化升级探索与转企改制的双重挑战，如何实现纸质期刊与数字期刊、期刊学术性与期刊市场性的协调统一，将关乎未来学术与专业期刊的生存与发展。

在互联网期刊出版平台方面，一些传统期刊社以合并重组等方式进行集团化尝试，并通过整合资源、技术、资金等打造自身的期刊网络出版平台，或与同方知网等技术解决商进行技术平台等方面的合作尝试，这些举措有效助推了传统期刊社的快速转型，提高了传统期刊内容数字转化与传播的效率，有望打造出新的互联网期刊出版业态。

(一) 总体态势

1. 行业增速放缓，加工、研发能力提高

2012 年，传统期刊互联网出版行业整体增长速度有所放缓，数字加工、产品开发等方面的能力有了明显提高，大型期刊数据库生产商纷纷筹建数字生产加工基地，新的数字加工生产线相继投入使用。生产能力的持续提升，再加上日益增长的数字阅读需求，传统期刊互联网出版行业的总体销售额在 2012 年顺利突破 10 亿元大关，为下一阶段在营销模式等方面的探索和创新打下重要基础。其中同方知网2012年产值超过6.5亿元，占销售总额的比例60.01%；万方数据2012年营业额约为3.1亿元，占销售总额的比例为28.62%；维普资讯2012年营业额达到7300万元，占销售总额的比例约为6.74%；龙源期刊网2012年营业额达到5000万元，占销售总额的比例约为4.62%。如表7所示。

表7 2011-2012年主要传统期刊互联网出版商市场份额变化情况

	同方知网	万方数据	维普资讯	龙源数媒
2011年市场份额	56.75%	32.12%	6.64%	4.49%
2012年市场份额	60.01%	28.63%	6.74%	4.62%

如表7所示，2012年传统期刊互联网出版市场仍以同方知网、万方数据、维普资讯和龙源数媒四家为主，尽管同方知网与万方数据的市场份额分别出现细微变化，但总体来看，整个行业市场已形成稳定的垄断格局。

按照技术创新经济学观点，垄断性市场不易产生突破性创新，只有在完全竞争的市场结构中才能够促进创新。因此，传统期刊互联网出版行业要想走出目前后劲不足的疲态，首先必须打破目前的市场格局。而破局的关键在于整个行业能否进一步树立创新思维，提升竞争意识，尽快打造技术创新的竞争蓝海。

2. 云技术普及，出版模式持续更新

2012年，云计算技术继续成为数字出版领域的热门话题，并逐步从"概念创新"向"普及应用"过渡。同方知网针对期刊出版升级的实际需求，推出了采编、审稿、出版于一体的"腾云"期刊协同采编系统，通过提供学术不端检测、创新点检测、参考文献校对等辅助审稿工具，为传统期刊社提供优先数字出版、选题策划分析、学术热点分析等个性增值服务，大大提高了期刊编辑部向数字出版转型的效率。2012年，与该公司合作实施优先数字出版的学术期刊已达1400多种。万方数据则依托在信息服务领域十余年发展中积累的资源优势、技术优势以及行业服务经验，隆重推出了数字出版云服务，其服务模式是将作者、编辑、读者，以及相关产业链条的管理者、服务者形成一个完整的互动社区平台，为用户带来资源服务、知识服务、社区服务。

3. 数字出版标准建设持续推进，互联网期刊标准呼之欲出

2012年，数字出版标准建设全面推进，覆盖信息内容生产加工、传播分

发、终端呈现等各个产业链环节，初步形成以企业标准为基础、行业标准为指导、国家标准为引导的多层级标准体系。在传统期刊互联网出版领域，同方知网、万方数据、维普资讯和龙源数媒已形成各自成熟的企业标准，将会为下一步期刊协会和国家部门制定互联网期刊出版的行业标准和国家标准，提供重要参考。

4. 资源进一步整合，辐射国内外重要期刊

其中，同方知网2012年收录期刊总数为8900种，此外还整合出版了6300多种国际重要学术期刊文摘，近2000种国际各类学会主办的开放获取（OA）网络学术期刊全文；万方数据建设的《数字化期刊全文数据库》收录了1998年至今的7300余种期刊；维普资讯通过邮局、书商以及自行订阅等方式采购和获取近9000种期刊资源，其中近80%左右通过与期刊社、出版社签授权协议获得全文版权授权；龙源数媒收录了3800种期刊，并且获得了不同载体的授权。

5. 用户辐射海内外各个行业

2012年，传统互联网期刊在海内外高校、政府、公图、企业、医院等各行业中的覆盖率持续扩大。其中，同方知网国内外机构用户达26000多家，在国内高校（含职院）、科研机构的市场占有率已达100%，同时覆盖亚、美、欧、澳40个国家和地区，包括世界前500强大学的34.2%，港澳台所有高校，美国76%的卡耐基研究型大学，日本、韩国80%的A类大学，澳大利亚77%的五星大学等，免费浏览的日访问量为500万人次，每年付费用户约300万人，年增长60%。

维普资讯机构用户也已达6200余家，个人用户数量超过30万，市场占有率方面，在高校、科技信息所等机构的市场占有率超过80%。此外，万方数据在高校、公图、科研等机构的用户占有率也超过了80%。

（二）主要问题

1. 盈利模式仍显单一

2012年，互联网期刊盈利模式以网上包库和镜像为主，广告为辅，仍未形成新的有效增长点。

从2012年同方知网经营收入来看，6.5亿元的年销售额使之继续成为行业

领跑者，但镜像与包库仍是其互联网期刊数据库收入的主要来源，广告营收甚微。这是因为学术与专业网络出版内容主要为科学严谨的学术文献，不适合采用其他行业通用的广告植入形式。

目前，包括同方知网、万方数据、维普在内的传统期刊互联网出版商多采取在网站广告招商的形式。其中，维普资讯制定了比较完整的网站广告招商和管理方案，2012年广告收入300万元；同方知网利用十几年发展塑造的品牌形象，吸引了很多学术期刊杂志社、科研院所、研究学会以及高水平会议的广告投放。这种广告形式符合学术传播的特点，具有一定的针对性，但缺点是无法形成规模化的广告营销，因而收益极其有限。

反观多媒体期刊出版领域，大部分多媒体杂志或期刊发行平台由于缺乏足够的品牌影响力，读者规模有限且黏性不高，因而也无法有效吸引广告主的投放兴趣。

面对趋于饱和的竞争市场，互联网期刊出版商应积极研发新技术、开发新产品，寻找新的增长点；另一方面应积极开拓市场，巩固已有的市场占有率。

目前，同方知网开始尝试向数字出版服务商转型，凭借其在期刊资源与技术平台等方面的优势，为学术期刊社打造集编辑出版、发行营销为一体的"超市型"数字出版平台，助推传统期刊社数字化升级转型。龙源期刊则将移动应用商店视作新的赢利点，此外还以"付费＋增值"与"免费＋广告"两种模式帮助杂志社进行数字化转型。

2. 互联网期刊数据库质量有待进一步提高

2012年3月，由原新闻出版总署组织的全国报刊管理工作会议在江苏苏州召开，提出要扎实推进完成5项重点工作，其中包括对高校学报等学术期刊的分类评估，并针对存在的问题，出台相关类别报刊的管理政策，引导其注重出版质量，提高出版能力，促进繁荣发展。

同年，《中国青年报》曝光了《北京电力高等专科学校学报》、《新疆石油教育学院学报》等假学术期刊借论文发表敛财内幕，由于这些假期刊曾被个别互联网期刊数据库收录，再次引发期刊业界乃至国家管理部门对互联网期刊数据库质量问题的高度关注。

针对这一问题，互联网期刊数据库纷纷加大了质量监管力度。其中，维普资讯网进一步严格了期刊收录的核实程序。如期刊入库，需要提供《期刊出版许可证》的复印件、近期的样刊、新闻出版总署的年审材料以及期刊的介绍材料等，《期刊出版许可证》上的每一项信息，都会经过多个途径进行核查，确保真实性。

同方知网依靠原有的三重审核体系，对期刊质量严格把关。由期刊采编部、学术分社总编室和杂志社总编室分别进行初审、复审、终审，即使有正规刊号的刊物，在学术价值等方面不符合要求的，也会被拒绝入库。因此，《北京电力高等专科学校学报》、《新疆石油教育学院学报》等假期刊虽曾多次申请，但一直未能入选同方知网的学术期刊数据库。

如果严格按照目前通用的《中国学术期刊（光盘版）检索与评价数据规范》检查，目前不少互联网期刊数据库仍存在不同程度上不合规范的情况，包括封面标示不全、目次表标示错误、摘要和关键词撰写不正确，以及参考文献标注不合规范等。

此外，尽管各企业均已制定了各自的期刊数据库标准，但行业标准、国家标准仍然缺失，无法有效保证整个行业市场健康规范的发展。因此，行业协会乃至国家部门应积极参考行业内龙头企业的相关标准，并在整个行业范围内广泛征求意见，尽快制定互联网期刊数据库的质量标准体系。

3. 版权问题仍然严重

近几年，传统互联网期刊出版商的版权支出费用不断提高，传统期刊互联网出版的版权基本得到期刊社与作者的认可。与此同时，由于资源竞争持续加剧，数字版权侵权问题开始从传统期刊社和作者向互联网期刊出版业内延伸。

由于数字期刊出版产品用户规模庞大，内容易拷贝复制，因此对数字内容终端侵权下载的监控存在一定难度，且盗版者具有分散、匿名等特点，使行业内部侵权的问题正逐渐成为伤害大部分互联网期刊数据库合法利益的毒瘤，严重阻碍了行业正常、健康的发展。

因此，加强互联网期刊出版行业内部版权管理已是形势所迫，如何从源头上遏制侵权问题，形成数字版权司法保护、行政保护以及技术保护的有效结合，应成为下一阶段政府相关主管部门优先考虑的问题。

（三）未来走向预测

1. 期刊与多媒体终端相结合，是未来互联网期刊发展的一大契机

一般来讲，大众类期刊相比于图书，更适宜基于多媒体应用的休闲阅读，且在色彩呈现与画面展示等方面胜于报纸，因此，期刊理应具有适合手持移动终端阅读的特性。

2012年，为了进一步在大众用户中普及数字阅读，满足更多读者对电子图书阅读的需求，盛大推出全新一代电子书产品——盛大Bambook全键盘Ⅱ；汉王推出多款新型号电纸书，如"黄金屋"系列等。同时，国外知名厂商新推出的Kindle paper white、iPadmini、Surface等产品也为移动阅读提供了更为丰富的体验。

目前一些数字期刊平台如龙源期刊网已经开发了APP手机应用，传统纸质期刊如《中国新闻周刊》、《中国国家地理》、《时尚》也有同步APP应用供读者手机下载阅读，但诸如同方知网、万方数据、维普资讯等在内的学术期刊数据库生产商尚未大规模开发此项业务。可以预见的是，数字期刊与多媒体移动终端的结合将是未来数字期刊发展的一大契机。

2. 互联网期刊出版将更加注重对读者行为信息的研究，并基于读者需求提供个性化可定制的增值服务

互联网期刊出版不再仅仅强调资源的简单整合与叠加，而是更加强调消费型用户行为信息数据的积累与分析，尽可能描述细粒度用户行为特征，如到达页面、停留、下载、关闭、空间时间分布、热点互动等行为，通过发现用户的阅读与研究习惯寻找潜在需求，并通过技术手段提供动态实时的增值服务，如基于时间、主题、学科、热点等维度的期刊内容在线推送。此外，互联网期刊出版商还可以基于用户信息数据库，实现一些特色主题产品的按需出版，或者为机关、企业、科研、高校等机构用户提供专业的信息咨询服务。

3. 学术期刊出版将以学科专家办刊为主，出现编辑与出版"两分开"的新兴办刊模式

在期刊体制转型和数字化变革的大背景下，学术期刊出版者将不再以发表论文、报道成果为目的，而是要以引导新兴学科发展为目标，敏锐发现新学科的增长点，把握发展方向，并深入了解研究人员及其需求，贴近作者、贴近读者、贴近审稿专家，为他们的研究活动提供情报和学术交流活动。因此，学术期刊将转变为学科专家办刊为主。

而适应学科专家办刊的期刊经营模式，将是编辑、出版的"两分开"，即学术期刊编辑继续留在高校或科研机构，充分融入学术研究的过程中，出版发行则交给互联网期刊出版商，在明确双方责、权、利的基础上，可以使学术期刊更好地走向并适应市场，实现编辑者与出版者的双赢，也可让市场来选择期刊，没有出版和发行价值的期刊将会自然退出。

4. 抢占出版制高点切入国际市场

以往，我国出版业走出去的主角是图书，而期刊业则是引进得多，输出得少。出版业担负着文化交流的重任，期刊的时效性，更有利于让海外读者近距离地了解中国人和中国人的社会生活。

优秀的期刊应该率先行动起来，但进入国际市场不可以按常规出牌，必须发挥优势，另辟蹊径，抢占市场制高点，从而打破已有格局，形成难以突破的竞争壁垒。

我国在科学研究领域虽无诺贝尔奖获得者，但不乏学术大师、创新思维敏锐的科学家、边缘与交叉学科的高水平研究团队，特别是在哲学社会科学领域，优秀的中国传统文化和中国特色社会主义的伟大实践相结合，必将产生对世界有深刻而独特影响的思想文化精品，形成具有鲜明特色的新学科。因此，如何创办出引领世界学术研究方向的权威学术期刊，将是中国学术期刊顺利"走出去"的重要条件。

此外，由于语言文字、发行渠道等方面的限制，过去中国期刊出版"走出去"主要靠翻译输出，但中文作为中国文化的主要载体，学术期刊特别是社科类期刊的翻译出版将会丢失中国文化本色甚至核心学术内容。多媒体数字出版物可以更好地展现汉语言的文化背景，将是帮助外国人准确理解中国出版物内容的有效手段。此外，还可以构建网络互动的国际化研究、学习平台，充分考虑国外读者的特殊阅读习惯，推动读者、作者直接交流。

5. 云出版将继续成为传统期刊社数字化转型升级的必然选择

"云出版"实际上是期刊社自主进行数字化编辑、出版，并自主经营数字内容的出版模式，云出版平台是实现这一模式的技术系统。在云出版的框架下，原来的数字出版商转变为平台运营商和技术服务者，负责提供平台建设、运行、维护和产品渠道服务。

如果用"电网"来形容，期刊出版社好比是从事不同经营活动的各家企业，而平台运营商则好比是电网公司，电网公司负责提供生产经营所需的电力，但不参与各家企业的经营活动，各家企业按照生产需要从电网公司获取电力，独立经营自己的业务。在云出版框架下，平台是一个"一站式"的出版经营管理系统。期刊的采、编、审、发、管，不需要登录不同的系统，在一个界面上，期刊社可以完成所有的编辑出版和经营活动。

简言之，云出版平台第一次在实体上提供了各家期刊出版社自主进行数字出版的全流程装备，实现了数字出版产业链中的编辑、出版、经营与平台、物流、渠道建设的全面对接，使期刊社获得了主导内容数字出版和经营的地位，与平台运营商各展所长，优势互补，共同做大做强期刊产业。

目前，期刊社实际上大多仍然处于传统的编辑出版的流程中，并不直接参与到数字出版环节。未来在云出版平台上，期刊社不仅可以在云平台上采稿、编稿、审稿，而且可以在云平台上即时发布数字期刊，可以网上定价发行，运行电子商务，开展数字期刊的经营核算。数字期刊的上下游全都由期刊社管起来了，这就使期刊社成为实质上的数字出版经营商，确立了其产业主体地位，将对整个数字期刊产业的经营模式的转变产生很大影响。

[李广宇单位：中国新闻出版研究院数字出版研究所；戴铁成、周震矾单位：同方知网（北京）技术有限公司]

2012-2013 中国网络游戏出版产业年度报告

中国版协游戏工委　国际数据公司

网络游戏是具有成熟商业模式的新媒体娱乐应用,经过十余年的快速发展,已积累了广泛的用户基础。网络游戏具有较强的文化属性,并逐渐成长为各种文化的综合体,已经贯穿了文娱的各个子行业,如改编为文学作品、影视作品等。2012年,中国网络游戏市场实际销售收入为569.6亿元,主要由客户端网络游戏市场实际销售收入451.2亿元、网页游戏市场实际销售收入81.1亿元和社交游戏市场实际销售收入37.3亿元构成。

网络游戏将成为泛娱乐产业的关键一环:泛娱乐不仅包括新闻出版、广播电视、电影等构成的文化产业核心层,还包含以网络游戏、网络文学、网络视频等网络服务为主体的文化产业外围层。与核心层相比,以网络服务为代表的外围层的市场化运作能力及开放性更强,网络游戏将成为引领互联网泛娱乐的关键一环。

网页游戏和移动游戏成为拉动网络游戏市场增长的主要动力:网页游戏和移动游戏成为推动网络游戏市场收入增长的"双引擎"。2012年中国网页游戏市场的销售收入比2011年增长了46.4%,未来五年的复合增长率将保持在30%以上。而移动游戏市场的规模和用户增长率更为迅速,2012年,中国移动游戏市场的销售收入比2011年增长了90.6%。两者的增幅均超过网络游戏整体市场及客户端游戏市场的增长率。

海外市场拓展不断加强:2012年,中国共有177款自主研发游戏出口海外,出口量较上年增加了35.1%;中国网页游戏出口海外的数量进一步增长,数量达到103款,比2011年增加了46款,同比增长80.7%。网页游戏的不断兴起,将进一步提升中国游戏海外出口市场的营收规模。

一、中国网络游戏市场规模及预测

(一) 2012年中国网络游戏市场实际销售收入构成

2012年,中国网络游戏市场实际销售收入为569.6亿元,主要由客户端网络游戏市场实际销售收入451.2亿元、网页游戏市场实际销售收入81.1亿元和社交游戏市场实际销售收入37.3亿元构成。

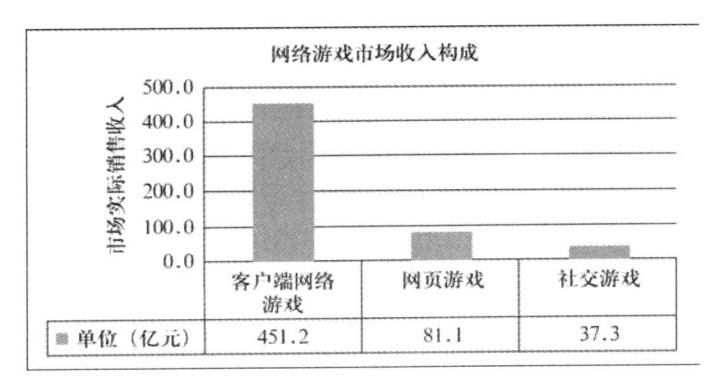

网络游戏市场收入构成	
客户端网络游戏	451.2
网页游戏	81.1
社交游戏	37.3

单位(亿元)

数据来源:GPC,IDC and CNG 2012

(二) 2012年中国客户端网络游戏市场实际销售收入构成

客户端网络游戏市场实际销售收入进一步细分,2012年主要由MMORPG客户端网络游戏市场实际销售收入307.8亿元和休闲客户端网络游戏市场实际销售收入143.4亿元构成。

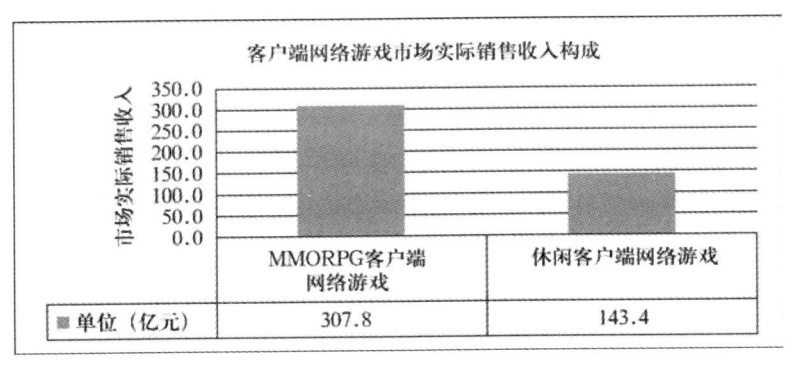

客户端网络游戏市场实际销售收入构成	
MMORPG客户端网络游戏	307.8
休闲客户端网络游戏	143.4

单位(亿元)

数据来源:GPC,IDC and CNG 2012

（三）2008–2012 年中国客户端网络游戏市场实际销售收入

2012 年，中国客户端网络游戏市场实际销售收入 451.2 亿元人民币，同比增长率为 23%。

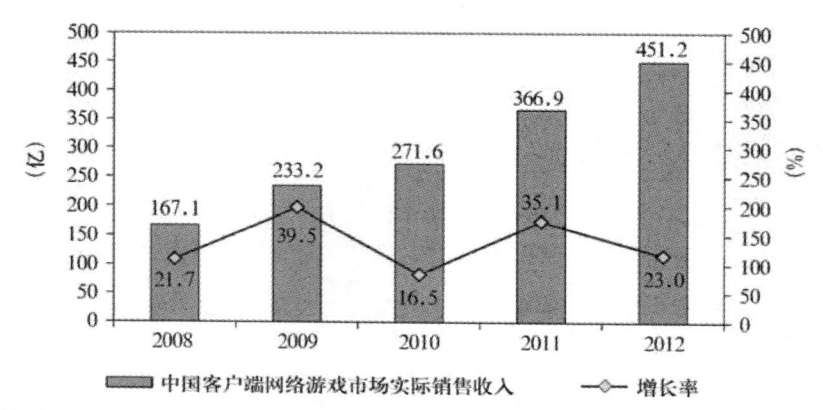

数据来源：GPC，IDC and CNG 2012

（四）2008–2012 年中国网页游戏市场实际销售收入

2012 年，中国网页游戏市场的实际销售收入 81.1 亿元，同比增长率为 46.4%。

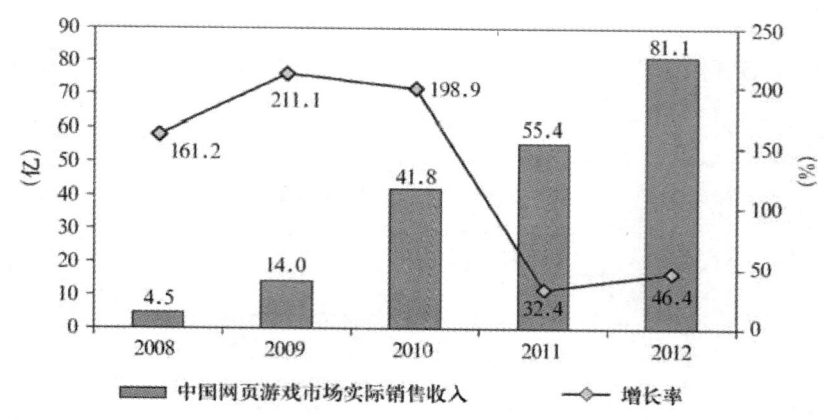

数据来源：GPC，IDC and CNG 2012

（五）2008 – 2012 年中国社交游戏市场实际销售收入

2012 年，中国社交游戏市场实际销售收入 37.3 亿元，同比增长率为 101.6%。

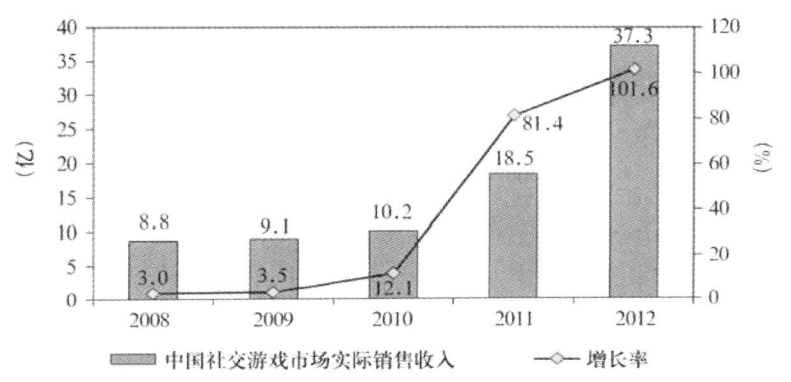

数据来源：GPC，IDC and CNG 2012

（六）2012 年中国原创网络游戏市场实际销售收入

2012 年，中国原创网络游戏市场实际销售收入 368.1 亿元人民币，比 2011 年增长了 35.6%，占中国网络游戏市场实际销售收入的 64.6%。

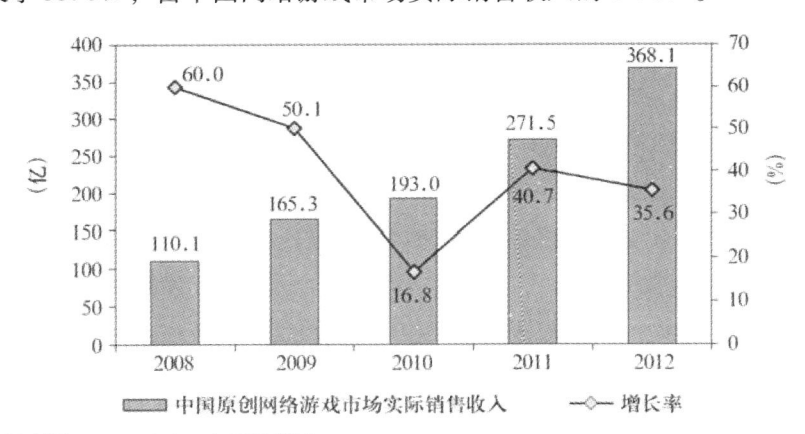

数据来源：GPC，IDC and CNG 2012

（七）2012 年中国原创网络游戏海外出口实际销售收入

2012 年，中国原创网络游戏海外出口持续增长，总计有 40 家中国网络游戏企业原创的 177 款国产原创网络游戏进入海外市场，海外出口实际销售收入为 5.7 亿美元，较上年增长 58.3%。

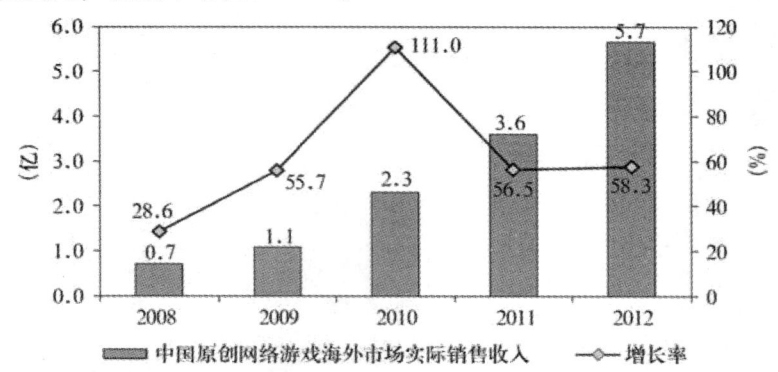

数据来源：GPC，IDC and CNG 2012

二、中国网络游戏用户状况

中国游戏产业用户数由网络游戏、单机游戏和移动游戏行业用户数构成，2012 年的主要用户来源分为三部分，即网络游戏市场中的客户端网络游戏、网页游戏和移动游戏用户数。

（一）2008－2012 年中国客户端网络游戏用户数

2012 年，中国客户端网络游戏用户数达到 1.4 亿人，同比增长率为 16.67%。

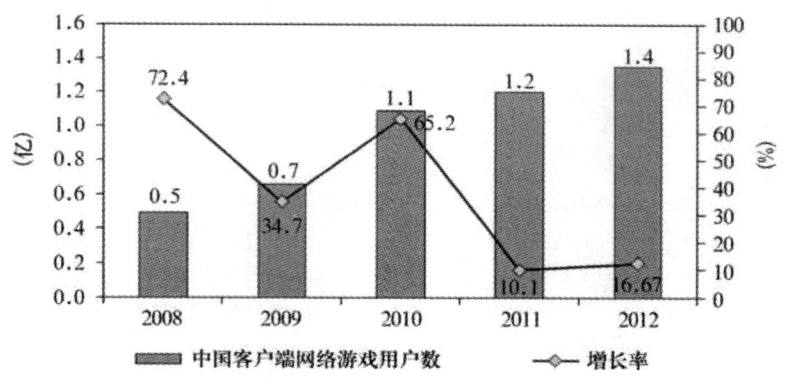

数据来源：GPC，IDC and CNG 2012

(二) 2008–2012 年中国网页游戏用户数

2012 年,中国网页游戏用户数达到 2.71 亿人,同比增长率为 33.4%。

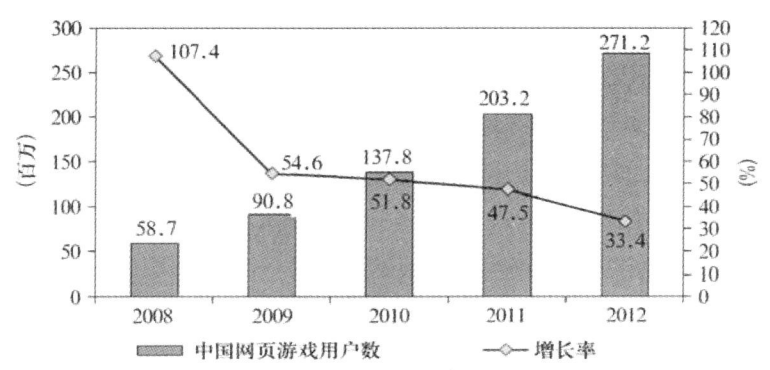

(三) 2012 年中国网络游戏付费用户数

2012 年中国网络游戏付费用户数量达到 8959.4 万人,同比增长率为 35.1%。

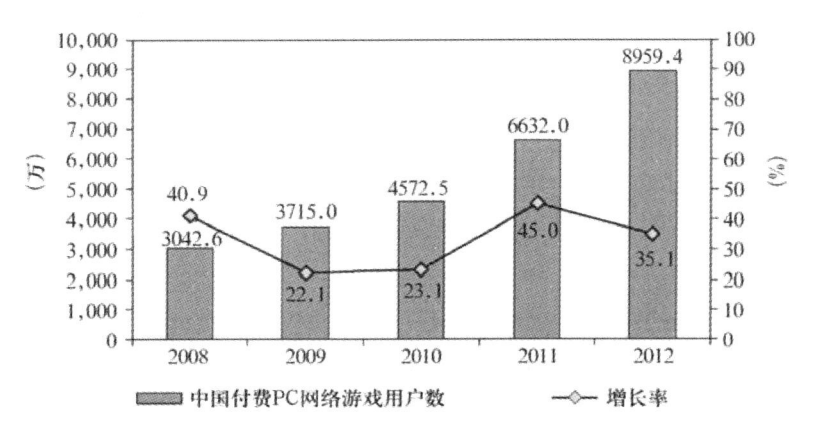

(四) 2012 年中国网络游戏用户数量构成

2012 年,客户端网络游戏用户数和网页游戏行业用户数是中国网络游戏用

105

户数的重要构成。

1. 2012 年中国网络游戏用户性别结构

2012 年中国网络游戏用户结构显示，男性用户数占用户总量的百分比为 63.8%，女性用户占用户总量百分比为 36.2%。

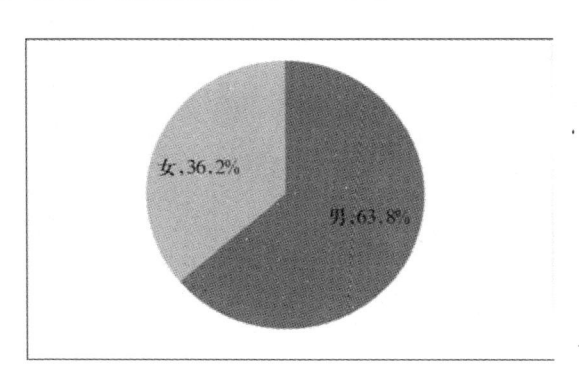

数据来源：GPC，IDC and CNG 2012

2. 2012 年中国网络游戏用户年龄结构

2012 年，中国网络游戏用户中 19-22 岁的年龄段组的用户占此类用户总量的 27.5%，其次是 23-25 岁的年龄段，占用户总量的 20.3%。值得注意的是 10 岁以下的用户占用户总量的 1.5%。

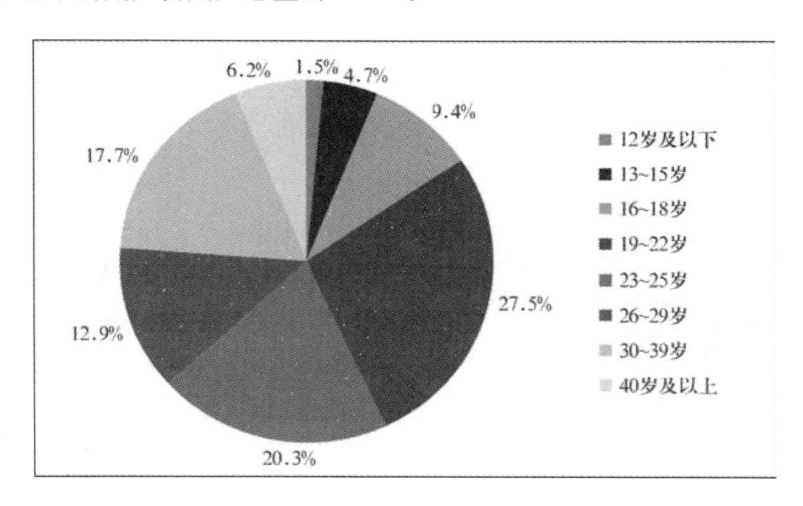

数据来源：GPC，IDC and CNG 2012

3. 2012 年中国网络游戏用户职业结构

2012 年中国网络游戏的主要用户是学生群体，占此类用户总量的 30.6%。

其次是企业的一般职员，占用户总量的 15.3%。专业技术人员和自由职业者分别占用户总量的 11%、10.1%。

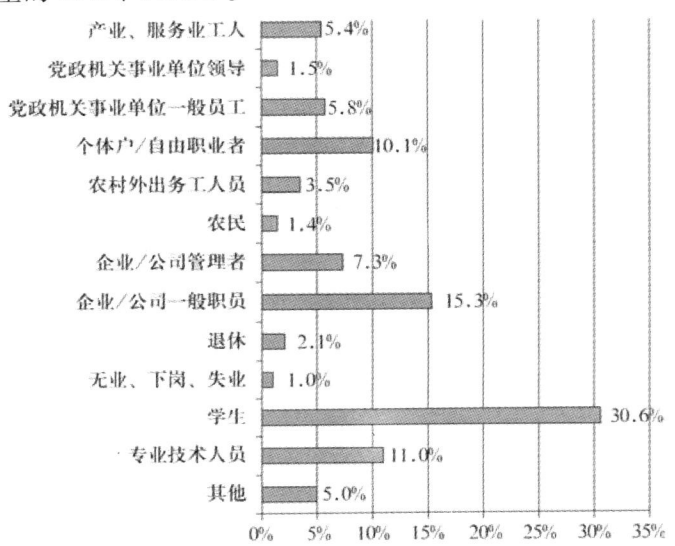

职业	比例
产业、服务业工人	5.4%
党政机关事业单位领导	1.5%
党政机关事业单位一般员工	5.8%
个体户/自由职业者	10.1%
农村外出务工人员	3.5%
农民	1.4%
企业/公司管理者	7.3%
企业/公司一般职员	15.3%
退休	2.1%
无业、下岗、失业	1.0%
学生	30.6%
专业技术人员	11.0%
其他	5.0%

数据来源：GPC，IDC and CNG 2012

4. 2012 年中国网络游戏用户收入结构

在中国网络游戏用户的收入结构中，大部分用户的收入在 3000－5000 元之间，占用户总量的 16.8%，收入在 12000 元以上的用户最少，只有 1.1%。

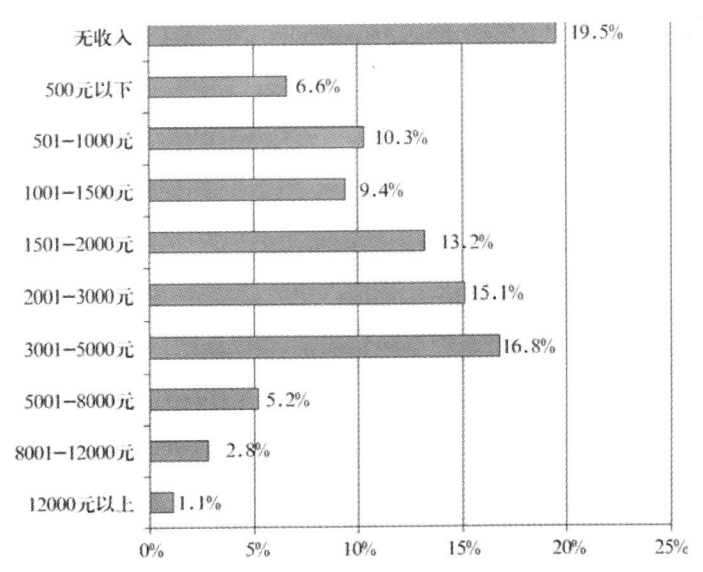

收入	比例
无收入	19.5%
500元以下	6.6%
501－1000元	10.3%
1001－1500元	9.4%
1501－2000元	13.2%
2001－3000元	15.1%
3001－5000元	16.8%
5001－8000元	5.2%
8001－12000元	2.8%
12000元以上	1.1%

数据来源：GPC，IDC and CNG 2012

5. 2012年中国网络游戏用户学历结构

在中国网络游戏用户学历结构中，高中/中专/技校用户为29%，大学本科和大学专科的用户分别为27.6%和27%。

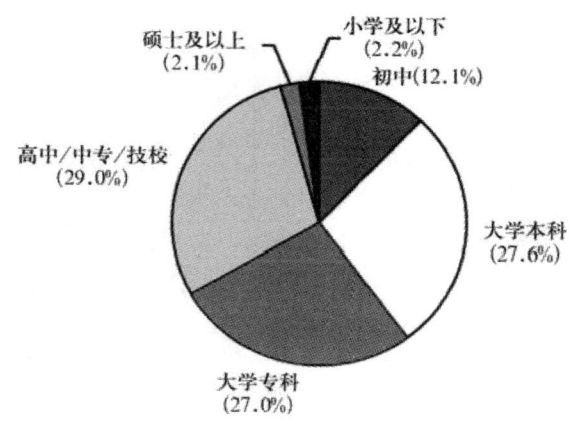

硕士及以上 (2.1%)
小学及以下 (2.2%)
初中 (12.1%)
高中/中专/技校 (29.0%)
大学本科 (27.6%)
大学专科 (27.0%)

数据来源：GPC，IDC and CNG 2012

三、中国网络游戏细分市场分析

2012年，中国游戏行业稳定增长。在用户数量方面，同比增长率有所上升。付费用户数量增长速度下降。在市场实际销售收入方面，增长曲线变化平稳，增长速度虽然放缓，但市场实际销售收入仍在持续增加。

（一）2012年中国客户端网络游戏市场状况分析

1. 2012年中国客户端网络游戏市场的特征

（1）客户端网络游戏市场规模稳步扩大

2012年中国客户端网络游戏市场销售收入再度增加，市场规模稳步扩大。中国客户端网络游戏市场实际销售收入已经从2011年的366.9亿元增长为2012年的451.2亿元人民币。从最近五年的发展状况来看，中国客户端网络游戏市场收入从2008年的167.1亿元发展至今，基本上保持着逐年增加、稳定有升的发展态势。就同比增长率来说，中国客户端网络游戏市场收入的增长速度也趋于稳定发展。体现出从快速增长到快速放缓，再逐渐缩小变化幅度，稳步向上发展的态势。

（2）客户端网络游戏市场占有率逐步降低

从2012年的实际销售收入来看，中国客户端网络游戏的市场占有率再度下滑，从2011年占中国游戏市场实际销售收入的82.2%下降至74.9%。但是，在中国网络游戏市场收入中，客户端网络游戏的市场收入规模仍居首位，市场占有率也领先于其他细分市场，比如领先于网页游戏的市场占有率13.5%、移动游戏的市场占有率5.4%。从最近五年来的发展状况看，中国客户端网络游戏呈现出市场占有率持续下滑、市场份额持续缩小的状态。自2008年以来逐步下降，2011年虽然略有回升，但今年又再次下滑。中国客户端网络游戏市场占有率的持续下滑，反映出与其他细分市场增长速度动态对比的情况。网页游戏、社交游戏和移动游戏的快速发展已经对客户端网络游戏的市场占有率造成了影响。

（3）客户端网络游戏产品价格上涨付费账户数下降

客户端网络游戏产品的ARPU值整体呈增长状态。部分产品的实际销售收入增加，但付费账户数（APA）出现下降。2012年，客户端网络游戏开发商针对游戏产品进行了调整，快速升级、强竞技性、强社交性，成为新产品的重要特征。同时，企业还加强了导入用户的力度和方法，注册用户数量出现了增长。

（4）客户端网络游戏产品增长速度放缓

从MMORPG客户端网络游戏和休闲客户端网络游戏市场实际销售收入的增长速度来看，客户端网络游戏的产品增长速度正在放缓。最近五年的发展状况显示，MMORPG客户端网络游戏增长速度自2008年开始下降，虽然经历2010年的短暂上升，但是2012年再度转入下降通道。在用户游戏时间碎片化发展、用户数量的增长速度趋于平稳下降的状况下，MMORPG客户端网络游戏产品的市场收入增长速度也出现了从调整阶段走向逐渐放缓的发展态势。而休闲客户端网络游戏市场收入的增长速度还处于调整阶段，虽然在2012年出现了下降，但与企业减缓商业化速度，增加用户黏性的产品策略和多平台发展的转型期有关，存在进一步增长的可能。

（5）客户端网络游戏生命周期继续刷新纪录

随着时间的推移，已运营多年的客户端网络游戏产品继续获得收入，生命周期被再度延长，继续刷新纪录。2012年，为进一步延续游戏产品生命周期，使其长期、健康发展。客户端网络游戏运营商开始对市场上经久不衰的客户端网络游戏做出调整：放缓了部分老客户端网络游戏的商业化速度，减少了游戏内促销活动，丰富了游戏的内容。

2. 中国客户端网络游戏市场发展的驱动因素

（1）客户端网络游戏企业运用资金充裕优势二次创业

客户端网络游戏企业资金储备充裕，能够不断投入新的游戏和新的平台进行二次创业。客户端网络游戏行业拥有较多大型上市企业，在市场收入方面不但经过多年积累，而且可以通过二级市场进行间接融资，资金充裕。借助资金优势，客户端网络游戏企业一方面投入研发和运营，丰富和深化产品线，向网页游戏、社交游戏、移动游戏发展，拓宽用户人群。另一方面进行投资，通过并购新兴市场的游戏公司或者业务获得市场收入增长的机会。资本运作的方式不仅迅速拓宽了客户端网络游戏企业经营的领域与范围，获得了在线广告、软件应用等业务，而且提高了企业的运营效率，形成有效的成本控制，节省了支出，使得现金储备更加充裕，反过来支持游戏业务的发展。投资行为及所获得的收益还进一步增加了股东的信心与股票的价值，从股市上获得回报。

（2）客户端网络游戏企业主动进行微创新不断满足用户需求

客户端网络游戏市场占有率仍居首位，主要发展的驱动因素是企业以高端付费用户的需求为蓝本，策划新版本的游戏内容和活动，进行微创新以契合用户日益分散的注意力。2012年，由于网页游戏、社交游戏、移动游戏等其他游戏形式进一步满足了用户游戏时间碎片化的需求。分散了对客户端网络游戏产品的注意力。引起客户端网络游戏企业对运营和产品策略做出系列调整。

首先，客户端网络游戏企业主动进行微创新，拓展、优化现有的游戏产品内容，细化游戏的收费模式。积极推出微端化版本和跨平台产品，迎合用户对便捷登陆的需求。借助于微端化"工具"，让用户迅速进入客户端网络游戏，降低用户的下载成本，增加用户的覆盖范围。

其次，通过丰富产品线的方法，客户端网络游戏企业加速改变MMORPG客户端网络游戏一枝独秀的现状，摆脱对老游戏的依赖。比如代理和研发DOTA类新兴对战平台游戏产品，增加对动作格斗类、射击类、棋牌类、音乐舞蹈、赛车竞速等休闲客户端游戏产品的投入力度。

由于休闲客户端网络游戏产品具有风格轻松、产品多样化的特点,以更为纯粹的游戏竞技娱乐为核心,兼具平台和社区的特性,对游戏用户的专业性和终端配置要求不高,成为这类用户社交方式的重要补充,注册用户数量增长较为明显。

(3) 客户端网络游戏企业开辟蓝海空间,扩展销售领域

游戏企业积极开拓二三线城市的客户端网络游戏市场,开辟市场销售的蓝海空间,扩展销售领域,有助于规避一线城市的客户端网络游戏市场竞争过度的风险性,凭现有产品增加市场销售收入。2012年,借助于微端化版本和跨平台服务,客户端网络游戏企业依托于能够降低用户下载成本的网吧渠道进入二三线,甚至是三四线的客户端网络游戏市场,拓宽用户获取的渠道与范围。由于二三线及以下城市受网络带宽和PC硬件配置的限制,国外进口大作的普及度不高,竞争相对缓和。使得客户端网络游戏企业可以充分利用自身在运营和产品方面的优势,快速进入市场。

首先,客户端网络游戏企业利用自主研发引擎的优势,针对当地用户的网络游戏运行环境进行优化。借鉴了网页游戏和移动网络游戏的易获取性,通过微端版本降低用户的下载成本,扩展适用范围。比如将1GB以上容量的客户端减小至100MB甚至10MB以下,让用户可以边游戏边下载,不断丰富后续内容。

其次,客户端网络游戏企业进一步增加了网吧渠道的预装普及度,并根据二三线城市网吧支付渠道的特点,增加了第三方通用游戏充值卡支付方式的支持力度,部分企业甚至逐步放弃了自身发行的实物充值卡。

网吧渠道的数据显示,自中国人民银行发布了《非金融机构支付服务管理办法》后,盛付通、汇元网等获得全国性支付牌照。随着支付领域进一步规范化,拥有二三线城市渠道优势和全国预付卡发行资质的企业也更受到网络游戏企业的重视。

3. 中国客户端网络游戏市场发展的阻碍因素

(1) 用户对客户端网络游戏需求下降

随着用户年龄的增长,游戏时间碎片化发展,游戏需求逐渐转向社交化和移动化发展,对客户端网络游戏的需求出现下降趋势。新的游戏形式不断满足用户对便捷登陆的需求,越来越受到用户欢迎,分散了用户对客户端网络游戏

的注意力。同时，客户端网络游戏缺乏创新，产品结构不平衡，精品数量不多等问题，难以满足用户越来越高的要求。

（2）资金回笼周期长，阻碍企业改善收入结构

投入成本高，资金回笼慢，目前仍然是困扰客户端网络游戏行业的最大问题。增加了客户端网络游戏企业改善收入结构，投资新类型游戏的难度。内容丰富、功能齐全的大型客户端网络游戏成本较高，一款产品研发、运营成本合计约四五千万元左右，研发团队需要上百人规模，研发周期长达三年左右。由于对单款产品投入过高，导致客户端网络游戏企业缺乏多元化而又丰富深广的游戏产品组合和产品线，MMORPG类网络游戏产品一枝独秀的局面难以支持用户新的需求。

（3）破坏游戏平衡性，缩短游戏生命周期

以破坏游戏平衡性的方法提高用户的ARPU值，从而带动市场实际销售收入增长的方法，不仅加速了用户的流失，而且缩短了游戏的生命周期。平衡性是影响用户活跃度的重要因素，网络游戏的生命来自于用户。活跃用户数量长期下降，阻碍了高端付费用户对游戏的乐趣。高端付费用户的乐趣在于跟其他用户进行PK和对比，但客户端网络游戏的新版本或资料片过度倚重这一特征进行策划，低付费和非付费用户不断流失，高端付费用户的PK和对比对象不断减少，最终形成"鬼服"效应，造成用户快速流失，生命周期快速缩短。

4. 中国客户端网络游戏市场的发展趋势

（1）预计客户端网络游戏市场实际销售收入将上升

中国客户端网络游戏市场实际销售收入将保持平稳增长，增长速度逐年放缓，增长幅度趋于平稳发展。预计中国客户端网络游戏市场实际销售收入的增长速度将在2014年进入平稳期，保持10%以上的增长速度持续发展。针对市场收入下滑的问题，由于客户端网络游戏企业已经采取了多项措施，增长速度下滑的趋势得到了控制。从最近两年来的同比增长率看，变化幅度的差距正在缩小。

（2）客户端网络游戏企业将加大对多平台的投入

由于多平台的业务模式能够降低游戏企业的风险，带来新的增长机遇。因此客户端网络游戏企业将加大对多平台的投入，补充现有产品线，丰富产品组合。未来，企业将提供给用户通过不同设备登录游戏平台的快捷服务，满足用

户对网络游戏社交化和移动化的需求。

(3) 客户端网络游戏收费模式将从直接销售转向间接销售

非付费用户和低付费用户仍然是网络游戏的主体，长期流失将破坏游戏平衡性，导致高端付费用户失去乐趣。因此客户端网络游戏的收费模式将逐渐进入第二次转型期，从直接销售转向间接销售，从道具收费转向交易收费。未来，游戏平衡性将决定游戏的市场收入水平、生命周期、活跃用户数量和付费用户数量等重要指标。因此，在客户端网络游戏市场收入与用户数量增长速度同时放缓的状况下，收费模式也将从直接销售转向间接销售。同时，游戏整体的经济系统也将做出重大调整，缩小用户之间的装备、道具、用户等级方面的差距，降低游戏对用户的强度。

(4) 客户端网络游戏企业将精细化管理，渠道拓展成本进一步下降

随着推广成本的不断攀升和推广效果的逐渐下降，下一步的竞争将在细化并降低渠道拓展成本之间展开。企业积极开拓二三线及以下城市客户端网络游戏市场的目的是规避竞争过度的风险，开辟新的蓝海空间，增加市场收入，提供利润率。为了避免重蹈一线城市客户端网络游戏市场成本大幅攀升、限制客户端网络游戏企业二次创业的覆辙，客户端网络游戏企业将细化推广效果的考量标准，优化并提高推广效率，避免资金浪费，加大对微端化和跨平台的投入。比如降低硬性广告的数量与成本，增加客户服务人员的数量与质量，并提高服务标准，将不易考核效果的广告费用节省下来，转化成直接为用户提供服务。比如对各种用户渠道设定标准，定性定量，将成本更高的自建渠道改良为与成熟渠道合作。再比如尝试新的运营模式和用户导入的方法，通过跨平台提供便捷登录通道，让已有游戏用户群体可以尝试体验游戏的网页游戏版本和移动网络游戏版本，扩展现有用户的使用范围。

(二) 2012年中国网页游戏市场状况分析

1. 中国网页游戏市场的特征

(1) 中国网页游戏市场规模迅速扩大

中国网页游戏的市场收入增长速度不断加快，市场规模迅速扩大。2012年，中国网页游戏市场实际销售收入已经从2011年的55.4亿元人民币增长至2012年的81.1亿元人民币，同比增长率为46.4%。增长速度高于上一年的水

平。但网页游戏的用户数量增长速度已经开始放缓,体现出与客户端网络游戏近似的发展趋势,未来的增长空间并不明朗。2012年,网页游戏的用户数量已经达到2.71亿人,同比增长率33.5%。成为中国网络游戏市场中用户规模最大的细分市场。从最近五年的发展状况来看,网页游戏用户数量正在从高速增长走向逐渐放缓,表现出接近饱和的状态。

(2) 网页游戏产品数量的增长速度逐渐放缓

从2007年到2012年的网页游戏产品数量变化来看,网页游戏产品总数增加趋势已经放缓,游戏企业已经不再盲目地追赶着向市场投放产品,开始更加关注产品的质量问题。2012年,网页游戏产品数量虽然仍达到千款以上,但增长速度已经呈现出下降趋势。从产品开服数量来看,在网页游戏的各类产品中,角色扮演类产品开服数量最大;其次是战争策略类、经营策略类、休闲竞技类、棋牌类。在表现形式方面,2012年,业内最关心的3D类产品开服数量仍然偏少,占比约2.2%,开服数量最大的是2D类,占比约88.8%。2.5D类产品占比约7.5%,纯网页类占比约1.5%。按题材分,三国类开服数量最多,其次是仙侠类、玄幻类、武侠类、魔幻类等。

(3) 网页游戏销售强度明显增加

2012年,网页游戏的销售强度明显增加,游戏内促销活动频率加快,开新服数量大幅提高,第三季度网页游戏开服总数达三万余,远超2012年上半年的水平。相比2011年同一时期的水平,更是提高了2倍以上。目前,各网页游戏产品一反常态,上线即开始展开各种促销活动。不仅过去少有的促销活动方式出现,而且有加速发展趋势。网页游戏的促销活动以吸引用户充值为主。促销活动类型包括开服活动、节日祝贺、VIP预充值等。同时,用户与网页游戏运营商之间也开始形成了近似于促销博弈的关系,表现出几乎无活动不消费的特征。网页游戏销售强度的增加,反映出运营平台对资金的诉求,通过销售收入的增加,获得的资金用于营销推广,吸引更多的用户资源。

(4) 企业开拓海外网页游戏市场的活跃度快速提升

网页游戏的销售渠道正在迅速向海外市场拓展,不论是产品研发与运营投入都更为活跃。2012年,网页游戏企业开始加大投入力度,针对全球市场开发网页游戏产品,在游戏的题材、核心玩法等部分均融入大量国际化元素与用户习惯。同时,网页游戏企业对海外市场的考察、合作、推广也更为频繁和深入。在运营模式方面，正在从单纯的代理授权模式酝酿新的变化。当前，网页游戏出口的关键仍然是本地化问题，从研发来看，产品的题材、风格、文化元素、核心玩法该如何满足当地用户的需求。从运营推广的角度来看，除了能否根据当地的政策、法律法规、民族习惯等基础环境做出调整外，还要根据当地网络游戏用户的实际情况进行策划，定制运营方法和推广技巧。

2. 中国网页游戏市场发展的驱动因素

（1）联运模式下，网页游戏的长尾效应被迅速放大

联合运营模式将网页游戏产品特性与数字发行的效果充分放大，长尾效应更加突出。从网页游戏的市场实际收入和产品特性来看，网页游戏的联合运营模式构建了以中国互联网为基础的庞大生态圈，从电脑即时通讯软件、杀毒软件、互联网社交、资讯到各类应用的大小网站无所不包，几乎覆盖中国全部上网用户。提供给用户多项选择的游戏入口，更好地满足用户便捷登录的需求。同时，由于网页游戏的玩法简单、快捷，容易上手，降低了用户门槛，联合运营模式吸引了大量来自二三线城市及以下城市的非游戏用户，构成了网页游戏用户的主体。目前，联合运营模式已经发展到新的阶段，不但拥有自有用户的平台互联网运营商相继开放，而且网页游戏专业运营商也针对用户渠道不断优化，带来更高的运营效率。

（2）企业跨平台发展带动网页游戏产品类型多元化

不仅各类互联网企业可以借助网页游戏联合运营的形式释放用户能量，成为网页游戏的入口。客户端网络游戏也可以跨平台发展，将资源进行转化，带动网页游戏产品类型向多元化发展。客户端网络游戏企业可以借助于品牌、资金、运营、用户资源等方面的优势，将现有产品与网页游戏的全新表现形式相结合，为用户提供通过不同设备登录游戏平台的便捷服务。网页游戏企业还可以推出客户端网络游戏，借助客户端网络游戏较高的利润率实现稳定、长期、丰厚的利润回报。

（3）高品质网页游戏初步形成固定用户群

部分高品质网页游戏产品的出现，激励企业增加投入，以精品化策略沉淀用户，产品在画面与玩法上达到不同程度的提高，用户黏性增强，付费用户数量增加。目前，精品化的网页游戏已经初步形成了固定的用户群，其中以深度用户为核心迅速向周边辐射，衍生出纵横交错的社交关系和渴望长期驻留、维

护投资价值的用户群体。以此为基础，网页游戏运营商可以不断加强对用户付费习惯的培养，提高用户的留存率和付费率，保证游戏产品良性发展。

（4）海外网页游戏市场成为最具潜力的销售渠道

海外的大部分地区，由于没有网页游戏的传统，竞争相对缓和。有利于网页游戏企业利用差异化的竞争方式快速进入，是目前最具潜力的销售渠道。此外，网页游戏产品运营简单，投资回报周期短，受限制的程度低。深受海外游戏代理企业欢迎。在海外某些地区，甚至只能接受网页游戏产品的进口。网页游戏的代理授权费用因此而快速上涨，2012年甚至接近于客户端游戏的水平。尚未在国内运营的产品，仅国际单一地区的代理价就达5-15万美金，而在国内已经运营到一定基数的产品，代理金高达40-60万美金。对国内企业而言，是缓解资金压力的有效途径。

3. 中国网页游戏市场发展的阻碍因素

（1）网页游戏产品过剩、同质化严重

中国网页游戏行业还处于粗放竞争阶段，产品过剩、同质化严重。尽管目前网页游戏的市场收入还在增长，但用户数量的增长速度已经开始放缓。当用户对网页游戏的要求从数量转向质量的时候，多数网页游戏企业还停留在粗放竞争阶段，依靠以量取胜的简单方式占领市场，过度依赖流量平台和开新服务器的方式导入用户，忽略了产品的创新和质量提升，缺乏留存用户、吸引用户付费的产品和方法，用户流失率较高。以量取胜的粗放竞争模式造成了网页游戏精品匮乏，投入成本少、产品技术含量较低，同质化现象严重，在产品黏着度、更新版本的创意、运营平台的稳定和售后服务的精心程度等方面都存在很多不足。导致网页游戏的整体市场存活率占比不足10%，获得较高收入的网页游戏产品数量占比还不足6%。同时，网页游戏生命周期短，各游戏企业的市场收入稳定性差，为了获得长期、持续的市场销售收入，企业只得频频提高网页游戏输出速度，形成了产品过剩的恶性循环。

（2）企业运营管理模式不健全，低俗营销屡禁不止

网页游戏的创业门槛低，中小企业及团队、工作室所占比例数量大，在运营管理模式上存在很大缺陷，法律道德意识淡泊，靠低俗营销和恶劣的炒作手法赚人气、带动销售的现象较为普遍。比如，以暴力、色情为卖点的游戏宣传片、微电影、海报。以山寨热门电视剧、电影、游戏截图为幌子的网络广告，

时刻都会自动弹出用户的桌面。不仅在国内如此，在海外推广也如法炮制，引起国外媒体竞相报道，抹黑了中国网络的游戏的整体形象。2012年，利用不雅照女主角为游戏进行推广宣传的违规行为在网页游戏行业中死灰复燃，部分企业以拍摄全裸海报的形式公然进行低俗宣传、推广活动，此类行为应得到有关部门的及时治理。

（3）网页游戏缺乏对推广渠道的控制力

随着市场规模的迅速扩张，行业竞争压力不断加剧，网页游戏的推广成本也在快速上涨。2012年，网页游戏单个用户成本已经从之前的1元以下快速攀升至当前的5元以上，甚至高达8元。成本不断上涨是网页行业对渠道控制力度不够的体现。联合运营模式给成本控制带来了障碍，提供用户流量的各类网盟、中小网站不易管理和控制，不仅用户质量每况愈下，作弊现象也十分严重，广告购买效果正在逐渐萎缩。

（4）网页游戏缺乏针对海外市场的产品和本地化的研发力量

缺乏针对海外市场的产品和本地化的研发力量使得不少网页游戏企业在海外渠道拓展方面驻足不前。从网页游戏运营商的调查结果来看，将销售渠道向海外拓展最大的障碍就是产品本地化不足，多数开发商提供的产品都是以国内原型添加本地化的道具或内容为主，竞争力十分有限。目前，多数企业受限制于自身经济与研发实力，难以开发出有针对性的国际化产品，同时满足国内和国外用户的不同需要。缺乏国际化的产品线使得销售范围仅限于港澳台和东南亚，而且随着竞争的加剧，用户流失率高、生命周期过短的问题还会陆续暴露出来，导致企业快速退出市场。

4．中国网页游戏市场的发展趋势

（1）网页游戏市场潜力依然诱人

网页游戏的市场竞争将开始步入优质化的洗牌阶段，通过竞争，择优去莠，带动企业成长，保持行业快速增长的势头。

首先，网页游戏的快速增长，很大程度上依托于联运模式。目前拥有自有用户的传统互联网平台多以加入网页游戏联运阵营。如果没有更多拥有新用户的平台增加，增速将随之放缓。

其次，产量过剩，网页游戏新产品的推广和收入的增加将愈发艰难。企业将面临用户标准提高、产品质量跟不上、产量过剩、同质化严重、新产品用户付费意愿下降等问题。

第三，成本上涨将抬高行业门槛。由于采用海量网盟广告的刺激，网页游戏企业基本上已经将互联网各类流量清洗数次，用户已经对传统广告类型失去兴趣。部分单纯以运营网页游戏为主的平台在这方面将受到较大冲击。

最后，缺乏多元化的生存手段，将令企业风险更大，容易被淘汰出局。

（2）研运一体化将成为网页游戏企业的重要发展趋势

预计未来几年中，强弱格局会更加分化，活跃在市场上的网页游戏企业，将有相当一部分是兼具研发和运营实力的综合平台。

目前，资金实力较强的网页游戏研发企业已经开始建立自己的市场渠道和用户平台，从单一的研发企业向运营平台扩展；同时，多家网页游戏运营平台也基于自身的用户资源和丰富的产品运营所积累下来的经验，开始涉足研发环节。研发运营一体化是网页游戏强强联手模式的最终体现，随着荒草丛生时代结束、精品化时代的来临，拥有自有用户资源的互联网平台将与拥有研发能力的企业进一步结合，不仅意味着研发与运管两者配合的紧密程度和对用户数据的精准把握能力，也意味着利益目标的高度一致性。研发运营一体化是网页游戏企业发展的重要趋势，但专注于研发和运营的企业也一定会并存。研运一体对产品端和用户端有非常高的综合要求，并不是每家公司都适合。而传统的研发或运营企业如果专注于某一点做得更精深，同样有广阔的机会。如果产品品质优秀，仅靠各平台的首发授权金就可以获得丰厚的收入。

（3）网页游戏企业将加大力度开发跨平台的移动游戏产品

产品跨平台和业务多平台的发展模式将成为网页游戏拓展销售领域、降低运营风险的重要保障。随着用户增长速度的放缓，网页游戏企业将开展多平台业务模式降低风险。提供给用户通过不同设备登录游戏的多平台便捷服务，增加用户的留存率。目前，移动网络游戏已经显示出来用户数量快速增长的趋势。而网页游戏产品与之具有相通性，存在产品跨平台发展需求与可行性。

首先，网页游戏移植移动游戏平台拥有用户基础。2012年，用户通过平板电脑运行网页游戏的现象已十分普遍。而月收入超过千万元的移动网络游戏产品，其核心玩法、道具收费模式也近似于网页游戏。

其次，网页游戏已有在移动网络游戏领域成功的先例。为规避激烈的市场竞争，部分通过改编先行进入移动游戏领域的网页游戏产品已经获得了成功。

因跨平台受益的还有部分网页游戏的运营平台，通过开发移动网络游戏产品，也得以实现了宣传推广、用户导入、市场收入增加的目的。

此外，技术条件的改善也将加速业务多平台、产品跨平台模式的发展，unity3D 开发工具和 html5 技术将会促进多设备、跨平台应用的发展，弥补苹果移动设备不支持 flash 技术，在跨平台方面的不足。

（4）网页游戏产品将与微型客户端网络游戏趋同发展

随着客户端网络游戏企业的大规模进入，网页游戏产品将与微端化网络游戏趋同发展，画面品质增强，游戏节奏放慢，生命周期延长。

目前，用户对网页游戏的质量要求不断提高，网页游戏的功能日益完善，美术品质持续上升，游戏所需要下载的内容也逐渐增多，容量正在迅速扩大。一款画面品质中上等的 ARPG 网页游戏，完整下载到用户电脑上的内容就高达 200MB，单凭浏览器窗口已经不足以丰富游戏的内容和材质。因此，网页游戏将更倾向于采用让用户一边游戏一边下载的解决方案。即在用户入口上采用网页方式呈现。但在游戏过程中将所有资源包都进行压缩打包，让用户不知不觉中逐步下载到本地电脑上。不仅下载形式和表现力日趋接近，网页游戏登录器也会迅速普及。弥补无端化的界面，没有桌面入口容易被用户忽略、用户归属感不强的弱点。

（三）2012 年中国原创网络游戏海外出口市场状况分析

1. 中国原创网络游戏海外出口市场的特征

（1）海外市场保持增速 57.5% 出口企业增至 40 家

2012 年，中国自主研发网络游戏海外出口呈现整体规模化增长趋势，这种规模化增长主要体现在以下四个方面。

一是海外收入有较大提高。2012 年，中国自主研发网络游戏海外收入为 5.7 亿美元，较上年增长 57.5%。

二是走出去产品数量有较大提升。2012 年，总计有 177 款中国自主研发网络游戏出口海外，出口数量较上年增加 35.1%。

三是走向海外的企业越来越多。2012 年，共有 40 家中国网络游戏企业自主研发的国产原创网络游戏进入海外市场，出口企业较上年增加 17.6%。在走出去的企业中，不仅包括完美世界、盛大、腾讯、畅游、游戏蜗牛、网龙、金山等传统大型企业，一些新锐企业如趣游、炎龙科技、第七大道、凯特乐游也加大海外拓展的力度，使得中国网络游戏海外发展持续升温。

四是出口产品批量化出口渐成趋势。以往，中国网络游戏出口都是各个企业借助自身的出口渠道实现产品的出口，而进入到2012年，"抱团出海"模式逐渐成为共识，一些具有实力的网络游戏企业整合自身海外渠道和相关经验，搭建了海外进出口平台，将这些资源与其他企业特别是一些中小游戏企业共享，帮助这些企业走向海外。

（2）网络游戏确立主流文化地位舆论盛赞网络游戏提升中国文化全球影响力

经过10年发展，随着中国网络游戏产业的日渐成熟，网络游戏在人们心目中的地位不断得到提高，社会舆论对网络游戏的评价也逐渐发生改变，整个文化产业和媒体对网络游戏的关注度日益提升。

从2010年开始，中央电视台多次就网络游戏产业的发展做出报道。对于中国原创网络游戏在促进中国文化传承、海外文化传播、海外并购等各个方面的成绩都做出了肯定。2012年10月10日，在中央电视台为迎接十八大召开而特别推出的系列专题"喜迎十八大变化十年"栏目中，《新闻联播》在头条新闻的位置，介绍了10年来中国网络游戏产业的发展变化。对于中国网络游戏十年海外发展成绩给予了充分肯定。《新闻联播》称："十年前，当欧美网络风靡全球时，我国还没有自己一部原创网络游戏。而今年前八个月，我国原创网络游戏海外市场收入就已经超过4亿美元。十年发展，原创网络游戏已经成为中国文化走出去收入最多的文化产业。"

（3）中国网络游戏赢得全球赞誉海外用户持续增加

随着中国网络游戏出口海外产品质量的不断提升和海外拓展区域的不断增大，中国网络游戏的海外影响力不断加强。一方面，海外用户对中国游戏的认可度日益提升。2012年的美国E3展以及德国科隆游戏展上，包括《笑傲江湖》、《九阴真经》等中国网络游戏受到外国用户的广泛好评，海外用户对中国游戏在内容、动作以及引擎技术创新等方面都给予了高度认可。另一方面，中国网络游戏首创的免费模式也日益受到海外用户认可，类似推广方式在欧美已经逐渐流行起来。这些因素使得中国网络游戏影响到的海外用户数量在不断增加。据不完全统计，中国网络游戏海外用户数量已经超过一亿。

2. 中国原创网络游戏海外出口市场发展的驱动因素

（1）持续开发全新市场对中国网络游戏产生巨大影响

截至目前，中国网络游戏已经出口到美国、英国、法国、德国、意大利、沙特阿拉伯、巴西、韩国、日本、泰国、新加坡、越南、菲律宾、俄罗斯，中国台湾、中国香港等超过 100 个国家和地区。不仅出口国家实现了全球化，而且中国网络游戏在全球的影响力也日渐提升。

（2）出口产品数量增长构建全球发行网络

中国网络游戏出口的数量和类型日渐多元化。以往，客户端网络游戏是中国网络游戏出口的主力军，近两年开始，中国网页游戏、移动游戏加大了开拓国外市场的力度。在海外的实际销售收入，年年都有增长，产品数量也在迅速增加。以网页游戏为例，随着国内市场的逐渐饱和，更多的开发商开始瞄准了海外地区，截止到 2012 年，已经有 103 款网页游戏出口海外，比 2011 年增多了 46 款产品，同比增长率是 80.7%，移动网络游戏数量比 2011 年增长了 50%。另外，对于北美、欧洲这类规模足够大、增长足够快的市场，更多采取建立子公司独立运营游戏的方式。针对中国台湾、日本、韩国等市场相对成熟，竞争相对激烈的市场，更多采取合资或者自主运营的经营方式。而对于东南亚等区域分散且规模不大的市场，则采取授权的方式进行市场开拓。有了上述经验的积累，在海外开设分支机构的中国网络游戏企业大多数实现了本地化经营，成立海外业务团队，开设子公司，构建起了全球发行网络。通过大量招聘当地员工和管理者，学习和融合本土文化，少数企业通过外国工作室开发适合当地市场的游戏，使得当地分支机构不仅能更好地在本土推广中国游戏，更能开发出符合本土需求的游戏精品大作。

（3）中国网络游戏展现国际实力整合全球研发实力

2012 年，中国自主研发网络游戏出口呈现出更加鲜明的国际化特色。一方面，中国网络游戏企业积极参与世界性展会，增加产品宣传力度。以推动中国自主研发网络游戏产品在海外的销售。在 2012 年的科隆游戏展上，众多中国游戏企业组团参展。这是由中华人民共和国新闻出版总署发起的首个以国家身份赴欧出展的游戏企业展团。本届展团中不仅包含腾讯、盛大、完美世界、游戏蜗牛、畅游、巨人、麒麟等国内顶尖游戏企业，还有御风行和广州菲音等积极开拓国外市场的民族企业。中国游戏正以其独特的文化魅力和日渐强大的研发运营实力走向全世界，在全球产生巨大的影响力！另一方面，中国游戏企业的资本实力正在迅速增强。许多游戏企业在进行游戏开发制作时，不仅游戏的引擎技术与国际接轨，在制作方式上也开始日渐国际化。一款游戏的制作往往会聘请国际知名电影制作团队、音乐团队、特效团队、美术设计、武术设计团队共同参与。《笑傲江湖》、《倩女幽魂》、《神魔大陆》等一些游戏，为更多地吸引海外用户，游戏的部分设计上更倾向于欧美市场。

可以说，无论是游戏制作的技术，还是游戏制作的理念，中国游戏为了能够更好地和国际接轨，在整体的风格更靠向现在欧美游戏的主流风格，这使得中国网络游戏被更多国家地区了解和认识。同时，包括完美世界、盛大、腾讯、畅游等国内知名游戏企业纷纷通过收购欧美地区以及日本、韩国等国家的顶级游戏企业的方式，整合全球游戏产业设计、生产、运营等资源，充分利用专业的技术实力、稳固的协作关系、丰富的运作经验及雄厚的研发资本，实行全球化生产，从而具有国际化游戏制作水准。

（4）游戏出口因地制宜海外企业实现本地文化融合

2012年，中国自主研发网络游戏出口在本土化方面不断取得突破。为了使当地用户更容易接受中国游戏产品，游戏企业更多结合当地的具体情况进行本土化改造。比如在东南亚市场，许多国家信奉佛教，有些特殊禁忌词语和形象在游戏中必须规避；比如越南防沉迷系统比中国更严格，3小时强制下线，晚上12点强制关闭服务器，在运营中必须严格遵守；比如美国会有信用卡退款问题，如果用户是未成年人，无论账号使用多久，只要家长说明信用卡未经允许就必须退款，偶尔也会有人使用"黑卡"消费，这就必须有一个前期的退款储备风险机制等等。随着对海外市场的日渐熟悉，上述种种问题因为中国企业出色的游戏本地化改造而得以避免。另外，每一个国家和地区的玩家喜好千差万别，必须深入了解用户需求。中国网络游戏企业在出口时就要学会针对不同市场的文化差异和用户喜好，增加当地的特色元素到游戏当中，开发出诸如泛文化、魔幻、冒险等多元化题材的网络游戏，利用产品改变的元素，透过本地化的行为习惯吸引更多的当地用户。

上述这些改造不仅仅指单纯的语言改造，更多的是结合当地法律法规、文化风俗、用户兴趣爱好等基础，对出口游戏进行针对性的本地化改造，使游戏更贴近当地用户的使用习惯，在心理上接受产品。

3. 中国原创网络游戏海外出口市场发展的阻碍因素

（1）网络游戏出口同质化趋势严重，全球化精品大作仍旧匮乏

为迅速占领海外市场，部分游戏企业在游戏研发上以系列产品为主，主流网络游戏类型长期沿袭固有模式，相当数量的游戏作品在内容、题材、手法上都存在创新不足的问题，甚至有直接抄袭等现象，导致游戏内容的雷同。缺乏真正的全球化精品大作，缺乏本地化的创新元素，差异化产品较少，成为游戏出口过程中的大问题，严重威胁着中国游戏行业在海外市场的开拓。

（2）多方面差异因素，阻碍海外发展

中国网络游戏始终与欧、美、日、韩等国家和地区的游戏存在多方面的差异问题。

首先，精品国产游戏通常有着厚重的中国历史文化情结，众多中国独有的文化概念未必能顺畅地被海外用户理解。另外，海外用户的游戏行为习惯也与国内用户大相径庭，不能简单地把游戏移植到海外市场，即便是在中国文化高度认同的东南亚市场。

其次，各个国家或者地区对游戏的需求均有不同。日本、韩国市场对产品品质要求较高，营销成本高，在日本、韩国市场运营较好的产品较少，欧美市场对中国文化题材的游戏接受程度低。一款产品的设计不能满足全部市场的需求，成型产品只能做到语言、服装等方面的小幅修改。而国产游戏的游戏模式，也不能完全适用于海外用户，这就要求游戏产品在策划阶段就必须增加当地特色因素，增加当地用户理解的内容。

第三，国产游戏对内容创新、表现水平上的感染力还与国外游戏企业的大制作存在差距。这也成为制约中国网络游戏海外发展的主要因素之一。

最后，海外营销策略、产品品质等因素也至关重要。那些符合当地市场用户需求通过中国特色的传播模式，辅以优良的产品品质，才能吸引当地用户留存。

（3）海外市场本土企业崛起，竞争激烈企业压力持续增大

近两年，海外市场本土企业实力日渐提升，中国网络游戏企业面对着更激烈的竞争态势。以往，中国网络游戏在东南亚市场占据优势，但从2011年开始，东南亚市场的本土游戏企业开始崛起，这对中国游戏造成极大的竞争压力。同时，东南亚地区尤其是越南市场，由于政策原因，基本是本土的几大运

营商独霸市场的局面，对中国企业的客户端网络游戏产品目前管制也更加严格。这些也造成了中国网络游戏在当地推广的困难。而在欧美低气压和日本、韩国等规模较大的市场，中国网络游戏往往面对更为强大的本土企业的竞争。

4. 中国原创网络游戏海外出口市场的发展趋势

（1）整合全球优质游戏资源成为未来企业全球化的发展必然趋势

在走向全球的过程中，中国网络游戏企业不仅实现了从代理到自主经营的突破，更逐渐以一种国际化的视角，力图整合全球资源，形成全球化的研发、推广能力。在整合全球资源的过程中，包括完美世界、盛大、九城在内的中国网络游戏企业纷纷借并购开辟海外市场，借助这种资本化的运作，整合全球游戏产业设计、生产、运营、人才等资源，构建全球化产业链条，以全球化研发方式进行产业发展。2012年，许多走向海外的新游戏都充分了解市场需求，寻求全球优质的游戏资源，实现了游戏文化的大融合。更多游戏，是根据当地的运营规则，在清楚认识当地的法律法规等情况下，集合了不同领域最优秀的资源进行开发，比如《笑傲江湖》A3引擎借鉴了海外企业的技术优势；《九阴真经》在美国的成功推广就借鉴了当地企业的策划理念。完美世界的《圣斗士星矢Online》借助了全球资源整合、文化引进再输出等创新方式，这些创新在未来全球市场的竞争中会显示出更多优势！未来，中国网络游戏海外发展必然会继续深化全球资源整合的发展之路，进而形成富有穿透力的全球化对接和全球资源整合能力。

（2）移动网络游戏、网页游戏将逐渐成为海外游戏出口主力军

2012年，中国网络游戏出口不再是客户端网络游戏一家独大，而是形成客户端游戏、网页游戏、移动网络游戏等全面发展的趋势。随着游戏轻量化趋势的不断加强，以及移动互联的发展，网页游戏和移动网络游戏很可能成为中国网络游戏出口新的主力军。由于国外用户对移动游戏具有良好的付费习惯，促使很多移动网络游戏的研发商加强了对海外市场的积极拓展。未来，应用免费、道具收费的模式，将是移动网络游戏的主流发展模式。这其中，移动网络游戏的发展有可能更为快速，目前，苹果App Store在全球155个国家或地区提供服务，安卓智能手机在全球市场占有率更是超过70%，这使得APP、安卓具有天然的国际性，而移动网络游戏则是用户在APP及安卓上最为主要的一个应用。可以预见，移动网络游戏将会成为一个主要的出口力量。但移动网络游戏

出口也给企业提出了一个新要求：移动网络游戏的生命周期更短，它的留存率更低，需要在产品上投入更多的精力，以适应市场需求。

四、年度影响网络游戏出版产业发展的重要事件

（1）2012年1月4日，动漫产业享受税收减征，行业发展空间巨大。

伴随着新年的到来，国家税收优惠的各项政策相继发布，在税务总局对宣传文化事业增值税和营业税优惠政策发布后，再次减税的指针指向动漫产业，也让这个需要更多政策扶持的产业在寒冷的冬季感受到了政策的温暖。

（2）2012年1月9日，2011年度游戏产业年会在西安召开。

2011年度中国游戏产业年会在西安拉开帷幕，年会围绕"鼓励游戏研发、扶持自主品牌、提倡平等竞争、繁荣民族产业"的主题展开，并将举办高峰对话和多个专场论坛进行互动交流。

年会期间发布了《2011年度中国游戏产业报告》，并举办"游戏十强"盛典，展示2011年中国游戏产业成就；此外年会还设有全体大会、高峰对话、客户端网络游戏论坛、移动互联网与跨平台游戏论坛、网页游戏论坛、创业与品牌管理论坛等，多层面多领域互动交流，分享成功经验，分析机遇与挑战，展望游戏产业发展前景。

（3）2012年2月29日，文化产业扶持政策将陆续出台网游成重点。

未来五年，文化部将重点发展11个行业，尤其重视推动动漫、网游等数字文化内容的消费，力争到2015年，动漫业产业增加值超过300亿元，网络游戏业市场收入规模达到2000亿元。文化部表示，将制定出台动漫产业"十二五"发展规划，重点扶持国产动漫。

（4）2012年4月16日，电脑等物品关税下调或致游戏周边价格下跌。

海关开始实行新进口物品完税价格和税率表，其中值得注意的是摄影设备、计算机及外围设备税率从20%降至10%，比如，现在键盘式笔记本电脑的完税价格调低为2000元、税率也降为10%，这样一台电脑只要交200元的税，比以前少了800元。所以，游戏用户买海外代购的游戏笔记本及周边，或者是自己出国带这些产品回来，将价格更低，更节约资金。

（5）2012年4月24日，网游虚拟账号公证曝光：可提供上门服务。

备受关注的网游虚拟账号公证服务今日出现新进展，《征途2》项目组透露，公证处将为用户提供上门公证部门。这意味着，用户在虚拟财产权益得到更多保障的同时，还有机会享受到便捷与人性化的服务。日前，上海市宝山公证处与巨人网络《征途2》项目联合宣布，将为巨人《征途2》网络游戏用户提供游戏账号保全证据公证，相关服务将在5月份出台，这也是第一次有国家公证部门介入虚拟财产公证领域。

（6）2012年5月10日，网游产业蓬勃奋起主流媒体认知改观。

中国网游产业已进入成熟期，超过300亿人民币的市场以及近3亿用户的规模成为中国互联网的支柱产业。纵观十年来国内网游市场的高速发展，从十年前的瞎子摸象到如今国内网游产业的蓬勃奋起，网络游戏已经从当年主流媒体、专家教授口中的"洪水猛兽"华丽转身，成为互联网用户必备的正常娱乐方式。

（7）2012年7月25日，第十届中国国际数码互动娱乐展览会盛大启幕，孙寿山出席并致辞。

由新闻出版总署、教育部、科技部、工业和信息化部、商务部、国家互联网信息办公室、广电总局、国家版权局、体育总局、共青团中央、中国关心下一代工作委员会、贸促会、上海市政府等十三个部门联合指导举办的第十届中国国际数码互动娱乐展览会（以下简称"China Joy"）在上海开幕。新闻出版总署副署长孙寿山，上海市委常委、副市长屠光绍等出席开幕式并致辞。

以"开放、转型、突破，迎接新纪元"为主题的本届展会吸引了来自全球等30多个国家和地区的349家企业，携600余款各类游戏作品参展，展出面积约为7万平方米，规模创历届之最。

（8）2012年8月15日，中国展团登陆2012德国科隆游戏展。

2012年德国科隆游戏展（Games Com 2012）于8月15日（周三）至19日（周日）举行，由国内最具实力和代表性的中国游戏企业首次组成的"中国国家展团"，即将强势登陆该展会的B2B展馆。

本次出展科隆游戏展的"中国国家展团"，是由新闻出版总署发起和批准，商务部外贸发展局与北京汉威信恒展览公司共同主办的首个以国家身份赴欧出展的游戏企业展团。本届展团中不仅包含腾讯、盛大、完美世界、游戏蜗牛、畅游、巨人、麒麟等国内顶尖游戏企业，还有御风行和广州菲音等积极开拓国外市场的民族企业。

（9）2012年11月13日，十八大报告关注新型文化业态，动漫、网游等行业面临新契机。

十八大报告再次强调："扎实推进社会主义文化强国建设。"其中，针对如何"增强文化整体实力和竞争力"的问题，报告中特别指出，要"促进文化和科技融合，发展新型文化业态，提高文化产业规模化、集约化、专业化水平。构建和发展现代传播体系，提高传播能力。扩大文化领域对外开放，积极吸收借鉴国外优秀文化成果"。为网游等新兴文化产业未来发展指明了方向。

五、总结与展望

（一）总体态势

1. 网页游戏和移动游戏业务拉动游戏产业用户和市场规模扩大

2012年，中国游戏产业用户规模进一步扩大，用户数量持续增长。其中，网页游戏和移动游戏成为用户和市场增长的"双引擎"。

网页游戏市场规模和用户数量增长，2012年中国网页游戏市场的实际销售收入比2011年增长了46.4%，增长率五年来始终保持在30%以上的水平，2012年，中国网页游戏用户数达到2.71亿人，同比增长率为33.4%；移动游戏市场规模和用户增长率更为迅速，2012年中国移动游戏市场实际销售收入比2011年增长了90.6%；中国移动游戏用户数达到0.89亿人，比2011年增加了73.7%。网页游戏和移动游戏市场规模的迅速扩大及用户的大幅增长，带动了整个中国游戏产业在2012年的进一步增长。

相比而言，客户端网络游戏虽然在市场和用户数量增长率方面不及网页游戏和移动游戏，但仍保持继续增长，客户端网络游戏市场实际销售收入，比2011年增长了23%，用户数达到1.4亿人，同比增长率为12.5%。值得注意的是，在上半年维持增长的情况下，2012年下半年客户端网络游戏市场增长明显上扬。

2. 移动游戏市场初显产业化迹象

2012年，几乎所有具有一定规模的游戏企业均布局移动游戏领域，实力强劲的企业同时布局客户端网络游戏、网页游戏和移动游戏。甚至同一题材的游戏，同时开发客户端网络游戏、网页游戏和移动游戏。移动游戏不再是传统游戏企业中可有可无的补充。

与此相对应的，是2012年涌现出大批中小工作室。

2012年，中国移动游戏领域，已经有单款移动游戏营收突破了千万/月，意味着中国移动游戏产业发展壮大到一个新的阶段。

3. 游戏数量激增，产业面临高品质游戏需求压力

2012年，由于具备投入小、研发周期短、上线速度快、网络入口多等特征，网页游戏和移动网络游戏产品数量快速发展，仅网页游戏在前三个季度就已经超过千余款。

从需求上看，随着网络和硬件设备快速发展，游戏用户可选择的游戏形式、种类、数量被大幅拓宽，尤其是网页和移动游戏发展迅速，游戏产品数量呈爆炸式增长，市场竞争愈发激烈。

从单款产品的经济收入来看，用户的购买力并没有出现下降，但因为选择面拓宽，对游戏品质需求提升，呈现出只有高质量的产品才能够获得较高的收入的特征。同时，面对快速增加的游戏产品，游戏用户的经验积累逐渐丰富，对游戏质量的鉴别能力与日俱增，对游戏可玩性、登录的便捷性、画面质量、服务水平等均提出了更高的质量要求。2012年高品质游戏突围已经成为行业共识，2013年精品游戏的优势地位会更加突出。

4. 中国网游成最成功文化"走出去"市场

中国原创网游经过多年的海外市场拓展，2012年进入新阶段。

一方面，2012年海外市场保持快速增长，出口企业持续增加，出口题材日渐多元，客户端网游、网页游戏、移动游戏均进入海外市场，中国游戏已经出口到100多个国家和地区。另一方面，完美世界等一批中国自主研发网络游戏全球拓展企业，已经从单纯地依靠海外代理的出口初级阶段、成立海外子公司的第二阶段，进入到尝试整合全球知识产权，直接面向全球开发产品的全新阶段。

主管部门加大政策支持力度，网络游戏成"走出去"重点支持产业，全球

化发展成为行业共识。2012年，"抱团出海"开始有实质性进展，出口领军企业完美世界为网络游戏产品进出口而打造的完美世界海外进出口平台（PWIE）正式推出，畅游等也正式在北美推出其游戏运营平台。

5. 游戏产业社会效益与时俱进

2012年，儿童游戏虚拟社区的发展全面带动了动漫、影视、图书产业发展，尤为明显的是根据游戏《植物大战僵尸》改编的中文系列图书的发行量已突破500万册。同时，功能游戏崭露头角，巨人公司应军队需求专门开发的游戏成功运营，协助新兵训练。我国一些优秀网络游戏从单纯的娱乐性质向文化内涵与娱乐性兼顾转变，游戏作品传播先进文化的功能正在得到强化。

伴随着经济效益上的成功，中国游戏企业以实际行动积极回报社会，一批企业建立基金支持慈善事业，一批企业全力支持社会事业：赞助乡村贫困小学建设教学楼、资助贫困学生、组织大学生进行实业培训、奖励社会优秀人才等。

（二）主要问题

1. 简单依赖人口红利，经营模式趋同

中国游戏产业十年来的高速发展，掩盖了部分企业简单依赖人口红利，经营模式单一化的问题。企业缺乏对用户的细分，缺乏创新的勇气。

经营模式单一化是一个重要阻碍因素，2012年，中国网络游戏产品线的分布仍然主要集中于19-39岁年龄段，在这一区间，产品数量多、同质化现象普遍、成本快速攀升等问题十分明显。

实际上，经过多年高速发展，网络游戏已经成为一种全民的娱乐形式。不再是受某个年龄段用户所关注的专属市场。

虽然19-39岁的用户群体构成了网络游戏产业活跃付费用户的基础。但随着用户年龄的增长，需求发生变化。新增用户人口基数下降，新产品推广难度增加。

面对即将到来的老龄化社会，中国游戏产业应该提前对市场发展趋势做出判断并进行细分，提前布局，并通过企业的精细化运作提高核心竞争力和专业能力，集中力量于某个特定的目标市场提高成功的几率，寻找破除困境的钥匙。

2. 多头管理与管理滞后问题并存

游戏作为文化与科技、出版业与互联网新技术结合诞生的新业态，管理问题在一定程度上制约了游戏产业的健康发展。这些问题主要表现在多头管理方面，造成了后松（市场监管）、前紧（出版监管）的问题。

网络游戏研发完成、上网、内测、公测、稳定运营、更新版本等是一个连续且内容不断调整的过程，更需要可持续的一体化管理。游戏出版物在出版监管、审批上能够做到有法可依，规范审批，但是有别于传统出版物，游戏属于动态出版物，游戏上线运营后会有较大的改动，在这方面的市场监管上，出现了管理跟进不够与市场快速变化的矛盾，有个别不自觉的企业拿到了出版版号之后，在市场运营过程中走擦边球路线，甚至出现违法违规的行为，比如低俗营销、变相赌博等行为。

面对快速发展和不断变化的网络游戏产业，政府管理工作相对滞后的问题依然比较突出。此外，在扶持产业发展方面，政府主管部门虽然也采取了不少措施，但对这样一个高投入、高风险的产业而言，已采取的扶持措施，还不够直接、细致。在具体的游戏内容审批管理工作中，也还存在标准比较粗放、针对性不强和一刀切等问题。

3. 网络游戏投融资受国际金融大环境持续低迷不利影响

2012年，受欧美债务危机持续影响，国际金融整体经济环境不景气，致使越来越多原有投资意向的投行对中国网络游戏行业持观望态度；由于欧债危机的影响，国内经济增速也有所放缓，步入"稳增长"的宏观态势，进一步对投融资行为产生了影响。

海外资本市场不看好游戏企业，估值偏低；欧债危机对中国GDP增速造成影响，担忧未来宏观经济走势；国内的移动网络游戏市场处于早期阶段，未迎来爆发式增长。这三个因素，直接影响了游戏产业的投融资，使得投资方多以观望策略为主。

中国游戏产业发展至今，游戏产品所需资金需求越来越大。一款大型客户端网络游戏少则需要数千万元，网页游戏的门槛也从几十万上百万元，上升到千万级别。移动游戏产品目前处于启动期，产品周期短，投资需求相对较少，但资金需求门槛也在逐步提高。投融资环境低迷，导致更多中小型企业不能有足够的资金进行研发营运，直接影响中国游戏产业的发展。

4. 产品营销推广成本超出合理区间现象屡见不鲜

由于缺乏对市场的正确判断，企业只能寻找于市场上主流产品或成功产品的共性进行模仿，忽视了自身的差异性、专注性。不仅产品同质化，推广营销手段也简单粗放，除了刺激感官，似乎再无更好的方式方法。加剧了市场竞争的激烈程度，成本被不断抬高。

按照行业通用标准估算，三年前一款客户端网络游戏产品的整体预算门槛（含研发及推广）在1500万至2000万元之间，现在至少要达到5000万元。

网页游戏的成本虽然不及传统网络游戏，但增长速度不容忽视。4年以来，企业运营成本增长达10－40倍，开发成本增长了5－20倍（因企业与产品各不相同而存在较大差异）。

5. 不法行为和"擦边球"伤害整个游戏产业

不法行为主要体现在"私服"、"外挂"以及市场推广过程传播淫秽色情信息等行为，以及侵犯版权、盗版等活动。这些不法行为损害了游戏产业的形象，阻碍游戏产业进一步发展。2012年，某企业用不雅照女主角拍摄裸体海报进行推广宣传，挑战道德底线，公然违反法律法规。

"擦边球"主要是指在宣传推广上，少数网络游戏企业用色情低俗、博彩、恐怖暴力等内容，以吸引游戏用户的眼球，达到让游戏用户进入游戏，或者长时间在线的目的。

（三）未来走向预测

1. 驱动因素

（1）国家推动游戏产业健康繁荣发展

十八大报告中明确提出"促进文化和科技融合，发展新型文化业态，提高文化产业规模化、集约化、专业化水平。构建和发展现代传播体系，提高传播能力"。作为新型文化业态之一的游戏产业，出现在十八大召开前的央视新闻联播头条"喜迎十八大 变化十年"专题报道中，重点播报中国原创网络游戏十年发展变化。这是游戏产业第一次登上新闻联播头条。

2012年，根据《国务院办公厅关于鼓励和引导民间投资健康发展的若干意见》，新闻出版总署结合出版行业特点，就支持民间资本参与出版经营活动，采取具体措施，推动社会主义文化大发展大繁荣，充分调动民间资本参与文化建设，促进出版行业科学发展，促进中国网络游戏出版产业繁荣健康发展。

（2）三大技术进步促进游戏产业发展

网络宽带环境的进一步优化、技术开发的进步和设备硬件技术，尤其是手机等移动设备技术的发展，使得客户端网络游戏用户、网页游戏用户、移动游戏用户均获得较大的增长，共同推动了整体用户规模扩大和市场的迅速发展。

据工业和信息化部产业政策司 11 月公布的数据显示，全国固定宽带用户数量达 1.66 亿户，2M、4M 以上用户比重分别达 92.6%、54%，比 2011 年底提升 14%，新增光纤到户覆盖家庭数量超过 2300 万，占全年 3500 万目标的 65%，FTTH 用户数已突破 1000 万，全国平均单位带宽价格比 2011 年底下降了 18.7%。此外，开发技术的进步，让游戏，尤其是网页和移动游戏行业获得长足发展。随着 Unity3D、Html5 等开发工具和技术的出现，开发的门槛大幅度降低。同时游戏的表现力大大增强，举例而言，网页游戏甚至手机游戏已能应用 3D 表现。同时，2012 年，微软、腾讯、google 等企业对开发平台投入增加，开发者在开发工具、环境、开发平台上获得更大的技术支持。大大推动了游戏用户数量和市场规模的发展。在用户需求的驱动下，智能手机市场爆发式增长。在 2011 年中国智能手机用户总数已经超过 2.3 亿的基础上，2012 年保持 52% 以上的高速增长速度。在未来，随着二线城市的普及率逐步增加，将进一步带动移动游戏市场的增长。同时，随着三网合一，3G 资费下调和 WIFI 热点普及，网络游戏尤其是移动游戏市场销售收入也将继续增长。

（3）实现从造富到提供就业机会的转变

游戏产业快速发展，整个产业正在从创造互联网财富的光环效应，逐步成为创造社会财富、提供就业机会、培养人才的产业。而当进入到这个阶段，实际上也逐渐实现双向驱动——游戏产业创造财富、解决就业、培养人才，为推动整个社会发展作出贡献；而社会主流意识则通过对于游戏行业逐步深入了解，反过来极大地推动游戏产业发展。网络游戏产业正逐渐成为高校毕业生就业的热门专业。据教育部的数据统计，2013 年全国高校毕业生总人数将逾 680 万人，就业问题已被摆上桌面。而游戏人才缺口高达 30 万，游戏产业为社会提供了大量就业机会。由于中国游戏产业市场与经济的持续增长，游戏产业为社会提供了大量就业岗位和创业机会。

2. 发展趋势

（1）游戏产业发展逼资本与技术优势企业转型开始二次创业

游戏产业的发展，使得一批新型企业迅速崛起。在中国网络游戏产业第一个十年获得成功的企业，受到前所未有的冲击。在形势所迫下，纷纷开始转型或开始第二次创业。

近几年，国内游戏产业在稳步增长的同时，其内部结构也发生了明显的变化，具体特征体现为多样化与扁平化。客户端网游市场占有率已经从2008年的90%，下降到2012年的74.9%。而以网页游戏和移动游戏为代表的新兴板块，则依靠超百亿的营业额，占据了整个游戏市场近20%的市场份额。尽管利润率较低，但趣游、37wan等一线页游企业的年营业额已经接近大型客户端网游公司水平，且未来仍有较大发展空间。在产品表现方面，市面上已经出现多款月收入近亿元的网页游戏产品，盈利能力足以抗衡优秀的大型客户端网游产品。移动游戏市场也涌现了月收入过千万的产品，这些产品均采用了联网的游戏方式，发展潜力与收入模式被广泛看好。在新兴市场的快速膨胀下，盛大、完美、畅游、巨人等传统资本与技术优势企业开始尝试拓展网页游戏、移动游戏等新业务。其中畅游对第七大道的并购，有效地扩充了其网页游戏业务收入。巨人年初开始斥巨资构建网页游戏团队，并将陆续推出多款新品。完美世界也布局网页游戏业务，并关注移动游戏市场。

（2）游戏跨平台发展拓展市场空间

适应用户社交化和移动化的需求，提供用户通过不同设备方便地登录游戏的跨平台服务整合方案，将成为中国网络游戏产业流行的运营模式。随着网页游戏和移动网络游戏用户数量的快速增长，网络游戏用户群体不断扩大，用户需求进一步细分。不同平台之间的多端数据互通，既能让不同用户拥有全方位的游戏载体选择，提升游戏的社交功能。又能让不同类型的用户体验跨平台娱乐的便捷。既有利于更有效地维持现有用户黏性，也有利于拓展新的用户群，实现用户资源累积。目前，完美世界、盛大、畅游等企业纷纷将旗下客户端、网页端与移动端网络游戏试行了多端互通。联众等传统棋牌游戏企业也开始大力开辟棋牌游戏运营整合新路。相比于其他游戏类型，小型化的棋牌休闲类游戏用户结构更为稳固，在各个年龄段均有较高使用率，更适合跨平台发展。不仅如此，其发展还可以继续受益于人口年龄结构的调整。用户的年龄增长将为棋牌休闲类游戏注入更多时间充裕、拥有付费能力的用户资源。

(3) 移动游戏产业化带来发展良机

尽管投融资环境情况一般，投资行为相对谨慎，中小企业获得资金支持的渠道并未增加，但技术的发展，尤其是移动游戏产业的巨大发展潜力，让众多中小企业获得绝佳发展良机。相对于一款大型客户端网络游戏动辄需要上百人，数千万的投资，移动游戏产品所需的资金相对较少，单款产品的开发者需求也少很多，使得以创意为主、资金人员不很充足的中小型企业获得更多机会。同时，移动游戏市场前景巨大，处于刚刚启动时期，很多模式还有待创新，垄断尚未形成，大型企业的资金和人员优势还未发挥，给中小企业留下了众多机会。

另一个对中小企业利好的要素是渠道机会众多。在目前国内市场尚未形成良好的用户付费环境之前，不少中小企业已经通过内容提供商的角色在海外市场获得收入和经验，甚至能够占到部分企业总收入 2/3 以上的水平。

(4) 长效动态监管净化市场有利于游戏市场有序竞争

为净化网络游戏发展环境，特别是根治利用互联网传播淫秽色情、低俗等法规禁止登载的内容，严重影响广大网民身心健康的违规行为。2012 年 11 月，新闻出版总署科技与数字出版司组织召开大型出版网站自我约束机制试点动员部署会，10 家有广泛影响力的网站即日起开展大型出版网站自我约束机制试点工作。在网络游戏联运模式盛行、低俗营销弹窗广告招致网民一致反对的环境下，网站自我约束机制将有助于网络游戏出版环境健康有序发展。

(5) 游戏产业管理部门颁布新政新规支持发展

原新闻出版总署等政府主管部门，将在游戏出版运营规范、提高审批效率、扶植民族企业、海外推广计划等方面，重点采取多项措施，积极引导和大力推动中国游戏产业持续发展。《网络出版服务管理规定》有望于 2013 年颁布，随后将出台《网络游戏审批管理细则》，提高网络游戏审批效率，规范网络游戏出版运营秩序，为企业提高自主创新能力、创作出版更多精品力作提供制度保障。工信部将把推进实施宽带中国战略作为一项重点工作，提升上网速度，在大力推进社会信息化进程的同时，促使上网资费下降。我国宽带建设将争取国家政策和资金支持，加快 3G 和光纤宽带网络发展，扩大覆盖范围，力争 2015 年末城市家庭带宽达到更高水平。网宽、网速的提升，上网资费的下降，利好游戏产业。

附 录

海外游戏市场综述

2012年海外游戏市场发展仍保持上升趋势,在消费、用户数量和游戏时间等诸多方面皆有显著提升。欧美国家曾在2010年出现一次消费能力的显著下降,但在2012年又恢复了增长势头。数字下载版游戏的销售、额外下载内容(DLC)的销售、网络游戏市场和移动游戏市场的普遍增长推动了整个游戏产业的消费。

免费运营模式在欧美市场成为主流,并被广泛应用于各种涉及网络连接功能的产品内容中,在移动游戏领域表现尤其突出,2012年有高达80%–90%的移动游戏消费产生于自游戏内置的消费项目,这一比例较2011年增加了一倍。

平板电脑和智能手机对全球游戏市场造成了巨大冲击。由触屏带来的全新游戏体验拓展了新的市场,也随之创造了新的盈利空间。大量传统游戏开发商都需要慎重考虑如何处理旗下的流行品牌——是继续面向家用游戏主机和PC市场,还是面向移动平台开发新作。目前约有40%的移动平台游戏收入来自面向"中坚"(mid-core,指定位于休闲与核心用户之间,较为青睐具备显著特色的游戏,不打算在游戏上消耗大量时间的用户)用户群体的产品。

由于市场环境发生了巨大变化,传统的游戏发行商(如任天堂和Take-Two)和零售商(如Game Stop)皆遭受巨额亏损,与此同时,受益于免费运营模式的网络游戏开发商(如《英雄联盟》开发商RiotGames和《坦克世界》开发商Wargaming.net)的收入获得显著提升。高速发展的亚洲游戏企业正在加快向海外拓展的步伐,通过在西方市场当地设立分公司或收购当地公司等方式推出符合西方用户口味的产品。

欧美游戏企业正积极探索新兴的游戏市场,除了巴西、俄罗斯、波兰之外,还包括土耳其及中东地区市场。

免费游戏用户中的付费用户数所占的比例仍然相当可观,美国、西欧和土耳其的网络游戏用户付费大致相同，分别为 46%、48% 和 49%，波兰网络游戏付费用户比例稍低，付费用户占整体的 39%。2011 的三个新兴市场：巴西、墨西哥和俄罗斯的付费比例同为 46%，美国的 46% 比例较 2011 年有所降低。

部分网络游戏用户会同时投入多款游戏之中，包括免费游戏和收费游戏。目前有超过 90% 的网络游戏用户在玩免费网络游戏，2011 年的这一比例为美国 81%、欧洲 85%。全球范围内约有 27%–31% 的网络游戏用户仍留在收费网络游戏中，作为新兴市场的波兰这一比例较低，仅有 16%。

社交游戏的整体用户数量仍在增长，整体看来，付费用户比例却并未与这一增长幅度保持同步，平均消费额也因此降低，但此类产品在新兴市场仍然有着相当出色的表现，尤其是在土耳其和巴西，当地的网民数量正在迅速增长，有大量用户选择以社交网站作为他们进入互联网的主要入口。

2012 年，包括印度尼西亚，马来西亚，菲律宾，新加坡，泰国和越南 6 国在内的东南亚游戏市场销售收入超过 5.6 亿美元。其中，免费端游 MMO 以及休闲游戏成为东南亚市场的主流产品。而社交游戏在除印度尼西亚之外的所有东南亚国家基本上都失去了市场。整个市场，越南仍旧是东南亚最大的游戏市场，用户数量接近 2000 万，产值接近 1.5 亿。另外，据有关数据统计，未来，东南亚市场还将有较快的增长。预计到 2016 年，东南亚 6 国用户将超过 1.17 亿人。游戏市场销售收入届时将超过 10 亿美元。其中，印度尼西亚在线游戏用户增长将是最多的。而菲律宾游戏业收入增速将领先其他 5 国。

（一）美国市场

从全球市场占有率来看，美国仍旧是全球最大的游戏市场，占据约 26% 的市场份额（投资银行 Digi – Capital 的调查数据）。其中，网络游戏市场呈现上升趋势，2012 年收入达到了 29 亿美元。在网络游戏中，采用免费运营模式的网络游戏产品总销售收入占了美国网络游戏市场销售总收入的 50%，而 2010 年时这笔收入只占销售总额的 39%。

美国是休闲及社交游戏的最大市场，热衷于此类游戏的用户约有 1.3 亿，但付费用户比例仅有 23%。社交游戏的崛起令传统网页休闲游戏的商业模式发生了巨大转型，休闲游戏由之前完全依赖广告点击的盈利模式变成了直接面向消费者的业务，得益于免费运营模式的普及，尽管昔日迅速崛起的社交游戏行业巨头Zynga于今年迅速衰落，但更多新兴的社交游戏企业填补了这一空缺。社交游戏用户总数仍在上升，但如何留住更多用户、如何将用户数量更有效率地转化为产品收入，是这一行业所需要面对的严峻问题。

对于Facebook平台的依赖还导致了其他问题：这一平台的推广费用随着这一行业竞争的白热化而逐渐提高，资金实力较弱的企业易遭到资金实力雄厚的大企业的打压，知名度越低的开发商越难以宣传旗下产品，处境会因此陷入恶性循环。

（二）拉丁美洲

拉丁美洲网络游戏市场兴盛已久，拥有总额超过6.67亿美元的网络游戏市场，其中巴西名列前茅，占拉丁美洲总额的39%，数值达2.65亿美元；其次是墨西哥，1.11亿美元；哥伦比亚、阿根廷和秘鲁紧随其后，市场规模分别是8910万、3920万、3530万美元。

巴西在2009年至2012年间网络游戏市场规模增长近三倍，分析机构预测当地至2015年将一直保持19%的年复合增长率。至2015年，拉丁美洲将成长为13亿美元规模的网络游戏市场，而巴西将在其中占4.42亿，比例仍超过1/3。

（三）欧洲市场

欧洲共有3510万网络游戏用户，其中付费用户比例占48%，总数为1700万，作为曾经与美国地位几乎相同的家用游戏主机市场，这些网络游戏付费用户中有75%同时也是掌机或主机游戏的消费者。其中英国网络游戏用户付费比例为52%，略高于平均值，德国则是54%，是整个欧洲的最高水准。在德国网络游戏用户群体中，自愿付费的比例比美国高出13%。

欧洲的休闲及社交游戏用户数量为8210万，其中付费用户比例占25%，共2080万，休闲游戏的付费用户中约有51%同时也是付费网络游戏用户。休闲游戏及社交游戏用户对于传统网络游戏热情不高，仅有39%同时也是网络游戏的付费用户，但对于移动平台的接受程度较高，约有57%用户同时也是移动平台游戏的消费者。

1. 德 国

在欧洲众多国家中,德国网络游戏用户和收入增长较快,据统计,2012年,德国网络游戏用户数量的年增长幅度为37%,德国网络游戏市场将有望在2012年内增长至7亿美元。相对而言,德国单付费用户平均收入(ARPU)变化不大。以2012年5月为例,德国单款游戏的单付费用户平均收入(ARPU)为25美元,而2011年10月则为26美元。

2. 土耳其

作为新兴市场的土耳其表现出了惊人的潜力:一份基于3000万土耳其网民(年龄介于16-50岁之间)的抽样调查显示其中绝大部分都是游戏用户,比例超过72%,高达2180万人。其中付费用户的总体比例为52%,在总消费额中有1/6流向网络游戏。

土耳其网民总数在2011年已达到3500万,占全国总人口的44.5%,位居世界第十四。

土耳其是在Facebook上第四活跃的国家,仅次于美国、英国和加拿大。社交游戏在土耳其也受到广泛关注,休闲及社交游戏用户总数高达2020万,但其中的消费用户比例只占27%。在550万社交游戏消费者中,有62%也会为移动平台游戏付费。

与韩国类似,土耳其的网络游戏市场也以网吧为主,全国范围内共有超过15000家网吧,网吧既是游戏场所,也是年轻用户的主要社交场所,大量用户会选择周末或夏令时放学后前去网吧组织聚会,这一环境为诸多游戏产品提供了最佳的宣传场所。但土耳其尚不存在系统化的网吧连锁店,以个体经营为主。

韩国网络游戏目前在土耳其市场占统治地位,土耳其本土最流行的前五款游戏皆来自韩国(Wolf Team, Knight Online, Metin2, Silk Road, Point Blank),此外土耳其用户还经由欧服、美服或其他全球服务器体验过超过20款未在本地代理的韩国游戏。

3. 俄罗斯

俄罗斯市场成长迅速,多家分析机构预测俄罗斯市场能够在2012年底到2013年之间从2011年的6.68亿美元成长至10亿美元的规模。客户端游戏在俄罗斯市场仍占主流,但增长较为缓慢。社交游戏在俄罗斯市场正在迅速崛起，分析机构预测这一市场的销售收入将有望于2013年占据整个游戏市场销售收入的31.6%。俄罗斯网络游戏用户的付费比例高达66.2%，但社交游戏用户的付费比例仅有21.3%。

俄罗斯社交游戏市场在2011年增长近3倍，从8430万美元成长至2.36亿美元。根据俄罗斯最大的社交网络运营集团Mail.ru介绍，2010年时俄罗斯社交游戏市场的盈利分成状况是由支付系统抽取40%，社交平台和开发者分别获得27%和33%，这一比例在2011年有所调整，支付系统所抽取的比例减少到了30%，这是由于通过手机进行支付的用户数量大幅减少。调整后支付系统、开发商和社交平台的分成状况约为30%、37%和33%。海量用户在Mail.ru旗下社交平台上共安装了4.93亿次社交游戏，在排名第二的另一家社交平台上的安装次数为3.98亿。

4. 波 兰

调查显示2012年波兰消费者对游戏的消费有望超过3.5亿美元。在波兰10-65岁年龄段之间的1810万人活跃于互联网用户之中，共有65%的游戏用户，其中女性比例占44%，整体付费用户比例占53%。

家用游戏主机市场在波兰相对衰弱，只有约43%的主机游戏用户，流行程度远逊色于网络游戏、网页游戏或移动平台游戏。波兰拥有550万网络游戏用户，付费比例39%，社交游戏用户数量约为1040万，付费比例28%。

（四）亚洲市场

1. 韩 国

近几年来，韩国游戏市场一直保持较快的增长速度。一份来自韩国文化体育观光部的"2012大韩民国游戏白皮书"显示：2011年韩国游戏市场规模与前年相比，成长18.5%，共8兆8047亿韩元，预计韩国游戏市场这个趋势会持续成长，报告预估2012年韩国游戏市场规模会突破10兆韩元，2014年会形成接近15兆韩元的市场。

2011年韩国游戏市场依旧是以网络游戏来主导整个市场，网络游戏在2011年创造6兆2369亿韩元的营收，占整体游戏市场70.8%，扣除网吧与游乐场这类流通场所，只考虑制作相关的部分则占88.9%，可以得知网络游戏是韩国游戏市场收入的核心。

2. 日 本

2012 年，日本游戏市场摆脱了连续五年持续下降的趋势。据 Enter Brain 一份日本 2012 上半年（2012 年 3 月 26 日 – 9 月 30 日）的游戏市场销售状况的调查，游戏软硬件的销售额一共为 1753.4 亿日元，较去年同期上升了 10.7%。得益于《口袋妖怪黑白 2》和《新超级马里奥兄弟 2》这样的大作，以及 3DSLL 的投入市场，任天堂在游戏市场的份额越来越大，也带动游戏市场 5 年以来的首次上升。

尽管 2012 整个市场回暖，但日本网络游戏的疲软仍旧不可能在短期内改变，日本企业网络游戏制作水准较韩国甚至是中国都有较大差距。日本本土网络游戏制作水准的不足给我国以及其他国家更多机会，中国、韩国网络游戏近年在日本发展较快。进入到 2012 年，日本又逐渐成为中国网页游戏又一个海外市场。除了昆仑万维和趣游旗下有产品推入日本市场，第七大道旗下的休闲竞技类游戏《弹弹堂》在日本市场一经推出，也取得不错的成绩。

3. 越 南

越南是东南亚地区最大的网络游戏市场。在整个 8000 万人口中，青少年比例超过 65%，用户数量接近 2000 万，其中，付费用户所占比例在 7% – 10%。根据相关统计，越南市场目前仍旧以客户端网络游戏为主，2010 年网络游戏数量 80 多款，2011 年 60 多款。2011 年的网络游戏市场规模 1.3 亿美元左右，2012 年越南游戏产业达到了 1.5 亿美元规模。

从越南流行的游戏类型来看，MMORPG、ARPG、SLG、MOBA、FPS、SPORTS 等都是较受越南用户喜爱的游戏。其中，中国网络游戏在越南仍旧占据主导地位，在整个市场中中国游戏比例接近 80%。包括《神鬼传奇》、《完美世界》、《剑侠世界》、《傲剑》、《神仙道》、《龙将》、《凡人修真 2》、《神曲》等中国游戏在越南广受欢迎。相对于几年前市场以 2D 为主的状态，在近年来，越南网络游戏市场不但出现了《天龙八部》、《神鬼世界》这样的 2.5D 作品，同时也悄然涌现出了《诛仙》、《龙 OL》这样的 3D 作品。

4. 中国台湾

2011 年中国台湾网络游戏市场规模约达 159 亿元（合人民币 33.78 亿元），预计 2014 年将达 183 亿元（38.87 亿元）。整体游戏市场已经从一年前的 450 万人口，成长到 2012 年的 600 万人口，甚至更多，整个市场已处于成熟期。

2011年游戏外销市场规模已达新台币44亿元（9.3亿元），预计2012年可达53亿元（11.25亿元），复合年增长率为15.3%，市场以大陆为主。

在2012年的游戏排名中，中国台湾市场还是以旧游戏为主，类似《新枫之谷》、《跑跑卡丁车》、《CSO绝对武力》、《开心水族箱》、《开心农场》等，2012年流行的新游戏也仅有《英雄联盟》跟《晴空物语》等少数产品。

中国台湾企业于数位游戏产业仍以电脑游戏为主，目前以网络游戏为主要发展方向，但随着消费形态的改变，有越来越多业者亦加入网页游戏及移动游戏企业的行列。随着游戏发展越来越多样，分散了原本用户只在个人计算机上玩网络游戏的时间，不再只专注MMO，还有各种免费的休闲类游戏可以选择。

游戏选择多元化的结果，让忠诚一款网络游戏的用户少了4%，网络游戏整体时间下滑了7%，平均月花费明显下滑了14%，但让整个移动游戏市场有更大的发展可能性。

（本文由郑南提供）

2012－2013 中国网络（数字）动漫出版产业年度报告

曾龙文　张燕鹏　曾达峰

近年来，我国经济快速发展，社会消费结构向发展型、享受型转变，很大一部分居民的消费重心也相应由物质层面转移到精神层面上来，极大地刺激、促进了文化产业的形成和发展。在文化产业快速崛起的带动下，我国动漫产业也得到迅猛的发展。

动漫产业，是指以创意为核心，以艺术和科技为支撑，以动画和漫画为表现形式，以创作动漫直接产品为基础，以开发产品形象衍生品为延伸，从而形成巨大版权价值链的产业。近两年，我国动漫产业规模不断扩大，成为新的经济增长点，被称为21世纪最有希望的朝阳产业。而手机动漫作为移动通信和动漫文化应用相结合的新型业务，借助庞大的手机用户群发展动漫产业，更是开创了动漫产业新天地，形成新的手机动漫产业链，为产业带来巨大商机。

一、网络（数字）动漫生产商和动漫基地情况

（一）网络（数字）动漫生产商的总体状况

1. 传统动漫部分

2012年，我国动画产业逐步由注重产量、规模向注重质量、效益方向转变。据统计，2012年全国制作完成的国产电视动画片共395部222938分钟。全国共有24个省份以及中直有关单位生产制作了国产电视动画完成片。其中，全国动画片创作生产数量排在前五位的省份是广东省、江苏省、浙江省、福建省、安徽省，此外，四川、云南、山西各制作完成电视动画片1部，时长分别

为520、364、96分钟。具体生产情况如表1所示。

表1 2012年全国各省国产电视动画生产情况

排序	省别	部数	分钟数	排序	省别	部数	分钟数
1	广东省	57	48542	12	湖北省	11	3369
2	江苏省	85	47923	13	山东省	8	3006
3	浙江省	46	26375	14	重庆市	4	2398
4	福建省	44	23464	15	江西省	6	1641
5	安徽省	39	18585	16	中直制作机构	4	1633
6	北京市	23	9952	17	吉林省	3	1572
7	河南省	14	8995	18	湖南省	3	902
8	辽宁省	12	7227	19	陕西省	4	901
9	内蒙古	4	4930	20	黑龙江	2	850
10	天津市	8	4576	21	河北省	2	654
11	上海市	11	3824	22	宁夏	2	639

数据来源：原国家广播电影电视总局

按国产动画片生产数量，我国原创动画片制作生产十大机构是东莞水木动画衍生品发展有限公司、福建神画时代数码动画有限公司、深圳华强数字动漫有限公司、宁波水木动画设计有限公司、无锡亿唐动画设计有限公司、浙江中南集团卡通影视有限公司、苏州卡酷影视动画科技有限公司、安徽同人文化传播有限公司、广州奥飞文化传播有限公司、大连卡秀数字科技有限公司。

2012年生产超过10部原创动画作品的公司共3家，年产值超过1万分钟的公司有2家，分别为东莞水木动画衍生品发展有限公司和福建神画时代数码动画有限公司。其中，东莞水木动画衍生品发展有限公司2012年的年产值为5部原创动画作品，共产出13740分钟，位居全国第一。

表2 2012年全国原创电视动画片生产机构前十位

排序	生产单位	部数	分钟数
1	东莞水木动画衍生品发展有限公司	5	13740
2	福建神画时代数码动画有限公司	15	10942
3	深圳华强数字动漫有限公司	10	7534

续表

排序	生产单位	部数	分钟数
4	宁波水木动画设计有限公司	9	7286
5	无锡亿唐动画设计有限公司	9	7185
6	浙江中南集团卡通影视有限公司	11	6136
7	苏州卡酷影视动画科技有限公司	6	5550
8	安徽同人文化传播有限公司	9	5164
9	广州奥飞文化传播有限公司	7	4860
10	大连卡秀数字科技有限公司	2	3920

注：以上合计83部（占全国21%），72317分钟（占全国32%）
数据来源：原国家广播电影电视总局

2012年，各地政府出台的国产动漫产业优惠扶持政策收效显著，一些主要城市动画片生产积极性持续增长。国产动画片创作生产数量位居前列的十大城市分别是苏州、广州、东莞、福州、杭州、合肥、无锡、深圳、宁波、北京。

表3 2012年全国原创电视动画片生产十大城市

排序	城市	部数	分钟数	排序	城市	部数	分钟数
1	苏州	47	24737	6	合肥	29	12845
2	广州	29	20471	7	无锡	19	12092
3	东莞	8	15214	8	深圳	18	11957
4	福州	27	14866	9	宁波	17	11652
5	杭州	25	13371	10	北京	23	9950

数据来源：原国家广播电影电视总局

我国动画产业经过前一阶段的高速发展，丰富了我国各级电视频道的节目源，为我国动画企业探索市场、创立品牌，对完成资金、人才、技术和经验的积累提供了坚实的基础。国产动画企业市场意识、品牌意识进一步提升，动画片创作水平、艺术质量不断提高，一些优秀国产动画片受到观众的热烈欢迎。2012年度，原广电总局共向全国电视播出机构推荐播出81部优秀国产动画片。其中，浙江动画制作机构15部，江苏动画制作机构14部，广东动画制作机构10部，福建动画制作机构7部，北京动画制作机构、中央电视台及其所属动制作机构各 6 部,河南动画制作机构 5 部,安徽、上海、辽宁动画制作机构各 3 部,天津、江西、湖北动画制作机构各 2 部,黑龙江、湖南、重庆动画制作机构各 1 部。

表4　2012 年度全国推荐播出优秀动画片目录

省份	部数	片目
浙江	15	《锋速战警（3D）》《狩猎季节》《秦时明月第四部万里长城》《无敌优优》《洛宝贝听故事》《少年师爷之智慧快乐侠》《中国熊猫》《故事中国》《爵士兔之奇幻之旅》《笨笨》《嗷嗷龙》《小精灵,变变变》《木木村的淘气虫虫》《杰米熊之甜心集结号》《梦幻镇（3D）》
江苏	14	《水木娃娃探索宇宙之谜》《小豆派派来了》《豆芽农场》《神奇的大运河》《星猫漫游记之三金村》《云彩面包》《奇境历险气模城》《如意岛上的小精灵》《唐宋风韵之唐系列》《米粒木匠（二）》《面具战士》《怪物山》《企鹅家园》《百吉学堂——幸福方程式》
广东	10	《欢乐之城》《鹏鹏环游记》《功夫龙——小戏班大智慧》《雷速登之翼飞冲天》《开心宝贝之开心大冒险》《宝贝女儿好妈妈之快乐的家庭》《喜羊羊与灰太狼之开心日记》《百里熊之美丽的大森林》《小刺猬蓝豆豆》《甜心格格》
福建	7	《魔力星星狐》《抗战奇兵》《永春白鹤拳之五色羽传奇》《风云奇队》《爱画画的嘟噜瓜》《小瑞与大魔王之快乐擂台》《多彩人生之和谐社区》
中央电视台	6	《蓝加》《猫眼小子包达达》《大耳朵爷爷历险记》《小弯儿成长日记》《建木传奇》《萌萌的晴天》
北京	6	《生日梦精灵》《侠岚》《小喇叭之抱抱熊 365 晚安故事》《天天好孩子》《七彩乐园（第一部）》《飞越五千年》
河南	5	《乐乐熊生存大冒险》《二兔等着瞧》《开心果的绿色家园之哈哈森林》《龙归之龙行天下》《神探包星星（第一部）》
安徽	3	《橡树餐厅》《楚汉风云》《十二生肖之龙行天下》
上海	3	《赛尔号》《逍遥游世界》《非常小子马鸣加》
辽宁	3	《幸福在身边——当代雷锋郭明义的故事1》《淘》《三字经外传》
天津	2	《快乐梦多多》《蓝猫典典环游记》
江西	2	《汉字大作战》《天工开物 – 开心岛》
湖北	2	《家有糨糊》《木灵宝贝之重回帆智谷》

续表

省份	部数	片目
湖南	1	《孟姜女》
黑龙江	1	《甜甜圈宝贝之飞行乐园》
重庆	1	《东方少年》

数据来源：原国家广播电影电视总局

2. 手机动漫部分

手机动漫业务是整合传统动漫产业资源，并以短信、彩信、WEB、WAP、手机客户端等移动互联网通道为承载平台，为用户提供动画、漫画作品浏览服务和以动漫形象为核心的动漫数字衍生品服务的业务系列。根据艾瑞咨询的调研数据显示，未来三年手机动漫市场规模可达 29.75 亿元。手机动漫市场的前景广阔，为此，各方积极发力分食手机动漫这一块"大蛋糕"：运营商方面，各大电信运营商主动利用先天的渠道和用户群体优势，积极抢占产业链高地，发展手机动漫业务，以中国移动为例，于 2010 年成立了手机动漫基地并大力发展手机动漫业务，给消费者带来的不只是国内外优秀的动漫作品，还将有动漫元素结合手机通信所带来的良好移动生活体验，简称之为"满足两大诉求"，既满足"看动漫"的诉求，内容浏览型业务，动漫作品以手机作为载体进行展现，目前中国移动动漫基地已开发超过 160 种手机特效，能带来纸版漫画所感受不到体验，也满足"玩动漫"的诉求，数字衍生品型业务是指切割通信过程，把动漫元素驻留在手机屏幕上。同时，在互联网企业方面，大量的互联网公司也介入到手机动漫行业中，如炫动传播、奥飞动漫等多家公司开始频频跨界经营，通过整合动漫内容、渠道，以及传统行业资源，加速企业发展；另外，视频网站土豆网日前也宣布加大在国产动漫领域的投入，以打造中国首席国产动漫视频平台。

（二）动漫产业基地建设状况

目前，长三角、珠三角和环渤海地区已经形成了成熟的动画产业集群，中部、华北、东北地区动画产业迅速崛起。2012 年，各家动画产业基地积极贯彻落实原广电总局、地方关于推动我国动画产业发展的举措，大力扶持重点动画企业和动画项目、优化扶持方式、拓展服务形式，积极引领国产动画发展由量的增长向质的提升转变。2012年度，国家动画产业基地自主制作完成国产动画片210部，123715分钟，约占全国总产量的55%。生产数量排在全国前列的国家动画产业基地是南方动画节目联合制作中心、苏州工业园区动漫产业园、福州动漫产业基地、深圳市动画制作中心、无锡国家动画产业基地。

表5　2012年国家动画产业基地国产电视动画片生产情况

排序	基地	部数	分钟数
1	南方动画节目联合制作中心	29	20471
2	苏州工业园区动漫产业园	31	16945
3	福州动漫产业基地	27	14866
4	深圳市动画制作中心	18	11957
5	无锡国家动画产业基地	14	10346
6	杭州高新技术开发区动画产业园	19	10324
7	天津滨海新区国家影视网络动漫实验园	8	4576
8	张家港（动漫）产业园	9	4540
9	大连高新技术产业园区动画产业园	3	4272
10	厦门软件园影视动画产业区	10	4256
11	北京市文化创意产业集聚区	7	3433
12	常州国家动画产业基地	4	2996
13	南京软件园	5	2704
14	沈阳高新技术产业区动漫产业园	8	2643
15	重庆市南岸区茶园新区动画产业基地	4	2398
16	上海炫动卡通卫视传媒娱乐有限公司	4	2184
17	昆山软件园	3	2030
18	中央电视台中国国际电视总公司	3	1534
19	黑龙江动漫产业（平房）发展基地	2	850
20	江通动画股份有限公司	2	390
21	湖南金鹰卡通基地	0	0
22	上海美术电影制片厂	0	0
23	中国电影集团公司	0	0
24	长影集团有限责任公司	0	0

数据来源：原国家广播电影电视总局

当前，传统动漫产业与智能手机新媒体的融合，也催生了一种新型的动漫基地的创立和发展，即手机动漫基地，以中国移动为主要代表。中国移动于2010年4月在厦门建立了手机动漫基地，在成立之初便确立了三大愿景，即"构建全新的发行平台、培育全龄的动漫文化、打造全赢的创意产业"，在经过了商用元年初期发展阶段之后，基地已形成巨大运营优势：一是产业链生态的打造。以基地模式逐渐完善产品开发流程，打造完整的链条，有利于专项产品的体系化发展，保障产品创新的及时性、完整性、有效性和可用性，也有效保障了产品研发后的专业化运营；基地三大平台打通了从创作到发行的产业链上下游环节。二是优质内容的快速发行。基地模式能够对客户和市场作出快速反应，可以用最快的速度将创新产品推向全国用户，是一种快速的业务发展模式；基地模式作为中国移动对接其他产业的统一接口，可以保证统一规划、统一实施、统一监管，有利于产品运营的规范和良性发展；在物资上，先集中力量统一研发，再大规模定制推广，可以有效地降低投资风险，获取规模效益。同时，基地模式带来的快速发行，原创者打开移动互联网内容发布通道，创造盈利模式，激发创作热情。三是内容和版权的安全、合法、健康。基地的动漫信息交互平台和版权服务平台，打通了与传统动漫业的通道，服务于传统动漫。通过进行版权审核、登记办理、反盗版举报等，确保正版产业链的发展和各环节的信息安全，并以完善的内容审核机制，确保质量技术、内容安全的审核。

二、网络（数字）动漫出版产业生产规模与市场规模状况

（一）中国数字动漫产业链分布格局

继2011年中国的数字动漫产业进入百家争鸣时代之后，2012年，中国数字动漫产业处于快速发展的阶段。整体产业链环节的组成部分没有发生改变，主要由四个部分构成，分别为：内容、运营、技术以及平台。

1. 内容部分

内容是数字动漫产业链的源头，也是数字动漫产业链的上游环节，数字动漫产业链上游内容的质量直接影响终端用户的购买力，在数字动漫产业中，内

容型公司通常分为两类：

第一类是传统的动画、漫画公司，此类公司进入数字动漫领域的做法，通常是将其传统动漫行业中的内容直接移植到数字渠道进行传播。天津神界漫画有限公司为漫画类公司的代表，将传统的漫画出版作品，经过基础的技术转化，通过中国移动动漫基地的平台发布。不过此类公司缺乏对无线运营的理解，无法有效深入到无线运营当中，导致无法在移动动漫基地获得收益最大化。

第二类公司是基于数字渠道的传播属性，量身定制为数字渠道生产应用型数字动漫内容。应用型数字动漫产品主要体现在手机动漫产品方面，如中国移动动漫基地的彩漫产品、中国电信动漫基地的动漫传情产品，此类产品均是基于手机应用，将其产品动漫化，所用到的均为动漫内容中的一部分元素，如动漫形象、动漫场景等。此类公司的代表为中国移动动漫基地或中国电信动漫基地的内容合作方。

2. 运营部分

运营环节在整个数字动漫产业链中扮演着非常重要的角色，运营型公司在中国动漫产业甚至整个版权产业，都有着非常重要的作用，但是此类公司在中国极少。

运营型公司必须具备两个基本要素：第一，对创意、作品拥有高度的商业敏感度；第二，非常了解动漫产业的运营模式，能够实现作品版权价值的最大化。

运营型公司在目前中国数字动漫产业中，有两种类型：

第一类公司为版权代理公司，属于传统版权贸易公司，通过资金采购动漫作品数字领域的使用权，然后通过版权分销的模式，进行数字渠道的版权销售工作。此类公司的代表为北京厚德雍和资本管理有限公司，不过此类型公司在产业链分销环节中，无法通过有效机制控制上游版权和下游渠道，致使目前大部分平台采购方直接与版权方采购版权，失去了版权代理的话语权。此类公司在未来国内的版权贸易环节将逐渐走弱；由于目前各大视频网站对于内容的需求逐渐持开放心态，国际型版权贸易公司的地位将逐渐加强。

第二类公司为全版权运营公司，此类公司是目前中国动漫产业最缺失的，同时也是专业性要求非常高的一类公司。代表公司为：北京中天创视文化传播有限公司，其定位是以漫画为核心的全版权发行服务商。

3. 技术部分

技术环节在中国数字动漫产业链中，属于支撑环节。数字终端硬件产品越来越多样化，技术的变革将传统动漫的内容进行技术转化，移植到数字渠道上传播；甚至直接在新型数字终端硬件上，植入新型技术，颠覆传统动漫作品生产的生态链。

技术型公司的典型代表为北京中科亚创科技有限公司和炫果壳（北京）信息技术有限公司。北京中科亚创科技有限公司与中国移动动漫基地签订技术服务提供商合作协议，并同期发布"中国移动手机漫画制作工具"。炫果壳（北京）信息技术有限公司则是中国移动手机阅读基地漫画频道的技术支撑方，并自主研发了手机漫画制作工具 mobile comic。

4. 平台部分

平台是指能够通过汇聚动漫内容从而聚合用户的数字动漫展示平台，共分为两类：互联网动漫平台和移动互联网动漫平台。

（1）互联网动漫平台

互联网动漫平台，即动漫网站。目前中国的动漫类网站共分为三种类型，分别为：资讯类动漫网站、内容型动漫网站、"咨询+内容"型动漫网站。

第一类：资讯类动漫网站

资讯类动漫网站主要为展示动漫行业的咨询信息为主，主要代表网站有：漫域网、中漫网、国家动漫产业网等。表现形式为动漫类门户网站，包含门户网站的所有属性，包括新闻咨询、产业服务、作品推荐、周边开发等内容。

资讯类动漫网站的主要作用，在于为动漫爱好者、动漫行业从业者提供一个信息共享的咨询平台。如中漫网，历经数年的延伸构建、资源融汇和品牌化传播，现已成为海内外了解中国动漫的重要窗口，是国内外动漫品牌商务推广的深度信赖的优质媒介平台。

第二类：内容型动漫网站

内容型动漫网站，主要是展现动漫内容为主的网站，分为两类，分别为漫画类网站和动画类网站。

漫画类网站，主要有：腾讯原创动漫平台、新浪微漫画和有妖气原创漫画工厂。盛大集团投资的有妖气原创漫画工厂，在网页流量和签约漫画数量上，位居漫画类网站第一，目前正在着手打造幽默系列动画《十万个冷笑话》，获得较高的网络人气。腾讯原创动漫平台于2013年1月，与日本集英社合作，引入11部集英社知名漫画作品，一举成为国内与集英社版权合作的最大互联网机构，虽然腾讯原创动漫平台上线时间较短，但是长期来看，腾讯背后强大的QQ用户群，会给腾讯原创动漫平台带来庞大的流量，有较好的发展前景。

动画类网站，主要是视频网站的动漫频道，如优酷、土豆、爱奇艺等动漫频道。开始于2011年土豆网与东京电视台的合作，为土豆网带来了庞大的流量。国内在一段时间掀起了一阵日漫风，多个视频网站纷纷与日本版权方或版权代理机构合作，引入优质日本动画作品。在国内的动画数字版权类资源整合方面，奇艺网投入力度较大，国内知名的大作，如《熊出没》、《甜心格格》等热播动画片，均被奇艺网收入囊中。

第三类："内容+资讯"型动漫网站

"内容+资讯"型的动漫网站，其典型代表为腾讯动漫频道，腾讯动漫频道在发布动漫产业资讯的基础之上，汇聚了大量国内外动画和漫画内容，通过腾讯QQ客户端的用户资源，传递动漫资讯以及动漫内容。

（2）移动互联网动漫平台

移动互联网动漫平台，主要以中国移动手机动漫基地为主。

自中国移动手机动漫基地2012年1月1日正式商用以来，截止于12月底全业务收入突破3亿元，共聚合567家合作CP，获得1042个动漫形象授权，上线漫画动画超过10万集，实现了商用元年的开门红，也为产业发展提供了宝贵的参考经验。

作为当前手机动漫产业的主要发展力量，中国移动现拥有6.5亿用户使用200多种不同分辨率的屏幕、27000多种机型。中国移动可以为任何有能力的企业，免费提供导入工具。基地发布的漫画制作工具操作简单，降低了开发者接入门槛，对动漫新作的产量、产能是一个有力保障。预计至2014年中国移动手机动漫基地的付费用户将达到2667万人，将占手机动漫整体付费用户数的83%。

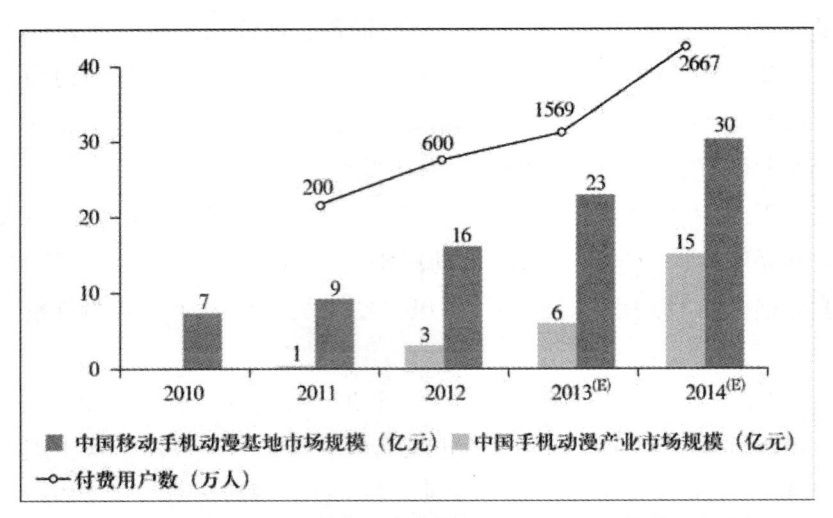

图1　2010－2014中国移动手机动漫基地市场规模及付费用户增长

（二）网络（数字）动漫产业生产规模及竞争格局

在产业格局方面，数字动漫迎来新的发展机遇和挑战，互联网平台级企业依据自身优势创建了用户群体庞大、体验性良好的动漫频道；而各大互联网专业动漫网站开始向手机端拓展，各种阅读类网站、应用也纷纷增加动漫类别。与此同时，我国主要的电信运营商也不断加大对动漫的投入，形成了多方竞争的产业格局，具体来看：

第一，电信运营商内部出现竞争，继中国移动成立了手机动漫基地之后，中国电信也成立了动漫运营中心，而联通沃门户也建立了动漫频道，形成了运营商内部的手机动漫竞争局面。

第二，互联网平台级企业跨行业介入市场竞争，推出动漫方面的内容，包括腾讯动漫、新浪依托微博推出漫画分享平台——微漫画等。

第三，各互联网动漫网站依靠其成熟的内容运作模式和较高的用户忠诚度，大力发展手机动漫业务，展开竞争，如起点动漫频道，凭借庞大用户群，迅速发展起来。

第四，移动互联网动漫网站或应用网站加入到竞争行列中，如3G泡泡（最大的无线互联网门户，包含动漫资讯平台），还有卡布漫画、91桌面等。

其中，主要以两类结构为主，分别是互联网和手机平台。

1. 以网络传播为主的市场规模及分布结构

2013年1月，中国互联网络信息中心（CNNIC）发布《第31次中国互联网络发展状况统计报告》。报告显示，截至2012年12月底，中国网民数量达到5.64亿，互联网普及率为42.1%。2012年全年网民增量为5090万，普及率较2011年年底提升3.8个百分点。由于网络动漫属于融合了视频、图片、出版等综合性、多样化的作品表现形式，我们可以从网民关注度预测用户规模，综合搜索引擎百度从2006年到2012年关于动漫、视频、音乐的百度指数分析，自2008年以来，三者几乎保持了同样的关注趋势；结合各类行业分析报告预测，目前中国网络动漫用户（互联网）已经超过4亿，比肩中国网络视频用户。

现在随着版权正版化越来越获得重视，很多大型出版、文化、传媒集团也逐步开始动漫网站正版化运营之路，但由于网络用户付费习惯并未养成，广告收入又难以支撑网站运营，导致版权方的收益问题仍存在诸多困扰，特别是个人作者难以获得收益保障，造成动漫网站整体运营困难。

2012年，以网络传播为主的数字动漫产业的收入规模超过5亿元，主要由动漫类网站对于动漫版权的采购贡献，集中在以爱奇艺网、土豆网为代表的网络动漫播出平台。与2011年的不同之处在于，新媒体动漫版权基金等代理方在2012年没有更多的采购行为，主要原因在于更多的采购平台已经逐渐与国内版权方建立起直接的联系，直接对版权方进行采购。

各大视频网站2012年对于动漫类内容的主要诉求是为网站主站提供流量，并没有在动漫内容本身产生过多收益，除了少量的精品动画内容可以引进广告外，大部分动漫内容并无法直接从网络本身获得收入。网络部分的广告收益在未来的2-3年内会有一个放量式爆发，但近期内较难实现。

2. 以手机传播为主的市场规模及分布结构

以手机传播为主的经营者主要依托于三大电信运营商所搭建的手机动漫基地，以移动终端为载体传播动漫，使通信增值业服务和传统动漫产业都拥有了新的市场前景，众多投资商、运营商以及动漫制作公司的投资热情将在极大程度上推动手机动漫内容的丰富与更新。手机阅读的随身性、精准性、及时性和互动性，有助于手机动漫的精准投放和有效传播。手机动漫业务平台将动漫和手机结合，使传统动漫产业延伸到移动通信领域，通过庞大的手机用户群促进动漫产业的发展。当前,我国手机动漫产业主要在内容提供方、运营商以及用户之间形成了一个完整的产业链条,同时形成一个全新的营销模式,即拥有动漫内容或形象版权的企业或个人,将作品和动漫形象通过合作的方式授权给主要电信运营商,运营商将动漫内容进行进一步的加工和整合,以自身网络渠道优势将动漫内容和产品推广给用户,并实现计费。运营商再与动漫企业和个人进行收入分成,构成完整的手机动漫业务营销模式。

(三) 网络(数字)动漫产业的营销模式及盈利状况

目前中国数字动漫产业链当中的四种类型公司,均有各自不同的盈利模式。其中运营型公司和平台型公司为主要盈利公司。

1. 内容型公司

内容型公司,作为数字动漫内容的生产机构,在数字领域的商业模式主要以版权分销为主,将其作品的信息网络传播权,以许可授权的方式,允许第三方机构或平台在约定的渠道范围内传播,并获得相应的收益。通常内容型公司的主要盈利点不在于数字渠道,而是来自于传统线下周边衍生品的收入,所以对于内容型公司来说,数字渠道是一个非常好的推广渠道,并不是盈利渠道。

目前国内大部分内容型公司在数字领域的收入都来自于版权代理公司和视频网站的版权采购,其版权采购收入占内容型公司整体收入的5%。

2. 运营型公司

运营型公司,是数字动漫产业当中盈利空间较大的公司,同时也是最关键的环节。

此类型公司的典型代表有两类:第一类,是属于自有知识产权的运营公司,如北京中天创视文化传播有限公司。中天创视将网络文学改编成漫画作品,其过程本身是一个自有知识产权的开发过程,完成改编之后的作品,著作权独立归公司所有;随后,通过中天创视的版权运营团队,将漫画版权以授权的方式授权给电信运营商的动漫基地、出版社等机构,获得权利金收益。作品案例,以《神印王座》漫画版为例,目前此作品已经完成第一本图书单行本的销售20万册,并于2013年4月份在移动动漫基地首发,仅一个月时间,冲入基地漫画作品付费排行榜前3名,同步也在展开《神印王座》动画版的授权合作。第二类,属于版权代理公司,如炫果壳(北京)信息技术有限公司,炫果壳通过为中国移动手机阅读基地提供漫画频道技术服务，汇聚了大量数字漫画版权，已然成为国内最大的手机漫画内容机构，并在中国移动阅读基地漫画频道和中国移动手机动漫基地收入均排名第一。

3. 技术型公司

技术型公司在数字动漫产业当中的角色非常清晰，为平台型公司提供技术支撑服务，盈利模式主要来自于用户平台的技术支撑费。以中科亚创为例，该公司为中国移动动漫基地提供手机动漫技术支撑服务，中国移动动漫基地根据中科亚创每年提供的服务内容，支付相应的技术支撑费用。此类公司主要集中在三大电信运营商的动漫基地平台。

4. 平台型公司

平台型公司的盈利模式分两类，分为广告模式和付费下载模式。

广告模式，主要体现在动漫类网站，通过搭建动漫内容发行平台，采购优质的动漫版权内容，吸引网站流量，增加用户黏度，通过广告销售的模式实现收入。

付费下载模式，电信运营商应用较多，通过动漫基地的建立，搭建基于手机的动漫内容发行平台，实现手机 wap 网站、手机客户端以及多元化数字动漫衍生品的产品传递，通过让手机用户付费下载的方式，实现盈利。

以中国移动动漫基地为例，针对手机动漫业务，中国移动动漫基地开发了两类产品形态，分别为阅读型产品和应用型产品。

阅读型产品，即原始动漫内容直接移植到手机平台上，让用户进行观看，主要产品体现为手机动漫杂志、手机漫画、手机动画等产品，此类产品的收费模式主要分两种，一种是点播计费模式，一种是包月模式。

应用型产品，即将动漫元素通过植入到传统手机应用过程中而形成的手机产品，也称之为数字动漫衍生品，其主要产品表现为手机彩漫、手机彩像、手机桌面、手机动漫主题等应用型产品，此类产品的收费模式同样分两种，一种是点播计费模式，一种是包月模式。

以上两类产品均可通过中国移动动漫基地搭建的手机 wap 网站、手机客户端渠道推送至手机用户，使手机用户可直接在 wap 网站或客户端操作，进行付费下载。

（四）网络（数字）动漫发展地域特色与数字化制作平台建设状况

1. 网络动漫平台

基于互联网传播动漫平台的地域分布，主要集中于北京、上海等大城市，其动漫作品本身的数字化制作，相对比较成熟，可直接将传统电视播映的内容，进行简单的技术转换，移植到互联网平台进行播放。

2. 手机动漫平台

手机动漫平台，主要集中在三大运营商，其中中国移动、中国电信两大运营商的动漫基地已经落户厦门。以中国移动为例，目前已经推出了自己的手机漫画制作工具，并且在厦门本地搭建了几十人的手机漫画制作团队，为500多家移动动漫基地的CP提供手机漫画切图服务。可以说，厦门已经成为了目前中国最大的动漫数字化制作平台集散地。

（1）中国移动手机动漫基地

以中国移动手机动漫基地的实践为例，动漫内容的创作者和提供方通过合作的方式将拥有版权的动漫作品授权给中国移动，利用中国移动的渠道优势进行动漫内容和产品的发行，中国移动在接受授权之后，一方面对动漫内容进行创新，通过彩信、Wap、Web及客户端等方式为用户提供丰富的动漫产品；另一方面，对动漫产品进行运营，加入用户参与元素，为个人用户提供动漫内容DIY的渠道，调动终端用户的积极性。

（2）中国电信手机动漫运营中心

中国电信动漫运营中心是在国内动漫业飞速发展的背景下，由中国电信集团公司授权筹建的全国性动漫产品基地，于2012年正式面向全国运营推广。中国电信动漫运营中心运用3G移动互联网技术应用，将动漫领域作品延伸到移动终端平台，利用天翼手机及宽带全国统一认证系统，实现"一点接入、一号通行、合账收费"功能，为动漫产业提供前向通信和信息服务费分成、后向新媒体平台收入分成等商业模式，为中国动漫产业提供了全新的低成本发行渠道。

作为电信运营商进军动漫领域的探路先锋，中国电信动漫运营中心凭借着全新的手机动漫传播渠道，在面向全国运营仅半年多时间，已发展用户2000多万户、商用作品单集近4万集、接入约300家内容合作商、合作内容专区达

40余个，并保持了快速的增长势头。

（3）中国联通沃动漫基地

2012年是中国联通沃动漫基地成立的第一年，"沃动漫"是顺应移动互联网开放、合作、创新、共赢的发展趋势，强力依托中国联通的品牌、用户、网络、终端、推广等优势，以引领推动中国动漫产业为己任，携手内容提供商、出版发行商、衍生品生产商、原创作者、APP开发者等产业链各方合作伙伴。

根据三大运营商的手机动漫业务发展情况和其他第三平台发展情况来看，2012年，以手机为传播途径的动漫产业收入规模约为5.36亿元。

三、年度影响网络（数字）动漫出版产业发展的重要事件

（1）2012年1月1日，中国移动手机动漫基地实现正式商用。基地除了为产业发展提供一个创收的示范平台，同时也为产业链的发展精心打造了"漫画素材加工平台"、"信息交互平台"、"版权服务平台"三大功能平台。

（2）2012年3月11日，优酷网和土豆网签订最终协议，两公司将以100%换股的方式合并，新公司名为优酷土豆股份有限公司，土豆网退市。合并后的优酷土豆成为国内市场份额第一的动画网络播出平台。

（3）2012年4月10日，华特迪士尼（上海）有限公司、深圳市腾讯计算机系统有限公司和中国动漫集团有限公司，举办动漫创意研发合作签约仪式，将联合建设一个国际化、专业化、规模化的动漫创意研发合作平台。

（4）2012年7月，文化部发布了《"十二五"时期国家动漫产业发展规划》，提出"十二五"期间，着力打造5至10个知名国产动漫品牌和骨干动漫企业，在产业发展方面重点培育新媒体动漫。

（5）2012年10月，中天创视联合起点中文网、红袖添香小说网等五大网络文学网站在第五届海峡两岸文化产业博览会上，与中国移动手机动漫基地达成战略合作，志在将网络文学漫画作品做强做大。2013年，起点中文网、红袖添香小说网有多部热门小说被中天创视改编成漫画连载于动漫杂志上，如唐家三少的《神印王座》、忘语的《凡人修仙传》、柳晨风的《盛夏晚晴天》等。这些小说以长篇为主，场面宏大、情节脉络丰富、极具画面感和观赏性，因此

深受众多漫画制作及运营合作方的青睐。由此也催生出了动漫产业的新名词——网络文学漫画。

（6）2012年12月9日，首届国际动漫博览会在京落下帷幕，这是北京举办的最大规模的国际动漫主题活动。美、日、法、韩等动漫强国首次组织三十余家动漫出版社、近一百五十家动漫公司、二十余部动漫电影及五十多部短片、三千种以上动漫衍生产品亮相。二十余位国际知名动漫画家，动画电影编剧、导演、歌手及动漫项目市场运营专家来华参加本次活动，并举办多场主题演讲和交流活动。

四、总结与展望

（一）总体态势：手机动漫将进入高速发展期

发展动漫产业，对于满足人民群众特别是青少年的精神文化生活需求，拉动文化内需，培育新的经济增长点，具有积极促进作用。手机动漫作为一个创新型的产业，正在以一个迅猛的速度增长。预计到2014年，手机动漫的市场规模将会突破30亿元，发展前景广阔。

（二）发展趋势

未来几年，我国的手机动漫将处于快速的发展时期，并将呈现出以下四个方面的发展趋势。

1. 3G成发展催化剂

随着3G商用进程的深入推进，3G终端的逐渐普及，以及动漫产品本身的丰富，庞大的手机动漫消费市场将进一步被激活。3G商用对于手机动漫的影响显而易见，带宽的提高使浏览速度更快，体验更进一步；智能手机的逐渐普及带来全新的感受。尤其是千元智能手机的不断推出，将使手机动漫的接受程度越来越高。

2. 内容走向"全民创作"

随着3G技术的发展，无论是动漫从业者，还是普通网友，都可在平台上在线制作、上传、下载自己创作的手机动漫作品，平台同时提供计费功能，能够与电信运营商、银行实现网间结算，保护创作者的利益。由此表明，平台为

"全民创作"提供了机会，手机动漫能否实现跨越式发展有赖于"全民创作"与"全民参与"，大众化和品牌化将成为手机动漫的发展方向。伴随着手机动漫业务的推广，将有望加速传统动漫产业与新媒体的融合，形成新的动漫产业价值链，成为新的业务增长点。

3. 技术标准不断完善

来自政府或民间关于对中国民族动漫产业保护的声音越来越多，中国手机动漫技术企业在政策上将享受更优惠的条件。中国手机动漫技术企业要尽快开发出符合本国市场环境的手机动漫应用技术，积极实施普及技术的蓝海战略。庞大的中国市场将允许不同的技术标准，给更多的技术公司、内容公司以更多的发展空间。

4. 三大电信运营商，将进一步推进手机动漫产业发展

作为当前手机动漫产业的主要发展力量，三大运营商可以为任何有能力的企业，免费提供导入工具。基地发布的漫画制作工具操作简单，使开发者能更加快速、便捷地制作出手机动漫产品，极大提高素材加工能力，降低开发者接入门槛，对动漫新作的产量、产能是一个强有力的保障。这将进一步推动我国手机动漫产业的发展。

（三）我国手机动漫发展面临的主要问题

手机动漫突破发行渠道薄弱的困境，为动漫产业的发展开辟了新的盈利空间，但是市场繁荣背后隐藏着许多发展问题。

首先，手机动漫产业发展需要突破内容瓶颈。在我国现有手机动漫运营模式中，运营商在动漫产品版权的价值链中起着主导作用，网络的质量、用户的注册和管理、费用的收取等几乎都由运营商掌控，而动漫内容提供商的作用却是十分微小的，这样的模式也导致了内容提供商积极性不高，内容创作成为当前手机动漫产业价值链中最为薄弱的环节。虽然手机动漫市场发展潜力巨大，但是目前动漫内容相对匮乏，尤其是缺少富有创意的精品内容的状况为业内所公认。手机动漫产业被"内容"拖住了前进的步伐，而这一环节的发展水平直接决定着整个产业的发展水平，内容成为制约我国手机动漫发展的关键因素。

其次，盈利模式尚不清晰。手机动漫产业也属于新媒体动漫产业的一个分支，其当前主要的商业模式有两种：一是内容支撑型，主要通过动漫产品的在

线付费阅读或实体书的在线售卖、版权运营、卡通形象授权、基于内容的增值服务等方式获得利润；二是广告支撑型，主要通过有竞争力的内容资源吸引大规模受众，内容免费，通过广告进行交叉补贴的方式获得收入。鉴于目前我国的手机动漫业务还处于发展起步阶段，整体内容质量不佳、用户规模还有待扩展的现实，手机动漫产业还缺少一个清晰的盈利模式。

最后，创意型人才的匮乏，直接影响了我国手机动漫产业的发展。人才尤其是高层次创意人才匮乏是造成我国当前手机动漫产业发展相对滞后的主要原因。原创作品缺乏人才，最直接的影响便是作品质量低下，缺乏黏性。

（四）未来发展建议

面对当前发展所存在的一系列问题，我国手机动漫要实现良性、快速的发展，必须从以下几个方面进行努力：

首先，产业扶持政策需持续加强。我国政府要大力扶植，推动手机动漫内容的发展。政府应当制定相应的政策引导手机动漫发展，提供一系列措施为运营商、设备商、内容提供商提供良好的发展环境。虽然，我国政府在鼓励动漫内容原创方面作出了自己的努力，如文化部近几年每年都通过专项资金来扶持国内优秀国产原创手机动漫作品和作者，但是推动力度仍然不够，对手机动漫的扶植力度仍有待加强。

其次，加强对手机动漫特性的研究，推动动漫内容的创新。目前，由于手机动漫还处于市场发展初期，无论是业界还是学界对手机动漫行业都还缺少深入的研究，其不能等同于简单的网络娱乐型动漫，也绝不只是手机和动漫的简单相加。手机动漫行业作为经济发展的一个新增长点，其运营发展也属于市场经济的交易行为，因而，在内容题材、艺术表现等方面都应有别于网络娱乐动漫，作为产业链重要的两个环节——动漫内容提供方和运营商，首先要对手机动漫形成正确理念，针对当前手机动漫内容研发针对性不强、许多手机动漫内容是从传统动漫中选择出来的现状，要不断加强对手机动漫特性的研究，推动内容和服务的创新。

再次，重视手机动漫从业人员的培养。拥有创新思维、人文素养、文化艺术审美等综合能力的人才是手机动漫产业的宝贵财富，所以必须充分重视动漫人才的培养和储备。目前应该主要依靠和改革动漫学历教育，改变传统的模式化教育弊端，在有条件的院校开设手机动漫专业或课程，国家对这种新的教育教学模式在政策上进行大力扶持。同时，鼓励院校成立手机动漫工作室，并辅以多种扶持政策。另一方面从人才储备讲要从小培养孩子的创造力，青少年观看动漫作品，潜移默化地吸收动漫的语言和素材形态，从而形成一定的动画鉴赏力，为以后的动漫人才培养发展做好充分的战略储备。此外，除了培养既懂技术又懂艺术的设计人才外，还要培养制作的管理人才及后期的营销人才。

最后，建立有效的知识产权保护体系。发展手机动漫的核心政策问题是对动漫内容的版权保护问题。动漫产品的核心是动漫原创创意的知识产权，如果动漫的创意版权不能被有效保护，那么手机动漫产业的衍生开发价值就失去了意义，版权保护问题关系着我国手机动漫产业能否持续良性发展。

附　录

国外网络（数字）动漫发展状况及启示

（一）日本和韩国网络（数字）动漫发展简况

从全球来看，手机动漫、手机游戏等无线娱乐业务呈现出快速增长的势头，并已成为3G业务中被人们普遍看好的热点业务。

1. 日本网络（数字）动漫市场

日本移动网络的手机动漫市场规模，从2007年开始，逐年飞速扩大，直至2010年已经发展得比较成熟。近年来，日本手机动漫市场规模一直呈上升趋势。

不管是动画还是漫画，手机动漫都正在取代传统的动漫载体。以漫画为例，受手机动漫的影响，日本的漫画产业在纸质印刷品的动漫市场总额大幅下降。从日本这个"动漫王国"的动漫发展足迹可以看出，新媒体动漫产业将继续高速向前发展。

2. 韩国网络（数字）动漫市场

韩国动漫产业主要集中在网络动漫方面，韩国的网络漫画付费阅读市场非常大。与我国漫画生态链不同，韩国用户有着非常好的互联网付费阅读的习惯，韩国的漫画作者可以完全通过互联网单一渠道的收入生存下来，并以此为

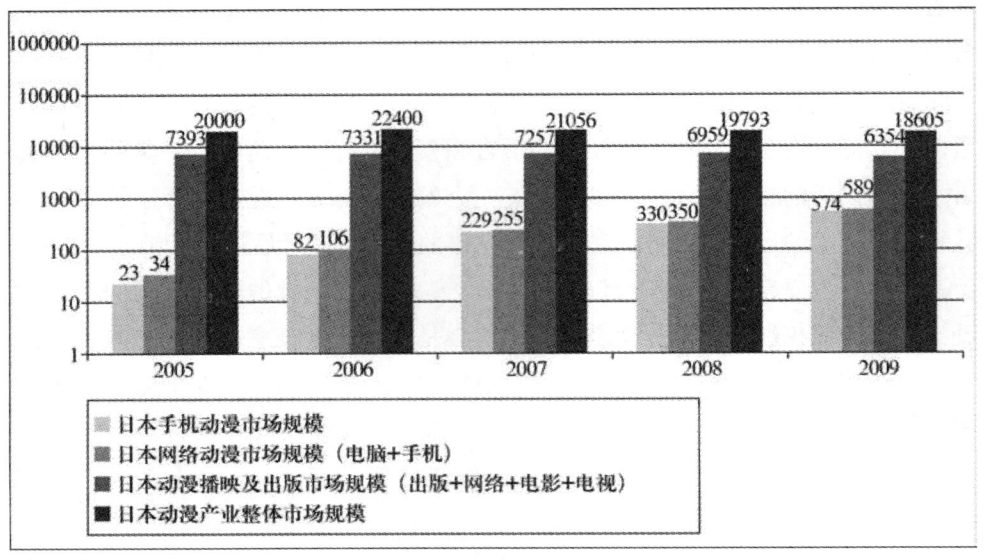

	2005	2006	2007	2008	2009
日本手机动漫市场规模	23	82	229	330	574
日本网络动漫市场规模（电脑+手机）	34	106	255	350	589
日本动漫播映及出版市场规模（出版+网络+电影+电视）	7393	7331	7257	6959	6354
日本动漫产业整体市场规模	20000	22400	21056	19793	18605

日本手机动漫市场规模图

数据来源：中国动漫产业发展报告 2011

生。中国的漫画作者，依靠互联网渠道的收入，基本无法生存，最终还是需要通过纸质出版物的发行，实现个人利益。

韩国的网络漫画阅读市场，逐渐趋于饱和，有一批韩国的漫画内容生产公司，已经逐渐转战海外市场，其中一部分公司也纷纷在中国成立合资公司，向中国的互联网平台提供漫画内容。如北京美而蓝科技咨询有限公司，即为韩国背景的漫画公司，目前正与腾讯原创动漫平台深度合作，是腾讯原创漫画大赛主办单位之一，为腾讯原创动漫平台提供了大量的漫画作品。

（二）启 示

世界动漫产业的发展，给我国手机动漫的发展带来了多方面的启示：

1. 新技术标准是发展手机动漫的基础

随着传统电话业务的逐渐衰退，作为未来通信主力的无线宽带业务，无线网络接入服务"I－MODE"及"3G"手机日益普及并得到迅猛发展。这种技术进步使手机媒体的功能开发及媒介融合成为可能，并提供了通信业和传统媒介融合的技术保障。日本手机媒体不仅具有普遍的上网功能和阅读功能，而且在网络购物中，手机电子货币以及身份证等功能也开始涌现。而我国的手机出版各个环节技术的标准还不统一,没有统一的制作平台,这在一定程度上增加了手机用户阅读的成本,加上我国相关的网络支付系统不完善、手机上网费用昂贵等问题,也能导致我国的出版社在开展手机出版业务时出现困难。

2. 创新内容是手机动漫成功的关键

主观判断在手机媒体发展的过程中,可以始终与传统媒体结盟,因为后者具有丰富的内容及媒体品牌。日本、韩国手机漫画拥有高市场占有率和庞大宽泛的阅读队伍,除了与日本人喜爱阅读漫画的文化有着密切的关系外,其"内容为王"的精英主导也起着至关重要的作用。手机漫画虽然载体是新的,表现手法也是"时尚"的,但其本质还是"漫画",所以手机漫画要获得成功,关键还是要向用户提供优秀的、吸引人的漫画作品。如日本集英社非常注重挖掘和培训本土优秀漫画家,经常举办"原创漫画大赛"为本土优秀漫画人才打造一个良好的平台。

3. 成熟的商业模式是产业发展的催化剂

手机漫画出版产业的发展,一方面需要有丰富的个性化的内容区吸引用户,另一方面也需要有便利的浏览模式和优质的网络传输服务。这就要求各个环节的参与者确定自己的业务范围,建立合理的商业模式,利于企业用取长补短的合作和资源互换所带来的优势去占领市场,提升品牌。成熟的手机漫画出版的利益链条上共有五方:作者、出版社、手机阅读平台开发商、手机图书中盘以及手机移动运营商。这五方中的利益协调有相对成熟的模式,对促进手机漫画业务的深度开展作用非常大。而在我们国内,由于手机出版是新生事物,各大出版社或杂志社对手机出版产业链的认识还存在着很多分歧,对自己的职责并没有进行准确的定位。目前还没有更合理的商业模式。

(曾龙文单位:北京中天创视文化传播有限公司;张燕鹏、曾达峰单位:中国移动手机动漫基地)

2012–2013中国博客与播客出版产业年度研究报告

张孝荣　严　峰

一、中国博客与播客发展概述

（一）中国博客发展概述

1. 博客用户数量小幅增长

受微博等SNS应用发展的带动，今年博客用户规模增长加快，博客使用率转跌为升。截止到2012年末，我国使用博客/个人空间的用户数量为37299万，同比增长17.1%；使用率由2011年的62.1%上升至66.1%，扭转了2011年使用率下降的态势，并增长了4个百分点（在2011年，我国博客/个人空间用户数量为31864万，使用率为62.1%）。

增长的原因主要是近年来提供博客空间的网站（例如QQ空间）通过不断改版，完成了向社交网站的转型，迎合了社交化趋势下网民的需求，带动了总体规模的上升。

从近五年我国博客用户规模的发展趋势可以看出，增长依然是用户规模发展的主要趋势，但是经过几年的高增长，增速渐趋平稳。

2. 网民对博客的关注度持续走低

值得注意的情况是，从总体上来看，受到微博和微信等新兴应用的分流，网民博客关注度依然保持下降态势。截至2012年末，新浪微博宣布用户量达到5.03亿；截至2013年1月，上线仅仅两年的微信，宣布注册用户达到3亿，

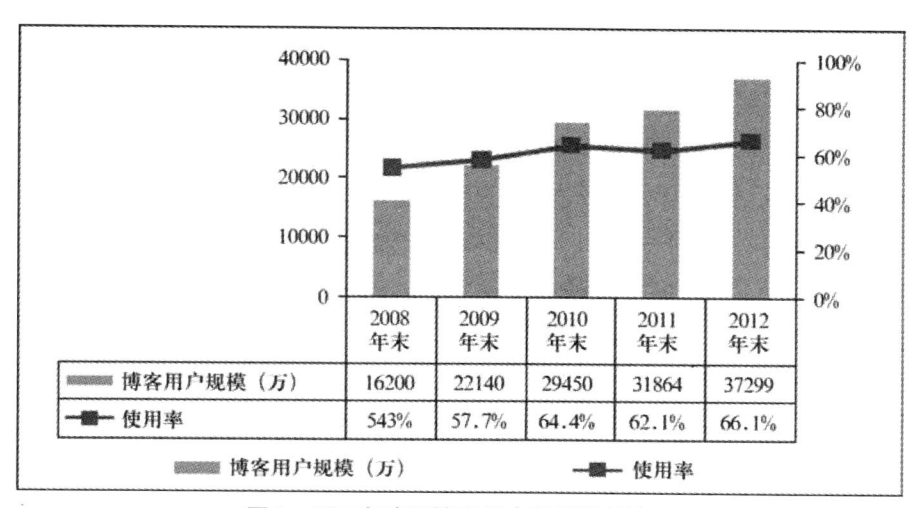

图 1 近五年我国博客用户规模增长情况

数据来源：CNNIC 2013.1　整理：互联网实验室

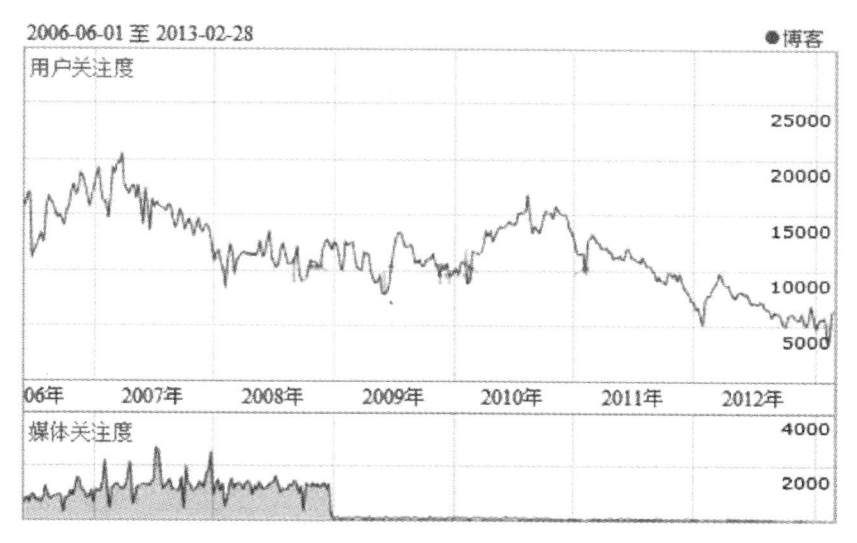

图 2　2006－2012 年博客搜索热度

数据来源：百度指数　2013.3

微博和微信吸引了更多用户的关注，对博客网民形成了分流。尽管 2012 年的博客用户数量逆转了 2011 年的下滑态势，但是网民对博客的关注依然呈走低趋势。

来自百度指数的数据显示，博客的搜索量继续下降，2012 年博客的百度指数达到新低，较 2006、2007 年高峰时期下降了 50% 之多。这也与我们的生活经验大致相符，最近几年受到微博等产品的强势冲击，博客的热度已大不如前。

（二）中国播客产业发展概况

1. 产业发展整体向好

随着宽带网络的提速、用户品味的提高、国家政策的变化，以视频分享为核心特色的播客网站也在发生变化。CNNIC 数据显示，截止到 2012 年 12 月底，使用网络视频的网民已达到 37183 万人，同比增长 14.3%，约占网民比例为 65.9%，其中视频分享依然受到网民欢迎。

2012 年，国内网络视频网站在继续为用户提供优质网络视频服务的同时，针对行业发展中存在的问题采取了积极的应对策略。在提升服务质量方面：继续强化网站内容建设，影视剧等长视频内容进一步丰富；台网联动更加密切，合作形式更加多样，从同步播出和联合宣传等初级形式深入到内容策划和制作阶段，通过联合出品、周边节目开发等形式，让节目内容的传播范围和影响力实现最大化；继续加大对自制内容的投入，部分优质内容已经能够输出到电视频道，并逐步形成网站特色。这些因素推动网络视频用户规模平稳提升。

在此基础上，播客企业通过各种策略来改变近年来由于行业非理性竞争造成的诸多问题，控制成本，提升营收能力，维护行业健康发展。首先，在内容购买上操作更加精细化，并且通过版权联合购买等形式，有效地遏制了电视剧网络版权价格的非理性上涨；其次，统一步调，积极尝试影响用户的行为习惯，比如在用户容忍范围内谨慎延长贴片广告时间，提高广告营收空间，同时探索付费视频模式。总体上，无论是用户发展还是行业环境，2012 年视频行业发展整体向好。

2. 优酷土豆合并，行业格局调整

2012 年 3 月 10 日，优酷与土豆签署合并协议，3 月 12 日正式对外宣布，至此标志着中国国内视频行业最大并购案顺利完成，同时也标志着视频行业进入一个新陈代谢阶段，第一阶段产品竞争的优胜者加速产业集中化，同时推动第二阶段服务竞争者向新的领域转型。

产业集中化的结果，就是强者愈强，弱者愈弱，出现分化。仔细分析行业

前几名视频网可以发现,优酷和土豆属于典型的传统型视频,采用的都是单一在线视频模式。合并后,会在同一模式下,有些优势互补。但是酷6在并购后,推出的"在线视频+客户端",在模式上有所创新。

在以视频为主的阶段,行业内竞争格局基本稳定,但是在新的竞争领域,各类视频企业依然存在新的机遇。

当前,视频行业的竞争仍处于基于版权产品的初级业态,未来创新可以向服务收费的高级业态转变。首先,随着技术的升级和换代,优酷土豆和酷6等老一代服务商没有抓住的一些新机遇会涌现,如手机前后摄像头的出现,可以带来视频SNS的新模式。另外,在传统行业加速网络化和电子商务化的过程中,播客网站面临新的市场需求。O2O模式、SoLoMo模式及视频的数字化,都可以成为视频服务的新增长点,播客服务商可以从这些需求的多样化、差异化方面寻求创新成长空间。同时,平台化已经成为整个行业发展的主流,基于大平台形成的大数据业务将成为核心竞争力。在未来的产业中,大数据业务这个环节将不断拉长,或将促成收费使用的新业态。

所以,由于优酷和土豆合并带来的市场创新将更加活跃,中国播客产业的发展将呈现多样化格局。

(三) 博客与播客收入规模

1. 博客收入进一步集中

博客行业的收入进一步集中于大型门户网站。这些网站主要为新浪、腾讯、搜狐、百度和网易等。2012年博客业务的总收入大致为40亿元。

从行业整体来看,与往年相比,专业博客托管网站收入总量大幅下滑。主要原因是由于很多博客服务商因经营不善而关闭,也有因行业变化而进行战略转型,造成了BSP行业整体收入的下降,仅有少数BSP继续维持。例如,博客网、博客园这样的专业博客服务提供商,通过免费blog吸引注册,通过网络广告获取收入,网站收入规模均在百万级。(注:由于经营不善,2013年3月31日,中国博客网blogcn.com宣布关闭所有免费博客,并将清除所有免费用户全部数据。)

2. 播客收入规模增长快速

从行业整体来看,播客网站的市场营收主要来自于网站的视频广告收入。

据易观国际的数据显示，2012年我国网络视频广告突破80亿，达到88.3亿元，同比增长82.7%。虽然从增速上看，2012年的增长速度不及2011年，但是就增长的绝对数来看，实际增长仍然非常明显。

2012年，播客市场主要呈现三个特征：

第一，丰富的广告模式逐渐受到广告主认可。不仅有效扩充了广告的库存容量，同时通过对植入式广告、冠名广告等形式的价值营销，使视频网站更加贴合了传统电视的投放方式，吸引了传统卫视广告主的投放。

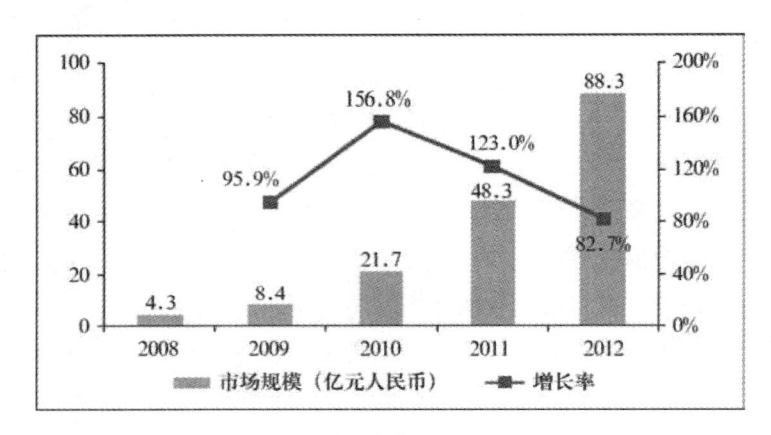

图3　2008－2012年中国网络视频市场收入规模

数据来源：易观国际2013.3

第二，海外内容版权竞争激烈，自制内容布局加速。随着网络视频用户规模的不断增长，用户对于视频网站的内容要求日益提升，促使视频网站不断丰富自身的内容库建设来满足用户的需求，同时加大在内容上的差异化竞争。

第三，移动终端的高速发展，大大刺激用户增长。尽管网络视频的用户渗透率趋于饱和，但是，近年来由于手机和平板电脑的快速扩张，使得网络视频行业营收的增长得到了新的发展空间。2012年，播客行业加快了对移动视频、市场的战略布局，以通过终端多元化的发展战略，尽可能多地抢占用户碎片化的时间，从而促进用户使用习惯及品牌认知的形成，同时提升自身的营收。

二、主要博客与播客服务商的发展情况

(一) 博客网站竞争格局

综合 alexa 流量、百度权重和谷歌网页级别等因素，国内前 20 名的博客服务商排名如下：

表 4　国内主要博客服务商

排名	网站	网址
1	新浪博客	http：//blog. sina. com. cn/
2	网易博客	http：//www. blog. 163. com/
3	点点网（轻博客）	http：//www. diandian. com/
4	天涯博客	http：//www. tianya. cn/blog/
5	凤凰博报	http：//blog. ifeng. com/
6	博客园	http：//www. cnblogs. com/
7	中金博客	http：//blog. cnfol. com/
8	搜狐博客	http：//blog. sohu. com/
9	CSDN 博客	http：//blog. csdn. net/
10	东方财富博客	http：//blog. eastmoney. com/
11	企博网	http：//www. bokee. net/
12	LOFTER	http：//www. lofter. com/
13	腾讯博客	http：//blog. qq. com/
14	博客大巴	http：//www. blogbus. com/
15	和讯博客	http：//blog. hexun. com/
16	卢松松博客	http：//www. lusongsong. com/
17	搜房房产博客	http：//blog. soufun. com/
18	中华网博客	http：//blog. china. com/zh_ cn/index. html
19	博客网	http：//www. bokee. com/
20	雷锋网	http：//www. leiphone. com/

数据来源：网站排行 2013. 3

从上面表格中可以看出，博客市场的竞争依然来自三个层面，一是大型网站的博客频道，如新浪博客；二是一些独立博客托管商，如博客网；三是一些二线网站的博客频道，如和讯博客。在前 20 名博客服务商中，有 6 家来自门户网或者大型网站的博客频道；有 7 家来自独立博客；有 7 家来自二线网站的博客频道。另外，轻博客网站异军突起，2011 年注册的点点网进入博客行业前三名。

当前竞争格局中，除几大门户网站之间的竞争外，主要竞争关系就是门户网站博客 VS 独立网站博客。在博客市场整体大不如前的状况下，门户网站博客凭借整体流量和品牌优势，依然能够对网民具有较大的吸引力，且这类网站内容丰富，适合各类网民的需求，对保证网民规模和活跃度有明显作用；相比之下，由于独立博客没有门户靠山，且内容频道较为专业，所以这类博客的受众规模相对有限。

（二）主要博客服务商发展情况

1. 新浪博客

新浪博客是新浪网的主要频道之一，在新浪网各频道中仅次于新浪微博，网站访问比例为 30.59%，与 2011 年的比例（29.10%）基本持平，排名第二，但是从网站访问量比例可以看出，新浪博客与新浪微博网站访问量的差距已经非常明显。作为国内具有高人气特征的博客频道之一，新浪博客拥有娱乐明星博客、业界名人博客、情感博客，草根博客等。新浪博客的优势在于新浪的品牌效应和其他服务积累的用户基础，并且借助"名人博客"在营销方面取得了良好的效果。

表 2　新浪主要频道排名

新浪主要频道	网站访问比例
weibo.com	84.39%
blog.sina.com.cn	30.59%
login.sina.com.cn	22.97%
sina.com.cn	22.37%
news.sina.com.cn	19.79%

续表

新浪主要频道	网站访问比例
sports.sina.com.cn	13.16%
video.sina.com.cn	12.30%
iask.sina.com.cn	10.88%
finance.sina.com.cn	10.01%

数据来源：alexa.com 2013.3

新浪博客自开设到现在，依然保持名人明星的高端路线，虽然减少了宣传和推广，基本上维持预期的设想。主要呈现出以下特点：

一是写手流失。其中不乏文娱界、文化教育界、新闻界等知名人士，大量向微博和微信转移。

二是流量下滑。由于微博和微信的分流，新浪博客上来自于各行各业的用户流失，新浪博客的流量产生了相对下滑的趋势。

2. 点点网

作为国内轻博客的领先者，点点网的发展速度可谓爆炸式增长。据数据显示，点点网上线后日均新增注册用户2.5万，到2011年11月底的注册用户数量突破500万；到2012年4月的注册用户数量突破600万，到2012年12月的注册用户数量约为700万。

点点网开放式的博客平台，可以让开发者对博客模板进行自主开发。因此大批优秀的插画家、设计师、作家、摄影师、音乐人等文化创意产业人群进驻点点网，同时还包括近百家国际顶级画廊、媒体机构、出版商以及策展公司。点点网上的十大热门标签包括创意、摄影、阅读、插画、设计、电影、时尚、音乐、动漫、艺术，均聚焦于文化创意产业。

点点网推出绑定Facebook、Twitter、Flickr账号服务，可将内容一键同步分享到站外，不再受网络环境的限制。

点点网已经完成了第一阶段博客开放平台生态系统的搭建，在未来阶段将为开发者和设计师搭建桥梁，让开发者和设计师一起合作开发模板。

3. 雷锋网

雷锋网是专注在移动互联网领域的科技博客，于2011年4月上线。雷锋网的发展代表了当前以科技类为主的博客网站快速发展的状态，与之相似的还有爱范儿、36 氪等新锐科技博客媒体。

雷锋网的界面设计简单大气，主要频道有产品、创享会、雷声、业界、学堂和专题。目前雷锋网的盈利模式及思路还不是很清晰，而结合其小众科技博客的特点，一般是从以下几个方面获取收入。

（1）广告。这类广告往往要具有极强的目标性，因为关注这类细分科技博客的用户成分比较单纯，要具有针对性。目前雷锋网上的广告量仍极少，只有游戏类推广。

（2）投资人。

（3）软文。

（4）利用自己的影响力做一些线下活动。

（三）播客及在线视频行业竞争格局

1. 总体竞争新格局

目前我国有各类视频网站总量约 160 家，在 Alexa 流量排名前五的为优酷网、土豆网、乐视网、迅雷看看以及爱奇艺，除了迅雷（看看）正在积极寻求上市之外，其余均为上市公司或者从属于上市公司。2012 年 3 月优酷与土豆的合并，使我国视频行业的竞争格局出现了明显的变化，由原先的群雄纷争变为一家独大。

2012 年，在线视频行业整体市场规模达到 92.5 亿元，同比 2011 年增长 47.6%。网络视频用户达到 4.5 亿，成第一大互联网服务。

播客行业水涨船高，不仅带来了产业规模的扩大，也导致了市场竞争愈加激烈。随着智能移动终端的普及，播客行业争夺的阵地也逐渐从 PC 向移动互联网转移。用户希望随时随地获得高清、流畅的视频体验，这就对视频服务的技术提出了更高要求。

2. 2012 年收入规模

从收入规模上看，优酷继续保持领先地位，再加上土豆的收入，已经形成了无可撼动的地位；其次爱奇艺也增长迅速，尤其在被百度回购以后，市场竞争力将会进一步提升。

统计数据显示，2012 年第三季度优酷、爱奇艺、搜狐视频占据中国网络视频市场综合收入前三名位置，三家收入总和占41.57%的市场份额。

2012年网络视频市场重新回归高速增长。2012年第3季度中国网络视频市场广告收入为26.4亿元，与去年同期相比增幅达到77.9%。

从2011年第一季度到2012年第三季度的网络视频广告市场收入份额来看，网络视频市场的集中度在进一步提升，市场前8家企业的广告收入份额的总和已达到75.55%。

2012年第三季度，优酷网仍旧稳固其市场第一位置。土豆网市场份额下滑至7.92%。搜狐视频不断细化其运营体系，并在三季度独立其销售团队，收入得到显著增长，稳定其市场第一阵营的位置。爱奇艺广告收入份额升至10.33%。腾讯视频广告收入份额已达到6.54%。乐视网三季度广告收入份额达到6.49%。

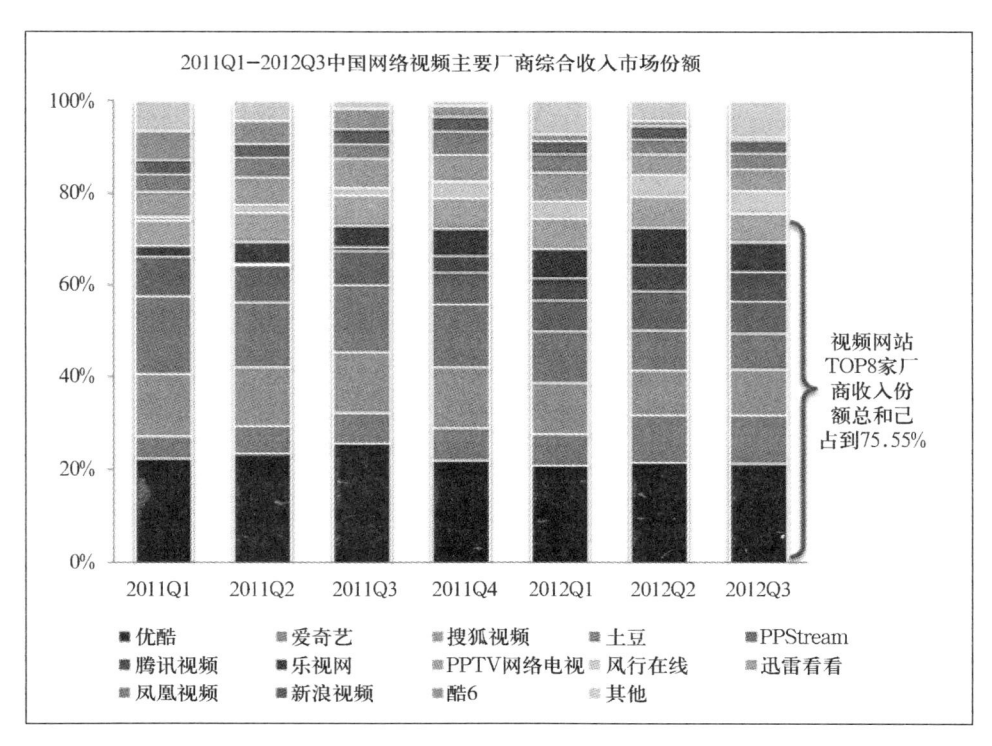

图4 2011-2012第3季度中国网络视频主要厂商综合收入市场份额

数据来源：艾瑞咨询2012

（四）主要播客服务商

1. 优酷土豆

优酷网和土豆网合并是年度内一件震动行业的大事。优酷是2010年12月8日在美国纽交所上市，土豆于2011年8月17日，在美国纳斯达克上市。这两家公司，被视为中国网络视频行业的第一品牌。2012年3月12日，优酷股份有限公司和土豆股份有限公司共同宣布双方于3月11日签订最终协议，优酷和土豆将以100%换股的方式合并。合并后，优酷土豆集团保留优酷、土豆网两个品牌，而土豆网从纳斯达克摘牌退市。

2013年3月1日，优酷土豆集团公布了公司未经审计的2012财年第四季度及年度财务报告。2012年优酷土豆集团综合净收入为人民币18亿元（美元2.882亿元）；综合毛利润为人民币2.96亿元（美元4750万元）。2012年综合非美国通用会计准则毛利润为人民币3.353亿元（美元5380万元）；综合净亏损为人民币4.24亿元（美元6810万元）。2012年综合非美国通用会计准则净亏损为人民币2.447亿元（美元3930万元）；综合每股美国存托凭证基本和摊薄亏损（每ADS相当于我国的18股A类普通股）于2012年为人民币3.20元（美元0.51元）和人民币3.20元（美元0.51元）。

2. 爱奇艺

2011年11月26日，奇艺正式宣布品牌升级，启动"爱奇艺"品牌并推出全新标志。作为国内领先的网络视频播放平台，爱奇艺由百度创立，是国内首家专注于提供免费、高清网络视频服务的大型专业网站。

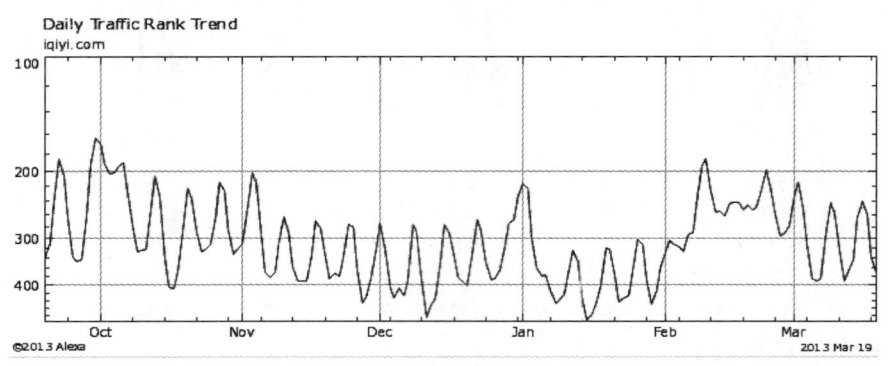

图5　爱奇艺流量排名走势

数据来源：alexa.com 2013.3

爱奇艺在2012年的发展势头非常迅速,并且在不断尝试自制和创作各种形式的视频内容,丰富视频的展现形式。

2012年4月,爱奇艺月独立用户数达2.3亿,月度累计观看时长突破420亿分钟,APP终端覆盖9037款机型和所有操作系统,手机客户端装机量近4000万,iPad客户端装机量超过600万,多项核心数据均稳居全行业第一。

3. 搜狐视频

搜狐视频是重要的视频资讯、生活、娱乐互动平台之一,月度覆盖用户达2.5亿,已建成国内最大的视频资源储备库,覆盖数十万部集电视剧、电影、纪录片、动漫作品及国内外数百档综艺节目。

2012年4月24日,搜狐视频、爱奇艺、腾讯视频联合宣布,三方已达成协议,共建"视频内容合作组织"(简称VCC),在版权和播出领域实现资源互通、平台合作,此举意在应对优酷土豆的竞争。

2012年2月20日,天津市滨海新区开发区管委会与搜狐公司签署全面合作协议,搜狐视频总部正式落户天津。此次搜狐视频在天津开发区投资设立飞狐信息技术(天津)有限公司及金狐文化传播(天津)有限公司,投资总额逾2000万美元,主要从事视频综合运营及节目制作等业务。

4. 乐视网

乐视网在A股成功上市,资金充足,发展较快。

2013年1月31日晚间,乐视网发布了业绩预增公告,预计公司2012年度净利润达1.9亿元-2亿元,比上年同期增长45%-55%。根据以往公开资料数据计算,估计乐视2012年度将实现主营收入12.1亿元。

业绩预告显示,从第三季度开始,连续实现单季度收入过亿元,将不低于1.5亿元,且再次在各主营业务收入中占比超过40%。

乐视的营业收入与主营业务相差无几,营业收入基本就是主营收入,其他占比非常小。乐视网2012年第三季报显示,2012年1-9月,乐视实现营业收入约8.3亿元,比上年同期增长133%。将乐视前三季度主营业务收入和其第四季度主营业务收入相加,预计该公司2012年度主营业务收入约为12.1亿元。

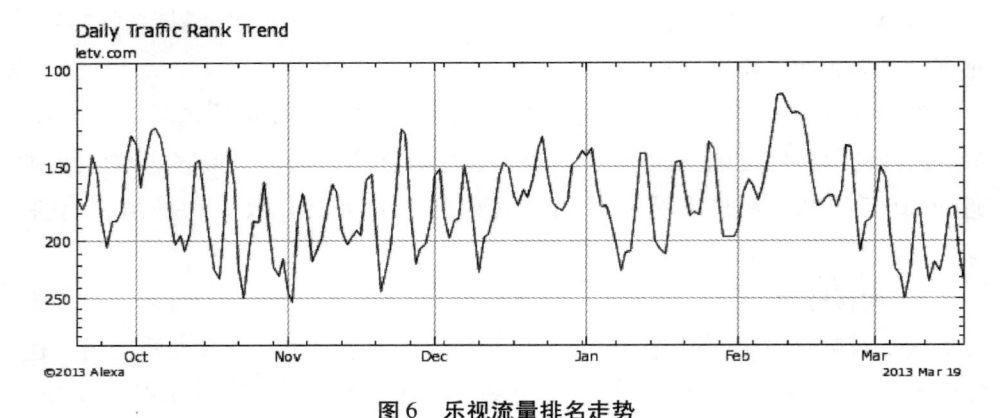

图6　乐视流量排名走势

数据来源：alexa.com 2013.3

三、2012年博客和播客的发展特点

（一）博客的发展特点

1. 传统博客发展出现瓶颈

（1）博客的盈利问题成为行业瓶颈

通过对各类博客网站的盈利情况分析，可以看到目前大多数的门户博客的主要盈利方式还是广告，广告是最直接也是最广泛的方式，但从整个互联网发展趋势看，广告并不是博客的最佳盈利模式。因为目前博客广告仍然是按流量和点击来计费，与很多门户网站以及综合类网站相比，博客广告缺乏关注，博客网站不具有优势；另外，博客的分散性和匿名性使博客的广告效果无法进行准确预估；还有就是博客上刊登广告涉及三方的利益：博客服务提供商、博客作者和广告主，如何平衡这三者之间的关系，始终没有很好的解决办法。

（2）专业性博客网站崛起

进入2012年以来，受移动互联网的推动，国内又刮起了一股科技博客网站创业风潮。这是继本世纪初的第一波博客发展大潮后，又产生的新的创业趋势，从36氪、爱范儿到虎嗅、快鲤鱼……中国大大小小的科技博客网站已超过20家。这些科技博客网站多则一二十人，少则两三个人，但在短时间内就抢了很多老牌互联网媒体的风采，深受风投机构青睐。尽管科技博客发展迅速，但在短期内实现大规模盈利的能力有限，目前还处于投资推动阶段。

2. 微博爆炸式发展

截止到2012年底，新浪微博的注册用户数量达到5.03亿，腾讯微博的注册用户数量达到5.4亿。从绝对数据上可以看出，微博的发展非常迅速，微博的用户数量已经远比博客的用户数量高。微博在经历过2011年的爆发式增长后，用户规模增长已经平稳。

2012年仍然是微博盈利模式的探索年，持续数年的开发投入给各微博公司带来财务压力。2012年新浪累计投入1.6亿美金用于微博发展，投入产出比为3.8:1。随着新浪微博商业化进程加快，企业对微博的使用开始变得更主动。

微博以其草根性和社交性特点赢得了网友的认可，便捷的操作方式和快速的传播功能都是博客所不擅长的。正是基于这样的优势和特点，微博的发展呈现出了爆炸式的增长。

3. 微信自媒体账号，一种博客新形态

微信公共平台开通后，出现许多自媒体账号。这些账号具有推送新闻信息和一定的交互功能，具有与博客类似的功能，或可视为一种新形态的博客。2013年1月9日，《人民日报》发表文章称，微信注册用户近3亿，遍及100多个国家和地区。2011年1月上线的微信，只用了两年时间就成为目前全球使用人数最多的移动通讯应用。微信的横空出世，被《纽约时报》评价为"正积极尝试扭转中国本土互联网产品无法推向世界的命运"。《华尔街日报》中文版则将2012年"中国创新人物奖"科技类奖项颁给了腾讯公司高级副总裁张小龙。

微信对公众平台账号的首批审批设立条件较高，账号主要用于推送信息，可以群发消息，受众能够在转发分享后进行评论。目前粉丝较多的账号数量约1万左右。微信提供了公共账号的关注功能，在利用原有平台人气（如微博等）和大号互相推荐等方式，公众账号粉丝数量增长迅速，有些"大号"的粉丝达到数百万级甚至千万级别，可以实现简单的广播功能，但是，处于对用户体验的考虑，微信对这些"大号"的传播量有明确限制——每天每个号码只能推送1条信息，其余的交流主要依靠类似短信式"点对点"传播方式实现。

（二）播客的发展特点

1. 生产方式转向双模式并存

土豆与优酷在成立之初就是以 UGC（用户制作内容）为自身特色，分别提出"每个人都是生活的导演"和"我爱视频，我是拍客"的理念。时至今日，在占有大量用户制作内容的基础上，许多视频网站开始购买，甚至是自己生产 PGC（专业影视内容），点击开各个视频网站或客户端，展现在眼前的更像是一个专业化的电视台，热播剧、热映电影、综艺节目、自制节目、自制剧等应有尽有。所以，目前网络视频的趋势是由 UGC 模式逐步向 PGC 模式迈进，最终实现二者共存。

需要强调的是，UGC 内容不会被代替，更不会消亡，这是视频网站起家的资本和生存的底线。相反 UGC 内容会更加规范与丰富。如土豆网每年都会举办"土豆映象节"，网络用户可以将自制视频上传至活动主页，然后由知名从业者权衡网友投票，甄选出优秀作品，并举行盛大的颁奖典礼；2011 年新浪网也成功举办"微视频大赛"和"首届微电影节"，2012 年，新浪开始挖掘"短视频"的市场价值与传播价值，将微视频作为支撑其全年运营的战略核心，这些都在很大程度上提升了用户自制内容的品质与生命力。

2. "渠道为王"转向"内容为王"

"渠道"不仅包括信息的传输，也包括网站流量、网站理念、视频技术等诸多方面，"渠道为王"是视频网站发展的必经阶段。当互联网带宽、视频技术日趋成熟，传输高清、超高清视频成为现实之后，视频网站间的竞争则开始进入"内容为王"的时代。

但"内容为王"并不只是采购内容，牢牢把握内容版权，而且要围绕购买的内容展开一系列包装、推广、运营、用户体验的提升以及对相关资源的整合活动，这样才能满足用户的需求，让高额购进的内容资源"物有所值"。2011 年 8 月搜狐视频围绕独播剧《永不磨灭的番号》展开一系列运营活动，包括剧集点播、独家新闻、幕后花絮、人物专题、独家镜头、网友活动等，为用户提供了全方位的收视体验。从搜狐视频指数中心的数据看出，9 月 4 日，该剧单日点播数达到峰值 2546 万余次，截至 2012 年 5 月 31 日，该剧仍位于年度指数排行第一位，总点播量突破了 10 亿次。

2012年乐视网发力热剧独播领域，推出20部大剧独家享有其网络版权，不进行分销，其中，《甄嬛传》的运营成绩表现不俗，截至6月10日，该剧的乐视网独家点播量超过20亿次，创下网络视频行业新纪录，另外《金太狼的幸福生活》播出当月，点击量也已经突破5亿，并成不断上升趋势，乐视网热剧独播策略效果初显。

3. 合作模式多样化

2012年，中国在线视频行业延续近两年增长势头，继续快速增长。行业的发展离不开合作与创新，丰富多样的合作方式成为行业发展的新特点，并且呈现出延续性特征。

2012年，暴风影音宣布与康佳电视达成战略合作，其独家"左眼高清"技术将与康佳家电产品结合，为观众带来更好的观影效果。此次家电行业将出色的视频行业技术与自身产品相结合，亦是两个行业互惠互利、相辅相成的战略成果。事实上，除了家电行业探求新发展，网络视频也将目光瞄向了新的合作领域，找寻新的发展方向。

在视频硬件合作方面，典型代表包括风行网和乐视网。2012年5月份，在线影视平台风行网CEO罗江春对外透露，风行网已通过和SMG百视通的合作来布局机顶盒业务，技术方面由SMG百视通主导，风行主要做内容方面的配合。百视通通过风行全面布局视听产业，而风行则通过百视通的注资规避风险，二者谋求互利，免于被早早淘汰。

而2012年1月12日，乐视网与CNTV宣布达成战略合作，将进军互联网电视机顶盒市场，9月19日下午召开新闻发布会，宣布推出"乐视TV3D云视频智能机"，正式披露"平台+内容+终端+应用"组成的"乐视生态"及未来的战略布局，用户可在电视上观看乐视网网站上的影视剧。乐视网进军智能电视行业，并将推出乐视TV·超级电视。而几乎同一时间，11月14日，小米召开新品发布会，正式推出以互联网电视为卖点的机顶盒产品：小米盒子。

在视频内容合作方面，整体趋势表明，网台联动程度正在加深。2012年2月，搜狐视频推出《向上吧！少年》，与湖南卫视合作，反向电视台输出内容。伦敦奥运期间，深圳卫视与凤凰视频共同策划、联合出品两档奥运栏目《锵锵五环行》、《伦敦下午茶》。9月，优酷自制脱口秀《晓说》宣布携手浙江卫视，网络视频自制综艺节目登录电视平台。

业内人士人称，从过去的单向同步和衍生节目，到 2012 年向电视台输出节目，实现资源反哺，网络自制内容将来更多地进入电视荧幕是大势所趋。而这一系列的硬件、内容上的合作表明，2013 年，视频行业将拥抱多屏时代，新的布局即将开始。

四、年度影响博客和播客出版产业发展的重要事件

（一）2012 年博客大事

1. 博客中国成立十周年

2012 年，由我国"博客之父"方兴东创办的博客中国（blogchina.com）已经走过十年的历程。博客中国于 2002 年 8 月创立。作为中国博客发源地，博客中国汇聚国内众多具有新锐思想的意见领袖，是中国最具影响力的博客平台。博客中国的十周年，也是中国博客十周年，网站推出一些创新产品与活动，引起了业内关注。

2. Blogcn 终止免费服务

2012 年 12 月 13 日，博客服务托管商 Blogcn（blogcn.com）宣布停止免费博客服务，成为博客时代消亡的又一案例。

Blogcn 发布公告称：经过慎重评估，Blogcn 将全面启动 VIP 收费服务，并从即日起停止免费博客服务。免费用户在 2013 年 3 月 31 日前，自行导出数据备份。在 2013 年 4 月 1 日开始，网站将不再开放数据导出，并不再保留免费用户的博客数据。

（二）2012 年播客大事记

1. 优酷土豆合并

2012 年 3 月 12 日，优酷与土豆共同宣布双方在 3 月 11 日签订最终协议，优酷、土豆以 100% 换股方式合并，8 月 20 日，优酷和土豆网在香港召开年度股东大会，投票表决通过优酷土豆合并案，优酷土豆集团正式诞生。

2. 风行网络获百视通投资

2012 年 3 月 27 日，百视通新媒体股份有限公司发布公告称，百视通拟出

资 3000 万美元以受让股权及增资方式获得风行网络及风行在线技术有限公司各 35% 股权。

3. 搜狐视频独立运营

2012 年 10 月 26 日，搜狐视频宣布在天津经济技术开发区设立的总部正式投入运营，这标志着搜狐视频顺利完成分拆，搜狐集团对在线视频业务持续看好并将继续投入，搜狐视频开始进行全国性布局。

4. 迅雷看看子品牌独立运营

2012 年 9 月 21 日，迅雷看看完成新域名 www.kankan.com 的全网迁移工作，以"看看"为核心的数字内容发行平台正式建立；11 月 23 日，迅雷看看召开年度战略发布会并对外宣布迅雷看看品牌独立，至此，迅雷看看正式进入子品牌独立运营阶段。

5. 百度回购爱奇艺

2012 年 11 月 2 日，百度宣布与私募公司普罗维登斯资本（Providence Equity Partners）签订协议，购买其所持有的爱奇艺股份，预计交易于第四季度完成，届时百度将拥有爱奇艺的绝对控股权。

五、总结与展望

（一）中国博客的总结与展望

1. 在博客群体方面

自新浪博客推出"名人博客"这个全新的博客模式后，明星博客一直享受着博客中的"聚光灯"，然而，这些年来我国博客群体的发展正不断地走向多元化，名人博客这个模式单一火热的局面已被打破，我国博客未来将大致有四个朝向：一是以各大明星，炒股高手，企业名人为首的精英博客，在中国博客群体中起到了至关重要的作用，这一模式捧红了各行业诸多精英人才。二是以美食类、旅游类、时尚类为主的草根名博，而如今草根博客正在不断发展，每个草根博客都彰显博主的个性，内容贴近生活，与我们更加亲近。三是在某一领域专业、技术性较强的独立博客，由于专注于一个领域，博客中所含的内容价值较高，具有一定的不可替代性，拥有特定的粉丝群体，在营销上可以达到很好的效果。四是各个知名大品牌所建立的企业博客，企业利用这个营销模式不仅能降低企业的营销成本，还能培养企业的客户忠诚度，并且建立优异的企业形象。

2. 在博客营销方面

（1）与电子商务平台挂钩

未来博客营销的发展方向将与其创造的价值密切联系，让博客和C2C网站融合，人们可以作为网上小店的店主，也可以同时是博客主，他们可以将自己店铺的东西展示在自己的博客中，这样，博客主的身份也发生了变化成为博客卖家，这样的融合完全可能产生全新的"情感型营销"，在买与卖中产生了一种特定的情感。博客也可以成为C2B网站，也就是说可以让博客为公司服务，公司有些业务要外包，当他们发现博客主能做这些业务时，那么就可以由博客主代劳。按这种思维方式，可以利用博客，做成一个咨询的平台，通过各个专家的集中分析，这样会受到大家的欢迎。

（2）个性化营销模式

所谓的个性化是指企业根据客户的差异化需求，以信息技术为支撑，使分别设计成为可能，一部分消费者已经进入到"个性化时代"，在博客上制定相适应的个性化营销是今后营销的要求，博客网站可以提供各种收费性的个性化的营销平台来吸引客户。

（3）内容更丰富针对性更强

博客网站的质量问题是一个不容忽视的问题。无论博客是企业的还是个人的，其一个共同点是：只有在内容上有突破、有创新、有价值，才能够吸引消费者的眼球，只有在消费者长时间的阅读基础上，才能够够让消费者对博客信任，进而认同博客中的企业文化。博客营销的内容出发点就是消费者的角度，抓住消费者的心理，发布那些与产品紧密相关的内容，使消费者产生共鸣，长此以往，博客的点击率就会不断增加，博客的营销效果也会更加明显。

目前我国博客人群规模达到3.7亿人，博客的影响力可想而知，博客在企业营销上的作用不容小觑，中国博客未来将朝着更加规范化、更加专业化、更加平民化的方向而努力，正回归博客的本质。总之，现在中国博客的趋势从娱乐化、大众化层面来讲是可赞的，但博客也暴露了很多不容小视的问题，这在很大程度上限制了中国博客的蓬勃发展，与微博和SNS相比，博客在移动互联网上的应用显得发展较慢,这些都是博客急需解决的问题,因此我国博客未来的发展状况还不是很明确,企业还急需探索和挖掘博客中潜在的巨大商业价值,我国博客还需不断努力,不断创新去寻找出一条更好的发展道路。

(二) 中国播客发展总结与展望

1. 云计算与视频播客结合是未来趋势

播客需要云技术。随着用户需求变化,播客的发展也产生了新的需求:第一,数据量非常大,需要云存储;第二,在做视频转码和内指纹计算的时候需要很强的弹性计算能力;第三,做短视频的服务,要把短视频做好有两个要点,一是靠搜索,因为用户要靠搜索技术从几千万乃至上亿的短视频中找到自己想看的内容,二是要靠推荐和大数据技术,而这两件事没有云平台的支持很难做好。

由此可见,云计算的出现对视频行业起到了非常重要的技术支持作用,同时云计算具有弹性扩展、按需使用等特点,所以它极大降低了视频运营的成本。除了在技术上的支持,云计算在一定程度上还拓展了视频行业的服务模式,如目前非常引人关注的在线视频托管(OVP)服务,就是通过云计算,为用户快速解决视频的存储、转码、分发、播放、广告等一系列的技术难题。用户不仅能够便捷地上传和发布自己的视频内容,而且可以快速设置广告、上传自有品牌 Logo、自定义播放器,甚至可以将视频一键分享到各大主流社交平台。

云计算与视频的结合是必然的。未来,云计算必然将进入到越来越多的行业当中,并根据行业的具体特点,提供技术解决方案,从而发挥更大的实践价值。

2. 移动化、大屏化是播客终端发展的趋势

移动化、大屏化是网络视频终端发展两大趋势,一方面,用户生活品质提高,对视频观看体验的要求变得更为迫切,客厅大屏幕大沙发的观影效果加上远多于传统电视的海量内容功能,让视频企业对于 OTT TV 业务充满期待。但是不得不看到,由于政策的限制,几家视频企业只能选择与七家集成播控平台牌照商合作,主导权不在视频行业;并且早在 2012 年前进入的几家企业基本以失败告终;无论是前向的用户付费还是后向的广告收入,其商业模式均未建

立，商业模式的突破依然是参与企业亟须解决的首要问题；用户规模和使用习惯有待开发，目前OTT TV业务依然处在初级阶段。

另一方面，目前几大视频企业都提供了全平台客户端，并且多支持社交化功能。随着4G网络的建设，未来视频行业的增长点将会集中在移动端，可以高效地利用用户的碎片化时间，增加用户规模及黏性，在研发技术方面，采用html5等技术方便移动端广告的植入，有利于移动视频的商业化进程。三网融合迈入关键阶段，布局移动端及电视大屏幕，将有效地推动多屏联动。

（作者单位：互联网实验室）

2012–2013 中国手机出版产业年度报告

李 熙

一、手机出版产业发展概述

自从 2010 年末，中国超越日本成为世界第二大经济体以来，在国民经济的某些领域，一些行业中发展居于世界前列的企业已经展现出与第二大经济体相称的大国自信，但是在文化领域，特别是在新闻出版广电领域，由于信息技术、网络技术的冲击，从业者还在本行业与科技融合的道路上迷茫地探索，尚未形成与经济强国相称的文化自觉和文化自信。新闻出版业要在新技术的冲击下重新找到自己的定位，并借助科技力量，在全球范围内形成有自信的文化产品与服务，还有很长的路要走。手机出版是其探索的重要领域之一。

2012 年到 2013 年的手机出版产业在整个数字出版产业发展中也算是亮点颇多，除了继续领先数字出版产业整体发展速度外，还有其他的助力因素在推动着手机出版的扩展壮大：全国手机用户已达到 10 亿，手机出版业务已成为部分出版企业数字出版最主要的收入来源；智能手机得到普及，已成为最重要的阅读终端；更多的出版社和渠道商合作，优质内容资源不断进入中下游环节；"大数据"概念的兴起，使个性化推荐和专业化的服务等完善着手机出版的服务功能等。如果说互联网时代是以开放、免费、共享为基础的资讯内容时代，那么移动互联网时代则是以收费为基础，以服务用户为目的的优质版权内容时代。手机出版前景充满希望。

（一）手机出版已经成为部分出版企业数字出版最主要的收入来源

数字出版是新闻出版单位实现转型升级的重要手段，也是新闻出版业拓展新的经济增长方式的必然选择。基于以上认识，传统出版企业已经纷纷开始了数字出版领域的探索之路，不断在在线教育平台、特色数据库、电子图书、网络报刊、手机出版等方面推出了自己的产品与服务。但到目前为止，这些举措绝大部分还没有赢利空间，虽有些专业出版企业已经在在线教育平台、特色数据库等方面有所收益，可收益并不多。对于全国大部分非专业类出版社来说，数字出版几乎没有较好的赢利点。

手机作为一种传播载体的不断强化，特别是10亿手机用户规模，为手机出版的快速发展创造了条件。一些出版单位意识到，只有手机出版给自己带来了实实在在的收入，甚至已经成为他们数字出版最主要的收入来源。在2012年浙江大学出版社数字出版产品的布局中，互联网出版收入带来的净利润是200万，手机出版带来的净利润达到了500万，二者的发展差距明显。上海交通大学出版社和人民邮电出版社每年也有两三百万的收入来自移动阅读。还有人民大学出版社、作家出版社等，人民大学出版社每月从中国移动手机阅读基地获得的分账在30-40万元，作家出版社在电商平台、App平台和运营商平台收入中，主要收入也是来自运营商基地，这两家出版社的手机出版收入已占到数字出版总收入的八成左右。对于上述部分出版社来说，手机出版甚至是数字出版业务的唯一收入来源。

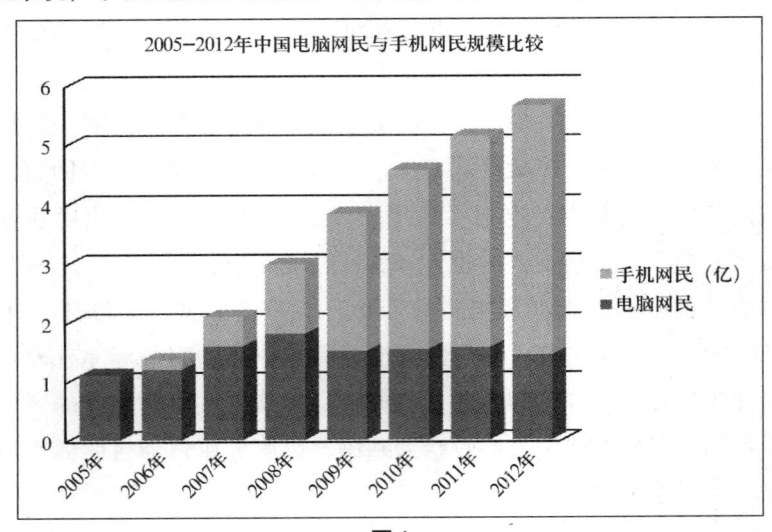

图1

注：互联网网民规模等于电脑网民规模与手机网民规模之和

（二）智能手机成为最重要的阅读终端

2012年手机网民增长迅猛，智能手机已经成为最重要的阅读终端。根据中国互联网络信息中心（CNNIC）数据，2006年我国互联网网民为1.11亿，几乎全部是电脑网民，用手机上网作为一种新方式才刚刚兴起，短短6年时间，互联网网民达到5.64亿，手机网民则从2006年的0.17亿发展到2012年的4.2亿，手机网民在整个互联网网民中的比重也由2006年的12.41%增长到2012年的74.47%，电脑网民与手机网民的此消彼长非常明显（如下图）。由此可见，手机网民已由刚开始的"少数派"、"非主流"变成现在的主流用户了，这是任何一个商家都无法忽视的市场基础。

手机网民的快速普及得益于智能大屏手机的风行。2012年，中国智能手机的普及率已经创下了新的全球纪录。据统计，目前我国用户拥有的智能手机已达到3.8亿台[1]，并且还在快速增长。火爆的市场引来众多手机生产商的介入，带来智能手机品牌种类的不断丰富，在著名的电子产品销售网站中关村在线上就可以看到，除了热销我们熟悉的国际手机品牌苹果、三星、黑莓、诺基亚和HTC以外，还出现了许多像小米、经纬、小辣椒、爱国者、七喜、青橙、17Vee等名目繁多的国内新品牌。甚至著名互联网企业如阿里巴巴、盛大、百度、网易也纷纷加入到智能手机的生产行列中。

智能手机市场的繁荣也进一步带动了手机阅读市场的繁荣，一时间，用大屏智能手机阅读小说、新闻、杂志、动漫等，几乎成了时尚。智能手机阅读用户的数量不断攀升，使智能手机成为最重要的阅读终端，这必将对未来的新闻出版业和其他商业服务产生重要影响。

（三）大数据时代的到来提升手机出版服务功能

2012年到现在被大家提及较多的一个词就是"大数据"。大数据这一概念最早提出是在上世纪80年代的美国，主要是指对海量数据的挖掘能力、挖掘技术，是由于商业自动化导致海量数据的出现，使决策者需要通过数据挖掘对市场得出精准的判断。

---

[1] 艾媒：2012中国智能手机市场年度报告 http://www.iimedia.cn/36504.html

近年来数据的爆炸式增长出乎人们的想象。业内人士分析，2020年，全球以电子形式存储的数据量将达35ZB①，是2009年全球存储量的40倍。而在2010年底，根据IDC的统计，全球数据量已经达到了120万PB。如果将这些数据都刻录在DVD上，那么把这些DVD盘片堆叠起来就可以从地球垒到月球一个来回。与此同时，伴随着移动智能终端以及移动互联网的快速发展，移动网络中数据流量的增长速度也非常迅猛。思科预计，从2011年开始，全球移动数据流量年增长率将保持在50%以上，并处于一个稳定增长的态势。到2016年，全球移动数据流量将达到2011年全球移动数据流量的18倍，达到129.6艾字节。

数据的疯狂增长需要有处理海量信息的大数据技术的出现，使决策者做出更有针对性的判断，更好地服务用户。手机出版信息是海量移动互联网信息的一部分，如何更好地利用微博网络、QQ网络、微信网络等其他社交网络，掌握用户的行为特点与喜好，更好地为用户提供符合自己的阅读作品和兴趣需求，是摆在每一个手机内容提供商面前的难题。对于从事手机阅读的公司来说，可以充分利用大数据技术，探索各种各样的服务。正如北京多看科技有限公司对大数据使用的畅想那样："将来每一个读者看到的多看都会是不一样的，我们会根据每个用户的兴趣和口味向他们推送最适当的图书，用户喜欢看网络小说，那他看到的是一个以小说为主的多看，喜欢看历史书的读者也将看到一个全是历史书的多看。"

（四）手机出版优质内容资源不断丰富

《新闻出版业"十二五"时期发展规划》中明确指出，鼓励和支持新闻出版企业发展以网络出版、手机出版为主要代表的数字出版等新兴业态。如果说前几年，传统出版商因为版权、定价等问题对手机出版一直停留在观望状态，不肯前行一步，手机出版内容市场主要是以娱乐性的网络文学为主的话，那么现在，越来越多的传统出版商已经自觉行动起来了，加入到手机出版的队伍中来。2012年，无论是传统出版单位、民营出版企业，还是网络文学公司、数字期刊公司等数字出版企业，都加大了对数字出版特别是手机出版的投入，积极

---

① 注：1ZB = 1024EB，1EB = 1024PB，1PB = 1024TB，1TB = 1024GB

寻求与渠道商的合作。以中国移动手机阅读基地为例，截至 2012 年底，正式签约的内容提供商达到 240 多家，其中包括 120 家出版社，杂志、漫画内容合作伙伴达到 40 多家。拥有正版图书 35 万册，杂志 1000 多种，覆盖了国内 92% 的优质杂志。中国联通"沃阅读"基地于 2011 年 4 月正式上线，目前已与 200 多家出版集团和内容提供商达成合作，引入数字内容超过 15 万册。中国电信天翼阅读基地在 2012 年 7 月正式签约的内容提供商也达到 160 多家，杂志资源涵盖了《读者》、《男人装》、《中国国家地理》等具有影响力的品牌。拥有图书资源 12 万册，杂志 1.5 万册。可以看出，手机出版的内容在不断丰富，尤其是大量传统出版单位的加盟，让手机出版的优质内容数量不断增加，手机阅读市场不再是"劣币驱逐良币"的市场，正在为读者创造一个选择范围广泛、秩序良好的阅读环境。

（五）手机出版"微"产品不断涌现

以往我们说手机出版的时候，主要指的是手机文学（手机小说）、手机报纸、手机杂志、手机音乐、手机游戏、手机动漫等，现在，随着微博、微信等新产品的广泛使用，很多冠以"微"名号的手机出版产品也不断涌现，微小说、微电影杂志、微视频、微漫画等带有"微"特点的手机出版产品开始获得大众的青睐。微小说是以微博的形式发表的微型小说，是一种新兴网络文学形式。和传统数字小说相比，微小说篇幅非常短，用尽可能少于 140 个字的篇幅讲完一个故事。这一阅读形式只需要较短时间的集中阅读就可以，充分满足了读者碎片化阅读的需求，具有一定的市场发展空间。

微电影杂志简单来说，就是把电影用简单的脚本以手机杂志的形式表现出来的全新内容形态，它可以说是数字时代的小人书。2012 年 10 月，国内著名的手机杂志平台 VIVA 无线新媒体将具有电影票房号召力的《二次曝光》制作成微电影杂志，并大获成功，这预示着微电影杂志的发展前景是可以期待的。在手机阅读平台激烈竞争的今天，微电影杂志的成功可以说为 VIVA 无线新媒体找到了手机杂志发展的突破口。

微视频顾名思义就是很短时间的视频短片，它包含内容广泛，形态各异的视频短片，涵盖小电影、纪录短片、DV 短片、视频剪辑、广告片段等，可通过 PC、手机、摄像头、DV、DC、MP4 等多种视频终端摄录或播放的视频短片的统称。现在国内较大的门户网站都推出了微视频业务，如新浪微视频、搜狐微视频、优酷微视频等。微视频其实较早就已经开发，但发展严重滞后，相信未来随着智能大屏手机的普及和数字营销的成熟会获得较大发展。

如果说手机出版是出版与科技初步融合的产物，那么从某种意义上说，"微"出版的到来，开启了人们将手机出版与科技融合的深层次尝试。手机出版"微"产品的出现，让参与者对产品类型与服务模式的探索更加细化、多样化，内容更加符合手机载体的需要。同时，跟以前创作出版产品的主角是出版单位不同的是，现在手机出版产品的创作者是由包括技术提供商、平台运营商和出版企业等在内的企业共同创作完成的，在"渠道为王"、"平台为王"的当下，出版单位的角色被严重弱化。

二、手机出版产业发展现状

与 2011 年相比，2012 年手机网民对手机搜索、手机音乐、手机微博的应用均有较大突破，手机阅读、手机游戏应用增长比较稳定。在《第 31 次中国互联网络发展状况统计报告》中，对手机网民的应用行为做了统计，排在前十位的应用依次是：手机即时通讯、手机搜索、手机音乐、手机微博、手机文学（阅读）、手机社交网站、手机游戏、手机网络视频、手机邮件、手机网上购物。手机即时通讯和手机微博作为一种社交媒体，满足了人们需要相互倾诉的情感需要，手机搜索满足了人们寻找信息的功能性需求，这三种应用得到快速发展不足为奇，接下来手机音乐、手机文学、手机游戏等持续快速发展确实是我们行业的喜讯。需要说明的是，我们这里所说的手机出版是个大出版的概念，包括了以手机作为载体进行的文字、声音、图像、动画等方式的传播，正如音像电子出版物属于出版物一样，本报告叙述的范围涵盖了手机阅读、手机音乐、手机视频、手机动漫、手机地图等，手机游戏的前置审批因为属于国家新闻出版广电总局（原国家新闻出版总署），故归入手机出版之列。

（一）无线音乐

在《第 31 次中国互联网络发展状况统计报告》中显示，2012 年手机网民对手机音乐的使用率较2011年有大幅度提高，由45.7%增长到50.9%，成为继手机即时通讯、手机搜索之后的第三大应用。据第三方专业机构统计，2012年中国无线音乐市场收入规模达371.9亿元。随着移动互联网的兴起，和音乐相关的移动互联网应用也会越来越多，未来手机音乐会进入一个平稳增长期。

但与手机音乐市场热闹的场面不相称的是，创作手机音乐的版权方却只能得到少之又少的收益。这与数字音乐市场的混乱不无关系，监管体系缺失，盗版猖獗，用户免费的使用习惯等因素阻碍了正版数字音乐的发展，极大削弱了数字音乐原创者的积极性。长此以往，数字音乐和手机音乐的发展都是不可持续的。

（二）手机阅读

2012年手机阅读的快速增长得益于中国移动手机阅读基地、中国联通沃阅读基地和中国电信天翼阅读基地平台的建设完善。据了解，从2010年开始运营的中国移动手机阅读基地，至2012年其业务收入已达到25亿元，客户数突破1亿户，日均网页访问量达到5.8亿次，[①] 在手机阅读粗放式发展的今天，网民们用这一数字表示了对手机阅读的支持，相信在内容资源不断优化、手机出版产品不断丰富、个性化服务不断突出的未来，手机出版还会迎来一个"爆炸式"增长。

根据第三方专业机构的分析，2012年，全国手机阅读市场收入规模达到55.9亿元[②]。

手机阅读包括对新闻类信息的阅读、对文学小说类信息的阅读和对手机杂志的阅读。手机新闻类的阅读包含手机报、各大媒体的新闻客户端、新闻聚合应用等；手机文学类的阅读主要包含三大运营商的手机阅读应用、盛大云中书城、QQ阅读、iReader、唐茶等阅读App，主要通过电子书籍售卖来获得；手机杂志包括国内各种手机杂志平台推出的杂志。从目前的发展状况来看，在这三种阅读中，手机文学类阅读一如既往地发展快，占份额大。而手机报，并没

---

① 《中国移动手机阅读业务年入25亿元数字阅读迎来发展春天》，《中国邮电报》2013年3月12日。

② 2012－2013年中国手机阅读市场年度报告，http：//www.techweb.com.cn/data/2013－04－17/1290237.shtml

有像人们之前预期的那样壮大起来，而是被后来居上的手机杂志的风头掩盖。2012对于手机杂志来说，是发展实现突破的一年。

从内容提供方角度看，盛大文学旗下云中书城一直是三大运营商手机文学类最主要的内容提供商。2012年7月，云中书城的付费订单数已超过1000万，移动客户端安装激活量近800万。2013年初盛大文学发布的《2012中文数字阅读数据报告》中显示，在云中书城1600万阅读人群中，有62%的用户选择使用手机阅读，16%的用户选择使用电子书阅读，12%的用户选择使用平板电脑阅读，整体上看有超过90%的用户使用移动设备进行阅读。可以看出，手机阅读已经成为盛大文学云中书城最重要的收入来源。

VIVA无线新媒体是国内三大运营商最主要的手机杂志提供商。2008年北京奥运会，VIVA与中央电视台合作全面开发和运营了手机奥运会的项目，开创了手机传播奥运的先河，取得了较好的传播效果、社会影响和经济效益。借助智能手机的普及和移动互联网的发展，其平台上的手机杂志迎来了井喷发展期。在VIVA发布的《2012上半年中国手机杂志市场报告》中显示，截止2012年6月底，VIVA杂志自有平台用户数达到6500万，较2011年增长328%，其中客户端用户达5550万，较2011年同期增长409%，WAP用户达950万，较2011年同期增长121%。

掌阅科技旗下iReader读书是掌阅科技的主打产品，是国内较大的无线版权采购平台和拥有方，其图书资源已达到30万册，此外还有一些报纸和杂志资源。现已经成为Android平台阅读第一品牌，电子市场软件下载前十名中唯一一款阅读软件。凭借良好的阅读体验、丰富的图书资源，iReader拥有了庞大的用户群。通过与华为、中兴、三星等国内外知名企业共同开发阅读平台，实现月均活跃用户超过3000万。

（三）手机游戏

手机游戏在我们每部数字出版产业年度报告中都被认为是很有"钱途"的产业，但是几年下来，手机游戏发展一直不温不火。不过随着网络技术的发展、智能大屏手机的普及，业内人士还是寄希望于手机游戏。比起电脑端网络游戏，手机网络游戏因为移动性、便捷性，充分满足了大众在碎片化时间的娱乐需求，吸引了不止青年段，甚至全年龄段用户的喜爱。所以手机游戏特别是手机网络游戏的发展，被认为是网络游戏继续获得快速增长的新突破口。

据第三方专业机构统计[①]，2012年中国手机游戏市场规模达到58.7亿元，较2011年增长79.0%。截至2012年年底，中国手机游戏用户累计规模已达2.86亿，手机游戏用户规模较上一年度增长62.5%。

与手机单机游戏相比，手机网络游戏规模不大但发展更快。2012年中国手机网络游戏市场规模达到21.77亿元。2012年中国手机网络游戏用户规模达到了4790万，较2011年同期增长65.7%。2012年手机网游在数量与质量上都有了较大的提升，手机网络游戏得到了快速发展。

在手机游戏平台方面，在手机市场占有率最高的两个操作系统Android和iOS中，手机游戏App在各种类型App应用中数量排第一位。Android平台拥有的手机游戏应用更多一些，占到全部移动应用总量的25.6%，iOS平台上的游戏类App占App总量的17.3%。但是总体来看目前游戏类应用精品不多，大量跟风模仿的存在，抑制了市场的需求。

手机游戏的主要人群集中在工人、学生、公司职员和保安这四类，尤其以工人最为突出。在各种手机游戏中，手机网民对网络化与社交化的游戏最偏爱。

在手机游戏用户中，男性用户远远多于女性用户。2012年中国手机游戏用户中男性占66.2%，女性占33.8%。在用户年龄分布中，16-30岁的用户是手机游戏的主要人群，占全部人群的70.7%。在用户学历状况分布中，手机游戏的主要用户集中在初中、高中和中专这一层次，占到总用户人群的60.4%。在用户收入状况分布中，手机游戏的主要使用者集中在无职业者和3000元以下的上班族中，占手机游戏全部用户的92.7%，而且以无职业者数量最为突出。可以看出，手机游戏的用户具有年轻化、低收入、低学历的特点。

在各种手机游戏平台中，用户下载最多的手机游戏平台是腾讯游戏，之后依次是UC、360、91、当乐、手游天下、飞流、木瓜等，预计随着手机游戏的发展，平台竞争将更为激烈，具备优质用户资源和优质手机游戏平台将在竞争中获得较大发展机会。

[①] 艾媒咨询：《2012中国手机游戏市场年度报告》。

（四）手机动漫

手机动漫是不同于网络动漫的一种新型数字出版业务形态，具有移动性、即时性和互动性等特征，其业务内容包括动漫内容浏览和动漫数字衍生品。网络动漫因其免费的经济模式，带来的是具有自由互动式的、基础娱乐性的草根性作品的繁荣，却带不来整体动漫内容市场的井然有序。手机动漫有良好的收费模式，使手机动漫整体内容质量一开始就会优于网络动漫，并且，更容易形成健康的产业链和有效的产业结构。手机动漫比网络动漫更容易发展壮大。

借着政府"原动力"原创动漫扶持计划的东风，乘着移动互联网快速发展之舟，手机动漫迎来了迄今为止最好的发展机遇期。据业内人士分析，到2014年，随着市场从发展期到成熟期，市场规模预计可能达到30亿元。

提到手机动漫，就不得不提运营商成立的动漫平台。中国移动手机动漫基地平台成立于2010年，是中国移动布局移动互联网数据业务的举措之一。自2011年开始商用后业务发展迅速，月均访问用户数是商用前的近3倍。截至2012年底，手机动漫收入达到3.06亿元，预计2013年这一数字达到10亿元[1]。目前，基地已与海内外逾500家内容提供商开展合作，获得近900个动漫形象授权，上线近40000集动画、近50000集漫画、6000余套主题、16000余个彩漫作品，同时还对接28个国家动漫基地。

（五）手机视频

2012年的手机视频是手机各类应用中增长最快的领域之一。根据《第31次中国互联网络发展状况统计报告》截至2012年底，我国在手机上使用在线收看或下载视频的网民数为1.3亿，在手机网民中的使用率为32.0%，相比2011年增长了9.5个百分点，增速仅次于手机微博，成为2012年娱乐类应用的新亮点。

手机视频是指基于移动网络（GPRS、EDGE、3G、Wifi等网络），通过手机终端，向用户提供影视、娱乐、原创、体育、音乐等各类音视频内容直播、

---

[1] 中国移动手机动漫基地年内收入有望超过10亿元，http://www.10086.cn/aboutus/news/fd/201302/t20130220_41907.htm

点播、下载服务的业务。手机视频业务的应用非常广泛，包括手机电视、视频点播、即时视频信息、视频会议、手机视频监控、远程协作、视频门户等。手机视频的增长受到两个因素影响：智能大屏手机的普及和 Wifi 网络覆盖率的提升。据艾媒的数据统计，2013 年中国手机视频用户规模会达到 2.82 亿，未来手机视频领域将继续保持快速增长。对于年青一代来说，使用手机的时间比互联网时间长，随着手机视频体验感越来越好，相信丰富生动的手机视频会比互联网视频，甚至比手机阅读、手机游戏有更广泛的市场。

（六）手机地图

前几年，手机地图因为发展缓慢，体量小，一直是我们忽视的一个数字出版领域，但是随着智能手机终端的不断成熟和发展，从最初的车载导航产品到如今的手机随意下载，用户对定位系统的需求被充分挖掘了出来，手机地图获得了空前的发展。

手机地图是指在用户手机上，以客户端、WAP、短信等形式展现给用户的图形或文字界面，通过图形或文字界面，实现定位自己或他人、搜索周边信息、规划交通路线等功能的位置业务。常用的手机地图有百度地图、谷歌地图、高德地图、soso 地图和老虎地图。因为较高的市场准入壁垒，国外企业几乎很难进入包括手机地图在内的导航电子地图制作领域，国内有 12 家公司获得了资质，其中比较有代表性的有：四维图新、高德、长地友好、领土、凯立德等。

到目前为止，手机地图尚未实现盈利，但从长远看，其未来的主要营收点将集中在无线广告以及移动购物市场。随着手机地图活跃用户的不断增加与服务的逐渐完善，手机地图会迎来快速增长期。易观国际的报告称，2011 年中国手机地图累计账户数为 1.35 亿；预计到 2012 年，该市场将达到 2.87 亿，在移动互联网用户的渗透率为 47.4%；至 2015 年年底，国内手机地图累计账户规模有望超过 6 亿，渗透率将达 64.6%。根据易观国际 2012 年第 4 季度的数据，80% 的手机地图市场基本被高德地图、百度地图、图吧地图、搜狗地图、谷歌地图分割，它们的占比依次分别为：29.6%、20.3%、10.2%、9.8%、9.6%，高德地图稳坐市场第一把交椅。

未来手机地图市场将呈现两大发展趋势：一方面，手机地图将为用户带来更为智能的生活体验，提供一体化的地图服务，不仅包括传统的定位、搜索、路线规划等功能，而且会结合生活服务、餐饮、娱乐等，使用户获得更全面的服务；另一方面，对开发者来说，手机地图的开放平台将提供全方位的支持，比如云搜索、定位导航、地图支持、增值服务、运营支持等，根据开发者的不同需求对其开放相应接口。

三、几款重要的手机软件

（一）手机操作系统

手机操作系统是构建手机生态系统最基础的环节。没有操作系统就没有智能手机，就没有手机的各种应用。目前市场上主流的手机操作系统是Andriod、iSO、BlackBerry OS 和 Windows Phone。iOS 是由苹果公司为 iPhone 开发的操作系统，它主要是给 iPhone、iPod touch 以及 iPad 使用，它具有半开放、半封闭性。Android 是 Google 开发的基于 Linux 平台的开源手机操作系统，它包括操作系统、用户界面和应用程序——移动电话工作所需的全部软件，而且不存在任何以往阻碍移动产业创新的专有权障碍。现在销量领先的智能手机品牌三星和国内大部分的智能手机品牌都采用的是该系统。BlackBerry OS 是第三方开发的专用操作系统。Windows Mobile 是微软专门为手机开发的操作系统，提供的功能非常多，用户可以体验到从电脑 Windows 扩展到手机上的感受。

在收益方面，苹果的操作系统通过 App Store 与开发者三七分成，而 Android 则让用户免费使用 Android 操作系统。在市场占有率方面，基本是苹果和安卓的天下。根据 IDC 公布的最新统计数据，2012 年第四季度，全球智能手机的出货量中，Android 和 iOS 两大系统的智能手机市场占有率达到了 91.1%，优势地位十分明显。其中，Android 智能手机市场占有率为 70.1%，位居第一，相比 2011 同期涨幅达 88%；而苹果 iOS 智能机市场占有率为 21%，居于第二；BlackBerry 黑莓智能手机的市场占有率为 3.2%，位居第三；Windows Phone/Windows Mobile 智能机的市场占有率则为 2.6%，居于第四。

（二）手机浏览器

手机浏览器是进入移动互联网的重要入口。手机浏览器是一种用户在手机终端上通过无线通讯网络进行互联网内容浏览的移动互联网工具，其最主要的应用为网页浏览，同时也可以聚集大量的应用，如导航、社区、多媒体影音、天气、股市等，为用户提供全方位的移动互联网服务。

随着移动互联网的快速发展，众多实力雄厚的互联网企业和具有自主知识产权的创新型手机浏览器厂商纷纷加大在手机浏览器市场的布局，投入大量的资金和人力，抢占手机浏览器这个移动互联网第一入口。

目前市场上比较有代表性的手机浏览器是 UC 优视、腾讯和百度等。从 2012 年的手机浏览器格局看来，手机 QQ 浏览器和 UC 浏览器一直保持着较高的市场份额，百度浏览器、欧朋浏览器和海豚浏览器等用户规模远不及前两个，但是发展速度很快，市场份额也在不断增加。在 3G 时代，UC 浏览器在流量、速度等方面的优势被弱化（以 iOS 平台最甚），并且在手机浏览器平台化大行其道的背景下，平台整合能力不足使其将面临更加严峻的考验。但同时，UC 得益于在手机游戏平台的优异表现以及较大的流量，预计在商业化方面会率先有所表现，所以预计 UC2013 年虽然在用户规模方面有所下降，但凭借其商业化的表现，将继续处于领先者行列。

随着 QQ 浏览器自主研发能力的提升及 X5 内核的发布，QQ 浏览器不但在基础体验上赢得用户口碑，并在产品功能及交互设计的很多方面超过 UC。预计 2013 年，手机 QQ 浏览器凭借坚固的技术、渠道、人才等综合实力仍将保持在领先者行列。

百度浏览器的优势和劣势都很明显：互联网上积累的庞大用户基础、资金实力、百度搜索的巨大流量，都是百度手机浏览器发展的推动力；但同时，百度进入市场较晚，目前市场份额已经被手机 QQ 浏览器和 UC 浏览器占据七成以上份额，在移动互联网缺乏经验的百度，能否借助其自身资源优势在平台大战中复制手机 QQ 浏览器后来居上的好戏，还是未知数。

Opera 是国际知名的领先手机浏览器品牌，拥有领先的技术、充沛的资金和优质的品牌影响力等资源。Opera 因为进入中国时间较早，已积累了一大批用户，但是随着市场竞争日益激烈，作为国外进入者的 Opera 在本土化方面动作乏力，市场份额急剧下滑。随着 Opera 在中国的本土合资品牌欧朋浏览器的出现，Opera 浏览器在中国的手机浏览器市场也将逐渐淡出，预计在 2013 年将进一步从务实者走向补缺者。

根据 EnfoDesk 易观智库产业数据库最新发布的《2012 年第 4 季度中国第三方手机浏览器市场监测报告》数据显示，截至 4 季度末，中国第三方手机浏览器市场活跃用户规模达到 2.99 亿户，环比增长率维持在 10.5%。手机浏览器作为移动互联网第一入口名副其实。

（三）手机搜索

在互联网领域，搜索一直居于用户互联网使用率最高的一项应用，可见人们对搜索的需求之大。在手机移动互联网领域，手机搜索作为一种手机应用，其潜力尚未完全被挖掘出来。不过近两年，手机搜索有赶上互联网搜索的势头。在《第 31 次中国互联网络发展状况统计报告》中，手机搜索是继手机即时通讯之后第二大手机应用。

手机搜索又称为移动搜索，是利用移动终端（手机）搜索 WAP 站点，或者用短信搜索引擎系统通过移动通信网络与互联网对接，将包含用户所需信息的互联网中的网页内容转换为移动终端所能接收的信息，并针对移动用户的需求特点提供个性化服务的搜索方式。

手机搜索与互联网搜索不同的地方在于：第一，终端屏幕大小不同，决定了二者的计算方式和对信息的组织呈现方式不同。互联网搜索是一个海量搜索，有着极大量的信息，而互联网搜索的终端——一个大屏幕的电脑显示器决定了它是有意义的。手机则并非如此，它的有限界面决定它只能承受有限信息。因此，这也就决定了手机搜索应做成一种"精品店"，在海量信息中精选信息呈现于手机界面之上，这就需要分步骤来对海量信息进行加工处理，而不能以信息的原始形态出现。第二，二者的传输路径不同，用户通过互联网搜索直接可以搜索到网络中的网页，手机搜索则必须通过移动通信网络与互联网对接，将网页内容转换为移动终端所能接收的信息，用户才能看到内容。

与手机浏览器比较起来，手机搜索入口优势仅次于前者，是移动互联网的核心应用。截至 2012 年底，我国手机搜索用户数达 2.91 亿，较 2011 年增长了 32.0%；使用率为 69.4%，较 2011 年底增长了 7.3%。随着移动互联网的发展，网络信息量会成几何增长，手机搜索的优势还会继续凸显。结合手机使用的碎片化和本地化特点，未来手机搜索的发展方向主要有两个：第一，加强本地化信息服务，结合用户的位置和行为偏好，呈现更为精准的搜索内容；第

二、加强多元交互形式、图片、语音等多元化输入方式弥补手机屏幕限制带来的用户体验影响，使用户能在碎片化时间便捷地输入与查找。

（四）应用商店

如果说，之前手机领域的竞争是在手机硬件和操作系统上，那么下一步，这种竞争将集中在手机应用和网络服务上。应用商店是各种手机应用实现的平台，说到应用商店就不得不提苹果的 App Store 和 Andriod 应用商店。

App Store 是 Apple 公司于 2008 年 7 月发布，为 iPhone 手机用户提供的应用下载平台。上线首月 App Store 里的软件已经超过 1000 款，软件下载总量超过 6000 万次，销售收入达 3000 万美元，平均每天 100 万美元。App Store 是 iTunes 重要组成部分，形成 iTunes 中软件应用内容的良好补充。目前 App Store 中已有超过 100 万款应用。App Store 平台上大部分应用价格低于 10 美元，并且有约 20% 的应用是供免费下载的。用户购买应用所支付的费用由苹果与应用开发商 3:7 分成。2013 年 1 月 8 日苹果宣布，官方应用商店 App Store 的应用下载量已经突破 400 亿次，其中半数是 2012 年完成的；总活跃账户数也达 5 亿。

App Store 模式的意义在于为第三方软件的提供者提供了方便而又高效的一个软件销售平台，使第三方软件提供者参与其中的积极性空前高涨，适应了手机用户们对个性化软件的需求，从而使得手机软件业开始进入到一个高速、良性发展的轨道。苹果公司的 App Store 开创了手机软件业发展的新篇章，App store 无疑将会成为手机软件业发展史上一个重要的里程碑。

与苹果的 App Store 不同，Andriod 应用商店因其操作系统的开放性，使任何使用 Android 系统的设备商都能在其平台自建应用程序商店。艾媒咨询数据显示，仅仅一年时间，全球已有 300 家 Android 应用商店，其中中国有 50 家，还以每年 30% 速度在增长。

在越来越多的终端上植入所有谷歌应用，包括搜索、邮件、文档等工具，或许会让谷歌成为移动互联网领域最大的广告平台。但就目前而言，Andriod 的强劲增长势头仍然无法弥补跟苹果的差距，后者仍然牢牢占据着市场大部分份额。

（五）微　信

微信是腾讯公司于2011年1月推出的一款通过网络快速发送语音短信、视频、图片和文字，支持多人群聊的手机聊天软件。自从推出以来，立即获得了广泛的关注。据了解，2012年3月，飞信注册用户突破1亿，2013年1月，微信注册用户已经突破3亿。之所以发展能如此之快，不仅是其产品功能的不断更新，更是因为它的一个基本功能——支持发送语音短信，并且是零资费。对于出门在外的年轻群体来说，这是与父母沟通的最接地气的功能。因为微信具有零资费、跨平台沟通的功能，与传统的短信沟通相比，它更灵活、更智能，且节省资费，也是用户选择的主要因素。微信对短信的替代作用明显。从中国移动日前发布的2012年年度业绩公告数据统计发现，在持续增长的运营收入之外，其运营利润出现10年来首次下滑。并且在2013年1－2月份，点对点短信发送量下滑了10.6%，这都说明了微信兴起所产生的影响。

四、年度影响手机出版产业发展的重要事件

（1）2012年5月14日，《人民日报》安卓版客户端正式面向全球用户发布，使用安卓系统手机以及平板电脑的用户可在各大安卓应用商店免费下载该客户端。解放军报社基于ipad/iphone技术自主研发了读报专用软件，推出《解放军报》的iphone客户端，免费向读者提供《解放军报》电子版，供读者在线浏览使用。

（2）2012年5月15日，中国文字著作权协会近30位会员的200余部经典作品正式接入中国移动手机阅读基地。这也是文著协在推广会员作品数字版权方面迈出的第一步。

（3）盛大文学宣布，截至6月24日，其云中书城付费订单已经超过900万，接近千万；云中书城移动客户端安装激活量也突破了700万。据透露，盛大网络董事长兼CEO陈天桥已将盛大文学规划为继盛大游戏业务之后又一个创收支柱产业，并已内部制定今后业绩，重点扶持。

（4）8月30日，三星在德国柏林正式推出GALAXY Note Ⅱ智能手机。该

机屏幕升级至5.5英寸,并采用了1.6GHz四核处理器以及3100mAh超大容量电池,而电容触控笔S Pen更是在功能方面有多项优化升级。

(5) 8月26日,据国外媒体报道,《朝日新闻》周六报道称,作为重组计划的一部分,索尼计划明年3月份停产PC用光驱。其4月份制定了一份复兴计划,在涉足包括医疗设备在内的新业务的同时,将公司的未来押在Xperia智能手机等移动设备、游戏和数字成像等业务上。

(6) 9月3日,新学期即将开始,"电子课本"取代"纸质课本"的推广试点在北京、上海多个城市的中小学进行,电子书、平板电脑的普及对传统教育的冲击日渐显现。

(7) 美国时间9月12日上午10点,苹果将在旧金山芳草地艺术中心(Yerba Buena Center)召开发布会,如期发布了旗下第六款手机iPhone5。此外,苹果还在大会上推出最新款的音乐播放器iPod touch 5、iPod nano 7和之前曝光过的新款耳机"earpod"。除了手机、数码产品外,苹果公司同时宣布了新版iTunes和iOS6的具体上市时间及功能细节。

(8) 10月22日,有着"中国人的心灵读本"之誉的《读者》杂志日前与PHICOMM斐讯合作在上海推出首款读者智能手机,成为数字化大潮下中国传统期刊"探路"数字阅读、文化出版机构与通讯设备解决方案提供商跨界定制智能手机的先例。

五、总结与展望

(一) 总　结

1. 手机出版的社会意义与经济意义

科技的发展一日千里,当我们还在谈论互联网对出版、传媒的冲击时,移动互联网已悄然走进我们的视野。时至今日,手机作为一种传播载体已经具有很强的社会意义和经济意义。

目前我国的手机用户达到10亿,可供手机阅读的内容也呈几何增长,手机作为一种传播文化的载体已经开始对手机用户的思想和行为产生影响。但是手机出版规模的增长并不代表手机出版质量的提高,手机阅读市场还存在许多问题：内容资源鱼龙混杂，没有正面意义的垃圾信息，如暴力、黄色、"弱智"的内容，充斥着手机的各个角落。以手机阅读下载量排名前两位的玄幻、穿越题材小说为例，这类内容要么是宣扬"人性本恶"，要么是展现不切实际的浪漫幻想和不劳而获，除了娱乐功能，绝对不会对阅读者的成长有任何的帮助。有数据显示，目前手机阅读的主流人群是以浅阅读为主的年轻人。其中许多人正处在人生中世界观、人生观、价值观尚未形成，性格尚未定型的阶段，极易受到周围环境和自身阅读内容的影响。如果我们"祖国的未来"每天都阅读这些既不能训练人的思维，又不能给人的成长带来正能量的文字，长大后怎么能形成勇于担当、肯吃苦耐劳的富有责任心的人格！那么祖国的未来令人担忧。

就算是对于人格、心理已经定型的成年人来说，手机出版内容版式不规范、错别字多等现象还普遍存在。这不仅影响了用户的阅读体验，而且不利于对本民族文字文化的传播，一些对错别字识别能力差的用户会把错别字带到以后的工作中，影响别人。

手机出版的经济意义主要表现在能给新闻出版、广播、电影、电视等文化创意者带来实实在在的经济效益，推动整个行业向文化强国迈进，进而推动行业创造出更多先进文化的表现形式，丰富和陶冶人们的多层次、多元化的需求。手机作为一种出版载体是一种"大出版"的概念，通过手机不仅可以传播文字、图片，还可以传播声音、视频等内容，更重要的是，它比互联网出版更进一步，它以移动的方式把所有媒介内容整合起来进行传播，这使它更能凸显为用户服务的特色。

2. 政府加大对手机出版的管理力度

随着移动互联网的发展和手机用户规模的不断扩大，政府管理部门已经认识到手机作为一种文化传播载体的战略意义，开始加紧了对手机出版的管理和规范。

下一阶段，政府管理部门会陆续组织起草和出台与手机出版相关的《手机出版标准体系》、《动漫出版标准体系》、《手机出版内容收据格式》、《手机出版质量规范》等。充分发挥政府管理部门对手机出版内容市场的合理引导作用，让市场这只"无形的手"在出版法律法规健全的环境中，充分发挥它对新闻出版资源优化配置的基础作用，让转企改制后的出版传媒集团和中小型出版企业、技术提供商、运营商阅读基地等公司制的企业在自由的市场中，充分发挥主体创新作用，推动手机出版产业不断向前发展。

3. 对传统出版单位的建议

对于传统出版行业来说，手机出版作为目前尚能赢利的一种数字出版形式，是传统出版单位进行转型升级、提高出版业整体效能的重要突破口。为此，对传统出版单位提出以下建议：

第一，要尽快成立适应市场经济的、机制灵活的运营主体。众所周知，现在传统出版单位正在进行转企改制，但是因为体制机制等因素的制约，转企改制不可能一蹴而就，需要一个中长期的过程。而科技的发展日新月异，数字出版技术与新闻出版的融合也是时不我待。一旦贻误时机，将可能永远错失追赶上世界新闻出版强国的机会。

市场经济是迄今为止人类社会发现的最高效的一种经济运行方式。在手机出版领域，目前我们的发展并不落后，这个时候，市场经济呼唤更灵活的运营主体，能针对市场的需求及时作出反应，在资源的优化配置中，生产更多符合市场需求的、物美价廉的手机出版产品。这就需要我们的传统出版管理者拓展思维，将单位的部分业务分出去，与先进的技术公司合作，成立数字出版特别是手机出版公司，自主经营、自负盈亏，完全按照市场的机制去运作。相信不久，这些市场主体一定会在市场经济的海洋里由最初的不会游泳成为海洋中的弄潮儿。

第二，要敢于做第一个吃螃蟹的人。尽管现在许多出版单位因为盗版问题、定价问题，对手机出版心存疑虑，裹足不前。但在手机出版尚未形成产业规模的前期，需要的是敢于尝试、勇于行动的企业，与手机出版产业一同成长，不断摸爬滚打，共同经历成功与失败。等到摸索出手机出版产业的运行规律，精准掌握了手机用户的阅读行为和习惯，就可以推出更具特色的、更受市场欢迎的手机出版产品与服务。到那个时候，传统出版企业就不再是产业链上游"原材料"的提供商，而是能生产出具有更大附加值的手机出版产品，"内容为王"的优势得以正名。

第三，要敢于起用年轻人。在传统出版数字化转型的过程中，许多出版单位不断感觉到，他们面前的阻力除了体制机制的因素、对新技术不精通的因素之外，还有传统出版人落后的思维和习惯因素，并且这种因素的影响是最难改变的。当今的环境已经不同以往，借助技术的推动，出版已经翻开了新的一页，已经不能用过去做出版的思维来管理运营数字出版了，不改变就会成为社会发展的一种阻力。

世界从来都是属于年轻人的。只有尚未对传统出版思维定型的年轻人，学习和接受新事物能力最快，没有包袱，敢于尝试，出版单位应该重用。并且要给年轻人的成长提供宽松的环境，允许他们在市场经济的大潮中"试错"，允许他们的创新。

第四，生产更加符合手机载体的出版产品与服务。尽管现在与国内三大大运营商合作的出版单位并不少，但是比起合作的单位数量，盈利的单位数量偏少，不到一半。原因就是许多出版单位的内容并不适合手机载体，造成花大力气把产品推出来，但是少有读者问津的尴尬局面。手机作为出版载体有自身的特点，传统出版单位不能再用做图书的思维来做手机出版，一定要深入研究手机载体的优势和劣势，分析赢利多的产品受读者欢迎的原因，必要时做一些市场调查，对自己的读者做深入了解，不断尝试推出符合读者需求的产品。

（二）未来展望

随着手机硬件和软件技术的发展，手机的未来更像是为用户提供了一个万能的助手：答疑解惑，帮助扩充知识面；手机网上购物，帮助用户在足不出户的情况下达到提升自身形象和完善生活的目的；娱乐就更不用说了，可以看小说、玩游戏、读漫画等，使人的休闲时光更有趣味。特别重要的是手机的一些工具性应用，更是人们出门在外的好帮手。就像日前科大讯飞向人们展示的产品那样，以后只要在手机里装一款外语翻译软件，就可以走遍世界而不用担心语言障碍问题，手机会帮助用户用当地语言翻译用户的需求。对于商品市场上充斥着的各种真假难辨、以次充好的商品，用户只要下载一个手机软件，就可以辨别真假（当然这个目前已经实现）。

在外办公，只用一部手机就可以遥控指挥家里的电饭煲开始做饭，洗衣机开始洗衣，吸尘器开始打扫房间，智能花盆给花浇水……去超市购物，输入需要的物品清单，手机会直接将您引到所需购买物品的区域，并展示该物品详细的信息，便于用户选择。以全聚德烤鸭安全溯源为例，用户如果想知道全聚德烤鸭的安全生产信息，可以通过食品标签上的溯源码进行联网查询，立刻可以看到从该食品源头生产到摆上货架的每一个环节的完成过程，包括生产企业、食品产地、具体农户等全部流通信息。这些都是物联网技术带给我们的场景，随着软件不断进入各种物体，赋予物体智能，借助一部手机，我们可以"把世界握在手中"。

总之，手机未来带给我们生活的改变和行为方式的改变是巨大的。手机，尤其是智能手机，比之前所有媒体突出的优势在于，它具有独特的智能感应能力[1]：由光感、重力、距离、温度、湿度、影像、位置、NFC、RFID、压力、方向等组成的全新智能感应能力。它将不止给出版业带来机会，还会给智能物流、智能交通管理、智能健康管理、移动电子商务等领域带来商机。

但是正如"每一种技术科学的馈赠都具有其黑暗面"这句话所昭示的那样，数字化技术以及手机软硬件技术的发展也不例外。未来，我们会看到"知识产权被滥用，隐私权受到侵犯，我们会亲身体验到数字化生存造成的文化破坏，以及软件盗版和数据窃取等现象"。[2] 现在，盗版问题、大量用户隐私泄露问题已然在我们的社会中凸显出来。以央视315晚会曝光广告公司通过Cookies窃取用户信息为例，手机在让我们享受方便的同时，已经部分地把我们的信息，包括个人身份信息、财产信息、家庭信息、通讯录信息等隐私信息发送到不法商家和个人的服务器上。而这只是用户隐私泄露问题的冰山一角。手机病毒从以前的吸取用户话费转移到获取用户隐私数据才是个大问题，其背后有强大的黑产业链在支持。我们急切呼吁管理部门出台法律法规规范市场的健康。

（作者单位：中国新闻出版研究院数字出版研究所）

---

[1] 项立刚：《移动互联网宣言》，http://blog.sina.com.cn/s/blog_5854ac960102dx41.html。
[2] 尼葛洛庞帝：《数字化生存》，海南出版社1997年版。

2012–2013 中国数码印刷与按需印刷（出版）产业年度报告

周宇红　刘成芳

美国印刷市场与咨询研究机构 PRIMIR 发布的数据显示，至 2014 年，全球印刷业总产值将达 7250 亿美元，比之前预期到 2011 年突破 7200 亿美元的大关，整整延迟了 3 年。十几年来，数码印刷技术及其相关产业，乘着科技创新之风，在全球快速发展，以惊人的速度渗入社会各阶层，满足人们对印刷品个性化、多样性、灵活性的需求。至 2014 年，全球数码印刷方式的市场占有率将提高一倍，占总市场的 27.4%。2008 年全球喷墨印刷机市场总额仅为 19 亿美元，预计 2014 年将跃升至近 48 亿美元，以 160% 的速度快速增长，几乎与单张纸印刷机市场看齐。

我国《印刷业"十二五"时期发展规划》正式把"数字印刷和印刷数字化重大工程"列为两项重大项目带动战略工程之一。《印刷机械行业"十二五"规划》也把数字印刷和印刷数字化技术和设备列为重点发展项目。《印刷业"十二五"时期发展规划》提出了五条总体目标，其中有两条与数字印刷有关。第二条提出："到'十二五'期末，我国印刷业总产值预计超过 11000 亿元人民币，成为全球第二印刷大国，是我国成为世界印刷中心"；第五条提出："到'十二五'期末，数字印刷占我国印刷总产值的比重超过 20%"。数字印刷和印刷数字化技术与设备迎来了大发展的战略机遇期，但任重道远。

与欧美数码印刷发展程度相比，中国的数码印刷发展还比较落后，数码印刷在整个印刷工业中所占的比重还很低，地区发展也极不平衡，以北、上、广为中心的华北、华东、华南走在发展前列，但近两年全国各地区的数码印刷业也是突飞猛进，包括华中、西南、东北、西北地区都有实质性的进展。数码印刷设备更加先进，应用更加成熟，领域不断拓展，创新独有特色，行业步入发展的快车道。

一、数码印刷与按需印刷（出版）市场发展状况及特点

（一）国外市场发展状况及特点

美国 Info Trends 公司发布的相关报告显示，目前，西欧和美国的按需印刷市场年复合增长率为 11.7%，而印刷量的增长则达到了年均 24.4%。俄罗斯按需印刷市场的增长速度显然更快，年复合增长率可以达到 23.3%，预计到 2016 年俄罗斯按需印刷市场价值将达到 18 亿美元。

Info Trends 公司在《2011-2016 年美国印刷与复制市场预测报告》中对 2011-2016 年美国和西欧数字印刷市场的产值和发展趋势进行了展望：数码印刷已不仅仅服务于利基市场，而是在更广阔的领域得以运用。彩色数码印刷的印量将出现大幅增长。在美国，2011-2016 年彩色数码印刷印量的年均复合增长率有望达到 18.5%，在数码印刷总印量中的比例也将从 2011 年的 23% 增加到 2016 年的 48%。到 2016 年，西欧将会有更多的数码印刷品通过彩色印刷设备进行生产，目前 80% 的数码印刷品采用黑白设备生产的局面将会发生改变。

《报告》还指出：高速连续进纸彩色喷墨印刷装置的成功应用将使按需出版及按需印刷领域发生变革。在生产复制及数码印刷领域，彩色印刷量呈加速增长。之前的预测结论是该领域的年均复合增长率为 15%，而实际该领域的年均复合增长率达到 18.5%。Info Trends 的 Ralf Schlozer 指出："连续进纸彩色喷墨及新型 B2 幅面印刷装置是促使增速加快的主要原因。预计到 2016 年，高速连续进纸彩色喷墨印刷机印刷的活件将占全部彩色印刷活件的 50% 以上。"

美国按需出版的图书总量以每年 14% 的速度增长，而开展按需出版业务的印刷企业也从 1997 年的 8% 增加到 2010 年的 20%。2011 年，美国按需图书出版申请的 ISBN 号已达到 110 万个。美国图书印刷发行量比 2010 年下降了 69%。而美国个性图书印刷（包括重印、按需印刷）比 2010 年上涨 6%，达 34.71 万个品种。

德国几乎所有的较大规模的出版社均可进行按需出版，业务范围是针对需要经常修订或增订的专业性的手册和脱销图书的重印和再版。

据行业统计，2009年全球采用传统胶印的书刊占全部书刊的94%，个性化按需数字印刷书刊占5%，电子书占1%。预计2014年传统胶印书刊的数量将急剧下降，占全部书刊的54%，个性化按需数码印刷书刊将占16%，而电子书上升10%。同时，为了减少库存浪费，越来越多的出版商将严格控制书刊的印刷数量。

（二）国内市场发展进程及特点

据兰普咨询公司提供的数据显示，2011年我国数码印刷的总产值100亿元，相对我国8677.1亿元的印刷总产值，其占比1.2个百分点。

从科印传媒《数码印刷》品牌调查活动"数码印刷在中国"最近几年的调查情况来看，2007－2012年，数码印刷设备的装机量稳步增长，年增长率均在30%－40%。尤其2011年装机量突飞猛进，增长率超过40%。2012年，装机量的增长稍微放缓，一方面受到整体经济发展放缓的影响；另一方面是企业对数码印刷市场的消化需要一个过程。截至2012年7月，国内市场上主流彩色（单张纸＋连续纸）生产型数码印刷设备的装机量为3298台。显然数码印刷生产力相对国内现有的数码印刷的市场总量是过剩的，市场潜力很大。

当前我国不少图书在出版半年或者一年后，出版商为回收资金，不得不采取低价处理库存的措施，这样就会带来图书市场价格、回款、退货等各方面的混乱，对整个纸质图书市场产生严重的负面影响。据相关行业统计，目前国内按需印刷（出版）不足10%。我国每年出版的十万多种图书中，55%在出版后不久就逐渐退出流通领域，历年积累下来的难以计数的退出流通领域的图书品种，成为断版书、绝版书。而这些图书中不乏具有研究价值、参考价值、收藏价值的图书，是重要的文化资产。还有难以大量销售的短版图书，包括学术专著、专业教材、信息资料、艺术作品、古籍、回忆录等类图书。因此，目前我国出版界应首先将按需出版应用到这些领域。但制约按需出版、按需印刷发展的仍然是成本问题。其实，就当下而言，成本并不是一个难以逾越的问题，随着技术的发展，其高昂的成本已经降低了许多。待经历一个较长的过渡期后，按需出版的范围有望逐步扩大。

知识产权出版社的"图书按需出版印刷示范工程"在2011年获得原新闻出版总署财政资助,在按需出版方面累计投资超过8000万元,取得一批成果。广州越读信息科技有限公司是华南地区最早从事按需出版商业化运营探索的公司之一,公司通过与盛大文学等多家公司的合作,开展了互联网原创文学的"按需印刷"业务。凤凰出版集团成立数码印刷公司,在国内率先引进数码喷墨连续纸印刷系统,安装了亚洲第一条数码按需印刷全连线设备,规模化展开数码印刷业务。中国出版集团引进"咖啡印书机",投资数千万元开发"中版闪印王"一体化印书设备,目前这一设备已销往出版机构、政府机关、数字出版平台等诸多领域。方正电子自主知识产权的桀鹰喷墨印刷设备,已经与新华传媒集团、北师大出版社等单位合作,推出"按需印刷"业务解决方案。2012年10月,京华虎彩与作家出版社、北京出版集团有限责任公司、中国人力资源和社会保障出版集团、法律出版社、北京大学医学出版社、中国质检出版社6家出版商签署了战略合作协议,决定加强深度合作,联手发展按需出版。尽管目前在中国已有一些出版社开展按需出版业务多年,但中国按需出版业还处于起始阶段,且与真正意义上的按需出版有一定的差别,只可称为"按订单来组织生产和发行模式"。国内多数的出版企业仅仅只是在生产环节实现了数字化生产,所实现的应用也多数局限在打样书、自费出版(个人出书)、短版补货等环节,据统计国内只有10%的生产型彩色数码印刷机用于按需出版,而其中72.9%的企业以样书作为其主要业务,也就是说按需出版方式还远没有进入图书印刷的主流渠道,还没有形成一个完整的产业链,尤其是销售管理和发行渠道这两个重要的环节还在沿用传统的做法。我国按需出版规模仅相当于美国6年前的产量,印刷品的销售总额也只有1亿美元左右,但其发展和市场潜力是十分巨大的。

二、数码印刷与按需印刷(出版)市场分析与预测

(三)我国数码印刷市场分析与预测

1. 数码印刷设备装机量

(1)单张纸高端彩色数码印刷机

2011-2012年,我国的数码印刷设备装机量持续增长。截至2012年7月,

单张纸高端彩色数码印刷设备装机总量达到 887 台,增加 243 台,增长率接近 38%,较上一年度 42% 的增长速率略有下降,2007-2012 年单张纸高端彩色数码印刷机装机量统计见表1。应用领域方面,目前商业快印领域依然是高端彩色数码印刷机的首要阵地,占比达到 70%,较上年度提高了 5 个百分点。第二大领域是出版印刷,占比为 10%,比上年度降低 2 个百分点。而并列排在第三位的是金融、邮政、电信等领域和机关文印领域,各占 7%。包装印刷的占比仅为 5%,单张纸高端彩色数码印刷机应用领域分布见图1。

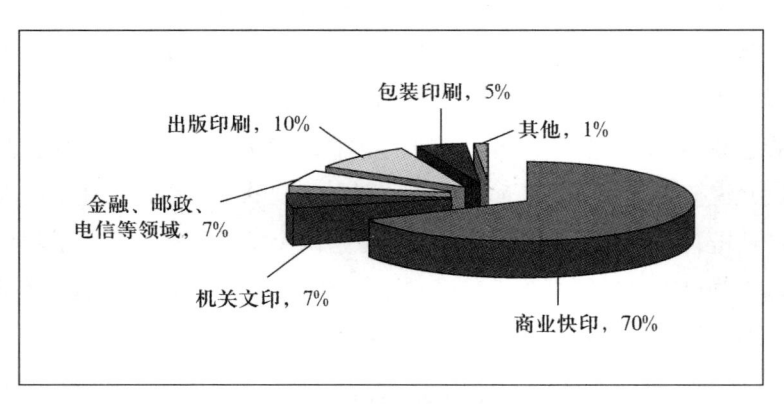

表1 2007~2012 年单张纸高端彩色数码印刷机装机量统计

装机总量（台）	截至2007年7月	截至2008年7月	截至2009年7月	截至2010年7月	截至2011年7月	截至2012年7月
	200	270	354	455	644	887
年度增量（台）	2006年8月-2007年7月	2007年8月-2008年7月	2008年8月-2009年7月	2009年8月-2010年7月	2010年8月-2011年7月	2011年8月-2012年7月
	—	70	84	101	189	243

图1 单张纸高端彩色数码印刷机应用领域分布

（2）连续纸高端彩色数码印刷机

截至 2012 年 7 月,连续纸高端彩色数码印刷机平稳增长,总装机量达到 46 台;新增装机量 9 台,比上年度增长 24.32%,2009-2012 年连续纸高端彩色数码印刷机装机量统计见表2。在应用领域上,该类机型依然主要用于标签印刷、按需出版印刷以及金融、电信、邮政等可变数据印刷领域。

表2 2009-2012年连续纸高端彩色数码印刷机装机量统计

装机总量（台）	截至2009年7月	截至2010年7月	截至2011年7月	截至2012年7月
	21	24	37	46
年度增量（台）	2008年8月-2009年7月	2009年8月-2010年7月	2010年8月-2011年7月	2011年8月-2012年7月
	11	3	13	9

（3）单张纸生产型彩色数码印刷机

截至2012年7月，单张纸生产型彩色数码印刷机的装机量增长约26%，达到2345台的总装机量。与上年度551台的增量相比，增量有所下降，2007-2012年单张纸生产型彩色数码印刷机装机量统计见表3。应用领域分布，由图2可以看出，单张纸生产型彩色数码印刷机依然主要是应用在商业快印领域，占比为52%，较上年度增加2个百分点。排名在第二位的是"其他类别"，占比为15%。排名第三、第四位的分别是机关文印、按需出版，占比为14%和11%。本类机型的应用与上年度相比，各应用领域的差别不大。

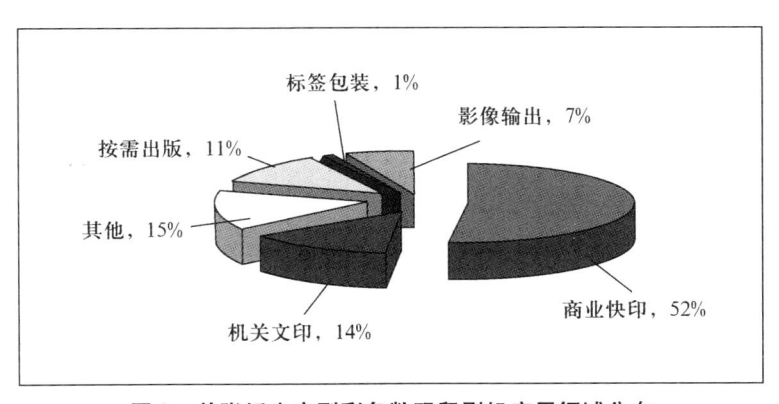

表3 2007-2012年单张纸生产型彩色数码印刷机装机量统计

装机总量（台）	截至2007年7月	截至2008年7月	截至2009年7月	截至2010年7月	截至2011年7月	截至2012年7月
	320	644	990	1305	1856	2345
年度增量（台）	2006年8月-2007年7月	2007年8月-2008年7月	2008年8月-2009年7月	2009年8月-2010年7月	2010年8月-2011年7月	2011年8月-2012年7月
	—	324	346	315	551	489

图2 单张纸生产型彩色数码印刷机应用领域分布

（4）高速喷墨数码印刷机

drupa 2008面世的高速喷墨印刷技术，经过4年的发展，到drupa 2012，除了惠普、柯达、奥西、富士胶片、网屏、普驰和施乐等数码印刷设备供应商推出和展示了高速喷墨印刷设备外，多家传统印刷设备供应商也纷纷研发或合作推出高速喷墨印刷机，抢占数码印刷发展制高点。而且，印刷幅面越来越大，质量越来越高，成本越来越低，受到整个行业的高度重视。目前，在国内市场上，安装的机型主要来自惠普、柯达、奥西和网屏。据不完全统计，表4所示为当前几款主要的高速喷墨数码印刷机的装机情况，在上年度机型的基础上，增加了两个机型，即来自佳能/奥西的Color Stream 3700连续纸喷墨印刷机和来自网屏的Truepress Jet650UV单张纸喷墨印刷机。几款高速喷墨数码印刷机的装机总量达到20台，在上一年度的基础上增加6台。从地域分布上来看所有的装机仅分布于华东、华南、华北三大区域。目前国内安装的高速喷墨印刷机主要开辟的领域是按需出版印刷和可变数据账单印刷。对于此类机型，国内一些大型印刷企业密切关注着，拟用此种印刷方式取代部分传统印刷业务，并开拓新的市场。高速喷墨印刷即将迎来发展的春天。

表4 主要高速喷墨数码印刷机的装机情况

品牌	型号	速度（页/分钟，A4）	2011年8月－2012年7月装机增量（台）	截至2012年7月装机增量（台）
柯达	Prosper 1000	200米/分钟	1	2
	VL2000	500（75米/分钟）	1	5
	VT3000	500（75米/分钟）	0	8
惠普	T200/T300	122米/分钟	1	2
奥西	Color Stream 3700	127米/分钟	2	2
网屏	Truepress Jer65 OUV	1300平方厘米/分钟	1	1
共计			6	20

纵观近6年的生产型数码印刷设备的装机情况，可以发现，2007－2010年，数码印刷设备的装机量稳步增长，年增长率均在30%左右；2010－2011年，装机量则突飞猛进，增长率达到40%以上；2012年度，装机量的增长稍微放缓，一方面受到整体经济发展放缓的影响，另一方面，数码印刷企业的投资也更趋于谨慎，机型更新置换也受到较大的影响。但令人欣喜的是，在相关政府部门的大力推广与支持下，数码印刷已驶入健康发展的快车道。

2. 设备地区分布

数码印刷设备在地区分布上基本与往年相同，格局并未发生太大变化，依然主要集中于华南、华北、华东地区。其中，单张纸高端彩色数码印刷机，华东、华南、华北地区占比分别达到28%、28%、25%，这三个地区依然占据了全国市场81%的份额，与上年度不同的是，华东、华南地区占比略降1%，华北地区占比则增加2%，其他地区，西南地区占比增至9%，如图3所示。单张纸生产型彩色数码印刷机也仍然主要分布在三大重点区域，但占比格局有一些变化，华东、华北、华南占比分别为27%、26%、16%。华中、西南并列第四，占比均为10%，如图4所示。与高端彩色生产型数码印刷设备进行对比，不难发现，在高端彩色生产型数码印刷设备装机量最多的华南地区，其彩色生产型数码印刷设备的装机量占比相对较少；连续纸高端彩色数码印刷机则集中在华南、华东两大区域，华北少量，其他地区基本无装机；高速喷墨数码印刷机所有的装机仅分布于华东、华南、华北三大区域。

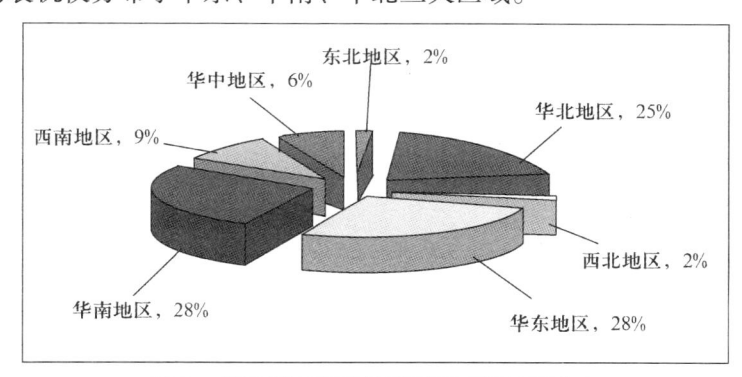

图3 单张纸高端彩色数码印刷机地域分布

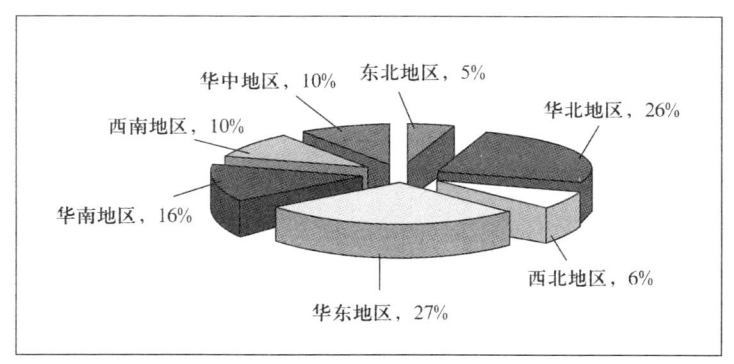

图4 单张纸生产型彩色数码印刷机地域分布

3. 印刷产值

在 2012 年 7 月科印传媒《数码印刷》进行的数码印刷用户调查中，来自全国 30 个城市的 96 个调查样本数码印刷企业中，51.06% 的企业产值有所增长，22.34% 的企业产值持平，26.6% 的企业产值有所减少。其中，产值增长超过 30% 的企业占 15.96%，这些企业均不是以图文业务为主业的快印公司，而是以商业印刷为主、多种印刷业务并存的企业，他们中有的对业务领域整合进行，产品创新、模式创新；有的为用户提供解决方案，提高产品附加值；有的开拓传统与数码印刷结合的领域，向着更深更广的业务领域发展；有的坚持不参与价格战，提升质量和服务品质；也有的因开新店带来产值的大幅增长。对于产值减少幅度处于 20%－25% 间的几家企业，都是以从事图文业务为主业而较少涉足其他领域，且缺乏开拓创新的。

4. 印刷产量

虽然面对经济形势不利、市场环境差、业务不好做等情况，但从 96 家企业的调查结果来看，大多数企业的印量是有增长的。印量有增长的占 44.68%，印量持平的占到 37.23%，仅有 18.09% 的企业印量有所减少。这得益于数码印刷新业务领域的积极拓展，应对市场环境的变化，尝试新模式，调整产品结构，加强服务，提高产品质量等。但令人堪忧的是受当地高设备容量而低市场份额的影响，竞争导致的价格战愈演愈烈。很多企业的印量增加了，产值却减少了，利润也相应减少。

调查显示，近两年各区域数码印刷产量均有 30% 以上的增长，其中发展在最前列的北京、上海市场印量陡增，市场预估 A3 彩色月打印量已达 3000 万印、5000 万印。

5. 设备更新

近两年各数码印刷设备供应商竞相推出技术更加成熟、性价比更加优越的新一代数码印刷设备，同时企业引进升级置换数码印刷设备也呈现出又一高潮，数码印刷设备寿命较短，技术升级快，设备更新换代对于数码印刷企业来讲是经常的事。生产型数码印刷设备的引进体现了企业的成长性、可持续发展性、业务拓展情况以及竞争力。96 家样本企业中有 58.51% 家一年内引进了彩色生产型数码印刷设备，少则 1 台，多则 3 台以上。引进的新设备为企业开拓了崭新的业务市场，提高了产品质量，为产品带来附加值。同时盲目跟风冒进的设备，使市场上设备产能供过于求，同时也为市场带来非良性竞争。

6. 连锁经营

数码快印企业发展到一定规模，因业务拓展、员工成长、市场开拓等方面的需要，会以连锁经营、新增店面或扩张的形式实现，扩张是企业做大做强、持续发展的一种方式，同时也能为员工成长提供再发展空间。快印行业属服务型行业，且多为中小型企业，特别适合连锁经营，这种经营方式已被行业检验和认可。

国内的快印行业也不乏做得非常成功的快印连锁企业，而且成长速度很快。现有大型连锁快印企业，拥有三四十家连锁店的屈指可数，拥有十来家连锁店的大型连锁快印企业在全国各区域均有呈现，拥有七八家、五六家、三四家店的快印企业更是不在少数。各城市快印企业的领头羊基本都拥有五六家以上的连锁店，这也是企业成规模实力的体现。当然不排除全国有许多单店经营也非常优秀的快印企业。

快印企业扩张的步伐没有停滞，有的企业还在加速扩张占领市场。96家样本企业中1年内新开店扩张的占40.63%。其中也有以新开的中心工厂、数码工厂、驻地店等不同形式进行的扩张。连锁扩张要量力而行，也要审时度势，不盲目扩张，也不要失去发展的良机。

7. 创新拓展

创新是企业发展的命脉，也是企业快速成长、持续发展的原动力。近年来绝大多数企业都在思变，探索持续发展之路，尝试模式创新、业务创新、产品创新、市场拓展、寻找差异化。如原来以图文业务为主的向商业领域拓展，做商业印刷的向影像、标签领域拓展，做商务印刷的向按需出版领域拓展。其中也有不少企业一直在探索创新，但目前还没有成功应用，或尚未转化成生产力。

（二）按需印刷（出版）市场分析

1. 按需出版的新型出版模式

（1）绝版书的按需出版

按需印刷首先带来出版社绝版书的新生，由于没有了起印量限制，出版社以前达不到起印量但又有少量市场需求的图书就可以通过先销后印方式，短版印刷、重新上市了。闪电源公司开通按需印刷业务以后，越来越多出版社特别是学术出版社，如哈佛大学出版社、牛津大学出版社、剑桥大学出版社等，纷纷将绝版学术图书采用按需印刷方式重新上市，满足学者的小量需求，并由此带来大量长尾业务，剑桥大学出版社每年依靠绝版书按需重印销售带来数百万美元的额外收入。

（2）短版书的按需出版

一些出版社通过采用按需印刷方式，将无法达到传统出版起印数的新书采用按需印刷方式进行出版，并不再批量印刷。或者对一些无法预知销量的图书先按需印刷，测试市场需求，在确定需求规模后再批量印刷。这样，按需出版就逐渐形成一种新的出版模式。各类出版机构，无论是出版公司如贝塔斯曼，还是图书发行商如亚马逊网上书店，甚至印刷机构，都在积极地介入按需出版；同时，按需出版的应用范围也越来越广泛，由早期的学术图书扩展到众多的图书门类，促进了出版品种规模的井喷。

知识产权出版社、中国质检出版社、石油工业出版社、冶金工业出版社、气象出版社等纷纷试水按需出版业务。商务印书馆2007年由旗下商易华信息技术有限公司推出了按需出版网，为读者提供商务印书馆所有出版过图书的按需出版服务，其中包括新中国成立前出版的1.5万余种图书和《东方》杂志等期刊，实现了绝版书的再版，满足了读者的个性化需求。

（3）所有作品的按需出版

随着按需印刷技术的不断升级，成本不断降低，按需印刷成本越来越接近传统出版。由于按需出版消除了库存、退货、坏账，相比传统出版降低了投资风险，更加科学合理，因此只要按需印刷成本接近传统印刷，越来越多的出版社将大印量图书也采用按需印刷模式进行生产经营，不断印刷、添货。根据市场需求，实行动态印刷，实现所有图书品种的按需印刷、按需出版。目前，美国亚马逊已经将大部分销售的图书品种实现了按需印刷和销售。

（4）自助出版的按需出版

按需出版对传统出版的改变，最突出的是推动了自助出版这一新兴出版模式的崛起。自助出版主要发展于海外市场。以往，作者要出版一部作品，必须有求于出版社，现在，作者也可以把自己的作品在经过编辑设计之后，先放到网络书店进行试销，有了需求再行印刷。这样，作者就可以实现自助出版了。

为了帮助作者进行自助出版，还诞生了一批自助出版的专业服务公司。在美国，创办于 2002 年的 LuLu 公司已有超过 110 万的注册作者，2011 年 LuLu 出版的纸质图书超过 5 万种，电子书品种则超过了 11.5 万。不到十年的时间，LuLu 已经成为自助出版网站中耀眼的新星，为用户提供便捷、自主和专业的出版服务。LuLu 称作者为真正的出版者，而自己只是出版服务提供商，为作者、编辑、书评人和策划人提供一个 B2B 的电子商务平台和舒适的个人体验。兰登书屋旗下的 Xlibris 已有 15 年的历史，Xlibris 为用户提供免费服务和有偿服务两种形式，包括文字编辑、封面设计、出版发行、销售、宣传推广等，在包括自身网站的 200 多家网上书店如亚马逊、英格拉姆、Books in Print 和实体书店如巴诺连锁书店进行图书销售，为作者提供精装书、平装书和电子书。网站的收入来源分三类：作者及其亲友占 60%，书商 30%，图书网站占 10%。在强大的技术支撑下，自助出版网站在为用户提供高质量服务体验的同时，也建立起了自己的数据库，使咨询、审稿、编辑、排版、设计、签订合同、发行、宣传推广、反馈都利用网络进行，从而提高了效率也降低了成本。

美国具有代表性的自助出版网站还有许多，如 Author Solutions、She Writes、亚马逊旗下的 Create space 等，每年自助出版的图书品种超过 30 万种，数量已经超过传统出版社出版的图书品种。一些畅销书作者也纷纷尝试通过自助出版模式出版自己的作品，成为自己作品的出版人，自己获得出版利润。自助出版越来越成为一种主流出版模式，大有取代传统出版模式的趋势。

2. 典型案例分析

（1）国外案例参考

①美国闪电源公司。美国最大的图书批发商英格拉姆内容集团下的闪电源（Lightning Source）公司，主要为传统图书出版社（大学出版社、科技出版社、学术和专业出版社等）、按需出版机构、书店和图书馆提供按需印制和发行服务。2012 年月印量为 6 亿印（约 200 万册图书），每天印刷图书超过 50000 册。闪电源已经拥有 590 万以上可以按需印刷的图书品种，包括新书、畅销书、断版书和稀缺藏书。目前应用"创新高速喷墨解决方案"项目后，彩色印刷成本将下降大约 2/3。按需印刷的供应渠道包括亚马逊、鲍德斯及贝克·泰勒等大型零售连锁书店。

闪电源依托按需印刷形成的 Core Source 是资源平台，这个平台除解决数字内容资源的集成和管理问题外，还为出版商、零售商、图书馆和教育发行机构分别制定了四套解决方案。一方面为出版商和零售商提供数字内容的纸质和数字方式分销服务，另一方面为图书馆和教育机构提供内容资源的纸质和数字两种方式的内容应用服务。英格拉姆也因此从传统图书批发商转型成为数字时代的内容资源综合分销商，无论客户需要纸质产品还是数字资源，英格拉姆都可以一站式解决。

②Lulu.com。在美国，没有书号限制，许可自助出版（Self-Publishing）。Lulu 在出版界里开创了一种模式——开放出版，这一模式赋予了创作者更多的权力。开放出版平台，帮助创作者们以多种形式向更多元的市场提供各自的作品，提升了这些作品的可见度，让购买者能非常容易地发现他们所需的内容。Lulu.com 就是一个自助出版按需印刷的典型网站。在 lulu 的电子商务平台上，作者可以上传自己的作品，选择图书的纸张、装订方式，也可以选择在 lulu 平台上出售，并自己制定价格。lulu 将整个出版流程有机地整合到一个平台。

从 2002 年创办至今，已有来自超过 200 多个国家和地区的 110 万创作者注册加入了 Lulu.com 平台。据 Lulu 的统计，2011 年其出版的纸质书的数量约为 50000 种，这一数字较前一年增长了 9%。同期新出版的电子书品种数量则超过了 11.5 万种，较之上年度上升了 22%。该平台每个月约新增 20000 种图书到他们现有的书目中。有趣的是，纸质书的销量在所有图书销量中的比例占到了 68%。

③培生集团。培生集团的核心业务立足于教育、信息和大众出版，根据新的战略，集团出售了与核心业务无关的业务，并购相关业务，并进行了结构调整，从而形成了以终身教育为主的全球最大的教育出版集团、以提供世界顶级商业信息服务为主的金融时报集团、以提供一流大众读物和参考书为主的企鹅集团。

在大众出版领域，为了回击亚马逊、巴诺从平台进入内容的咄咄攻势，培生突破传统出版编辑主导的精英出版理念，用兼并的方式快速搭建自助出版的在线蓄水池。2012 年企鹅出版与兰登书屋合并，并现金收购自助出版服务提供商 Author Solutions、Inc（ASI），全面展开按需出版、自助出版业务。

④OR 图书公司。著名出版商 OR 图书公司与 On Demand 图书公司签署合作协议，OR 公司的图书将通过 On Demand 旗下的数字印刷零售渠道进行销售。

借助 On Demand 公司在全球 68 个图书快印机（Espresso Book Machine，EBM）网点，OR 公司可以将其内容覆盖到全球读者。

OR 图书公司一直在探索销售图书的新方式，On Demand 公司为他们提供了快捷的分销渠道，书店将不再有库存，读者能迅速获得他们想要的图书，作者与出版商也将从中收益，为避免由于图书未销售而带来的损失，OR 公司只有在读者下订单以后才组织生产，无论是按需印刷还是与平台无关的电子书。

（2）国内企业探索

①大恒数码。2012 年 12 月 6 日，大恒数码印刷（北京）有限公司举行了全新数码按需印刷生产中心的落成仪式。大恒数码印刷（北京）有限公司是国内著名高科技上市公司——中国大恒集团的子公司，专门从事数码印刷，尤其在按需出版领域的全方位服务。这条刚刚落成的生产线是北京市乃至中国北方地区第一条全数字化按需出版印刷生产线，集成了美国柯达鼎盛 1000 连续喷墨数字印刷系统、瑞士 Hunkeler 全自动裁切及书芯成型系统以及日本 Horizon 胶装订机及自动裁切系统等世界最先进的生产设备和工艺。通过大恒数码印刷自主开发的"润文印刷管理系统"将整个运营系统通过软件连接成一个有机的"近线"体系。系统整合了订单、硬件设备、生产物料、人员、质量管理等诸多要素，在充分发挥系统极高产能的前提下，保证了其较高的可靠性和灵活性。

该生产系统一期工程投资超过 3000 万元，设计产能可以高达月产 30 万本普通单色图书和 50000 本彩色图书，预计其按需印刷的年产值可以达到 4000 万元。填补了出版行业印刷数量在 2000 本以下图书生产的空白，满足了市场对于图书按需印刷的迫切需求。

②方正电子。方正电子已经研制出国产数字喷墨印刷设备，与新华传媒集团合作，推出"按需出版"业务解决方案。这是方正电子在按需出版核心技术上的突破，也是中国按需出版数字印刷设备的突破。方正电子在按需出版业务领域，利用自身软硬件的优势，打造线上线下一体化的服务，通过云端平台的建设，提供包括按需出版、文化创意产品制作和商务印刷在内的综合服务。按需出版的发展是一个产业变革，这个产业链关键的两个环节就是上游的内容生产及拥有方（作者、出版社）和下游的发行渠道（新华书店为代表的传统实体书店以及当当和卓越为代表的网上书店）。只有打通产业链上下游，按需出版

才能够获得真正的良性发展。方正电子正在与多家出版企业探讨按需出版的商业模式，即将上线的方正喵喵印电商平台将包含很多适合按需出版的图书资源，读者可以方便地获取之前只能在图书馆查阅到的精品图书，同时还可以根据个人的喜好进行印制，无论是精装平装或是封面扉页的个性化DIY。

③四川文轩。2012年4月，四川新华文轩出版传媒股份有限公司旗下的四川数字出版传媒有限公司打造的全国首家数字出版实体店——"文轩数字出版体验店"在成都开业。体验店展示了数字阅读、数字出版、数字快印三大业务，为读者带来自助出版、个性印刷的全新体验。

文轩数字出版体验店以强大的内容资源库为数据支撑，为用户提供多媒体交互式的数字产品阅读体验，展示新华文轩主推的文轩快印、文轩阅读、文轩魅客三大自主服务品牌。400平方米的店内，数十台电脑、2台数码印刷机、一个装订车间，将网络出版、多媒体阅读、电子书制作、按需印刷等数字出版全流程现场实体——展示出来。用户自主体验环境，能够实现各种图书、个性化印刷品的到店下单等服务。个人的博客、微博、论文、相册、挂历等，都可以瞬间转化成标准的印刷格式，在这里完成"出版"。读者不到店内也可以在办公室、家庭通过网络下单、自助编辑，公司定时取书或送货上门服务。

④京华虎彩。连续十年位列"中国印刷企业100强"排行榜前列的虎彩集团，从其核心业务包装印刷领域向多元化发展已闻名业界。京华虎彩开辟了按需出版的印刷方向，以达到彻底解决小批量图书因传统胶印起印数量限制而不能出版的难题、让图书库存归零、让图书内容定制化。并致力于以"3+1"商业模式，即印前制作中心、印刷加工中心、物流配送中心和数字信息平台，构建业界领先的按需出版印刷服务体系，成为客户可依赖的图书按需印刷战略合作伙伴，2012年年底，京华虎彩还与作家出版社、北京出版集团有限责任公司、中国人力资源和社会保障出版集团、法律出版社、北京大学医学出版社、中国质检出版社6家出版商签署了战略合作协议，决定加强深度合作，联手开拓。

⑤京师印务。成立于2002年的北京京师印务有限公司，隶属于北京师范大学出版集团控股有限责任公司，以印刷教材、教辅、期刊和广告画册为主。随着图书将逐步短版化，以及传统出版印刷的利润空间越来越小，面对数字印

刷的兴起，京师印务开展了按需出版印刷方面的探索，提出"打造北方最大的喷墨按需出版印刷生产基地"的规划。改造建成了数字印刷车间，面积达1600多平方米，并建了4个数字印刷设备机位，数字印刷车间年生产能力计划为10万令。2012年，从方正电子引进1台方正桀鹰P5000高速喷墨数字印刷机，组建了按需出版印刷生产线，目前已经开始为诸多出版社提供按需出版印刷服务。出版印刷和按需出版印刷，并将重点逐步转向按需出版印刷领域，引导中小型出版社踏上按需出版之路。

三、年度影响数码印刷与按需印刷（出版）产业发展的重要事件

（1）原新闻出版总署发布《生产型数字印刷机目录（2012年）》。

2013年1月，原新闻出版总署办公厅发布了《生产型数字印刷机目录（2012年）》，列入《目录》的生产型数字印刷机由2011年版的151种增至2012年版的247种。作为原总署2011年1月印发的《数字印刷管理办法》的配套文件，《目录》进一步统一了生产型数字印刷机的认定标准，明确了数字印刷企业的审批依据。

《目录》包括单张纸生产型彩色数字印刷机、单张纸生产型黑白数字印刷机、连续纸生产型彩色数字印刷机、连续纸生产型黑白数字印刷机四大类，涉及北大方正、豹驰、惠普、佳能、柯达、奥西等21个中外品牌，列出了每种数字印刷机的设备制造商、型号、最高印速、物理分辨率、月承载量及所用的数字化工作流程。

《目录》规定，根据目前数字印刷技术发展情况，《数字印刷管理办法》中所定义的生产型数字印刷机应满足以下条件：单张纸生产型彩色数字印刷机速度不低于60页/分钟（A4），月承载量不低于15万页（A4），物理分辨率不低于600dpi×600dpi；单张纸生产型黑白数字印刷机速度不低于100页/分钟（A4），月承载量不低于100万页（A4），物理分辨率不低于300dpi×300dpi；连续纸生产型彩色及黑白数字印刷机物理分辨率不低于300dpi×300dpi，月承载量不低于单张纸数字印刷机要求；各类生产型数字印刷机应配备相应的数字

化工作流程。

(2) drupa 2012 盛会。

尽管全球经济下滑，印刷市场低迷，四年一届的全球印刷业盛会 drupa 2012 依然隆重而成功地举办，来自全球各地的 1850 家参展商展示了他们最新研发的新技术、新产品。本届展会突显出大量震惊全球印刷业的创新型产品、技术和具有市场发展方向的解决方案，热点纷呈。drupa 2012 上，在展会的 19 个展馆中，数码印刷与数字化技术的展出面积大幅提升，从 2008 年的 4 个馆增加为 6 个馆，40% 参观者表示关注数码印刷设备；239 家中国参展厂商的参展面积共计 1.14 万平方米，跃居全球第四。

四、展望未来

Info Trends 集团总裁 Barbara Pellow 发表的"2013 年全球印刷业十大发展趋势"演讲中总结的十大发展趋势几乎都与数码印刷息息相关：趋势一，彩色数码印刷为王道；趋势二，宽幅面数码印刷将成主流；趋势三，喷墨技术的成熟将加速从胶印向数码印刷的迁移；趋势四，越来越多的承印材料转型数码印刷；趋势五，网络印刷将主导市场供应链；趋势六，内容为王；趋势七，个性化需求的激增驱动数码印刷；趋势八，促进发行市场宣传，满足客户的喜好；趋势九，移动市场营销将改变交流方式；趋势十，直邮和社交媒体的聚合。

可以看出，数码印刷业将引领着印刷业发展。当前数码印刷技术逐步接近印刷工业生产要求与产品质量要求的背景下，数码印刷业正在通过对印刷行业内涵与外延的重新定义而形成一个具有广阔市场前景、高附加值以及产品化的新领域。据统计，2012 年全球数码印刷的年产量约为 1 万亿页面，2013 年，这一数字将达到 2 万亿页面，1 倍的市场份额，意味着数码印刷业发展要有实质性的突破。

再看数码印刷的发展驱动下的出版业，其未来体现在以按需出版和数字网络出版为基础的新型出版模式。具体表现在以下几个方面：

趋势一，按需出版主流化。通过按需出版、按需印刷，库存消失、退货消失、坏账消失，压在传统出版行业的三座大山由此可以得到解决。出版业上游、中游和下游之间的矛盾会一一解除，出版业的各个环节都会更加专注于怎样把书做好。有业内人士预计在10年之内，所有出版社的所有出版物都将实现按需出版。

趋势二，出版的平民化。按需出版颠覆了传统出版的价值观，每个人都能参与到创作、编审、设计、出版等出版活动中，出版不再是权威化、专家化，因而产生更加多元化的文化和更加无障碍的信息交换。

趋势三，数字内容资源管理向按需出版转型。印刷企业通过对不同出版机构的数字内容资源进行收集整理后，建立起综合性数字内容资源管理中心。有了它，印刷企业不仅可以进一步为客户提供更为系统、优质的印刷、发行和数字资源增值服务，还可以向数字内容资源的综合运营、销售延伸，印刷企业不再仅仅是出版机构的配套印刷服务商，而逐步成为连通出版机构和客户的数字资源整合、运营、销售中枢，这就为印刷企业在数字化时代的业务转型提供了一个契机。

趋势四，出版机构由生产经营型向服务型转型。随着以自助出版为主体的按需出版的推进，作者成为自己的出版人，而出版机构在其中的核心价值在于充分利用创新型技术和编辑出版专业知识为客户提供定制化按需服务。

以按需出版为核心的出版业，颠覆大众传播的同质化，表现出多元文化、技术创新和以人为本的特点。按需出版成为出版业未来发展的方向之一，将为原本低迷的出版业带来了无限生机和希望。

（周宇红单位：中国印刷科学技术研究所；刘成芳单位：中国新闻出版研究院印刷研究所）

相关专题报告

中国数字教育出版产业发展报告

朱新兵　刁良彦

在当前数字出版领域，教育出版与学术出版、专业出版一起，被认为是数字化程度相对较高的三个领域。在传统出版中，教育出版占有举足轻重的地位与市场份额。在数字出版蓬勃发展的当今社会，教育出版同样也面临向数字出版转型的课题。特别是随着上世纪末本世纪初开始的教育信息化席卷全球，各种新兴的数字化教育产品和服务不断涌现，一个庞大的数字教育出版新业态正在逐步呈现。

教育出版，一般意义上是指与学习、教育及培训有关的出版活动，其产品内容可细分为中小学教材、大中专教材、业余教育教材以及相关的教参教辅资料，其概念的内涵和外延相对较为约定俗成。数字教育出版，目前并无相关部门和学术专家给予明确定义，一般理解上，它包括了"数字出版"和"教育出版"两个维度。因此，实际上，其概念内涵及外延，以及产业链各环节必然更为复杂和多元化，既包含了传统教育出版的数字化转型，也包含了由新兴的、以技术见长的IT企业所推出的各类面向学习、教育及培训需求的产品和服务。由于其概念的跨界特征，目前要全面准确定义和统计数字教育出版还是比较困难，更缺乏相应的专门统计口径，因此，本文仅以传统教育出版数字化转型为基点，适当扩展到相关教育服务领域，对数字教育出版产业作一初步管窥。

一、数字教育出版的政策环境

数字教育出版作为一个交叉领域，跨越了教育和出版两个管理体系。当前，不论从教育管理体系来看，还是从出版管理体系来看，都为数字教育出版的发展繁荣创造了良好的条件。

（一）国家深入推动教育信息化催生对数字教育出版的迫切需求

教育信息化是我国为实现教育现代化而实行的一项基本国策。2010年颁布的《国家中长期教育改革和发展规划纲要》指出，"信息技术对教育发展具有革命性影响，必须予以高度重视"；2012年，教育部又发布了《教育信息化十年发展规划》，明确了全国教育信息化事业今后十年的行动纲领和路线图，《规划》提出：到2020年，形成与国家教育现代化发展目标相适应的教育信息化体系，基本建成人人可享有优质教育资源的信息化学习环境，基本形成学习型社会的信息化支撑服务体系，基本实现所有地区和各级各类学校宽带网络的全面覆盖，教育管理信息化水平显著提高，信息技术与教育融合发展的水平显著提升。

为落实《规划纲要》和《十年发展规划》，2012年，教育部又提出了教育信息化"十二五"核心目标与标志工程——"三通两平台"建设；教育部还会同发改委、财政部、工信部、原广电总局等九部门联合印发了《关于加快推进教育信息化当前几项重点工作的通知》，明确提出了2012和2013两年教育信息化要推进的7项重点工作，并进行了具体部署。

在基础设施建设方面，2011年9月和2013年1月，教育部相继与中国移动通信集团公司、中国电信集团公司签署战略合作框架协议，在教育信息化领域全面开展合作，全面构建和提升中小学教育信息化的网络基础设施。

在内涵发展方面，2012年11月，教育部全面启动了"教学点数字教育资源全覆盖"项目。中央财政当年下达了财政资金30849万元，为东中部地区90%、西部地区95%的教学点（共62058个）配备数字教育资源接收播放设备。2012年12月，国家教育资源公共服务平台正式开通上线试运行。该平台依托现有公共基础设施，利用云计算等技术，逐步推动与区域教育资源平台和企业资源服务平台的互联互通，共同服务于各级各类教育，为资源提供者和资源使用者搭建网络交流、共享和应用环境。

2012年教育部在教育信息化方面的一系列举措，无疑极大地催生了对优质数字教育资源的广泛需求，为数字教育出版的发展创造了前所未有的良好机遇。

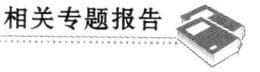

（二）数字教育出版是我国数字出版产业发展的重要组成部分

盘点2012年，"扶持与推动"仍然是政策动向的关键词。从2012年的视角观察，政策重点正在转入产业发展的深层次问题，主要体现在：加强对数字出版资质的管理、加强数字出版内容管理、加强数字版权管理等产业的关键点。多方信息表明，管理部门正在加快制定和落实数字出版产业发展政策、加快建立数字出版企业准入退出机制、加快推进国家数字出版产业基地建设、大力推动数字出版走出去、加快实施数字出版人才培养工程。而各地政府也纷纷出台了针对数字出版产业的优惠政策和扶持措施，通过加快推进基地建设，解决数字出版发展过程中资金、用地、人才、项目开发、产品研发等一系列问题，数字出版产业发展的政策环境得以进一步优化。上述政策举措为进入成长期发展阶段的数字出版产业提供了有力的制度保障。

作为出版行业的重要领域之一，教育出版占据了半壁江山，教育出版的数字化具有广泛的覆盖面及重要的示范指导作用。如何把教育类图书与数字出版的优势有机结合，如何深度发展以数字化内容、数字化生产和数字化传输为主要特征的教育出版产业等成为摆在教育出版工作者面前急需解决的问题。在《数字出版"十二五"时期发展规划》里，电子书包是战略重点。过去一年中，业界对教育出版数字化实践和探索越来越深入，聚焦教育数字出版的应用前景，具有非常重要的意义。

二、国际数字教育出版发展概况

目前国外教育类数字出版产品形态大致有6类：一是在线课程，使用视频、音频的多媒体技术，为学生提供在线教育课程；二是家庭作业管理；三是在线测试，利用开放软件系统对学生的学习效果进行测试；四是电子书，提供在线下载，并可实现不同书籍和不同章节的组合下载；五是在线课外辅导；六是在线虚拟体验材料，如游戏作业等。

国际领先的出版集团通过对教材、教辅内容和版权等资源的掌控，对内容进行产品和服务的数字化转型，同时通过技术和平台的支持，提升客户的体验感觉，加强客户黏度。培生、麦格劳－希尔等大多数教育出版平台都利用自身在教材领域的核心优势，深入在线教育服务领域。

（一）苹果公司引领数字教科书革命，各类创新教育平台不断涌现

2012 年，对全球数字教育出版行业最有影响力的事件不是来自传统概念中的教育出版公司，而是来自苹果公司。苹果公司于 2012 年 1 月 19 日发布了 iBooks 2、iBooks Author 和 iTunes U 三项服务内容，开始进军数字教育行业。iBooks 2 加入了为学生设计的交互式功能，苹果公司与出版商巨头培生（Pearson）、麦格劳－希尔（McGraw－Hill）和霍顿·米夫林·哈考特（Houghton Muffin Harcourt）合作开发数字教科书，而后三者垄断了美国教科书市场 90% 的份额。iBooks Author 是一款免费的电子书制作工具，主要供教师使用，而 iTunes U 是一款免费公开课应用，涵盖来自全球许多著名大中院校的完整课程以及全球最大的免费教育资料。而数字版的教科书不仅对环境危害更小，价格上也比纸质的教科书便宜。

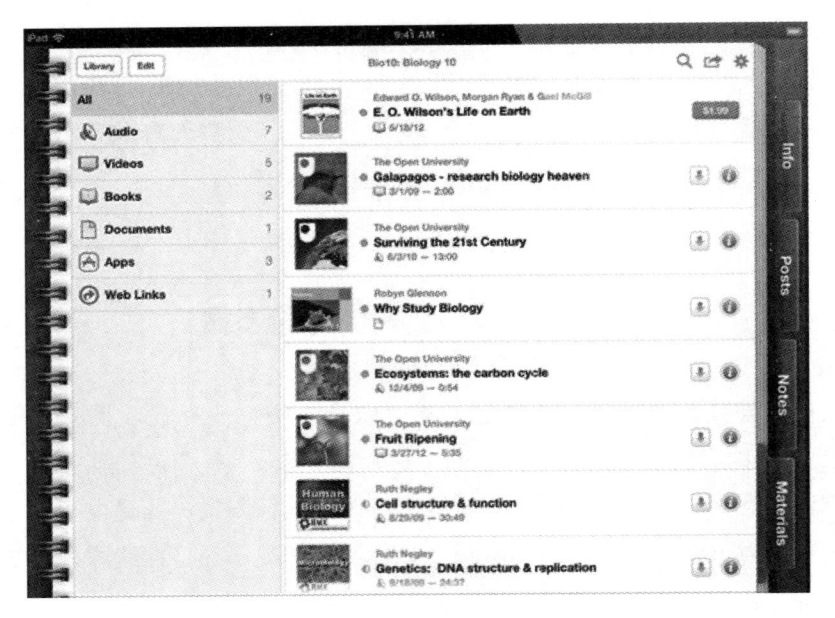

2012 年 7 月 30 日，苹果发布升级版 iTunes U App，允许任何教师在上面发布教学内容。苹果这次新版的功能主要针对在教室使用 iPad 进行教学的 K－12

教师，允许他们建立 12 份私人课程。在每份课程里，教室都能指导学生使用各种主要由苹果驱动的媒介课程如 iBooks、教科书、App、视频、Pages 以及 Keynote 文件。

新的 iTunes U 还提供了新的工具，允许学生在视频上做笔记。在以前，教师要想在 iTunes U 上发布课程需要得到苹果的认证，不过这 6 年也让苹果从 1000 多所大学收集了超过 50 万份视频和音频教学文件，总计下载量达到了 7 亿次。但该平台目前还是有很多限制，教师只能发布私人课程，发布公开课程仍然需要得到苹果的认证。

2013 年 3 月，苹果宣布 iTunes U 下载量突破 10 亿次，并已向全球教育机构出售了 800 万台 iPad。苹果的目标是携 iPad 及相应的软件来重新定义教育。

苹果的 iBookstore 不是数字教科书领域的唯一。自从 iPad 问世后，一些创业公司，比如 Inkling、Chegg、还有 Kno，也纷纷进入数字教科书领域，构建基于 iPad 的数字教科书。

1. Inkling

Inkling 是旨在打造互动性和浸入性电子书的科技公司，是将 iPad 电子阅读功能应用到教育领域的成功案例。2009 年，作为曾在苹果公司教育部工作 8 年的员工，马特·麦克林斯在旧金山创办了 Inkling。Inkling 最初的着眼点还只是高等教育，后来扩大到初等教育，到了 2012 年，Inkling 已经将业务范围从教科书进一步扩大到了消费图书。目前，Inkling Library 已经上架 300 多款图书，包括艺术、摄影、科技、旅行、饮食、育儿等各个范畴，均价 9.99 美元，另外消费者也可以花 0.99 美元购买单个章节。

Inkling 的优势在于"交互"。他们的图书加入了 3D 图片、多媒体、社交分享等等数字增强元素，并支持电脑、平板、智能手机、基于 HTML5 浏览器的跨平台阅读。目前，Inkling Library 在架的所有电子书都将支持 Inkling 全套功能，这就意味着这类图书还可以支持高级搜索、交互式导航、词汇表、社交笔记、并支持幻灯片和高清图片显示。用户不仅可以利用 iPad 的多点触摸屏幕轻易阅读电子资料，同时还可以在所有的文字、图片上做笔记甚至可以将资料内容进行整合。除此之外，Inkling 内容平台提供非常个性化的电子学习流程管理，用户可以完全定制材料且完全跨 iPad、Macbook、iPhone 平台进行同步。教师可以在 Inkling 平台上完成对学生学习日程全面高效监控的功能，教师可以在监控功能中实时地看到学生完成的学习目标情况。通过 Inkling 平台，教师可以非常容易地分发 PDF 版本教材，完全无纸化。

对教材出版商，Inkling 提供了全新的内容发放和回收市场研究资料方案，让传统出版商能够取得市场竞争优势。通过 Inkling 的平台，出版社可以将自己现有的内容发布为丰富的交互式内容，同时对材料进行全程市场数据收集。

通过 iPad 的联网功能，Inkling 可以成为一个学习型社交网络平台，用户可与自己的同学朋友一起学习同样的课程，学生可以向教师的教材中添加内容，通过社交网络特性互助。

2012 年 9 月，Inkling 从大型传统出版商 McGraw – Hill 及 Pearson 获得了投资，此次投资对于 Inkling 意义重大，说明他们的技术已经得到了老牌出版商的认可。

2. Kno

Kno 成立于 2009 年 5 月，得到了来自霍洛维茨风险投资机构（Andreessen Horowitz）、英特尔（Intel Capital）、美国的跨国投资银行公司高盛（Goldman Sachs）、风险投资公司 FLOODGATE 和基金投资公司 GSV capital 的投资和支持。Kno 的每本电子书装载了针对学生在重点学习中的互动功能，评估以及社会共享工具。该公司的平台也为管理者及教师提供他们所需的分配以及管理工具，还能监控他们在管理等级的数位学习内容和评价。

2011 年，Kno 发布了其在 iPad 应用程序商店中的数字教科书应用平台。之后，Kno 平台延伸到 Galaxy Note 10.1，Android Jelly Bean，windows 7 与 8，Web 平台和设备的应用。2012 年 8 月 Kno 扩展了其在 K–12 的互动教科书服务市场，使 Kno 可用于所有年级的学生。不久，他们发布了新功能 Kno Me，此功能允许学生去跟踪和监控自己的学习习惯。

Kno 平台的电子书都装载了互动功能，如：

（1）增强内容：观看视频，三维模型和模拟之间的相互作用，或访问的网站链接看到个人电子书的变化。

（2）高级搜索：课本与搜索引擎。通过搜索所有个人内容快速找到答案。

（3）记忆卡（抽认卡）。

（4）Kno me：跟踪学习状况。

（5）PDF 阅读器。

（6）社会共享：通过点击一个按钮的同时交换笔记和批注。

3. Benchprep

Benchprep 可以说是教育改革的先行者，2011 年 7 月成立，为 Web、iOS 和 Android 平台提供考试准备课程，它的目标是打造一个自适应的、基于 API 的跨平台互动式电子课程内容中心，将趣味性教学带到学生当中。目前网站上的交互课程数量超过 100 门。2010 年 Benchprep 曾接受过 Lightbank 的融资，在 2012 年 7 月份获得 600 万美元的 B 轮融资，总共融资 820 万美元。目前 Benchprep 平台拥有 25 万名学生。该公司原先只提供如 GRE，GMAT 和 SAT 等这类大学入学考试的课程备考服务，现在他们的范围扩大了很多，包括中学课程，法学，医学，军事和一些专业证书互动式电子课程。

Benchprep 能将任何一本教材转化成互动式的电子课程，给 Benchprep 授权的出版方需要从互动式电子课程销售中收取一定的版税。他们还推出一项评估工具，检测用户哪个课程的知识比较薄弱，可以提醒用户加强练习。Benchprep 所提供的每一门互动课程都包括阅读材料、注解、记忆卡、书签、实施对话交流、学习小组、测验和学习状况分析等。

随着各类教育资源的逐渐密集和教育平台的逐渐成熟，学生对课程的消费模式也出现一定的变化，Benchprep 的联合创始人 Rangnekar 指出：跟五年前相比，学生现在对学习内容所有权和消费模式的看法非常不同。现在，他们更多的是将它视为一种服务，而不是一个特定的产品。

这家公司之前采用的是单门课程收费制，每门课程的价格在 100 美元以上，可以说是售价不菲。从 2012 年 9 月开始，学生只需每月支付 30 美元，就可以无限制学习任何课程，不管是通过台式电脑、手机还是平板电脑。

这种新的收费模式除了减轻学生的经济负担以外，也可以帮助学生更好地对比、关联不同的课程和项目，制定自己的学习计划。另一方面，其实它对 BenchPrep 也有好处。因为单门课程的价格较高，很多学生都因为看到这个售价望而却步，死死守住先前购买的旧课程，而不愿意花钱买新课。另外，按月订阅式的收费模式也利于培养学生的学习习惯和对整个平台的黏性。

此外，亚马逊公司也有其独创的 e-textbook stroefront，Barnes & Noble 也发布了其数字化学习工具 Nook Study。各种不同的解决方案都希望通过改变教科书进而实现整个教育的变革。在政府与企业多年来的推动下，数字教育出版结合教学实践，开始进入实验反馈的阶段。美国首家全部采用电子教科书的学校康涅狄格州南肯特高中，目前电子教科书的使用率为92%。据反馈，电子教科书节省了学校的经费，与教师需要技术培训相比，学生利用多终端电子产品进行阅读和学习的意愿更强烈一些，从而更熟练地掌握了电子教科书的使用。

当然，不可否认的是，如同任何新兴事物的出现一样，数字教科书的推广也面临着众多的质疑因素，包括对学生视力、记忆力、专注度及社会能力的影响等。

（二）传统出版集团通过兼并和收购抢滩数字教育服务市场

数字教育出版的出现，对传统教育出版业务产生了重大挑战，IT公司与传统出版巨头从各自成长基因出发，试图抢占产业发展的制高点。内容资源是出版产业赖以生存和发展的核心，传统出版如此，数字出版也不例外，大多数在数字出版领域获得成功的企业都是基于其独特的内容而立于不败之地的。通过对全球领先出版集团的数字化路径进行分析，我们可以发现：

第一，领先的出版集团通过兼并收购获取核心内容资源，是拓展数字出版业务的基石。

第二，在规模优势下，对内容资源进行整合，通过数字技术实现内容的多次开发利用。

第三，教育领域和专业领域的数字化转型较为成功。

培生集团通过并购，成了世界上最大的出版集团，并实现了业务的成功转型。2012年，培生进行了一系列的并购，从中我们得以管窥其基于线上和未来布局业务单元的思想。5月16日，培生宣布以1.4亿美元现金收购基于绩效的认证考试和模拟考试解决方案供应商certiport（思递波）。思递波在全球拥有12000个授权考试中心，每年在150个国家发送200多万门次考试，2011年实现收入4800万美元，过去三年复合增长率超过20%。5月25日，培生宣布以9000万美元现金收购商业英语学习软件公司环球西文（Global English）。GlobalEnglis成立于1997年，是一家以云计算为基础，提供按需商业英语学习、评估与绩效支持软件的供应商，10月17日，培生宣布6.5亿美元从一个投资财团手中收购美国在线教育服务商Embanet Compass，该公司成立于1995年，拥有580名员工，为美国超过100家非营利性大专院校提供在线学习解决方案，过去三年收入强劲增长，预计 2012 年营收约 1.3 亿美元。

贝塔斯曼也正准备开发教育业务分支，并且希望这一业务分支能够给他们带来 10 亿英镑的收入。2011 年，贝塔斯曼向"大学投资基金"进行了投资，这一机构致力于与企业和其他机构合作建立具有"有变革能力"的高等教育公司。2012 年 3 月 26 日，公司发展及新业务部的执行总裁托马斯·海塞称，教育业务会使得公司在中国、印度和巴西的市场的潜力倍增。为了达成贝塔斯曼在教育领域的目标，一个新的分支机构即将建立。贝塔斯曼反复重申他们与增长、数字化以及国际业务相关的公司战略，而这一消息发布正是其中的一部分。贝塔斯曼 CEO 托马斯·瑞比说，公司的目标是在美国、中国、印度和巴西增加市场份额。德国媒体宣称贝塔斯曼这是继贝塔斯曼音乐集团成立之后追求成为教育界的"标杆"。

2013 年 1 月 24 日，美国老牌出版集团麦格劳－希尔宣布收购丹麦学习软件开发商 Area9 20% 的股份，双方将共同开发适应性学习产品。Area9 成立于 2006 年，起步于 Ulrik Juul Christensen 博士上世纪 90 年代初对适应性技术的研究。经过多年的研发，Area9 创始人将该技术应用于教育并且发现适应性技术可以解决学习中的一些相同问题，从而改善学习效果并提高学习效率。Area9 帮助麦格劳－希尔开发了智能电子书 Smartbook。该课本可以根据麦格劳－希尔教育软件收集的学生学习数据来适应读者的速度和水平。目前，麦格劳－希尔的适应性学习系统已经拥有 300 多册电子书，150 多万学生。

此外，霍顿·米夫林·哈考特近期从威利出版公司购买了一系列的教育业务资产。世界上最大的私募基金公司阿波罗国际管理花费了 25 亿美元收购麦格劳－希尔的教育业务。

（三）数字教育出版呈现平台化、个性化服务趋势

数字教育出版的一个特点是不仅仅提供产品，更重要的是围绕学习提供全方位的信息服务。

培生教育集团是传统图书出版向数字化出版转型的成功典范，初期主要出版教材、辅导资料，目前已经拥有完善的教育服务体系、纸介教材、教师资源、数字化和网络教育、测试测评的一体化系统，版权方面的优势让培生能够最大限度地取得差异化优势。在其核心的教育出版领域，培生继续扩展线上服

务能力，深度提高教育产品从内容到服务的技术及商业门槛。

麦格劳-希尔教育出版公司是世界上少有的全面提供终生教育解决方案的出版商之一。它的业务包括从幼儿教育到高等教育的各类各学科教材，还包括职业培训、技术培训、终生学习等各方面的教材。麦格劳-希尔教育出版公司旗下的中小学教育出版是其主要业务，面向美国市场出版从学龄前儿童到十二年级学生的教育用书，在这一领域麦格劳-希尔也提供范围广泛的测试和评估教学用品。在该教育出版集团下，高教、专业和国际出版业务主要为国际用户提供电子图书、在线辅导、定制课程网站、期刊订阅服务和传统纸质教科书等，它的专业出版涵盖商业、教育、医药和科技等领域。

麦格劳-希尔公司与 IT 技术服务提供商 Wipro 公司一起开发了 mConnect，这是一个开放标准的学习平台，可通过手机为发展中国家的低收入农村人口提供一系列基础教育课程。mConnect 平台于 2011 年夏天在印度推出实验课程，并计划之后推广到其他亚洲和非洲国家。麦格劳-希尔公司之所以在印度试点这一平台，是看到了印度农村 8 亿手机用户的巨大潜力，即使在没有笔记本电脑等高端设备的低收入农村社区，手机也十分普遍。mConnect 平台从英文学习这一印度最普遍的需求起步，实现教育普及。

2013 年 1 月，麦格劳-希尔推出基于 IOS 和安卓平板电脑的 Smartbook。Smartbook 可以根据学生回答复习题的情况自动调节学生未来需要学习的内容。如果学生的评估结果显示，学生已经很好地掌握了当前的知识点，系统会自动生成更难的内容让学生进一步深入学习，而如果评估的结果显示，学生对当前的知识点还没有很好地掌握，系统就会自动降低学习的难度，让学生以自己能够适应的步调进行知识的探索。

牛津大学出版社网站设立了教与学的资源服务库，注重开发按学科专业分类，以具体教科书为基础的详细备课材料包括授课大纲、练习题解与答案、试题及答案等。与此同时，又为学生准备了以教材为基础的分章节自测题及解答。工具书和专业词典是牛津大学出版社的强项和优势，他们把这些拳头产品电子化后放在网站提供给读者使用。网站同时还提供相关链接服务。这些服务都是免费的，出版社希望通过这种增值服务把自己和别的竞争对手区别开来，让享受了免费信息服务的师生最终均培养出对出版社的信任感和依赖性，从而最终会购买该社的产品。

圣智学习出版集团应用公共的平台，根据各个学校不同的情况，和学校联系，把不同的内容放上去，这个内容就是个性化的教学软件，其中包括两种模式，教师们希望接触到尽可能多的教学内容，既包括圣智学习集团提供的庞大的内容资源，也包括名校的资源。在制作教学软件的过程中贯彻了分层原则，突出个性化施教。因此圣智为学生准备了两种不同的教学内容：一种是帮助学生掌握基础的技能，帮助他们学习基础性的知识；另一种是扩展性的教学内容，内容来源包括名校和圣智集团的图书馆项目 Galer，教师、学生和教学机构都可以在这个平台上测试学生的成绩。每门课程都包括核心阅读材料、互动和多媒体材料。并针对不同学校进行课程设计，并采用该学校的教学标准。在学生进行内容和互动学习过程中，他们的学习效果被记录下来，并形成个性化的学习计划，以便学生训练他们没有掌握的内容。

（四）多个国家积极推动数字教科书的发展

教科书市场历来是竞争激烈的出版市场。数字教科书对于学生与老师来说，不但表现力丰富，提高了教学效果，同时也减轻了书包的重量，当条件达到时，学生和老师完全可以不携带任何教材。自 2008 年美国加州率先实行免费数字教科书计划之后，世界各国在推进教科书数字化方面呈现加速趋势。

日本虽然被誉为高科技的先驱，但在把资讯科技融入教学这方面却落后于韩国、新加坡、英国等国家。2010 年，由软银公司董事社长孙正义和微软日本执行社长樋口泰行等人发起成立"数字教科书教材协会"。该协会的目标是建立让日本所有中小学生都拥有数字教科书的环境，计划推进探讨终端所需的必要条件、进行实证实验以及促进普及等活动。

韩国是目前世界上推行电子教材教学支持力度最大的国家，在数字出版方面，韩国虽然没有亚马逊等知名公司，但由于基础设施好（宽带普及率很高，3G 移动网络普及）、电子产品丰富、城市化程度高等原因，依然走在世界前列。尤其是在数字教育方面，韩国走在世界前列。2011 年 7 月 4 日，韩国政府宣布将在 2015 年之前全面采用电子教科书；为学生配发平板电脑；通过"教育云"提供服务，开发包括内容、工具、平台、终端一体化的应用系统。韩国电子书包的研发更侧重于教材内容的多媒体化、数字化。为配合使用好数字化教材，他们建立资料库，学生可以自行查询。数字教材内配有各种动画实验。

据介绍，韩国的教材配套光盘非常丰富。

2012年5月，据美联社报道，美国教育部及联邦通信委员会宣布计划在接下来5年时间内让学校和教科书公司逐渐转变使用电子教科书。在这个计划中，美国教育部希望与数家IT公司合作，对目前联邦和州公立学校的中小学课本进行数字化改革，争取在2017年前后，让全美所有K-12公立学校都用上电子课本。报道指出美国K-12教育（指从幼儿园到12年级的教育）的教科书是一个每年具有80亿美元的市场，而各个教科书公司在过去多年也致力于发展电子书版本。

此外，包括印度、马来西亚、新加坡等众多国家和地区，也在积极推动电子课本及移动终端在中小学校的应用和数字化学习的普及，借此提升本国教育的竞争力。

表1　2012-2013年国外数字教育出版大事记

2012年1月	苹果：1月20日发布iBooks Author，号召出版社利用该软件制作并发布电子教科书。
2012年2月	圣智：2月22日与美国加州达成协议，向该校40万名学生提供折扣电子书教材。
2012年5月	培生：5月16日以1.4亿美元收购基于绩效的认证考试和模拟考试解决方案供应商思递波；5月25日以9000万美元收购商业英语学习软件公司环球西文。 圣智：宣布正在与Blackboard公司合作，教师和学生可能通过Blackboard学习管理系统，获取圣智学习的数字化学习解决方案和核心课程教材。
2012年7月	麦克米伦：聘请Questia媒体公司前CEO拜里斯·威廉姆斯（Troy Williams），拓展教育技术与教育服务业务。 CourseSmart：宣布自2007年至今，该公司已为学生们节省的数字教科书和数字版课程资料开销已超过一亿美元。
2012年8月	培生："2012年全球出版业50强"榜单发布，培生集团以64.7亿欧元的收入连续四年蝉联冠军，其下属公司培生教育的收入达52.26亿欧元，占集团总收入的80%。
2012年10月	培生：10月17日以6.50亿美元收购美国在线教育服务提供商Embanet Compass Group Inc； 10月29日宣布将旗下企鹅出版社与德国贝塔斯曼旗下兰登书屋合并，培生集团持股47%。 Course Smart：10月30日，与Internet2、行业协会EDUCAUSE共同发布电子教科书订阅试点项目，参与试点项目的学生可获得Course Smart目录上来自40多家出版社、多达3万种的电子教科书。

续表

2012年11月	麦克米伦：据报道，麦克米伦词典将停止印刷，未来只提供线上版本。 麦格劳-希尔：11月26日宣布，作价25亿美元向阿波罗全球管理公司出售名下的教育业务。
2013年3月	苹果：3月4日宣布已向全球教育机构直接售出了800万台iPad，其中450万台由美国教育机构直接购买。

三、我国数字教育出版发展情况

在出版业数字化转型过程中，教育出版能否成功转型具有举足轻重的影响。从广义的数字教育出版来看，目前我国从事数字化教育出版的企业主要有三类：一类是传统出版社、出版集团和民营教辅公司；一类是经营PC机学习软件的公司，如洪恩教育；还有一类是互联网公司。数字教育出版的内容也应当包含数字教科书、数字化学习辅导、教育软件、在线教育服务、移动教育服务，以及电子学习机、点读笔等形态。狭义的数字教育出版则是指与传统教育出版相对应的数字教科书出版和数字教辅材料出版等。

传统的教育出版主要是指以出版教材教辅为主要出版物的出版市场，这里的教材教辅既包括中小学教材教参，也包括高校教材以及成人教育、自考教育以及社会培训教材及其配套的参考书等。如果从出版社来界定，我国以教育为出版特色的出版社主要有三类：一是教育出版社；二是高校出版社；三是其他虽不属于教育社但却承担了大量的中小学教材教辅出版任务的出版社。全国出版教育图书的出版社合计138家左右。教育类出版社总量不到1/4，但其规模却占据了中国出版的大半壁江山。在图书出版单位总体经济规模综合排名中，前十位的教育类出版社更是唱了绝对主角。

表2 图书出版单位总体经济规模综合评价排名

综合排名	图书出版单位名称	综合评价得分
1	人民教育出版社	12.9588
2	高等教育出版社	9.1597

续表

综合排名	图书出版单位名称	综合评价得分
3	重庆出版社	8.4116
4	外语教学与研究出版社	4.9573
5	科学出版社	4.4819
6	人民卫生出版社	3.6551
7	江苏教育出版社	3.6125
8	机械工业出版社	2.9695
9	北京师范大学出版社	2.8012
10	中国地图出版社	2.7042

摘自《2011－2012中国出版业发展报告》

（一）教育信息化推动数字教科书出版

纸版教材在教材制造与使用中长期占据着主导地位，20世纪后期数字化多媒体读物教材出现，给社会教育、文化传播、学生阅读带来的革命性变化是显而易见的。

2010年以来，随着《国家中长期教育改革和发展规划纲要（2010－2020）》的发布和实施，各地方政府加大了对教育信息化的投入，电子书包项目试点在全国各地中小学校得到更为广泛的展开。与此同时，教育管理者的关注热点从"学校发什么终端"向"终端里有什么资源"、"教师和学生真正需要什么样的课程平台"转移。

新一轮的"电子书包"试点和教育信息化发展，对数字化教科书提出了强烈的需求，由于我国教科书管理的特殊性，数字教科书的推出一直受到各方面的制约未能实现，造成众多所谓"电子书包"中教科书的缺席。

2012年6月，上海市虹口区电子书包项目组召开"数字化教材研发会议"，出版社、教研员、平台软件公司共同深入探讨数字化教育学过程中对于电子课本的需求。随着市场需求的启动，教育类出版社开始行动，从以往静观其变，转向积极求证、探索数字教育出版新模式，包括人民教育出版社、中南传媒、凤凰传媒等拥有核心教材资源的教育出版社均纷纷开展数字教科书的研发工作。

2013年3月，北京教科院课程中心副主任杨德军表示，北京2013年拨出300万用于推进教材数字开发资源的试验，同时，在学习方式改革方面，投资100万进行推进。目前，北京所有区县都遇到了纸质教材的电子化开发瓶颈。有些学校只能将教材扫描后，输入平板电脑中。2013年北京将完成京版纸质教材的电子化开发。同时，还在研发基于整册教材的高端电子化开发。

上海市的教材数字化也在2013年4月有了明确的说法。根据在2013年4月12日开幕的第十届上海教博会新闻发布会上市教委有关方面透露的消息，上海"电子书包"项目正在全市稳步推进，将会推出一批电子教材，全市中小学将进入传统教材与电子教材并用的阶段。据悉，上海计划年内完成100本教材的数字化工作。此外，过去十年在上海远程教育集团累积下来的海量数字化资源将进行分类组合，通过"云平台"供全市共享。

表3 国内部分地区教育领域数字信息化进程

合作方	具体内容
北京市	试点电子书包，并且被北京市科委立为重大科技项目支持
上海市	上海市教委、中国电信上海分公司签署协议，共同推进教育信息化，"十二五"期间将在全国率先建成"万兆级骨干、千兆到学校、百兆到教室"的高速教育信息网络 虹口教育局与运营商、软件企业、传统出版社、数字内容提供商、终端设备企业达成合作，试点电子书包。首批投入在十几所学校试点，成功后将大范围推行
陕西省	2011年10月起，陕西省教育厅开始试点"电子书包"项目。根据各地经济水平差异，陕西省选择了计算机、笔记本电脑、上网本，以及专用阅读器4种不同的信息终端供各校试点。"电子书包"项目所需资金将由政府投入，免费向学生提供，不会增加学生的经济负担
江苏省	省教育厅下发《关于启动基础教育百校数字化学习试点工作的通知》，"在课程、教材、教学、评价、管理等五个领域有所改革和创新，取得经验，并逐步形成'电子书包'的解决方案，以教育信息化带动教育现代化"。南京九龙中学，晓庄学院附中等学校已经开始试点
深圳市	龙岗区2011年12月份启动了"数字化教育"的试点工作，共选择区内四所学校开展试点电子书包工程

资料来源：公开资料整理，长江证券研究部

（二）数字教育出版成为国内各主要出版集团试水数字出版的着眼点

传统出版集团在认识到数字出版的巨大市场规模和转型的紧迫性之后，开始通过自建数字资源数据库、与第三方合作、开发周边产品等方式从教育领域、专业领域试水数字出版。

表4 国内出版集团的数字化探索

出版集团	项目内容
中国出版集团	建立"中国出版集团数字资源总库"、"中国数字出版网"，"中国数字出版网"被列入第一批国家信息化试点
中国科学出版集团	中国科学出版集团数字出版平台，2010年开始为用户提供服务
广东省出版集团	"电子书包"、教育出版数字化平台、广东新课程网、手机出版、广东数字出版基地
安徽出版集团	建立校园和社区数字网络教育系统；开通"时代"网上教育平台；推出第一份教育类手机彩信报
江西省出版集团	数字化出版流程管理、数字化内容出版、网络销售等，从传统的出版物提供者向数字时代的内容服务商转型
陕西出版集团	中国版本图书馆——文化教育音像出版物数据库，项目完成后，该数据库将是国内最权威、最完整的音视频资源数据库
浙江联合出版集团	建设全媒体出版平台；建立新的业务体系，实现数字内容的集成化服务和运营；拓展全媒体出版和按需出版
中南传媒	与华为成立合资公司天闻数媒、开发大众阅读和教育平台、打造省内门户网站、掌上移动网站、虚拟社区
凤凰传媒	研发数字化学习教材，搭建教育出版网站，开发一般图书APP应用程序
长江传媒	实施数字出版235计划，加快建设公司出版物基础数据库；着力打造基于云技术的数字化教育内容服务平台，形成面向全国的教育数字内容服务基地

资料来源：长江证券研究部

从表4可以看出，在全国十大出版集团的数字出版规划项目中，明确将"电子书包"、"教育出版"、"数字化教育内容服务"等教育业务列为重点的达到70%以上。而事实上，几乎每个出版集团均不同程度涉及数字教育出版。当然，目前大多数项目仍处于探索期，能否形成有效盈利模式还有待进一步观察。

（三）国内主要教育出版单位数字教育出版概况

目前，我国教材的版权主要掌握在人教社、高教社、外研社等出版社手中，覆盖小学、高中、大学等重点教材。高考自主命题的趋势让各省内出版社开始进入高中教材、教辅资料的开发领域。教育信息化的深入发展使得各个教育出版机构认识到向数字化转型的必要性和紧迫性，纷纷开展了数字化教材及数字教育服务平台的探索和建设，并取得了一定的成果。

表5 国内核心教材版权资源分布

出版商	教材版权资源
人民教育出版社	负责中小学教材出版，从中小学、高中教育全国市场份额分别为50%、70%
外语教学与研究出版社	国内最大的外语出版机构，拥有4套中小学英语教材，高中英语教材全国市场份额约为16%
人民卫生出版社	以出版医药类高等教育教材为主
教育科学出版社	出版中小学教材，小学《科学》教材市场占有率较高
中国科学出版集团	拥有科学出版社和中国科学技术大学出版社，主要出版科技、医学等领域图书和教材
凤凰传媒	拥有从小学到高中，语数外等核心科目教材，使用人数超过4000万，发行数量超过2亿册，省内市场份额超过80%
中南传媒	自主开发8科9种16套湘版教材，湘版教材省内占有率约为30%

资料来源：原新闻出版总署，长江证券研究部

1. 人民教育出版社：架构全面教学网络平台

人民教育出版社是我国教育出版的国家队和主力军，在数字教育出版方面无疑也走在前列。无论在电子课本研发方面，还是在构建面向学校、学生、教师的服务平台方面，人民教育出版社近年来都进行了全方位的布局。

（1）人教数字校园：服务教师的课堂教学、备课和教学管理

2011年人民教育出版社推出服务于教师课堂教学的"人教数字校园"

（PEP e – Campus Live）。该产品通过分析教学、教研和教务需要，整合教学策略、集成多种媒体资源，利用信息化手段辅助教师进行课堂教学、备课和教学管理，人教数字校园三大功能如下：

①人教数字校园备课系统：主要是为教师提供丰富的教学资源、教育专题内容及提供共享资源的平台。教师可根据教学需要，自行完成课件的组织、制作，并保存到服务器供自己或其他教师授课使用。

②人教数字校园授课系统：以教师授课电子书为主体，集专家供稿的多媒体课件、全国著名特级教师的示范课、资源库、工具箱为一体。

③人教数字校园教务系统：集校务管理系统、课程管理系统、教室管理系统、成绩查询系统、教师评估系统、学籍管理系统等功能于一体，涵盖中小学教育管理的方方面面，促进了学校管理与教学的全面升级。

（2）教师网络培训与服务平台：帮助教师理解课程与提高教学业务能力，服务教师成长

教师网络培训与服务平台是为配合人民教育出版社在中小学教材市场与培训方面的工作，满足广大教师用户的需求而建设的，主要为用户提供以下服务：①在线课程：聘请课程和学科教学专家、教材编者、培训专家等，围绕课标解读、教材介绍和解析、课堂教学研讨等教师普遍关注的问题开展在线讲座和研讨，支持本地下载、在线点播、在线直播三种服务模式。②在线资源：设课程、教材、教学、交流四个板块，为教师用户提供资源服务。③在线答疑：集中培训阶段，主讲专家、教材责编可坐镇值班在线答疑，组织在线音视频答疑。④在线活动：组织开展各学科在线专题研讨，开展全国性的优秀教学设计、优质课件等评比活动。该平台于2012年9月上线公测，10月正式开通，截止2013年2月底，平台注册用户超过26000人。

（3）人教网及学科集群网

广大教师、学生、家长等了解人教社及其产品的平台，为中小学各学科的教学和学习提供丰富资源和社区交流服务，为包括人教版教材用户在内的数以亿计的基础教育领域广大师生提供资讯、资源、培训、答疑和交流互动等诸多方面的服务。目前注册用户达134万。

（4）第二代人教数字教材

结合当前我国教育信息化应用环境的实际，人教社组织开发了配合新教材

的第二代人教数字教材（电子课本），其最大特点是针对教学的知识点和重点、难点、疑点，精准配置能够提高学生认知的图片、音视频、动画等数字化资源，并且可以为跨平台、多类型（Windows、Android、iOS 等）终端使用。该产品已完成部分学科的 DEMO 试用版，将于 2013 年秋季推出 7 个学科（包括英语、语文、生物、物理等）的中学版。

2. 高等教育出版社：确立"数字高教"新坐标

近年来，高教社不断加大数字出版的投入，仅支撑性平台建设（包括内容管理平台、数字复合出版平台、各类运营网站）和各类数字化教学资源建设两项，累计直接投入均在 1000 万元以上。

高教社构建了增值服务模式，读者在拿到教材后，通过账号和密码登录高教社相关网站，获得资源和教学等方面的服务。目前，高教社书配卡的教材超过 1300 种，累计发行的学习卡数量超过 1 亿张，每年的直接收益超过 3000 万元。为满足学校数字化教学的需要，针对不同学校的个性化需求，高教社自 2009 年开展了在线课程个性化定制服务。此外，高教社还制作了独立产品进行销售，如大学体验英语互动学习系统、体验汉语互动学习系统，生命科学与医学学科的电子图书等，这些产品不仅占据国内市场，同时也销往海外。

中国教育出版传媒集团党委书记、总经理李朋义为高教社制定规划时提出，到"十二五"期末，高教社应基本建成数字化高教社，并应成为国内数字出版业的引领者。

3. 凤凰传媒

凤凰传媒是江苏省内最大的图书出版发行集团，在新闻总署公布的 2010 年全国出版、发行行业排名中，均排名第一。凤凰传媒在教育领域优势突出，是国内第二大中小学教材出版基地，共出版 23 种国家标准课程教材，也是除人教社以外，全国唯一一家覆盖小学、初中、高中等中小学教育全部阶段、语数外等核心科目教材齐全的出版企业。国内 29 个省、自治区、直辖市（含江苏省）2000 个以上县区超过 4000 万学生使用苏版教材，每年发行册数超过 2 亿册，省内市场占有率超过 80%。公司已经在自主教材版权的基础上开发了数字化教材、在线学习网、电视教学等数字化产品。

近年来，围绕内容和平台建设，凤凰传媒在教育出版数字化方面开展了一系列卓有成效的工作。凤凰传媒针对凤凰版的各种教材延伸开发,形成多媒体、多元化发布的数字化教材,2011年数字化教材光盘版取得较大总发行量;大力进行教育内容投送与服务平台的建设,已建成并运营凤凰教育网、中学学科网、凤凰学习网、电视教育等。同时,凤凰传媒还利用互动电视、ITV等电视新技术,结合教育出版资源开发视频资源,开发电视教育业务。去年,他们与江苏电信、江苏广电网络两大运营商签署合作协议,分别在ITV、互动电视上开设凤凰教育专区,目前已有3000多小时的电视教育节目通过这些渠道播出。

表6 凤凰传媒数字化转型布局

公司	领域	数字化途径
凤凰传媒	大众图书	凤凰听书网建设已经启动
		基于自身出版资源,开发多个基于平板电脑、智能手机的应用程序,已经在App store等渠道正式上线
		《董事会》杂志电子版销往世界27个国家和地区
		诞生《凤凰动漫》、《少年文艺》等一批上线新媒体
	教育数字化	成功开发凤凰版高中数字化教材,光盘销售超过500万张,在北京等省市全配套
		凤凰教育网、凤凰学习网、凤凰学科网三大教育出版网站初具规模
		"凤凰教育视讯"在江苏广电互动电视和江苏电信ITV正式投放运营
	网游领域	控股知名游戏网站游侠网,尝试拓展网游产业

资料来源:公司年报,长江证券研究部

4. 中南传媒

中南传媒作为地方出版业龙头,规模仅次于凤凰传媒,旗下出版业务排名全国第二,发行业务排名第六,综合实力仅次于凤凰传媒,并自主开发8科9种16套湘版教材。湘版教材省内占有率约为30%,仍然有较大的提升空间,省外教材推广力度较大,2011年省外教材码洋超过6亿元。

中南传媒在数字化出版方面开展较早,布局最为完善,覆盖大众图书领域和教育领域。从2011年开始,中南传媒全面推进数字化战略,实现了与华为技术的战略合作,共同注资3.2亿元打造技术领先的数字出版平台和电子书包基地，推出数字教育整体解决方案 AiSchool，目前公司开发的数字书包已经在深圳龙岗区进行试点。

表7 中南传媒数字化转型布局

公司	领域	数字化途径
中南传媒	海外数字出版平台	与当地运营商、内容商合作，提供成熟的数字阅读技术解决方案及运营服务模式，推出符合当地文化需求的产品，包括手机报、手机阅读 WAP、手机阅读客户端、手机游戏及各类应用程序。
	三网融合创新教学平台	携手中广传播集团打造三网融合创新教学平台，在为受众提供丰富的一站式教育教学服务的同时，为传统出版企业提供快速开放的数字教育资源发行通道，支持文字、图片、视频、动漫等各种内容资源的整合交互应用。
	电子书包技术实验及示范工程	研发具有自主知识产权的电子书包硬件产品和软件，整合国内的教育出版资源，为出版企业参与到电子书包相关产业探索经验、创新示范，并为推动整个出版产业数字化转型贡献提供示范效应。
	运营商手机阅读业务	天闻数媒全力拓展与电信运营商的业务合作，分别与移动、电信、联通等运营商开展了多项手机阅读业务，并与湖南联通共同打造了中国联通阅读平台。

资料来源：公司年报，长江证券研究部

此外，国内其他出版传媒集团也正在利用自身拥有的教育资源打造在线教育平台，实现从教育出版商向教育服务商的转型。广东省出版集团努力开发电子书包项目，把集团在教材出版方面的优势延续到新媒体领域。四川新华文轩与北大方正合资成立明博教育，研发"优课"数字校园，在教育界也取得了一定影响。安徽时代出版公司计划建立在线教育服务平台、少儿阅读互动平台等。

（四）数字出版企业的数字教育业务发展

在数字教育出版领域，除了传统大型出版集团和教育出版社之外，还有一支重要力量就是原生的数字出版企业。如果说围绕传统教材相关的数字教材、数字教育内容服务是传统教育出版集团的天下，那么，这些原生的数字出版企业给数字教育出版带来的是更为多元化的创新气象。

1. 中文在线：携数字阅读服务切入数字教育

中文在线（www.ChineseAll.com）于2000年成立于清华大学，是中国数字出版的开创者之一。中文在线与400多家出版社、2000多名知名作家和50000多名作者合作，以出版社、知名作家、网络原创作者为正版数字内容来源，进行内容的聚合和管理，以互联网、手机、手持阅读器、数字图书馆等终端数字设备进行全媒体出版，构筑了数字出版的新业态。

早在2003年中文在线即与中央教育科学研究所合作推出国内首个"中小学数字图书馆"。2010年，中文在线推出"书香中国"云图书馆服务，开始探索从传统产品模式逐步向SAAS云服务模式转型。2012年，中文在线分别针对数字阅读市场推出"微书房"，针对数字教育市场推出"智慧钥匙"解决方案，实现"云＋端"相结合的数字阅读、数字教育解决方案。在数字阅读方面，"书香中国"不仅仅是一个新型数字图书馆，更是集阅读、互动于一体的读书活动组织平台，可以将学校、老师和学生以数字图书阅读为载体、以主题读书活动为抓手紧密联系在一起。在数字教育方面，中文在线参与了上海市虹口区电子书包项目试点，研发"电子书包资源发布与版权管理平台"，与虹口区教育局、微创软件等共同打造数字教育服务平台。

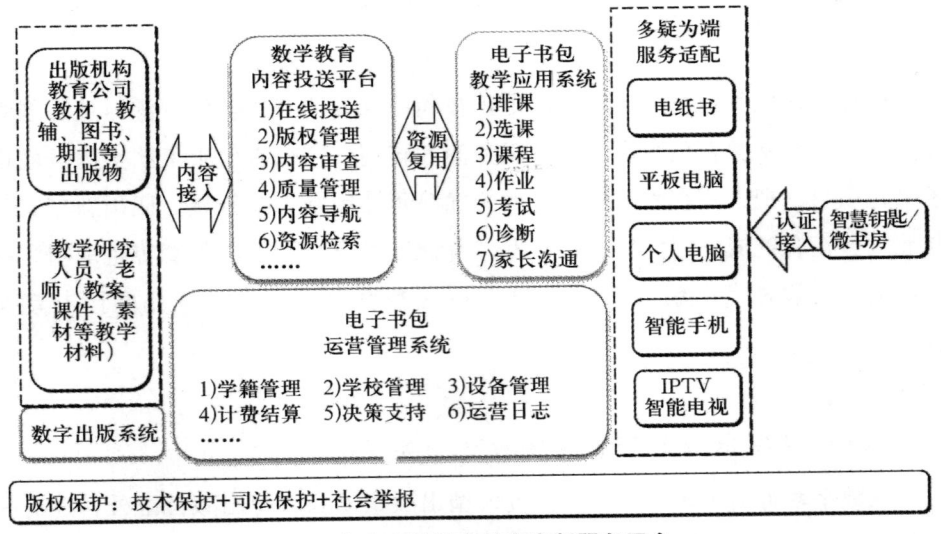

图1　中文在线数字教育出版服务平台

2. 天闻数媒："云＋管＋端"，打造数字教育整体解决方案

2011年中南传媒集团携手华为技术有限公司成立合资公司天闻数媒之日

起，数字教育就成为其"一号工程"。天闻数媒一方面依托中南传媒拥有深厚的内容积淀及内容策划生产实力，一方面背靠华为拥有雄厚的技术力量及遍布全球的运营商通道，这样的优势也让天闻数媒形成了打"组合牌"的思路。天闻数媒推出的数字教育解决方案 AiSchool 既包括云设备、云存储、云平台软件，也包括网络设备、电子书包终端、课堂操作软件、电子教材、电子课本及教育应用咨询与培训。

AiSchool 云课堂应用先进的"云、管、端"技术，聚合精准丰富的数字化内容，完整覆盖课前、课中、课后、课外的教育和学习全流程。AiSchool 云课堂包括备课中心、授课中心、测评中心、题库中心、内容中心、教学质量分析中心、教师云空间等九大系统，构建了一个全面支持教育数字化的综合管理、教学、学习平台，提供了一种从端到端的数字化教育解决方案。

通过 AiSchool 云课堂的应用，学校教育将逐步向以学生为中心的教学方式转变，真正建立"教师主导—学生主体"的教学模式；实现课堂教学从讲授式向研究探索式、合作学习式转变，从而带来学习方式向个性化、差异化的转变；最终，实现向新课程提倡的"教学内容呈现方式"、"教师的教学方式"、"学生的学习方式"和"师生互动方式"的转变，实现学生、教师和学校的同步发展。

四、数字教育出版产业面临的问题及对策

（一）教育出版市场开放有限，市场活力释放不足

由于教育出版在我国有着较为严格的管制，市场化程度较低。特别是中小学教科书的选用权，目前仍然是高度集中在地市级教育主管部门，这一方面保障了现有教学考试的秩序，但同时却扼杀了教材出版的多样化、市场化发展。同时，严格的升学考试和选拔制度，也使得学生的学习仍在很大程度上围绕考试指挥棒转，缺乏个性化、多样化的发展途径。这也是我国数字教育出版的形态总体上没有国外的丰富、产品也没有国外的多元，企业介入教育往往叫好难叫座的原因。国外数字教育出版能够诞生众多细分化的专业服务公司，呈现百花齐放的态势，很大的原因在于教育体制上的不同。随着教育理念的更新，教

育、出版管理体制机制改革的不断深入和完善，数字教育出版的创新将会加快，新的产品、新的模式、新的业态也将日益丰富。

（二）数字教育资源的出版发行和应用机制有待构建

目前，由于数字教育资源的公共消费属性，政府包办数字资源开发建设，自建自用的情况仍大量存在，造成专业数字资源开发机构难以获得生存机会。因此，构建一个可以社会化、可持续运营的数字教育资源流通和应用机制是当前数字教育出版中最缺乏的。在数字教育资源开发方面，过去有了太多的政府包办资源开发和采购的失败案例，原因在于这是不符合市场经济规律的。长远来看，如何做资源？或者做成什么样的资源？这些应该都是市场化的，是专业出版社、专业课程公司要考虑的事情，而政府用于采购数字资源的资金，应逐步向学校、学生、教师下放选择权，市场机制被证明是社会资源分配的一种良性机制，尽管是政府统一采购，但也应让供需能够自主选择，要有清晰的角色分工，要有交易机制，通过交易，让供需实现匹配。而政府也应遵循市场经济的规律，以购买产品或服务的形式来获取所需教育资源，而不是大包大揽，自己组织力量去开发数字教育资源。

（三）数字教育产品形态单一，低水平重复严重，缺乏专业分工

国外的数字教育出版，呈现出的多数是专业化的第三方服务机构，每个企业都会有自己细分化的市场定位，并可与其他系统广泛衔接。德国的教育出版社把数字出版的重心放在用户体验上，并不追求令人眼花缭乱的技术效果和海量内容。比如康乃馨出版集团，他们研发外语教学产品基本功能很简单，仅仅包括单词卡、试卷、组卷系统等功能，但是在用户体验方面却做得非常实用和科学，画面美观、界面友好、让人忍不住不断地试用。柯莱特出版集团开发的一款阅读训练类产品，以游戏和学习结合的方式提出了"阅读许可驾照"的概念，使学生和孩子在游戏中不断深入学习，最终完成教育体系要求的阅读训练标准。而国内的数字教育出版，很多企业在产品规划上缺乏明确目标，造成大量的低水平重复建设。新东方俞敏洪认为未来教育有三大模式：地面教育、互联网平台供应商、内容提供商，现在不少在线教育都把内容和平台一起做是走不通的，对于在线教育，新东方未来的定位是一个内容提供商，把内容提供给平台商去运营。

（四）教育研发人才短缺

数字教育出版需要大量既懂教育，又懂技术的教育研发人员。我国教育系统的人才培养周期长，流动性不高，特别是教育界和企业界之间的人才流动更是少之又少，这就导致教育研发人员严重不足，做出的产品难以满足教育的需求。因此，在数字教育出版中，技术是实现的手段，关键是教育理念和方法的体现，要研发出好的数字教育产品，就必须要组建一支跨学科、跨职能的团队紧密合作，以确保教育产品的研发符合教育的规律和需求。

（五）教育信息化仍需大力推进，师资培训任重道远

数字教育产品的需求源自教育信息化的深入发展。尽管我国推行教育信息化已经有十多年的历史，但是教育信息化仍有待进一步推进，信息技术与学科教学的融合还有待进一步加强。不少地方，教育信息化仍然是形象工程、面子工程或被动而为，并没有成为自觉自发的需求。特别是教师的教学理念和方式，更不是一朝一夕能够改变的，只有教学方式变革了，那么教育和信息化才能真正达到水乳交融的地步，那个时候，数字教育出版真正的春天也就来临了。

五、数字教育出版产业发展趋势

数字科技的推动，可以使教育和出版得到有机融合，带来数字教育出版产业全新的想象空间。放眼未来，我们可以预期，数字教育出版产业发展将会呈现如下趋势。

（一）越来越多新媒体公司将异军突起，角逐数字教育出版市场

传统教育出版中，出版社是唯一的出版主体，数字出版环境下，包括互联网公司、在线教育公司、教育软件公司、数字课程开发公司等在内的以IT技术为基因的IT企业将成为数字教育出版的重要力量。国际上，谷歌、微软、脸谱

等国外大型 IT 公司相继介入数字出版领域；苹果、亚马逊等既有的数字出版企业，向产业链上下游大肆扩张。

（二）基于学习行为的数据挖掘和自适应学习成为技术支持学习的重要追求目标

几千年来，人们追求的教育的最高境界是"因材施教"。数字教育出版结合数字技术和自适应学习技术，为实现"因材施教"创造了最佳的条件。不论传统教育出版机构的数字化业务，还是新型数字出版企业，大多数都将测评、题库、考试作为一个重要的产品方向。同时，各类基于评估的数据挖掘技术也成为大型出版机构收购的重要目标，从 Pearson 收购 certiport（思递波），麦格劳－希尔收购 Area9 我们均可以看到这类趋势。此外，无论在 Inkling 平台，还是 Kno 公司平台，都将学习和阅读过程数据的收集和分析作为重要核心竞争力。这也体现了人们对技术支持学习的期望，新的数字化教育出版产品要能够解决更为个性化的教育和学习的需求。

（三）数字教育内容服务将呈现多终端、跨媒体特点

据市场情报公司 IDC 发布的数据显示，2012 年全球平板电脑出货量达到 1.074 亿台，而 2010 年这一数字仅为 1700 万。我们正在目睹数字内容分发和消费方式带来的重大转变，智能手机、平板电脑和 PC 的协同工作成为一种常态。同时，结合云服务的广泛应用，"一种内容，多种终端，同步发布"将成为数字内容服务的标准配置。前述提到的创新教学平台 Kno、Benchprep 以及国内的沪江网校、YY 教育、传课等，均提供了多平台的内容服务。当今的数字世界，已经不是追求"一人一本"的时代，而是面临"一人多屏"的数字化环境，包括智能电视在内，都已成为人们获取数字资源的新载体，数字出版要真正实现"任何人，在任何时间、任何地点、获取任何内容"的"4A"目标，内容服务必然要走向多终端、跨媒体发布。2012 年 10 月 2 日，美国新格式内容转换中的领先者数据转换实验室（DCL）以及教育出版商协会（AEP）在纽约公布了 K－12 教育市场的《重回校园，面貌已变的调查》：77% 的人认为出版商如果不行动起来进行多介质出版，将会被逐出这个行业，同样比例的人认为，那一天已经不远了，预计五年内印刷材料与数字内容相比，更显无足

轻重。

（五）传统出版商与IT技术公司的合作将成常态，产业化分工协作日益频繁

今天的教育出版的情况和十年前媒体和娱乐出版领域的状况类似，这需要创新的商业模式、传播渠道，还有更重要的是全新的产品设计理念。令人惊讶的是，教育出版商并没有从媒体领域获得足够的经验，至今在技术采纳方面进展缓慢。然而这一点在2012年已经出现了可喜的变化。

首先，培生收购Embanet Compass，扩大在线学习市场，然后麦格劳－希尔购买了Area9公司20%的股份，强化自适应学习技术。最近，卡普拉与Techstar合作创立了教育技术公司，帮助年轻的企业家开发创新的教育技术产品和服务。这表明出版商对新兴趋势的关注，希望与新创技术公司携手开创未来。接下来这种有益的合作尝试还将越来越多。

参考资料

1. 长江证券研究部：《数字出版之路：源于内容，兴于教育》（2012年5月）
2. 程晓龙：《2012数字出版脉动》（中国新闻出版报2012年12月13日）
3. 张颖：《德国教育出版：回归本质》（《出版人》2012年12月）
4. 宋吉述：《立足专业与线下的多元化模式——韩国教育出版数字化探究》（百道网2012年3月）
5. 李淼：《数字出版企业出手数字教育》（中国新闻出版网）
6. 丛挺编译：《2013哪些数字趋势将重塑教育未来？》（百道网2013年04月08日）
7. 鸣谢：人民教育出版社、麦格劳－希尔公司提供资料

（作者单位：上海中文在线文化发展有限公司）

中国手机杂志阅读报告

张 畅

2012年，全球移动互联网市场随着智能终端的热销迎来突飞猛进的增长。三星于2013年1月14日宣布Galaxy S系列手机销量突破1亿部，苹果公司则在2012年售出了逾1亿3500万部iPhone。与此同时，作为全球智能终端增长最快的市场，中国的智能手机用户正在急速发展，据市场研究公司Flurry Analytics最新研究报告显示，中国现已超越美国成为全球最大的智能手机和平板电脑市场。面对硬件迭代速度加快以及用户的井喷，中国的移动互联网市场正迎来一次新的变革。

另一方面，移动互联网的发展正在更加明显地影响传统行业，作为受移动时代影响最深的行业之一，传统出版业正面临着前所未有的挑战，美国《新闻周刊》于2012年12月31日发行了最后一期印刷版杂志，这本拥有近80年历史的知名刊物宣告全面进入数字化时代。而受杂志销售下滑影响，全球发行量最大的杂志之一《读者文摘》也于近期再次申请了破产保护。在中国的杂志出版市场，数字发行仍处于发展阶段，对传统订阅及零售模式未造成根本性影响，但媒体巨头抢占新媒体市场份额已成普遍共识。通过手机杂志数字出版与发行服务平台VIVA无线新媒体的最新数据显示，2012年手机杂志阅读用户规模及阅读数据均出现飞跃性提升，移动互联网对中国杂志出版市场带来的冲击也已显现，行业的变革指日可待。

为进一步了解中国手机杂志阅读行业的发展现状，拥有近9000万用户的VIVA无线新媒体特发布《2012年度手机杂志阅读报告》，对2012年全平台的阅读数据、用户的使用习惯进行详尽梳理及分析，旨在为快速发展的无线阅读市场提供更多有价值的信念，并进一步推动中国无线阅读行业的发展。

一、手机杂志用户行为分析

1. VIVA 中国手机杂志数字出版与发行服务平台龙头地位彰显

2012 年下半年，VIVA 无线新媒体（以下简称 VIVA）与中国移动手机阅读基地进入了新一轮的合作周期，仍将以中国移动阅读基地最重要的杂志内容合作伙伴、技术支撑方身份，与其保持最紧密的合作。

同时，作为中国联通最重要的合作伙伴之一，VIVA 是中国联通阅读基地内容提供商，是中国联通应用商店最大的手机杂志软件提供商。VIVA 还是中国电信阅读基地手机阅读软件平台提供商，内容提供商。此外，VIVA 还与奇虎 360、豌豆荚、安卓网、安智网等国内领先的无线互联网公司达成内容合作协议，进一步拓展手机杂志用户范围，巩固了自身在中国手机杂志数字出版与发行服务平台的龙头地位。

经过一年的发展，中国移动阅读基地用户规模现已达到了 3.5 亿，月访问用户超 8500 万，日点击量达到 4.9 亿次，中国电信数字阅读用户也突破了 8000 万。在运营商的推动下，手机阅读正普及至每个人的生活。作为手机阅读中重要的一支力量，手机杂志拥有更高的读者定位，更深入的内容报道，更精美的展现形式，与智能终端的相得益彰，让手机杂志用户在本年度获得了快速增长。

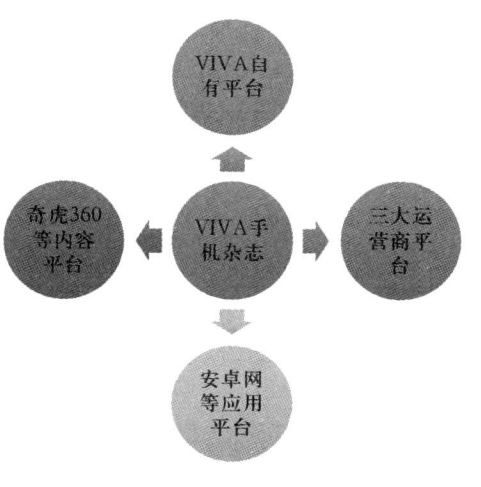

图 1　VIVA 广泛的合作渠道

2012 年，VIVA 还获得了奇虎 360 的战略入资，作为重要合作伙伴，VIVA 通过与 360 的深度合作，所提供的手机杂志内容成为 360 电子书频道中最受欢迎的内容之一。单就 360 平台而言，VIVA 手机杂志在 2012 年下载量就超过 2 亿 5000 万次，其中最高单月下载超 4000 万。借助 VIVA 数字发行渠道的全面覆盖，中国的亿万无线用户得到了手机杂志这种同时具备视觉冲击力与内容深度的完美阅读体验。

VIVA 的快速发展也引起了第三方研究机构的高度关注。速途研究院近期发布了《2012 年手机杂志年度分析报告》，报告指出，相对单本杂志 APP 来说，手机杂志平台的影响力更大，市场前景更加广阔。从手机杂志平台下载量排行看，VIVA 手机杂志一家独大，单个第三方平台下载量为 461 万（如图 2），远远超过了排在第二位的 Flipboard 中国版的 63 万，是第二位 Flipboard 中国版的 7 倍多，VIVA 手机杂志市场地位稳固，短期内难以有其他竞争对手对其构成威胁。

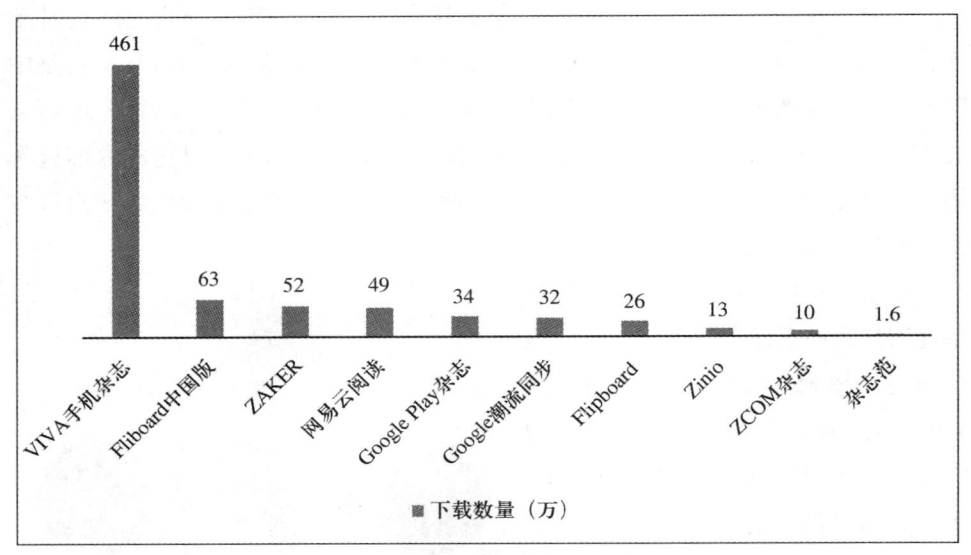

图 2　手机杂志单个第三方平台下载量排行

资料来源：速途研究院①

2. 2012 年手机杂志用户井喷，Android 增长迅猛

2012 年，手机杂志用户出现了井喷之势，截止 2012 年 12 月 31 日，在 VIVA 自有平台上，客户端用户规模累计达到 8800 万。2012 年增长率达到了 259%，连续两年保持 200% 以上的②快速增长（如图 3）。

---

①　速途研究院仅针对单一第三方平台下载数据进行统计，未覆盖所有应用商店以及 VIVA 合作的全部渠道。

②　速途研究院仅针对单一第三方平台下载数据进行统计，未覆盖所有应用商店以及 VIVA 合作的全部渠道。

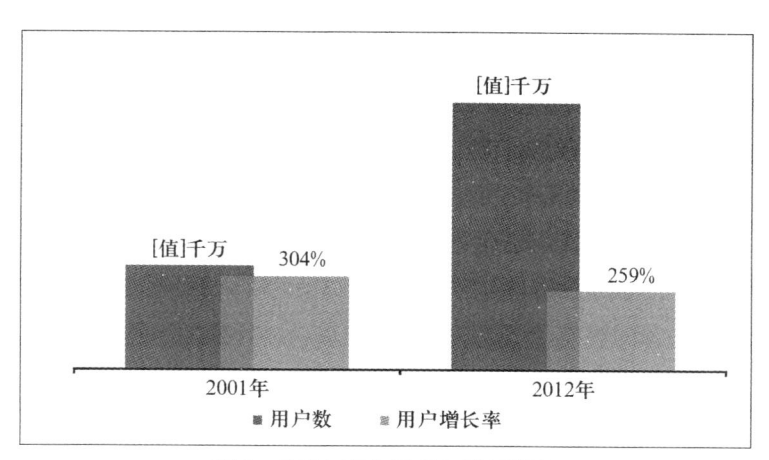

图3 VIVA客户端用户增长情况

在逾5000万的新增用户中，绝大部分为Android用户，占比超过85%；iPhone用户新增占比11%，Pad用户占比3%，其他平台如Windows Phone占比则不足1%（如图4）。由于大量厂商的介入，2012年Android在中国市场发力明显，作为Android手机上最好的杂志阅读应用之一，VIVA也在Android平台上收获了最多的用户。

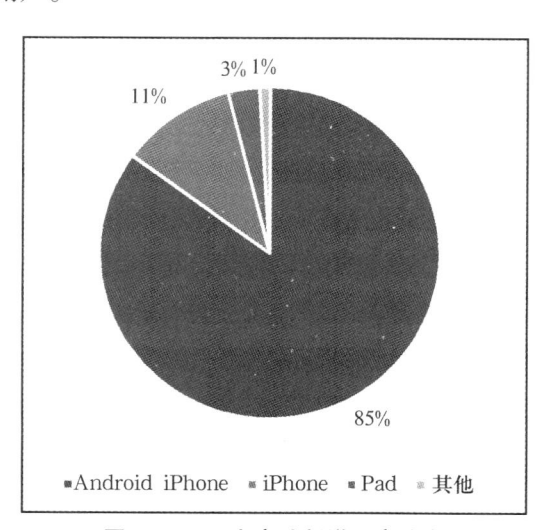

图4 VIVA客户端新增用户分布

同样的趋势也表现在Pad客户端，尽管与庞大的手机用户群相比，Pad新增用户占比略微，但在2012年新增的150万Pad用户中，Android Pad用户同样占绝大多数的76.23%，iPad新增用户仅占Pad增长总量的19.71%。Windows Surface 自 2012 年 10 月上市以来，也为 Pad 市场带来一股新鲜的力量，在 VIVA 新增的 Pad 用户中，有 4.06% 为 Window 8 用户。Android Pad 新增用户规模达到 iPad 新增用户的 4 倍（如图 5）。

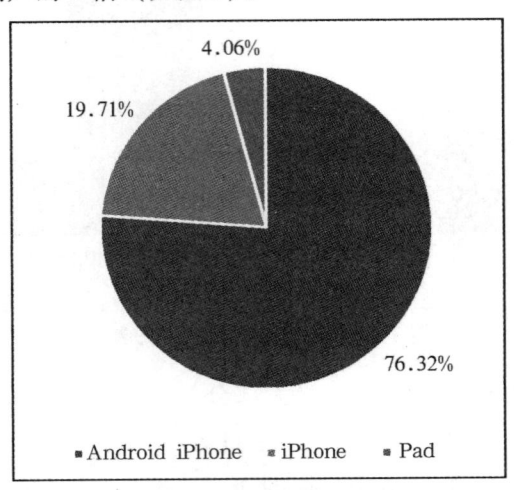

图 5　VIVA Pad 客户端新增用户分布

经过 2012 年 Android 用户的爆发性增长，VIVA 整体的用户结构也发生了一定变化，在 8800 万 VIVA 客户端用户当中，Android Phone 用户最多，占到全体用户的 80.9%，iPhone 用户占 15.64%，Windows Phone 用户占 0.49%，其他手机如 BlackBerry 等占 0.32%，Pad 客户端用户则占 2.65%（如图 6）。与去年相比，Android 手机用户比例上升了 12 个百分点，表现尤为突出。

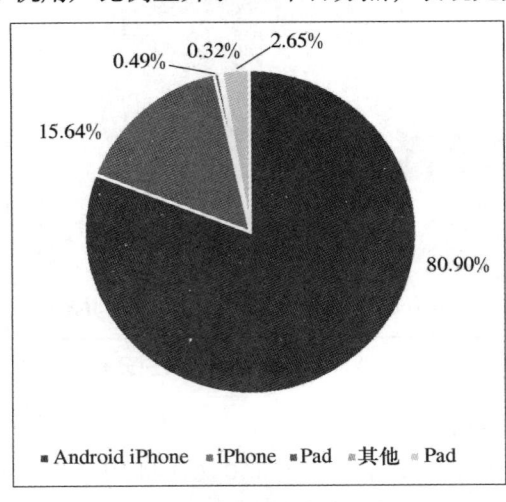

图 6　VIVA 整体用户分布

除了用户规模的突飞猛进，Android 用户的结构也发生了较大逆转，在 2012 年新增的 Android 用户中，三星手机用户占据了半壁江山，高达新增 Android 用户的 51.03%，国产品牌也毫不示弱，步步高、华为、联想分别以 16.86%、9.63%、7.2% 的比例分居新增 Android 用户的二三四位，Moto 与 HTC 仅以 4.1% 和 1.74% 排在第五、第六位（如图 7）。

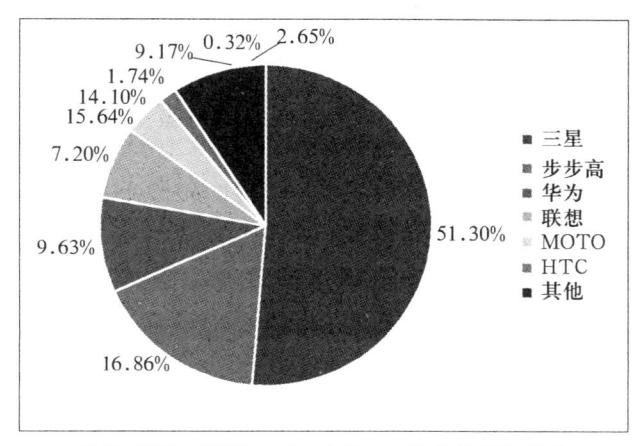

图 7　VIVA 新增 Android Phone 用户按品牌分布

3. 京沪粤苏四地人士最爱手机杂志

作为优秀的中文手机杂志平台，VIVA 的用户现已分布至世界各地，当中不乏来自美国、日本等国家与地区的用户。在 VIVA 手机杂志的全部在线用户分布中，99% 仍来自于中国内地（如图 8），同时广东用户的比例最高，达 12.02%，其次分别为北京、江苏、上海、山东、四川、浙江（如图 9）。排名

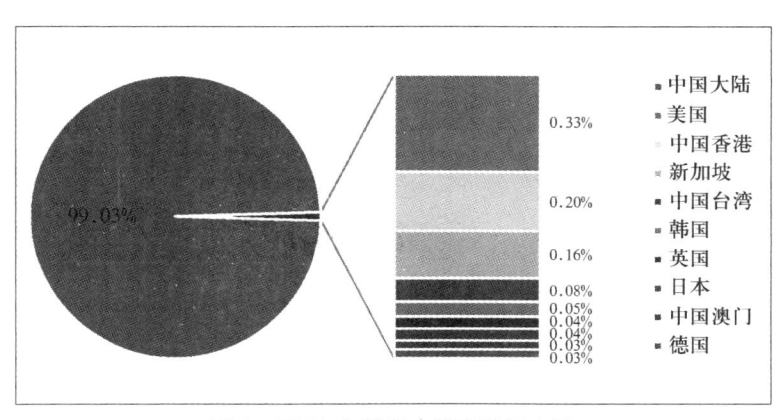

图 8　VIVA 在线用户国际地区占比

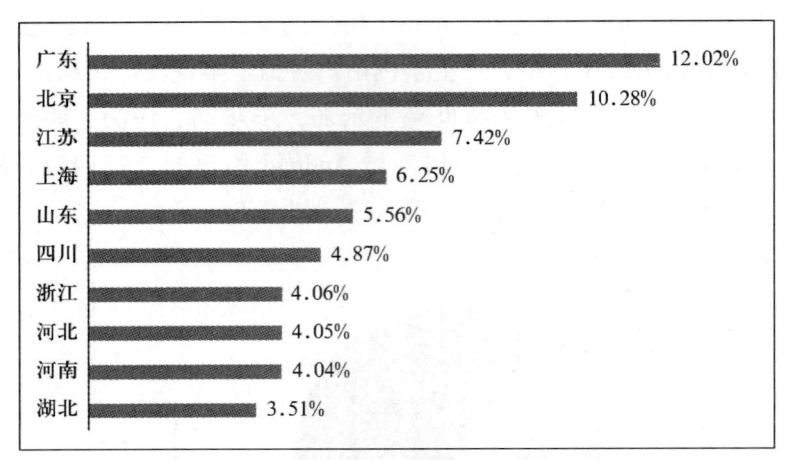

地区	占比
广东	12.02%
北京	10.28%
江苏	7.42%
上海	6.25%
山东	5.56%
四川	4.87%
浙江	4.06%
河北	4.05%
河南	4.04%
湖北	3.51%

图9　VIVA 在线用户国内地区占比 TOP10

前十的省市基本上当地 GDP 同样位居全国前列，可以看出，在经济相对发达的地区，手机杂志更受用户欢迎。

4. 早上夜间为手机杂志阅读高峰，iPhone 用户更晚睡

与过往的阅读趋势一致，上午和晚上是手机杂志用户最活跃的时间段。通过统计 2012 年手机杂志用户全天各时段用户在线情况可知，手机杂志阅读用户在每日 7∶00 之后进入活跃期，10∶00 至 11∶00 之间达到全天的第一个小高峰，18∶00 以后用户访问最为积极，在线人数开始呈加速上升的态势（如图10）。

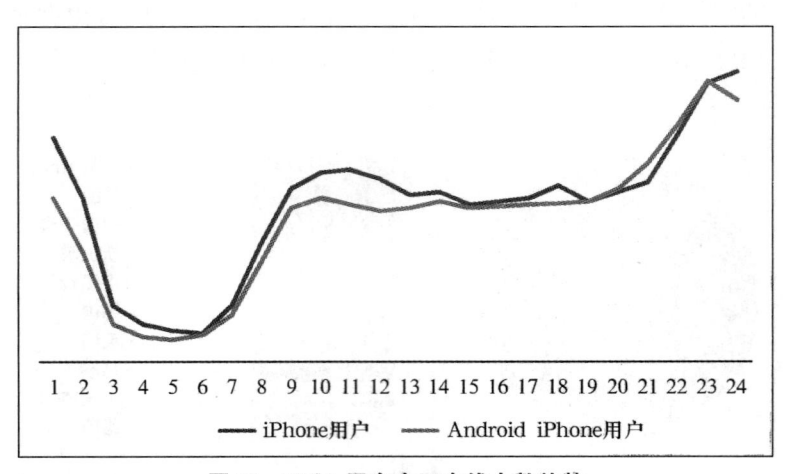

图10　VIVA 平台全天在线人数趋势

尽管阅读高峰都出现在晚上，但值得注意的是，Android 用户在 23：00 时达到峰值后开始下降，iPhone 用户则会在更晚的 24：00 时达到峰值，相对而言，iPhone 用户看手机杂志会看得更晚。

5. 手机杂志阅读数据创新高，专题化运营收效明显

2012 年，在 VIVA 自有平台上，杂志日访问量突破千万，每天有近 200 万本杂志被下载，均创下历史性新高。

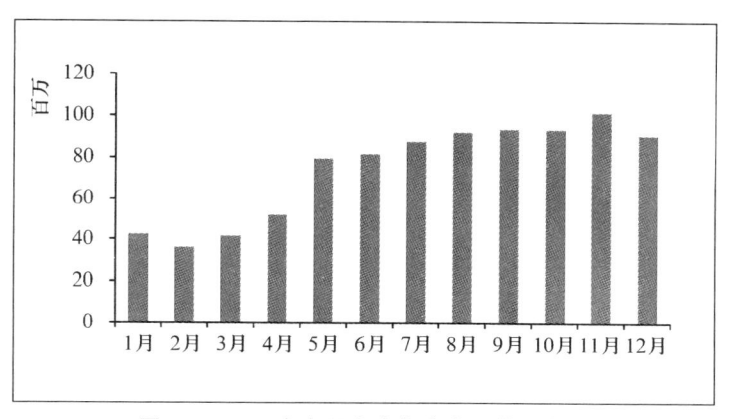

图 11　VIVA 自有平台全年杂志下载量走势

通过全年的杂志阅读走势可以看出，在 2012 年 7 月和 8 月期间，客户端在线阅读量达到年度峰值（如图 12），这段期间恰好是伦敦奥运会举办时间。VIVA 通过在客户端增设奥运专区，开展用户活动，与《足球周刊》、《体育博览》等知名刊物合作推广专题杂志，针对奥运赛事推出每日更新的原创杂志等，有效地抓住这一历史机遇，创下了用户在线阅读量纪录。

在结合重大事件的手机杂志专题运营上，VIVA 已经获得丰富的经验，并取得相当成功的效果。除了奥运这样的重大事件外，VIVA 会根据新闻事件、节假日活动等有效地重新整合品牌杂志内容，进行专题化营销。在十一黄金周期间，VIVA 通过整合《红秀》、《OK！精彩》、《旅行家》、《环球人文地理》、《Vista 看天下》等多种类型杂志的旅行专题，推出特别针对手机杂志用户的长假特辑，让用户可以在同一个页面中浏览 30 本杂志有关旅行的内容，最终获得明显效果，不仅没有再现过去长假期间在线阅读量降低的现象，反而令 10 月份客户端在线阅读量高于 11 月和 12 月，专题化运营的效果显著。

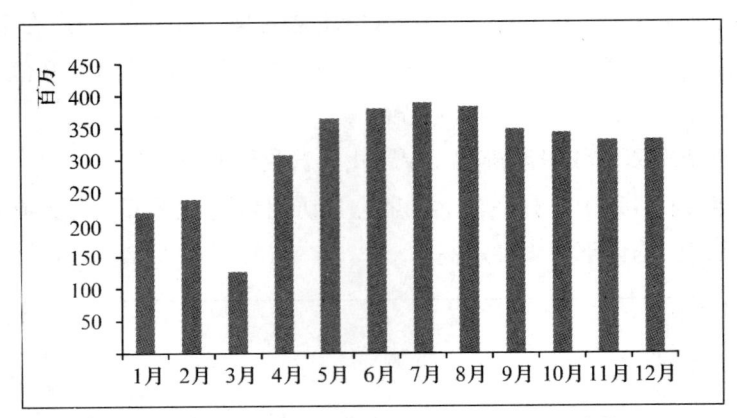

图12　VIVA自有平台全年杂志在线阅读量走势

6. 单次登录，每位用户比2011年多看1本杂志

除了杂志在线阅读量与下载量均创下纪录，手机杂志用户在2012年也表现出了更高的用户黏性。2012年，VIVA人均客户端停留时长较2011年的823秒增加到了1021秒，意味着平均每位用户每次登陆VIVA手机杂志客户端，停留时间约为17分钟，较2011年多花了3分多钟时间。另一方面，人均阅读杂志本数也由2011年的2.3本上升到了3.7本。每次登陆，每位用户较前一年将多看至少1本杂志（如图13）。

图13　VIVA用户2012年单次登录访问时长及阅读本数

二、2012年度手机杂志排行榜

评选规则：2010年以来第三方机构（新生代、艾瑞、速途等）对VIVA数据进行连续的评估、监测与调查，均认为VIVA在中国手机杂志市场占有量超过70%。2012年，VIVA共发布7206本杂志，基于每本杂志在VIVA自有平台、三大运营商平台、奇虎360等战略合作渠道的数据统计，针对杂志下载

量、在线阅读量、平均阅读时长、平均阅读页数等维度综合加权求出极值，通过极值线性变换对不同的用户行为数据完成标准化分析，并采取量化指标，消除运营人为因素对单一品牌杂志的影响，并对用户关注的主客观因素和阅读需求进行深入解读，VIVA得出更具代表性的《2012年第三届中国手机杂志排行榜》，我们认为它大致代表了整个中国手机杂志业态的走向。

《2012年第三届中国手机杂志排行榜》是VIVA基于一年一度对手机杂志阅读情况系统进行全面的梳理，通过今年的排名分布，以及与去年排行榜的综合对比，可以看出，中国手机杂志用户正在变得更为成熟，对内容的需求也有了更高的标准。

1. 品牌杂志总排行：手机杂志用户兴趣变得更加广泛

通过综合数据分析，在排名前10的手机杂志中，包括《米娜》、《昕薇》、《嘉人Marie Claire》、《时装L'OFFICIEL》在内的女性时尚类杂志占据了4本，其中《时装L'OFFICIEL》实力展现，首次进入综合总排行的前十。新闻类杂志《现代兵器》与《Vista看天下》2本。汽车、数码、摄影、生活类杂志各一本（如图14）。

2012年度最受欢迎手机杂志TOP10	《米娜》
	《昕薇》
	《嘉人Marie Claire》
	《时装L'OFFICIEL》
	《现代兵器》
	《汽车族》
	《Vista看天下》
	《电脑爱好者》
	《摄影之友》
	《美食堂》

图14 第三届中国手机杂志排行榜最受欢迎手机杂志TOP10

与2011年女性时尚类杂志占据半壁江山相比，2012年手机杂志用户在面对更加丰富的内容时，兴趣变得更为广泛，选择的行为也更加成熟。除了继续追捧图片精美、内容丰富、品牌知名度高的时尚、消费、生活类杂志,手机杂志用户也喜欢拥有较高时效性及可读性的新闻类杂志,甚至对于专业领域的内容,无论是兵器还是摄影,他们也都形成了固定的阅读习惯,给予其极大的热情,《摄影之友》的上榜便是最好的佐证。

在生活方式的内容领域,手机杂志用户也在2012年表现出更多元化的选择取向。除了《汽车族》继续锁定Top10的位置,2012年手机杂志用户也对数码内容表现出极大的热情,《电脑爱好者》一跃进榜,首次有数码类杂志荣登综合榜Top10,同样新入榜单的杂志还有《美食堂》。在优秀的内容面前,用户的选择也更为慎重,即时、便捷、精致、深入的内容仍是首选。

2. 电子杂志总排行:用户最关注内容和品牌

在原创电子杂志排行榜中,杂志品牌格局发生了较大改变,共有《桃色生活》、《男人装·装女郎》、《小资风尚》、《电影风行榜》、《星·月SHOW》5本新上榜杂志。而在用户的内容取向上,2011年单一的性感风向也在新一年里有了转变。除了连续两年上榜的《米娜街拍》外,《男人装·装女郎》同样是品牌杂志开发线下互动性活动,为手机杂志用户量身打造的内容,针对手机杂志用户的特点,以图片阅读的形式为用户带来手机上更好的展现,获得热烈反响实属必然。继柯蓝的《好三八》杂志之后,以主打个人品牌,定位于明星文化的《星·月SHOW》,以及专注于电影市场的《电影风行榜》娱乐类杂志同样获得用户的一致认可。《桃色生活》与继续留在榜单上的《环球宝贝》及《甜心》一样,继续保留了性感路线,而《私生活》则定位于情感类原创杂志,《小资风尚》更是在电子时尚杂志中树立起自己的良好口碑。

不难看出,尽管在原创电子杂志的选择上追求娱乐、休闲的目的未发生根本性的改变,但手机杂志用户开始更加注重原创电子杂志的品牌及内容质量。

3. 高端机用户阅读排行:注重生活品质,喜爱深度报道

随着手机厂商的不断推陈出新,用户在高端智能终端设备上的选择也越来越多,VIVA也在本年度将高端用户的标准进行了适当调整,定义为售价5000元以上的手机用户。

可以看到,一方面2012年高端用户阅读排行榜有了较大的调整,除了《Vista看天下》、《环球企业家》,以及《汽车族》、《汽车导报》继续榜上有名外,其他的杂志品牌均发生了变化。《瞭望》登上高端用户排行榜,反映出高

2012年度最受欢迎电子杂志TOP10	《桃色生活》
	《私生活》
	《男人装•装女郎》
	《环球宝贝》
	《甜心》
	《米娜街拍》
	《小资风尚》
	《电影风行榜》
	《好三八》
	《星•月SHOW》

图15　第三届中国手机杂志排行榜最受欢迎电子杂志TOP10

端用户对于深度新闻报道有着一定需求。同样，《商业评论》也荣登高端用户阅读排行榜Top10，同样可以看出该用户群更加看重于内容的深度。另一方面，《时装男士 L'OFFICIEL HOMMES》取代了前一年的《时装 L'OFFICIEL》，男性时尚杂志在高端用户中变得更受欢迎。除此之外，新上榜的《OK！精彩》与《红秀GRAZIA》均为侧重于明星名流报道的时尚杂志，高端用户在追随休闲阅读的同时，品牌仍是其最关注的对象。

除此之外，2012年新上榜的还有《美食与美酒》杂志，在排名前10的杂志中，时尚类占3本，新闻、财经、汽车类各有2本，生活类1本（如图16）。注重生活品质，喜爱深度报道，重视杂志品牌，无疑是高端用户的三大特色。

不难看出，高端机用户的阅读需求更多指向新闻、商业、男性时尚、汽车等男性消费领域。同时与最受欢迎手机杂志总榜单相比，在最受高端机用户欢迎手机杂志榜单中，首度出现男性时尚杂志的身影，而总榜单中的女性时尚杂志则不在其中。由此可见，男性用户会更在意终端的更新，并追求设备的高性能，而女性用户则更关注时尚潮流趋势，对时尚内容进行深度阅读，对数码产品的更新要求反而较低。

2012年度最受高端机用户欢迎手机杂志TOP10	《Vista看天下》
	《环球企业家》
	《OK！精彩》
	《时装男士L'OFFICIEL HOMMES》
	《商业评论》
	《红秀GRAZIA》
	《汽车族》
	《美食与美酒》
	《瞭望》
	《汽车导报》

图16　第三届中国手机杂志排行榜最受高端机用户欢迎手机杂志

4. 各分类杂志阅读排行：品牌影响作用大

通过各分类杂志的阅读排行可以看出，细分至每一个单一的分类，用户也同样更为注重杂志的品牌，而每本杂志在手机杂志上的具体呈现，无论是更新时间、内容选择，还是展现形式，也都影响着用户对于该杂志的综合阅读数据（如下面9个图）。

2012年度最受欢迎财经类手机杂志	《钱经》
	《创业邦》
	《财经》

图17　第三届中国手机杂志排行榜最受欢迎财经类手机杂志

2012年度最受欢迎汽车类手机杂志	《汽车族》
	《汽车博览》
	《汽车之友》

图18　第三届中国手机杂志排行榜最受欢迎汽车类手机杂志

2012年度最受欢迎数码类手机杂志	《电脑爱好者》
	《数字时代STUFF》
	《电脑迷》

图 19　第三届中国手机杂志排行榜最受欢迎数码类手机杂志

2012年度最受欢迎旅游类手机杂志	《新旅行》
	《环球人文地理》
	《中国国家旅游》

图 20　第三届中国手机杂志排行榜最受欢迎旅游类手机杂志

2012年度最受欢迎生活类手机杂志	《美食堂》
	《健康之友》
	《心理月刊》

图 21　第三届中国手机杂志排行榜最受欢迎生活类手机杂志

2012年度最受欢迎时尚类手机杂志	《米娜》
	《昕薇》
	《嘉人Marie Claire》

图 22　第三届中国手机杂志排行榜最受欢迎时尚类手机杂志

2012年度最受欢迎新闻类手机杂志	《现代兵器》
	《Vista看天下》
	《博客天下》

图 23　第三届中国手机杂志排行榜最受欢迎新闻类手机杂志

2012年度最受欢迎体育娱乐类手机杂志	《影视圈》
	《足球周刊》
	《体育博览》

图 24　第三届中国手机杂志排行榜最受欢迎体育娱乐类手机杂志

2012年度最受欢迎摄影艺术类手机杂志	《摄影之友》
	《摄影旅游》
	《艺术财经L'OFFICIEL Art》

图25　第三届中国手机杂志排行榜最受欢迎摄影艺术类手机杂志

5. 最受欢迎封面文章：独家专题报道受认可

通过对用户在 2012 年上线的所有杂志封面停留时间及阅读转化率综合分析，《环球》杂志的《莫言诺奖之行全记录》，《新民周刊》杂志的《钓鱼岛争议：中日美"三国杀"》，《数字时代 STUFF》杂志的《007 极客装备指南》成为 2012 年最受欢迎的三篇封面文章（如图26）。

除了对热点时事的追踪外，手机杂志用户也对与个人生活息息相关的数码类内容倍感兴趣。在相近的选题下，时效性、独家报道以及内容深度，均是手机杂志用户最关注的指标。

2012年度最受欢迎封面文章	《环球》——《莫言诺奖之行全记录》
	《新民周刊》——《钓鱼岛争议：中日美"三国杀"》
	《数字时代STUFF》——《007极客装备指南》

图26　第三届中国手机杂志排行榜最受欢迎封面文章

6. 用户订阅榜：呈现多样化选择趋势

除了通过阅读数据的分析，我们还根据用户在 VIVA 平台上对杂志的订阅数进行了排行梳理，从某一方面来讲，在订阅榜中排名靠前的杂志，更加受到核心用户的喜爱，同时这些杂志的忠诚度也更高。

在 2012 年，《Vista 看天下》、《电脑爱好者》、《昕薇》三个杂志品牌在 VIVA 平台上获得用户的订阅数最高（如图27）。新闻、数码、时尚类别各居其一，用户的选择也开始表现出更加多元化的趋势。

2012年度最受欢迎订阅榜	《Vista看天下》
	《电脑爱好者》
	《昕薇》

图27　第三届中国手机杂志排行榜最受欢迎订阅榜

7. 2012年手机杂志关键词：创新

2012年，VIVA在杂志创新方面做出了更多全新的尝试。通过与电影、微电影等优质影像内容的合作，在电影、微电影上映或发布之前，提前在手机上发布集图文音视频为一体的"电影/微电影杂志"，融入互动活动的设置，让用户可以提前感受到丰富精彩的内容，无论是从独家内容的引入还是联合推广的效果上，均实现了与合作方的共赢。VIVA还与浙江卫视、东方卫视就《中国梦想秀》、《中国达人秀》、《顶级厨师》、《声动亚洲》等知名节目进行无线端的战略合作，开创了综艺节目利用手机杂志进行移动互联网推广的先河。

在2012年创下华语票房纪录的电影《人在囧途之泰囧》，即选择VIVA作为手机无线推广的对象，在电影上映之前即率先登陆VIVA自有平台及三大运营商等合作平台，提前放送电影独家内容及花絮，随着电影的热映，继续通过手机终端助力热度的提升。《人在囧途之泰囧》电影杂志20天内在线阅读量超过1500万，参与互动活动人数逾万人，对电影的创新移动营销合作起到了相当好的作用。

除了与《人在囧途之泰囧》、《云图》等热映电影合作之外，VIVA在2012年还以"微电影杂志"这一形式，与视频制作机构进行创新性的内容深度合作。由优酷、天娱传媒、湖南卫视三大平台联手打造的"美好2012·勇敢爱"系列微电影之首部《勇敢爱——末日来电》，由香港导演叶念琛导演，陈乔恩、朱梓骁主演，VIVA作为此部微电影的独家手机媒体合作伙伴，通过自有平台和运营商平台的联合推广，获得近千万的在线阅读量，视频赞助方联想也通过微电影杂志的内容曝光，以及用户抽奖互动活动，获得了良好的产品推广效果。

除内容上的创新之外，在与合作伙伴的合作模式上，VIVA在2012年也采取了许多创新的举措。例如与知名刊物《男人装》合作的《男人装·装女郎》电子杂志，通过与刊社品牌活动的合作，推出新生品牌的创新杂志，并通过线上互动对线下的活动进行良好的补充。最终该品牌杂志单期在线阅读量最高逾4000万,《男人装·装女郎》品牌更进入2012年VIVA电子杂志排行十强之列,实现了杂志品牌宣传、内容创新营销、线上互动效果的三大突破(如图28)。

2012年度最具创新手机杂志	《人在囧途之泰囧》
	《勇敢爱-末日来电》
	《男人装·装女郎》

图28　第三届中国手机杂志排行榜最具创新手机杂志

8. 总结及预测

2012年,在用户急速增长的情况下,手机杂志阅读开始趋于成熟,出现了许多新的特点:

(1)手机杂志用户在2012年呈井喷之势,Android用户持续保持强势增长,且每两个新增Android用户中有1个为三星用户;

(2)Android Pad强势发力,2012年用户增长规模近iPad 4倍;

(3)VIVA客户端用户规模达到8800万,连续两年保持200%以上的增长率;

(4)iPhone用户比Android用户更善于熬夜;

(5)京沪粤苏四地人士最爱手机杂志,手机杂志受欢迎用户规模与当地GDP几成正比;

(6)奥运年令手机杂志在线阅读量创下新纪录,专题化运营收获颇丰;

(7)VIVA手机杂志日访问量突破千万大关,每天有近200万本杂志被下载;

(8)2012年,每次登陆每位用户比上一年多花3分钟时间,且多看至少1本杂志;

(9)面对多样化的内容,手机杂志用户兴趣变得更加广泛且多元,相较2010、2011年更多追求娱乐、休闲的目的之外,手机杂志用户在面对丰富的内容时,选择变得更为慎重,即时、便捷、精致、深入的内容为其首选,同时手机杂志用户也更加看重电子杂志的内容质量及品牌知名度;

(10)手机杂志用户在面对内容的选择时,会侧重于时效性、报道深度、是否独家几大维度；

（11）高端用户更为注重生活品质，喜爱深度报道，重视杂志品牌，男性时尚杂志及深度新闻、财经报道开始进入高端用户最喜欢的内容范围；

（12）女性用户对于时尚潮流报道会展开深度阅读，男性用户除了极度关注新闻、财经、汽车、数码领域内容之外，也更为重视数码设备的更新换代；

（13）创新成2012年手机杂志关键词，各类创新杂志获得用户与客户的双重认可。

随着手机杂志用户规模的进一步增长，产品用户体验的日益提高，以及在运营商的推动下，用户付费模式的逐渐养成，我们有理由相信，2013年，会成为中国手机杂志的收入元年。手机杂志的发展将会出现以下趋势：

（14）在市场继续保持快速增长的基础上，数字杂志广告也将在2013年迎来规模增长，品牌广告主在其上的投放将实现至少200%的增长；

（15）随着运营商的积极推动，国内外媒体集团对于数字杂志收费阅读、订阅的不断尝试，以及应用商店对于用户付费习惯的逐渐培养，在2013年，手机杂志收费阅读是否可规模化将有定论，应不少于4亿人民币；

（16）在以VIVA为主的平台和渠道的推动下，结合杂志自有APP的推广，2013年中国手机杂志的用户将超过1.5亿。

(作者单位：北京维旺明信息技术有限公司)

中国新闻出版业网站运营分析年度报告

林晓芳

中共中央"十八大"强调了文化建设对民族复兴、国家发展，对全面建成小康社会的重要意义，并对未来文化产业的发展寄予厚望。这对于新闻出版业发展而言是难得的历史机遇。新闻出版总署制定的一系列发展目标中，也特别强调了数字出版等战略性新兴产业领域的发展和重要任务，以顺应数字化、信息化、网络化趋势，推进新闻出版业转型和升级。

对于出版业而言，网站是其在互联网上的重要媒体形态，是出版机构布局数字出版事业的基础平台。作为发展数字出版的关键技术，网站搭建不仅实现了内容生产、管理的数字化，而且也拓宽了新闻出版业的传播渠道。

出版业网站建设是出版业信息化程度的缩影，网站的建设与运营工作直接影响数字出版领域的发展。因此，了解网站存在的价值及目前存在的问题是进一步做好出版业网站建设的一个前提条件。

《2012年全国出版业网站运营分析报告》正是通过对出版业网站运营数据的监测，从网站流量、网站用户地区分布、网站用户访问来源及访问内容等几个方面进行了全面的分析。通过本次报告的分析，出版业将会对自身网站目前的运营状况有一个较为清晰的了解。

一、中国出版业网站影响力分析

衡量网站影响力的核心指标是独立用户数和页面浏览量，前者反应网站的用户覆盖规模，后者反应网站的用户访问规模。独立用户数和页面浏览量的增加意味着网站发展处于上升通道，特别是独立用户数的增加，标志着越来越多的人知晓并访问网站，说明网站的经营规模和影响力在逐渐扩大。

（一）用户规模变化

2012年1-3月，访问出版行业网站的用户平均每天140万左右；4-10月用户数明显降低，在20-40万之间；11月份有较大幅度增长。

造成数据波动的主要原因为2011年全国出版业网站年会后，由于部分网站改版出现布码不全、撤码等现象导致统计范围逐渐缩小，影响数据。随着2012年网站年会工作的推进，从10月份开始新一轮的布码工作，所以从数据上看11月份用户数有所增长。由于布码的原因造成统计数据的缺失，无法准确体现整个出版行业的用户规模的变化，更无法据此进一步分析原因、提出改进意见，为此，建议网站全站布码并保持稳定。

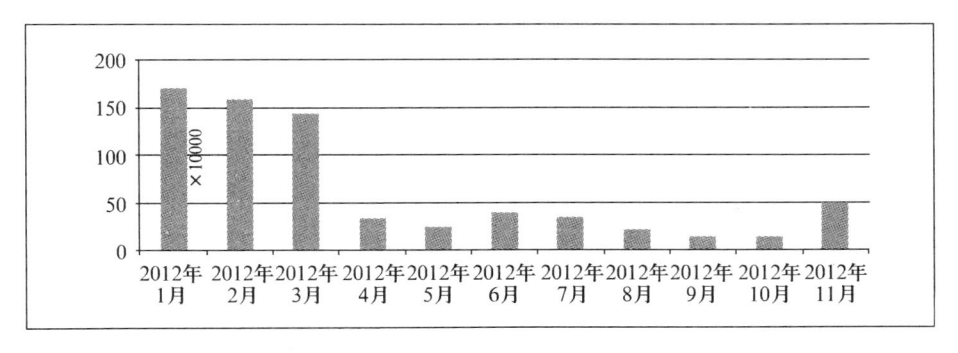

图1 日均独立用户数

（二）访问规模分析

从页面浏览量数据来看，走势与独立用户数基本相同。2012年1-3月，出版行业网站页面浏览量平均每天300万页次左右；4-10月页面浏览量逐渐降低，平均每天40-90万页次之间；11月份页面浏览量平均每天256万页次。

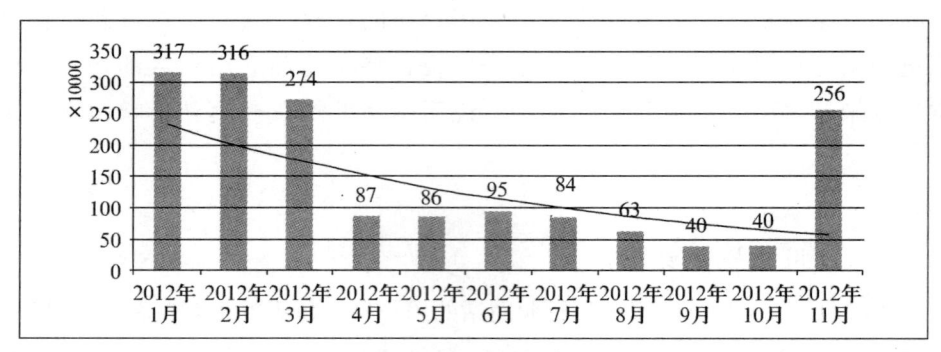

图2　日均页面浏览量

二、中国出版业网站成长性分析

衡量网站成长性主要看新访用户数、回访用户数和活跃用户数这三个指标，不同用户数量的变化反应了出版业网站的成长情况，其中新访用户数反应网站的规模增长情况，回访用户反应了网站用户保有量，活跃用户反应网站运营水平的提升情况。

（一）新访和回访用户数变化趋势分析

新访用户和回访用户月度变化趋势与总体用户数趋势相同。

全国出版行业网站整体新访用户比例在50%－60%之间，处于比较健康的水平。网站做推广活动会给网站带来新用户，而网站自身建设（内容吸引力、页面设计、交互设计等）是留住用户的基础要素，怎样把新用户留住转化为网站的忠诚用户是需要重点研究的问题。

（二）活跃用户数变化趋势分析

活跃用户指当天访问2页以上的用户，出版行业网站日均活跃用户数比例在40%左右，反应用户对网站有一定的黏性，活跃用户数变化趋势与总体用户变化趋势基本一致。

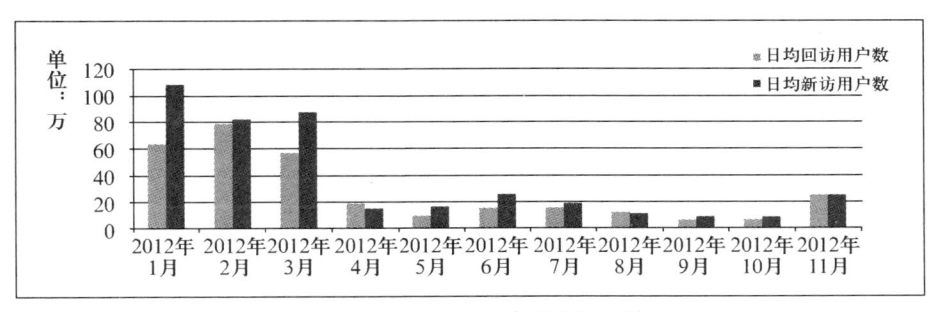

图3 回访和新访用户数变化趋势

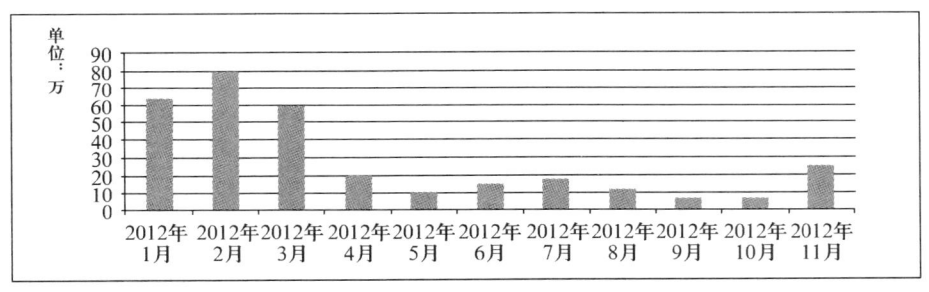

图4 日均活跃用户数变化趋势

三、中国出版业网站服务效率分析

衡量网站服务效率通常从三个指标入手：用户访问停留时长、用户访问深度以及用户访问频率。从三个指标的具体表现来看，目前出版行业网站整体水平偏低，用户访问网站的频率较低，每月不到2次，平均每次访问浏览页数2页左右，平均每次停留不到3分钟。

影响这三个效率指标的因素主要有：

（1）网站内容与用户需求的适配度。内容越贴合用户需求，用户的访问次数越多、停留的时间和浏览的页数也会越多。

（2）网站信息架构和页面结构的合理性。网站内容分类名称、标题含义明确易懂、内容版块和页面交互逻辑关系清楚、条理分明，用户很容易找到自己想要的内容，用户体验好，访问行为就多。

（3）网站内容更新状况。内容更新量大，更新速度快，内容质量好，则提高用户的访问兴趣和次数,反之则降低。

(一) 用户访问停留时长

出版行业网站用户访问停留时长整体水平在 150 秒左右,即用户平均每次访问出版行业网站停留不到 3 分钟,这个时间对比成熟网站还比较短,有进一步提升的空间。从月度变化趋势看,2012 年用户访问停留时长整体呈上升趋势,其中 11 月份提升幅度较大。

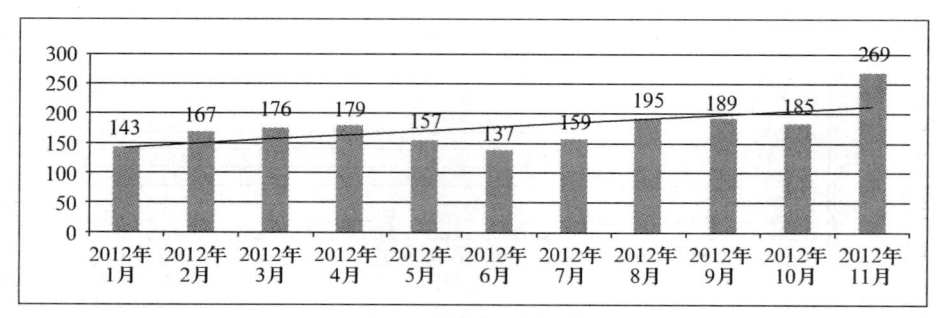

图5 日均独立用户数

(二) 用户访问深度

出版业网站用户访问深度在 2 页/次左右,即用户每次访问出版行业网站所浏览的网页数平均为 2 页,这个水平对比成熟网站还比较低,需要在内容设置、页面结构、网站导航等方面多下工夫。从月度变化趋势上看,出版行业网站用户访问深度整体呈上升趋势,11 月份用户访问深度已经达到平均每次 4.29 页,有了较大幅度的提升。

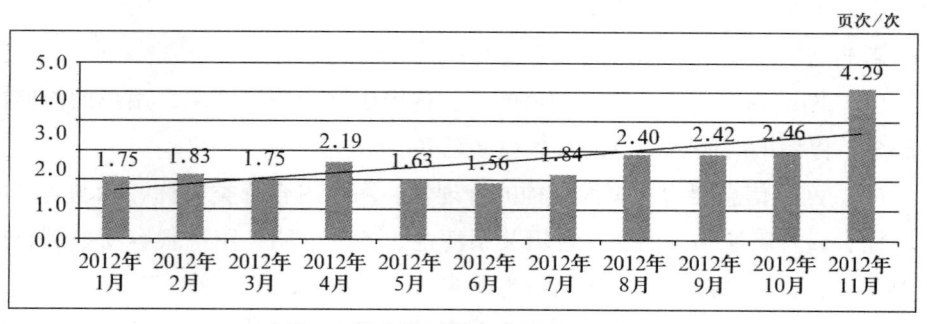

图6 用户访问深度月度变化趋势

（三）用户访问频率

从数据上看，用户访问出版行业网站的频率不高，每人每月平均访问网站不到 2 次。从月度变化趋势看，略有提升但并不显著，改善网站建设增加用户黏性是未来需要开展的重要工作。

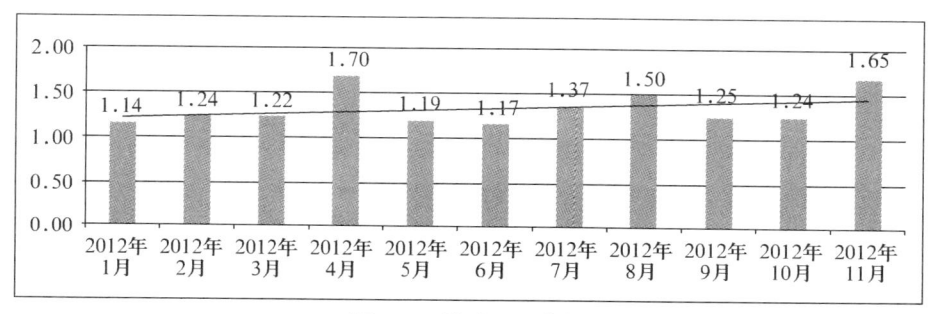

图 7　日均独立用户数

四、中国出版业网站用户忠诚度分析

（一）日均回访用户率

用户回访率指老用户占全部用户数的比例，是反映网站用户忠诚度的基本指标。出版业网站的日均回访用户率在 40% 左右，且日覆盖用户总体规模还不大，表明网站还处于成长期，需要加大推广力度以形成足够的用户规模，并在此基础上培养忠诚用户群，为网站的长期发展打下良好的用户基础。

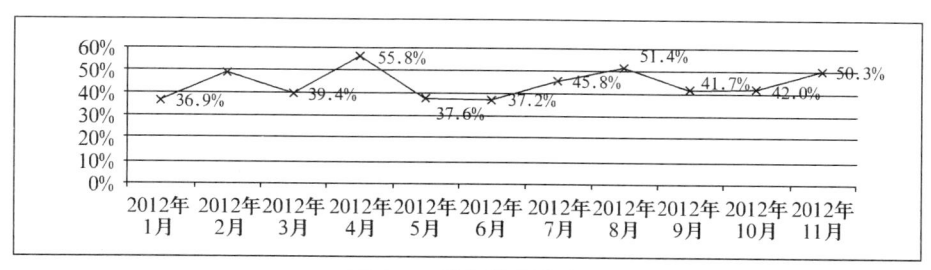

图 8　日均回访用户率

（二）直接来源占比

直接来源主要是指用户通过在浏览器直接输入网址，或点击收藏夹中的网址进入网站访问的行为，也包括用户通过邮件、IM 分享网站网址的行为，表明了用户对网站的偏好和需求程度，同时表明网站的品牌影响力。2012 年出版业网站总体浏览量的直接来源占比为 44%，与成熟资讯网站相比偏低，但在成长型网站中属偏高水平。

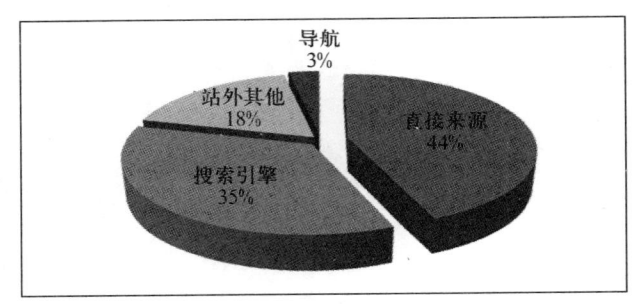

图 9　用户来源占比

五、中国出版业各类网站影响力比较

在 2012 年统计的 118 家网站中，出版社和出版集团网站占据总体的 50% 以上，新闻服务类网站占 22%，以下是各类别网站数所占比例。

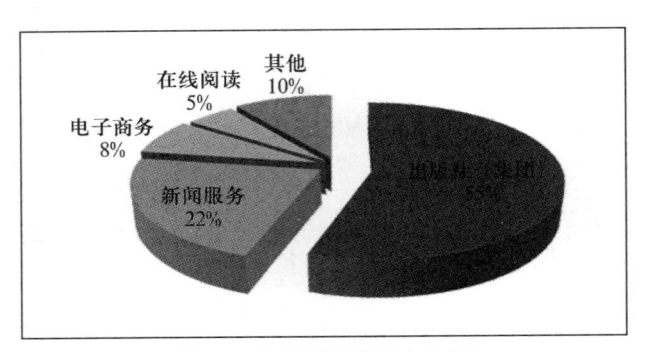

图 10　各类网站数所占比例

据详细数据统计，用户规模最大的是在线阅读类网站，日均用户数占出版业总体水平的24%，其次是新闻服务类网站，占比21%；这两类网站的用户活跃度也相对较高，平均每人访问页面数均超过出版业总体水平，在访问频率、访问深度和平均访问停留时长上也达到或接近出版行业网站总体水平。

表1 出版业网站规模对比

	独立用户数日均（万人）	%	页面浏览量日均（万页次）	%	访问深度日均（页/人）	访问频率日均（次/人）	平均访问停留时长（秒）
出版业总体	69.7	100%	150.8	100%	2.2	1.12	257
在线阅读	17.0	24%	54.0	36%	3.2	1.13	198
新闻服务	14.8	21%	46.0	30%	3.1	1.09	227
在线教育	4.6	7%	9.2	6%	2.0	1.08	295
出版社	2.9	4%	9.9	7%	3.5	1.12	273
电子商务	0.5	1%	1.1	1%	2.1	1.24	268
其 他	29.8	43%	30.6	20%	1.0	1.10	279

六、中国出版业网站用户客户端使用情况分析

windows操作系统仍然是出版业网站用户使用的最主要的操作系统，windows7和windows xp占据了超过90%的页面浏览。

智能手机和平板电脑等移动终端设备的普及使得移动互联网越来越受追捧。Android系统成为出版业网站页面浏览的第四大操作系统，占比份额1.7%，nokia占据了0.6的份额，而ios系统占据了0.26的份额，成为出版业网站用户访问网站使用的操作系统TOP10中的三个移动终端操作系统。

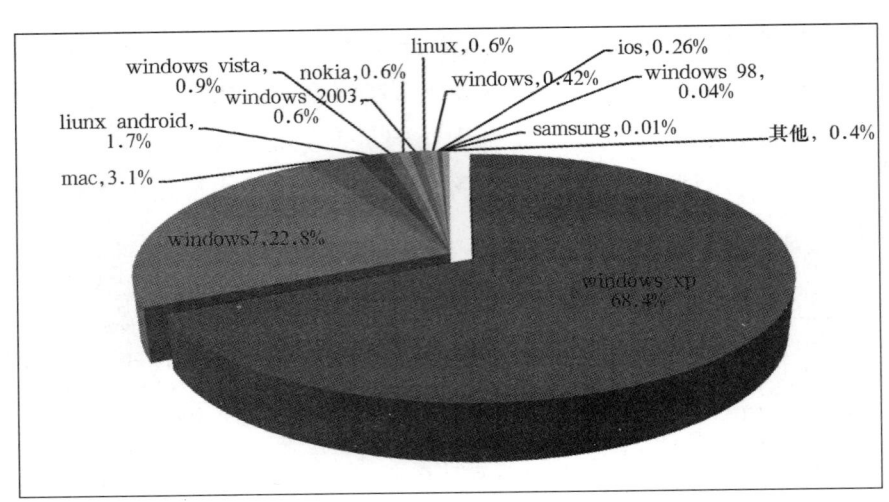

图 11　页面浏览量客户端分布图

七、中国出版行业网站分类分析

（一）新闻服务类网站

1. 流量概况

表 2　新闻服务类网站流量概况表

	独立用户数 日均（万人）	页面浏览量 日均（万页次）	访问深度 日均（页/人）	访问频率 日均（次/人）	平均访问停留 时长（秒）
新闻服务	14.8	46.0	3.1	1.1	227.2
出版业总体	69.7	150.8	2.2	1.12	257
占比	21%	30%	142%	97%	88%

本次监测范围内的出版业网站中，新闻服务类网站集中了21%的用户，这部分用户访问此类网站的浏览量和活跃度达到整个出版业总量的30%。作为新闻类网站，用户活跃度高于行业总体水平；访问深度和平均访问停留时长接近总体水平。综合来看，新闻服务类网站在出版业网站中表现较好。

2. 访问来源分析

新闻服务类网站的用户主要通过直接来源访问网站；除导航站外，各类站外来源和出版业的整体情况基本相当，略低于总体水平。

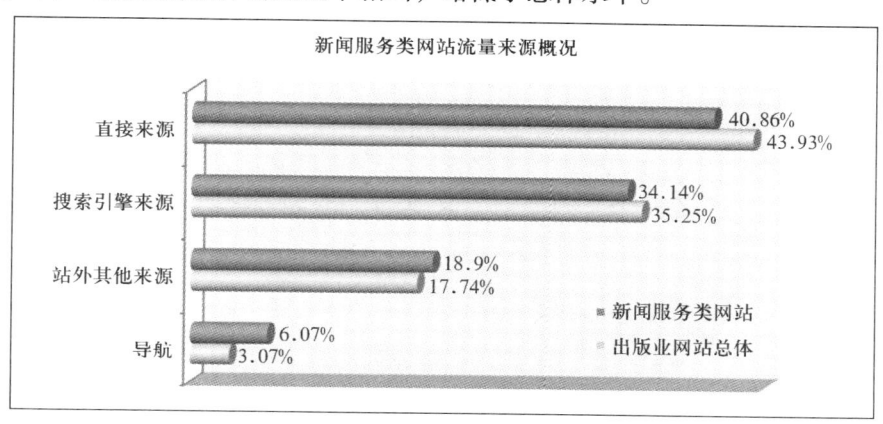

图 12　新闻服务类网站流量来源概况

3. 最常访问内容分布

新闻服务类网站用户最关注的新闻类型是国内新闻、地方新闻，这两类内容的浏览量占全部新闻内容页面浏览量的55%。新闻服务类网站受当地网民的关注更多，提供更多的地方新闻能够更好地吸引用户，提升用户忠诚度。

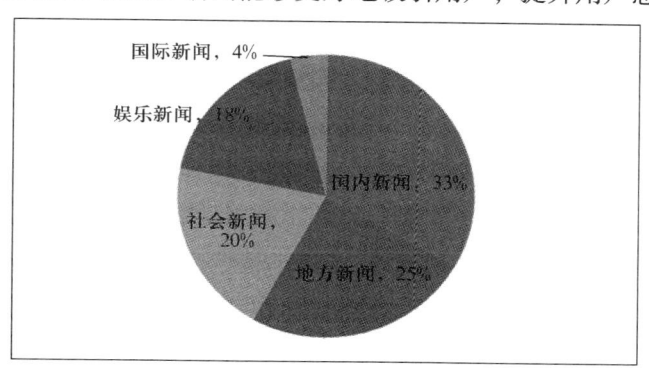

图 13　新闻服务类网站最常访问内容分布

4. 客户端使用分析

新闻服务类网站用户访问网站选择的操作系统基本和行业总体一致，在比例上相对于行业总体更集中于 windows xp 系统，通过移动终端访问的用户依然是选择 Android 系统的最多，占比1%。

5. 小　　结

新闻服务类网站在出版业网站中表现较好，访问深度高于行业总体水平；平均访问停留时长也接近总体水平。新闻服务类网站多以报社和地方新闻网站为主，网民关注度较高，说明新闻服务类网站目前定位准确，内容提供恰当。

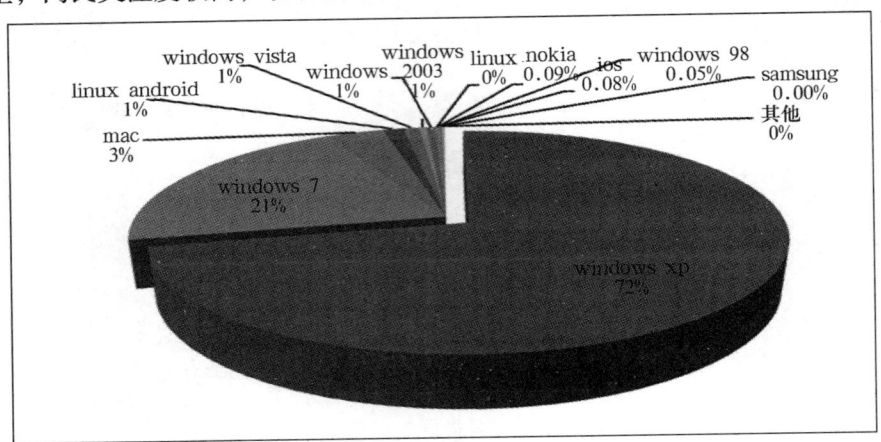

图 14 新闻服务类网站页面浏览量客户端分布

（二）在线教育类网站

1. 流量概况

表 3 在线教育类网站流量概况

	独立用户数 日均（万人）	页面浏览量 日均（万页次）	访问深度 日均（页/人）	访问频率 日均（次/人）	平均访问停留 时长（秒）
在线教育	4.6	9.2	2.0	1.1	295.0
出版业总体	69.7	150.8	2.2	1.12	257
占比	7%	6%	90%	96%	115%

在线教育类网站的内容具有清晰的指向性，访问者很容易找到所需信息，因此用户数和页面浏览量不会有过高的累积。人均访问页数和访问频率均接近出版业网站总体水平，访问深度和平均访问停留时长明显高于行业总体水平，说明用户对网站内容兴趣较高。

2. 访问来源分析

在线教育类网站的用户主要通过站外其他来源网站，网站超过 70% 的流量都是站外其他来源带来的，这也体现出在线教育类网站小众化的特点；另外直接来源比例相比出版业网站总体水平明显不足。

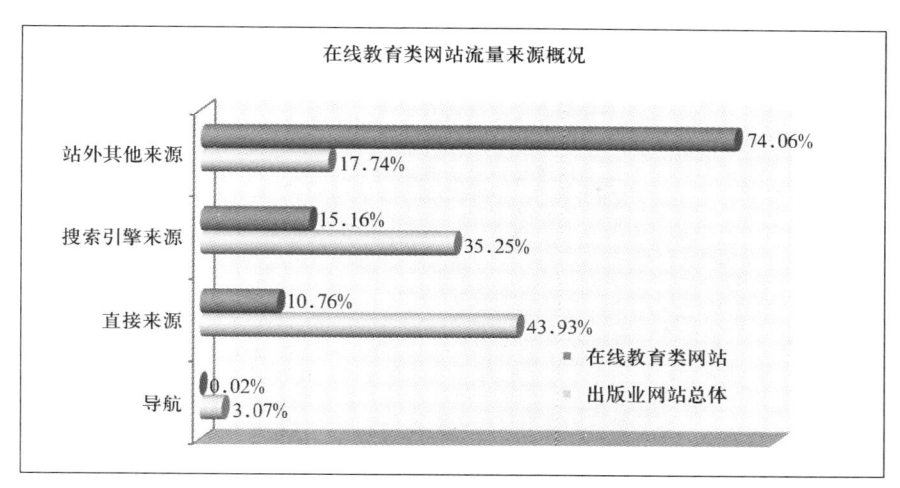

图 15　在线教育类网站流量来源概况

3. 最常访问内容分布

用户在在线教育类网站近 5 成的访问指向竞赛和活动，这充分说明用户对教育的需求带有一定的目的性，通过比赛和活动信息赢得更多用户的关注也不失为增强吸引力和竞争力的方法。排名第二的是教学科目信息，这部分信息包含了辅导性较强的导学、学案等内容。

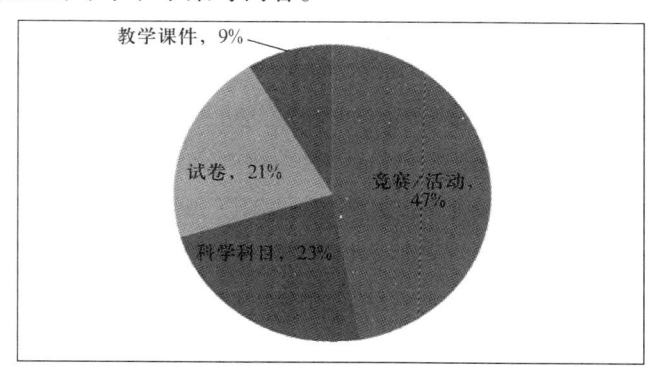

图 16　在线教育类网站最常访问内容分布

4. 客户端使用分析

在线教育类网站用户访问网站使用的操作系统 TOP10 中，7 个为 pc 端操作系统，3 个移动终端操作系统。其中通过 pc 端的 windows xp 系统访问网站产生的页面浏览量占全部页面浏览量的 75%。Android、诺基亚和 ios 系统上网产生页面浏览量占比为 1.7%。

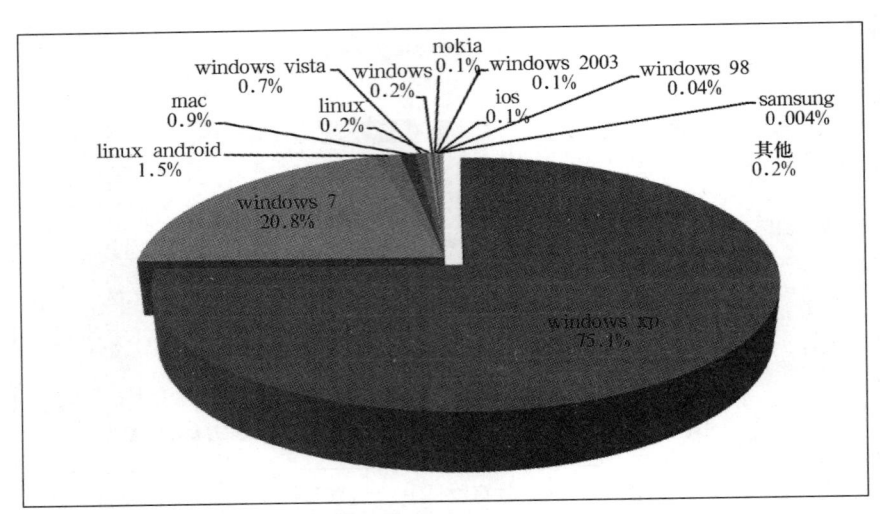

图 17　在线教育类网站页面浏览量客户端分布

5. 行业小结

在线教育类网站是提供教材教辅信息和出版物的网站，此类网站具有稳定且相对集中的教育行业群体，因此在用户活跃性和忠诚度上具有较高水平。考虑到教育群体的庞大，目前的访问规模与之相比尚有较大差距，建议此类网站在用户推广上加大力度，通过扩大用户规模实现扩张，同时在内容上不仅提供有教育价值，更要提供能体现教育成果价值的信息，如活动竞赛等，帮助用户寻求个人成绩的积累。

（三）出版社（集团）类网站

1. 流量概况

本次在出版社、出版集团类别下，监测的网站数量最多，但是此类网站的用户访问量并不高，日均用户数和日均浏览量仅为监测范围内出版业网站全部

表 4　出版社（集团）类网站流量概况

	独立用户数 日均（万人）	页面浏览量 日均（万页次）	访问深度 日均（页/人）	访问频率 日均（次/人）	平均访问停留时长（秒）
出版社	2.9	9.9	3.5	1.1	273.0
出版业总体	69.7	150.8	2.2	1.12	257
占比	4%	7%	159%	100%	106%

用户的4%。在比例上主要与监测样本的类别结构有关,在运营上主要与网站性质有关,作为非经营类非资讯类网站,其意义主要是为业内人士提供信息,因此访问规模相对其他类别有相当差距,在用户活跃度等指标上较高,说明网站的专业性强,对特定人群黏性较强。

2. 访问来源分析

从访问来源来看,用户访问此类网站大部分是通过搜索引擎的搜索。此类网站在其他网站的推广力度明显不足。

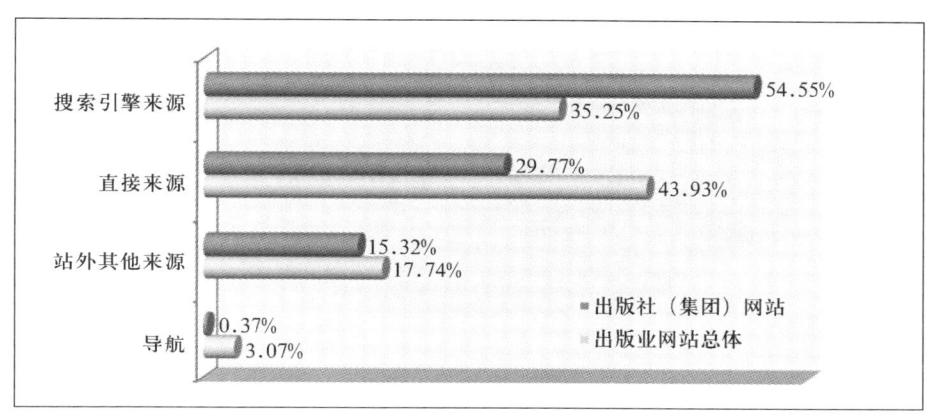

来源	出版社(集团)网站	出版业网站总体
搜索引擎来源	54.55%	35.25%
直接来源	29.77%	43.93%
站外其他来源	15.32%	17.74%
导航	0.37%	3.07%

图18 出版社(集团)类网站流量来源概况

3. 最常访问内容分布

用户访问出版社类网站主要关注的是网站及公司介绍类信息,其次是在线阅读和图书信息。

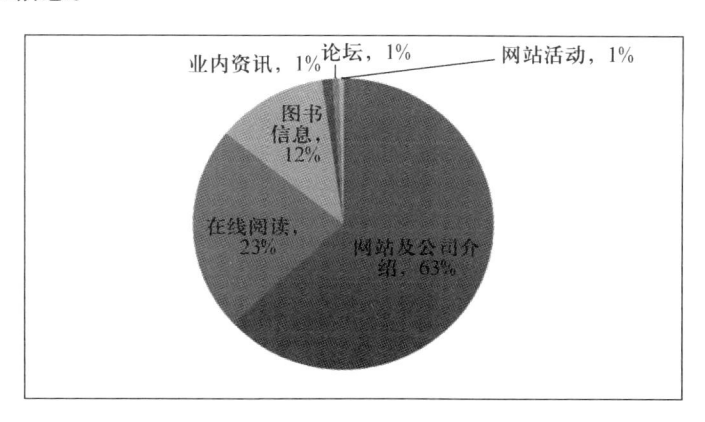

网站及公司介绍	63%
在线阅读	23%
图书信息	12%
业内资讯	1%
论坛	1%
网站活动	1%

图19 出版社类网站用户关注的内容分布

4. 客户端使用分析

出版社和出版集团类网站用户访问网站使用的操作系统 TOP10 中，7 个为 pc 端操作系统，3 个为手机端操作系统。其中通过 pc 端的 windows xp 系统访问网站产生的页面浏览量占全部页面浏览量的 66%。Android、诺基亚和 ios 系统上网产生页面浏览量占比为 3.3%。

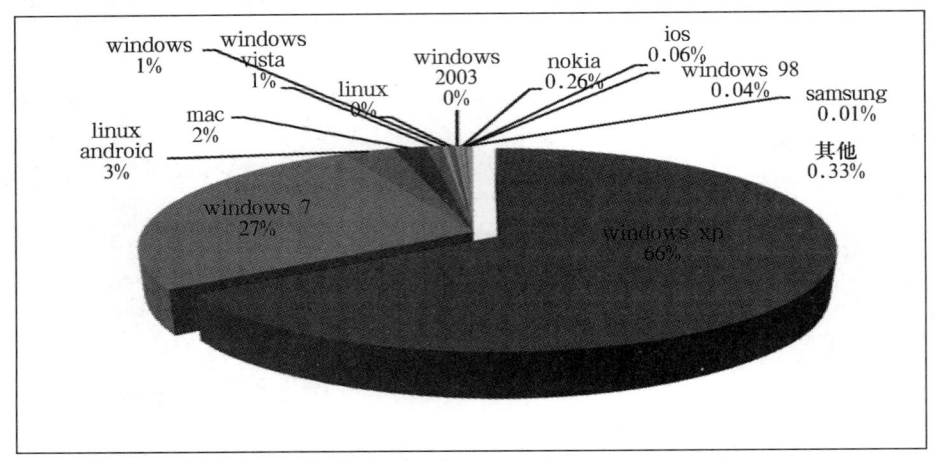

图 20　出版社（集团）类网站页面浏览量客户端分布

5. 行业小结

用户访问出版社、出版集团类网站的主要目的是查找图书的信息、在线阅读。此类网站的流量大多来自搜索引擎，网站自身的推广力度不够。因此，网站可以尝试利用社交网络进行推广。

（四）在线阅读类网站

1. 流量概况

表 5　在线阅读类网站流量概况

	独立用户数日均（万人）	页面浏览量日均（万页次）	用户活跃度日均（页/人）	访问频率日均（次/人）	平均访问停留时长（秒）
在线阅读	17.0	54.0	3.2	1.13	198
出版业总体	69.7	150.8	2.2	1.12	257
占比	24%	36%	145%	101%	77%

受数字出版和数字阅读的影响，在线阅读类网站近年来发展迅速。本次监测的在线阅读类网站数量不多（5%），但在规模上仍具有一定影响和较大潜力。用户数和访问量分别占总体水平的24%和35%，位于各类之首，且用户活跃度和忠诚度均处于较高水平。

2. 访问来源分析

在线阅读类网站的用户访问主要依靠直接来源，直接来源包括用户通过收藏夹访问的来源、用户直接输入地址的来源、flash 广告来源等一系列无法统计到的来源方式，直接来源的大比重说明在线阅读类网站的用户具有固定的访问习惯和访问需求，搜索引擎带来的访问量基本与行业水平持平，说明推广会对网站产生了较大的影响。

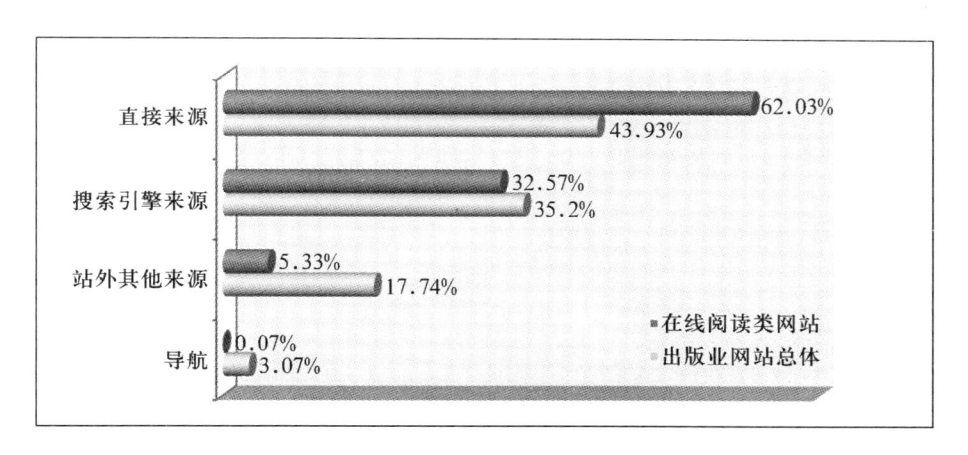

图21　在线阅读类网站流量来源概况

3. 最常访问内容分布

用户来到在线阅读类网站的访问目的非常明确，60%的浏览都集中在作品列表上，但排名第二的并不是作品内容页，而是书评、论坛、其他新闻等类别。这与作品更新和付费等条件相关，也与作品吸引力有关。另外，从网站信息架构方面而言，如果有过多的浏览集中在列表页，而仅有少量比例浏览集中在作品内容页，说明网站结构的合理性、内容版块和页面交互逻辑关系可能存在提升和优化的空间。

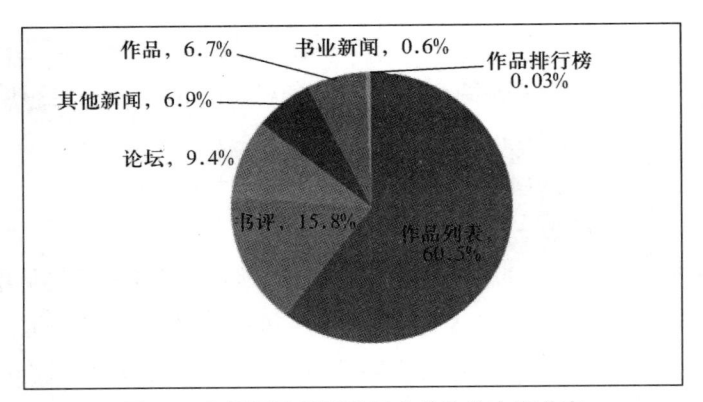

图22　在线阅读类网站用户关注的内容分布

4. 客户端使用分析

在线阅读类网站用户访问网站使用的操作系统TOP10中，7个为pc端操作系统，3个为移动终端端操作系统。其中通过pc端的windows xp系统访问网站产生的页面浏览量占全部页面浏览量的60%。Android、诺基亚和ios系统上网产生页面浏览量占比为5.4%，超过行业总体水平，说明通过移动终端访问在线阅读网站具有较强的可实现性和便捷性，可以作为未来发展的重要方向之一。

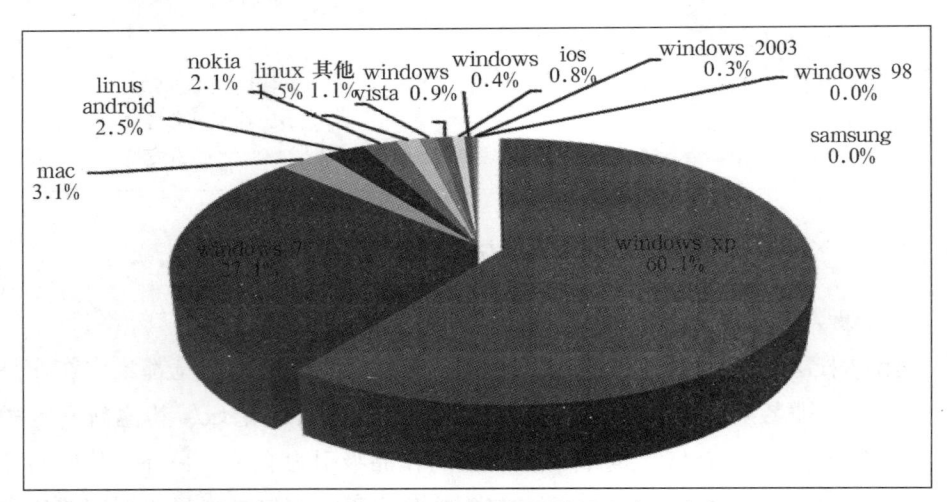

图23　在线阅读类网站页面浏览量客户端分布

5. 行业小结

在线阅读是出版业近年来发展迅猛的一个分支，凭借互联网庞大的用户群体，在线阅读类网站近年来得到了快速发展，无论是网站影响力还是用户活跃度，均已在各类出版业网站中居重要地位。此类网站的用户的性质是趣缘群体，因此培养和提高用户兴趣是关键要素。除了具有吸引力的内容以外，合理的网站架构、良好的用户体验是提升网站运营水平的重要环节。建议网站多挖掘目标对象的互联网访问行为，结合进入网站的方式（来源），搜索的关键词（推广）、使用的设备（客户端）等方面做多维度分析。

（五）电子商务网站

电子商务类网站因为没有按照缔元信电商版本网站的布码方案执行，所以无法按照电商网站常规方法对用户购物流程等进行分析，只能按照一般资讯类网站进行分析。今后布码完全后可以进行更有针对性的分析。

1. 流量概况

表6 电子商务网站流量概况

	独立用户数日均（万人）	页面浏览量日均（万页次）	访问深度日均（页/人）	访问频率日均（次/人）	平均访问停留时长（秒）
电子商务	0.5	1.1	2.1	1.2	267.7
出版业总体	69.7	150.8	2.2	1.12	257
占比	1%	1%	96%	111%	104%

电子商务类网站的日均访问用户和浏览量仅为出版业网站整体水平的1%，说明此类网站的市场规模有限。访问深度不及行业总体水平，说明网站内容缺乏吸引力；尽管访问频率和平均访问停留时长略高于出版业网站总体水平，但作为电子商务类网站，仍然无法与普通电商网站相比，缺乏市场竞争力。

2. 访问来源分析

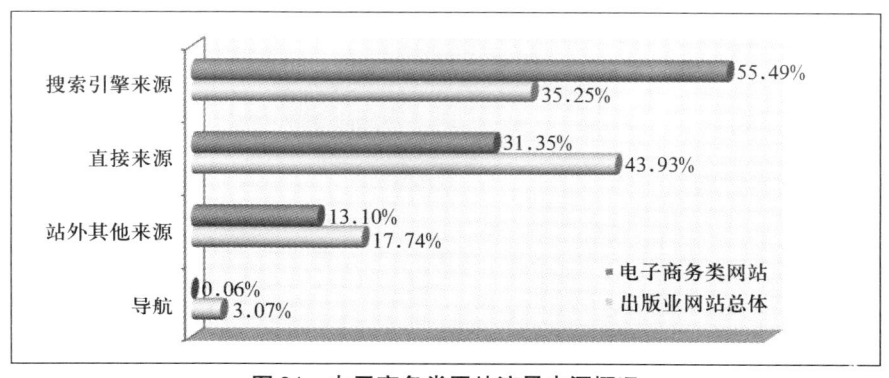

图24 电子商务类网站流量来源概况

与其他类别相比，出版业电子商务类网站的搜索引擎推广效果较好，超过55%的网站流量都是通过搜索引擎的推广带来的。直接来源和行业水平相差较大，说明电商类网站缺乏吸引力和竞争力，用户难以产生固定访问和需求。

3. 最常访问内容分布

用户访问出版业电子商务类网站的主要目的是浏览书籍信息，其次是书籍检索。

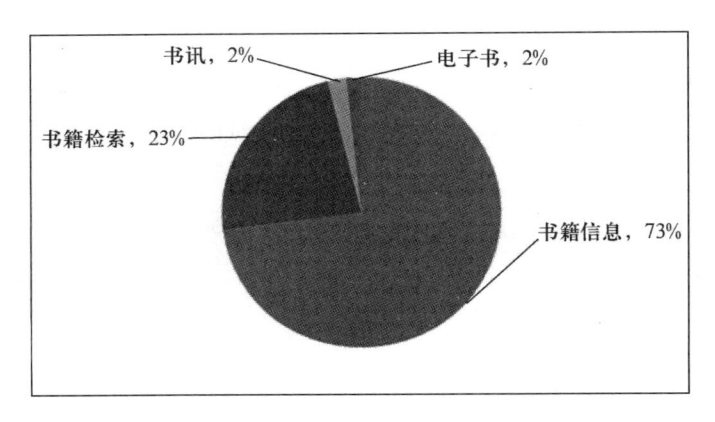

图25　电子商务类网站用户关注的内容分布

对用户所浏览的图书信息进行进一步细分，可以看到用户关注的图书类别分布较均匀。社科、文学和教育是用户最关注的三大类别。

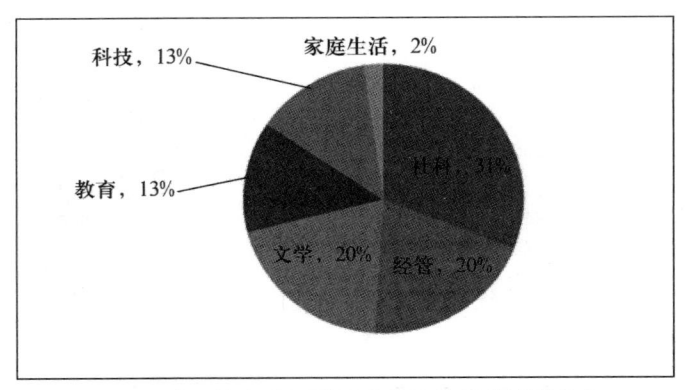

图26　电子商务类网站用户关注的图书类别分布

4. 地区分布

和全部互联网网民相比，电子商务类网站用户主要集中在北京地区。

表7 电子商务类网站用户地区分布

排名	省/直辖市	电子商务网站用户地区分布占比	CNNIC 网民分布占比	差异
1	北京市	24%	3%	21%
2	广东省	10%	12%	-2%
3	江苏省	5%	7%	-2%
4	河北省	5%	5%	-0.2%
5	山东省	5%	7%	-2%
6	浙江省	5%	6%	-1%
7	辽宁省	4%	4%	-0.1%
8	上海市	4%	3%	1%
9	河南省	4%	5%	-1%
10	天津市	3%	1%	2%
11	湖北省	3%	4%	-1%
12	陕西省	3%	3%	0.0%
13	四川省	3%	4%	-2%
14	广西	3%	3%	0.0%
15	福建省	2%	4%	-2%
16	湖南省	2%	4%	-2%
17	黑龙江省	2%	2%	-0.2%
18	安徽省	2%	3%	-1%
19	山西省	2%	3%	-1%
20	重庆市	2%	2%	-0.2%
	小计	92%	86%	6%

5. 客户端使用分析

电子商务类网站用户访问网站使用的操作系统TOP10中，8个为pc端操作系统，2个为移动终端操作系统。其中通过pc端的windows xp系统访问网站产生的页面浏览量占全部页面浏览量的63%。Android、诺基亚系统上网产生页面浏览量占比为1.07%。

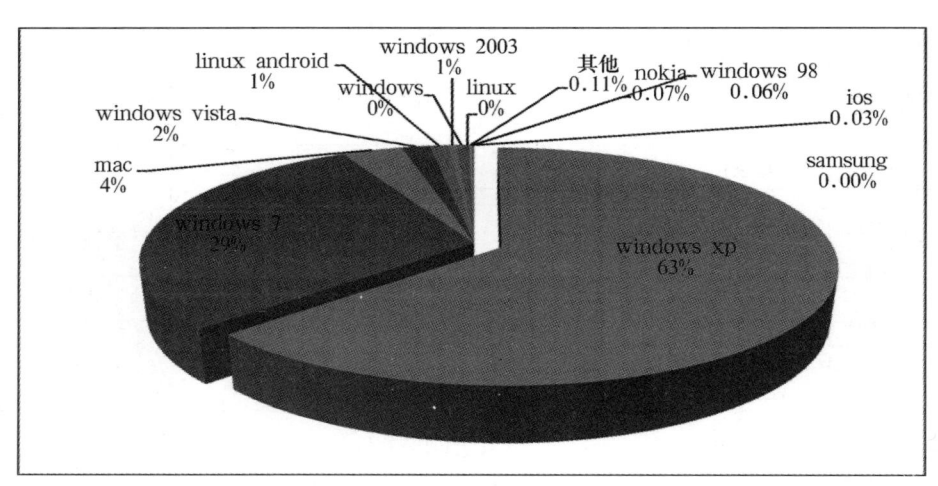

图 27　电子商务类网站页面浏览量客户端分布

6. 行业小结

出版业的电子商务网站是信息化与出版业一个很好的结合，然而如何寻找自身优势，与综合电子商务网站竞争是出版业网站应当考虑的问题。从监测效果来看，此类网站市场规模有限，吸引力也有所不足。电子商务类网站不同于资讯类网站，网站的运营效果应该更多地用购买的转化率来衡量。如果能够在购买环节也进行监测就会将用户看到广告访问网站到最终购买的全过程记录下来。这样去了解网站存在的问题会对电子商务类网站的运营产生更好的效果。

（六）其他类别网站

1. 流量概况

表 8　其他类别网站流量概况

	独立用户数日均（万人）	页面浏览量日均（万页次）	访问深度日均（页/人）	访问频率日均（次/人）	平均访问停留时长（秒）
其他类别	29.8	30.6	1.0	1.11	279
出版业总体	69.7	150.8	2.2	1.12	257
占比	43%	20%	45%	99%	109%

其他类别网站主要由实体书店网站、学术资讯类网站和图书资讯类网站组成，此类网站的用户群体具有很强的针对性，因此访问用户和访问量相对

较高。

2. 访问来源分析

从访问来源来看，用户访问此类网站大部分是通过直接来源，说明用户的忠诚度高，专业性强。

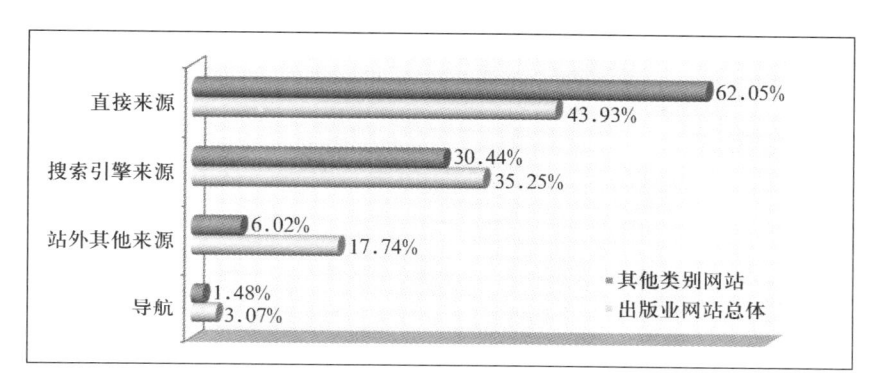

图28 其他类别网站流量来源概况

3. 客户端使用分析

出版社出版集团类网站用户访问网站使用的操作系统 TOP10 中，8 个为 pc 端操作系统，2 个为移动终端操作系统。Windows 2003、windows xp 和 windows7 系统访问网站产生的页面浏览量累计占全部页面浏览量的 97%。

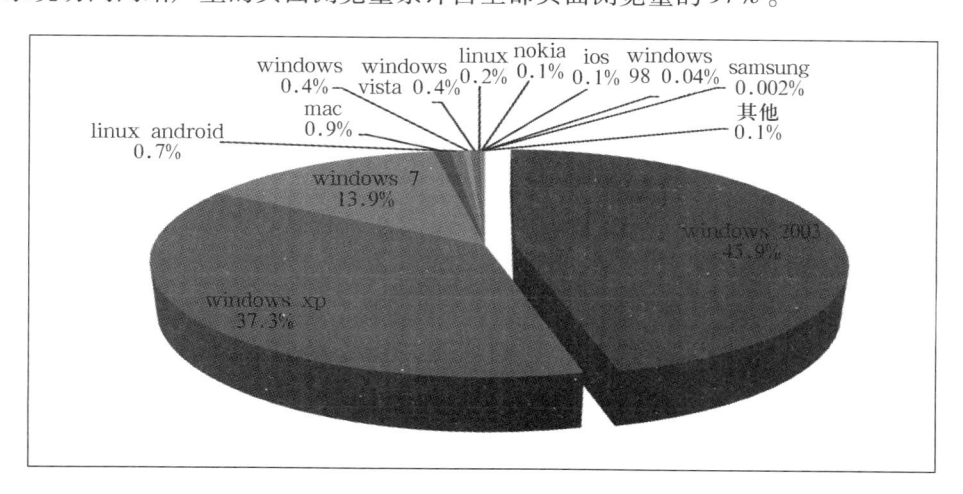

图29 出版社出版集团类网站页面浏览量客户端分布

八、总结及建议

通过对全国出版业118家网站的数据进行监测，可以看到不同类别网站的用户具有不同的访问特征和访问需求，因此不同类别的网站在运营中也应该有不同的侧重点。

第一，部分网站在网站建设方面还多少存在某些不足，如：

（1）网站导航栏设计不足，不能突出显示当前页面所属的频道。

（2）网站页面浏览器标题设置不规范，每个内容页没有独特标题，整个网站使用统一的标题（浏览器标题），不便于网站的传播和用户的搜索，对于未来做数据分析处理难度较大。

（3）有些网站存在死链接现象，这个现象是网站制作一大忌，严重影响用户体验效果。

（4）部分内容缺失，如图书介绍页面没有内容，或者图书作者后面没有写明等等。

第二，建议网站前期设计，从技术规范角度讲，应该注意几点：

（1）URL目录结构，二级域名方式，如大型门户网站都是这样的结构，或者是文件夹路径方式也是比较清晰的。

（2）图片、视频、外链内容有规范的存储格式和位置，便于未来做内容管理和整理。

（3）命名规范，从编辑规范角度讲，这个也是需要有规范的，不是谁想起成什么样就什么样。

（4）网页布局合理性，使用页面点击分析系统去分析用户对页面的点击行为分析，用数据去判断页面的布局合理性。

网站作为互联网上的重要媒体形态，是出版机构布局数字出版事业的基础平台。因此，加强网站自身的建设，提升网站的运营能力是数字出版事业顺利向前发展的一个必备条件。目前缔元信互联网数据技术有限公司已经对出版业的118家网站进行布码监测，为其提供网站运营数据分析服务，并陆续发布了《2011年全国出版业网站运营分析报告》、《新闻出版行业网站运营分析报告

（2012 年 1 季度）》等数据分析报告，为出版业网站运营效果分析提供了事实依据和合理建议，取得了较好的效果。

通过对出版业网站的数据监测，发现出版业在互联网上的发展还有很大的成长空间，特别是数字出版兴起之后，出版业网站将成为信息宣传、产品推广、在线销售和按需定制等数字化服务的平台，提高网站运营水平将在极大程度上影响出版行业的经济效益和社会效益。因此，建议出版业网站重视数据分析，为出版社网站提供主动从数据中挖掘自身的优势和查找不足，在网站运营上找到改进的机会。

出版业网站属于专业性较强的网站，虽然目前大部分单位都拥有自己的网站，但对行业整体还缺乏一个清晰的衡量。只有越来越多的单位加入数据监测的行列，才能形成对行业整体水平的分析和把握，并以此为根基为各家网站提供参考，帮助他们找到自己在业内的位置，也帮助出版业找到在整个互联网行业中的位置，为出版业进一步发展和繁荣提供现实依据。

（本报告为中国新闻出版研究院林晓芳根据其与缔元信合作完成的数据监测报告压缩修改而成；缔元信秦雯及其数据监测团队，中国新闻出版研究院李广宇参与了讨论与修改）

数字出版标准化年度报告

张书卿

一、背　景

我国数字出版标准化工作是在我国政治经济和社会发展的大背景下产生的，数字出版标准化发展得益于这种利好的发展形势，同时也得益于数字出版产业的快速发展。数字出版标准化工作致力于解决数字出版面临的问题，为数字出版的健康发展提供技术支撑。

（一）国家层面

2012年我国国民经济发展稳中有进，继续推动《中华人民共和国国民经济和社会发展第十二个五年规划》的实施。2012年中国共产党第十八次全国代表大会，提出扎实推进社会主义文化强国建设，包括加强社会主义核心价值体系建设、全面提高公民道德素质、丰富人民精神文化生活和增强文化整体实力与竞争力。这为标准化建设提供了发展动力。

《标准化事业发展"十二五"规划》得到进一步落实。文化创意产业、动漫业、游戏业、网络文化、演出业服务标准，以及数字出版、网络出版、数字印刷和出版物物流标准得到进一步研究制定。

国际标准化工作再次取得重大突破。在继2008年成为ISO常任理事国、2011年成为IEC常任理事国之后，2013年第93届国际标准化组织（ISO）理事会会议通过决议，增加对ISO贡献率第六位的国家，中国成为ISO/TMB（技术管理局）的常任成员，这为我国数字出版的发展创造了良好的条件，营造了更好的国际环境。①

（二）行业政策和产业层面

在 2012 年全国科技与数字出版管理工作会上，原新闻出版总署确定将重点围绕出版企业转型示范、数字出版基地建设、内容投送平台规范、专业社团筹建等方面，加快推进传统出版转型升级，促进数字出版产业快速发展，《新闻出版行业标准化管理办法》（修订征求意见稿）完成征求业界意见工作。该文件的修订将为我国标准化工作的科学管理奠定更加牢固的基础。

进一步落实《数字出版"十二五"时期发展规划》、《新闻出版业科技"十二五"时期发展规划》和《新闻出版业"十二五"时期发展规划》。同时《国家新闻出版产业基地（园区）管理办法》、《数字出版内容平台建设指导意见》和《网络出版服务管理规定》也正在制定与修订中。

二、数字出版标准化现状

（一）标准化机构体系搭建进一步完善，覆盖范围更加全面

数字技术的发展在改变版权产业面貌的同时，也带来了难以避免的侵权盗版的困扰，数字环境下的版权保护问题已成为各国出版界和法律界共同探讨的热点和难点；在数字技术的推动下，传统版权产业正在向数字版权产业快速转型。数字时代的版权产业是以技术标准为引领、技术创新为支撑的现代产业，其发展更需要建立统一的标准体系，以促进版权作品的登记与授权备案、版权交易与费用结算、版权授权管理与服务、版权维权与执法等方面的规范化和标准化。同时，利用标准的推行和宣贯，可以提高全民版权意识，推广版权保护技术的应用和打击侵权手段的实施，有助于我国版权监管与服务及版权保护等技术水平的提升。为此，原新闻出版总署目前正在筹建全国版权保护标准化技术委员会。它和我国新闻出版行业已经成立的 4 个标准化技术委员会——全国新闻出版标准化技术委员会、全国新闻出版信息标准化技术委员会、全国出版

---

① 我国成功成为 ISO/TMB 常任成员，国家标准化管理委员会国际合作部，2013 - 04 - 01 11：19 http：//www.sac.gov.cn/gjhzb/xwxc_437/201304/t20130401_135593.htm

物发行标准化技术委员会和全国印刷标准化技术委员会一起使新闻出版业的标准化机构更加完善，标准化覆盖领域和范围更加全面。

（二）系列标识类标准的制定和发布为数字出版的发展提供基础支撑

在数字出版环境下，对数字出版内容和数字出版参与者进行唯一标识有利于海量资源的查找和利用，有利于加强版权保护的力度。制定标识类标准也是国内外数字出版标准化的首要任务。根据国际标准化组织相关标准化技术委员会制定的标准，我国相关标准化技术委员会积极采用和参考国际标准，制定我国对数字内容和数字出版参与方的标识标准。

目前全国新闻出版标准化技术委员会已经组织完成《新闻出版资源唯一标识符 PDRI》、《中国标准名称标识 ISNI》和《中国标准乐谱出版物号》行业标准，并已经由原新闻出版总署发布。

同时全国新闻出版标准化技术委员会根据数字出版的发展和国际标准的修订，目前正在组织《中国标准连续出版物号》国家标准的修订。全国版权标准化技术委员会（筹）正在制定《数字版权标识符》（DCI）行业标准，这是基于数字版权唯一标志技术，通过数字版权作品版权登记为每件数字作品赋予唯一的 DCI，可以使网上的所有数字作品都具有唯一的身份标识，并以此开展国内外数字版权登记、交易及结算、版权检测取证等服务。该标准在 ISSN 基本分配原则不变的情况下，为适用于不同载体的相同连续出版物间的链接，增加了"ISSN‑L"重要章节。这种分配管理办法调整为数字环境下多种媒体的相同出版物的关联和检索提供极其有效的方法。该标准的修订将有利于我国对网络连续出版物分配编码，有助于我国网络出版物信息走向世界。

表1 已经制定和正在制定的数字出版标识类标准

标准名称	内容	目的	与国际标准关系	制定标准化技术委员会
《新闻出版资源唯一标识符 PDRI》	针对新闻出版资源，尤其数字内容资源进行唯一标识	方便对数字内容的查找和利用	非等效采用 ISO 26324《信息与文献——数字对象标识系统》	全国新闻出版标准化技术委员会

续表

标准名称	内 容	目 的	与国际标准关系	制定标准化技术委员会
《中国标准名称标识 ISNI》	针对数字出版内容相关的参与方（如：作者、出版商、音像制作者、发布者等）的名称进行标识	方便对内容参与方相关信息的查找和对相关权利的保护	修改采用 ISO 27729《信息与文献——国际标准名称标识（ISNI）》	全国新闻出版标准化技术委员会
《中国标准乐谱出版物号 IS-MN》	针对各种载体形式和格式的乐谱分配的标识标准	为乐谱出版物在更大范围内的传播提供了条件	修改采用 ISO 10957《信息与文献——国际标准乐谱出版物号（ISMN）》	全国新闻出版标准化技术委员会
《中国标准连续出版物号 ISSN》	针对连续出版物分配的标识编码，该标准的修订主要是增加对网络连续出版物分配编码的功能	有助于我国网络环境下为多种媒体的相同出版物的关联和检索提供极其有效的方法	修改采用 ISO 3297《信息与文献——国际标准连续出版物号》	全国新闻出版标准化技术委员会
《数字版权标识符 DCI》	针对数字版权作品，版权登记为每件数字作品赋予唯一的 DCI	为开展国内外数字版权登记、交易及结算、版权检测取证等服务提供支持		全国版权保护标准化技术委员会（筹）

这些标准与我们之间修订的 GB/T5795 - 2006《中国标准书号》和 GB/T 13396 - 2009《中国标准录音制品编码》已经构成相互支撑的体系，为我国新闻出版业对各种数字出版资源和相关参与方提供了标识的方法，为海量数字内容的查找、交换以及版权保护提供了技术支撑。

（三）电子书内容系列标准取得探索性成果

2010 年新闻出版标准化技术委员会立项了 12 项电子书内容标准（见表2）。目前，《电子书内容标准体系》、《电子书内容术语》、《电子书内容元数据》和《电子书内容格式基本要求》已经完成总体组内部投票，下一步将进入审查和报批阶段；《电子书内容平台——服务功能基本规范》和《电子书内容平台——基本要求》已经完成意见征求；《电子书内容版权保护通用规范》、《电子书编校质量检查规范》和《电子书功能技术要求及检测规范》等行业标准已经完成组稿工作，这些标准预计2013年年底全部完成。

表2 电子书内容系列标准

名称	内容	目的	阶段	制定标准化技术委员会
《电子书内容标准体系》	对电子书内容需要制定的标准进行了梳理，形成了整体的体系框架	为我国电子书内容标准的制定指明了发展方向	审查阶段	全国新闻出版标准化技术委员会
《电子书基本术语》	对电子书内容产业的基础性和关键性术语进行了界定，并基本达成了一致意见	有利于规范电子书的相关术语，促进电子书的发展和交流	审查阶段	全国新闻出版标准化技术委员会
《电子书内容元数据》	对电子书的内容元数据进行了遴选并进行了定义	有利于电子书内容的查找和利用	审查阶段	全国新闻出版标准化技术委员会
《电子书内容格式基本要求》	对开放的电子书内容格式提出了要求	避免由于缺乏通用性标准，使数字内容难以发布、交换、再利用，造成成本增加	审查阶段	全国新闻出版标准化技术委员会
《电子书内容平台——服务功能基本规范》	对电子书内容平台的服务功能进行规范	规范电子书内容平台的服务功能	征求意见阶段	全国新闻出版标准化技术委员会
《电子书内容平台——基本要求》	对电子书内容平台提出基本要求	为新闻出版行业建立规范的电子书内容平台提供依据	征求意见阶段	全国新闻出版标准化技术委员会
《电子书标识》	为电子书提供唯一标识	为电子书的标识、发行提供支持	起草阶段	全国新闻出版标准化技术委员会
《电子书版权页规范》	规范电子书版权页的信息	为电子书的信息交流和版权保护提供支持	起草阶段	全国新闻出版标准化技术委员会
《电子书内容质量基本规范》	提出电子书内容所要达到的标准	提高我国电子书的内容质量	起草阶段	全国新闻出版标准化技术委员会

续表

名　称	内　容	目　的	阶段	制定标准化技术委员会
《电子书内容版权保护通用规范》	提出电子书内容版权保护的技术方法和规范	为保护电子书的版权提供支撑	起草阶段	全国新闻出版标准化技术委员会
《电子书编校质量检查规范》	制定电子书编校的规范标准	为电子书的检查提供依据	起草阶段	全国新闻出版标准化技术委员会
《电子书功能技术要求及检测规范》	规定电子书的功能技术要求	规范电子书的功能	起草阶段	全国新闻出版标准化技术委员会

这些标准的制定对电子书的术语、标准体系、格式、版权保护、平台建设规范进行了积极的探索，并在行业内基本达成了一致的意见，为我国电子书的健康发展提供了参考。

（四）手机出版标准取得重大突破

手机出版作为我国数字出版的重要组成部分，多年来一直是拉动我国数字出版产业收入的主力军。手机出版标准化工作有利于节约数字出版的投入成本，为手机出版发展提供快速通道。

全国新闻出版标准化技术委员会组织制定的《手机出版标准体系表》已经发布，其针对手机出版需要制定的标准进行了梳理，形成标准体系框架，作为行业规划和标准制定的指导性技术文件。通过该标准的制定，为手机出版相关参与方提供了沟通和协调的机会，为手机出版标准的未来发展指明方向。《手机出版物质量规范》和《手机出版内容数据格式》行业标准是针对手机出版物的质量和内容数据格式制定的规范，已经通过审查，进入报批阶段。

（五）数字出版格式标准正在抓紧制定

目前我国数字出版的文本格式多种多样，彼此各不兼容，重复建设严重，增加了用户的使用成本，阻碍了我国数字出版内容有效的快速传播，信息孤岛现象严重。数字出版格式标准为解决纷繁多样的数字出版格式提供了技术支撑。只有公平化、开放性的标准,才能促进数字出版的健康发展。

全国新闻出版标准化技术委员会立项制定的《面向长期保存的文档格式》和《数字出版呈现格式》行业标准,目前均已经完成工作组稿。这两项行业标准对我国出版单位用于长期保存和不同终端呈现的文档格式进行了规范,对于数字出版的未来发展具有重大意义。同时技术委员会正着手《新闻出版业置标语言 PPML》的研究,为制定我国的《新闻出版业置标语言》行业标准奠定基础。技术委员会还正在组织制定《数字内容对象存储、复用与交换(DC – OS-RE)》行业标准,目的是使出版单位资源加工有据可依,实现数字内容的复用与交换,解决内业资源共享的困难。

(六)版权保护标准正在重点推进

版权保护不到位是导致我国优质数字内容缺乏的重要原因之一,所以我国正在重点推进数字版权保护标准的制定。

全国版权标准化技术委员会(筹)除了正在组织制定《数字版权标识符》(DCI)行业标准,该标准主要是基于数字版权唯一标志技术,通过数字版权作品版权登记为每件数字作品赋予唯一的 DCI,可以使网上的所有数字作品都具有唯一的身份标识,并以此开展国内外数字版权登记、交易及结算、版权检测取证等服务。另还组织制定了《版权保护标准体系表》,其目的是搭建我国版权保护标准体系框架,为我国未来版权保护标准的制定做出规划等行业标准。

全国新闻出版标准化技术委员会制定的《数字版权保护平台基本技术要求》等行业标准已经通过审查,该标准是针对数字版权保护平台制定的技术规范。

此外,全国新闻出版标准化技术委员会承担的数字版权保护技术研发工程标准研发包的管控和标准制定任务,目前完成和组织完成了先期启动的 18 项标准的征求意见稿和二批启动的 4 项标准的工作组稿。这些工程标准的制定为我国数字版权保护技术规范行业标准的制定进行了科学的探索。

(七)数字发行和数字印刷标准也在积极推进

全国出版物发行标准化技术委员会制定的《中国图书在线信息交换》(CNONIX)国家标准也已经进入报批阶段。该标准采用泛欧书业组织(EUR + EDI)的在线信息交换(ONIX)标准,通过描述出版物元数据,并以电子形式获取、传输出版物产品信息的国家标准，此标准是数字出版技术在出版物流通领域的具体应用，对我国出版发行产业发展有着重要的意义。

全国印刷标准化技术委员会组织完成了《数字印刷分类原则与方法》和《印刷技术术语——数字印刷》两项行业标准的制定。由于数字印刷是新的印刷技术，其核心技术主要掌握在外国企业手中，但从我国数字印刷技术发展的角度考虑又必须制定相关的标准，而从标准的制定角度考虑，这两项基础性数字印刷标准又是需要优先完成的项目，因此两这项标准的完成标志着数字印刷标准制定工作进入了快速发展的轨道。

全国印刷标准化技术委员会正在制定两项数字印刷国家标准——《数字印刷品质量要求及检验方法》和《数字硬打样系统要求及测试方法》。这两项国家标准分别对数字印刷品的质量要求和数字硬打样系统的要求以及检测方法进行了规范。

（八）其他多项标准也在制定过程中

全国新闻出版标准化技术委员会组织制定了《动漫出版标准体系》行业标准，目前已经发布，该标准是针对动画和漫画的标准体系框架制定的行业指导性规范文件。

全国新闻出版信息标委会积极推进《数据库出版物质量评价规范》、《电子教材制作及应用》和《内容资源加工与数据处理》行业标准的制定。制定《数据库出版物质量评价规范》行业标准的目的是规范数据库出版行为，提高数据库出版物的质量和水平；制定《电子教材制作及应用》行业标准的目的是推广新技术的应用，促进电子教材快速、健康发展，增强系统间的互操作性；制定《内容资源加工与数据处理》行业标准的目的是实现内容资源加工数据统一和互联互通，为知识管理和数值数据库的建设奠定基础。

（九）标准化工作向更深和更新的领域不断迈进

随着卫星制造技术、微电子技术、码率压缩技术的进步，卫星发射成功率大为增加，从而使普通用户通过小口径卫星天线进行信息通信成为可能，最终使卫星家庭用户的应用成为可能。卫星数字发行就是结合了现代卫星通信技术与数字出版发行技术，实现了将数字出版物直接投递到用户家庭，创造了数字发行的新型业态。全国新闻出版标准化技术委员会于2013年启动了《数字出版卫星传播》系列标准等行业标准项目。

游戏出版作为我国重要的数字出版产品形式，近几年来一直是推动我国数字出版产业收入的主力军，2013年，全国新闻出版标准化技术委员会启动了《游戏标准体系》行业标准工作。该系列标准的目的是制定《游戏出版标准体系表》、《游戏出版内容审核要求》和《游戏出版流程规范》，为我国游戏出版的快速、规范发展奠定基础。

随着《中国图书、报纸、期刊、音像和电子出版物出版和发行统计》行业标准的制定，数字出版产品的出版和发行统计显得尤其重要，2013年全国新闻出版标准化技术委员会立项了《数字出版统计》行业标准。同时还立项了《数字出版声像节目技术要求及检测方法》等行业标准。

此外，正在筹建的全国版权保护标准化技术委员会拟制定数字版权标识（DCI）标准。这是针对互联网领域版权保护面临的挑战，基于数字指纹的数字版权标识技术制定的数字版权标识标准，该技术对于数字版权标识符体系中数字版权监测取证功能的实现具有一定的意义。

10. 以研究为依托，多项标准预研项目正在展开

电子书包是一款致力于提高中国教育信息化、提高家庭和学校配合效率的产品，将数字化教育内容整合于课程之中，创设数字化教学环境和进行数字化学习，是一种跨行业、跨媒体的新型的数字出版模式。标准化建设对数字教育出版产业具有重要的战略意义。全国新闻出版标准化技术委员会对原新闻出版总署的《电子书包标准体系及电子书包内容标准预研究》课题进行了立项，展开对电子书包标准的研究。

针对数字出版标准的符合性测试工作，全国新闻出版标准化技术委员会联合多家单位申请"科研院所技术开发研究专项资金"项目——《数字出版标准符合性测试关键技术研究及应用》，于2012年5月被科技部正式批准立项。本项目以数字出版内容标准符合测试为核心，开展数字出版内容标准符合性测试理论及方法研究，制定标准符合性测试相关标准，开发符合性测试系统及集成平台和建设数字出版标准符合性测评实验室。

全国新闻出版信息标准化技术委员会申请了国家科技支撑计划项目——《动态数字出版关键支撑技术研发与应用示范》和《面向专业领域的定向投送

服务技术与系统研发及应用示范》项目。前者是基于跨媒体形态的数字内容类型定义、动态关联、按需重组、多出版形态同步生成、多终端适配、多渠道发布等动态数字出版关键支撑技术，开发专业出版领域动态数字出版平台系统，重点面向科技、教育等专业出版领域开展技术应用与平台运营示范。后者的主要任务是协助北京大学承担关键技术研究与标准规范研究子课题。

（十一）我国制定国际标准的主导地位进一步增强

全国新闻出版标准化技术委员会目前正在制定的《国际标准文档关联编码》（ISDL）是我国新闻出版行业首次提出并主持制定的一项国际信息与文献标识符标准。此标准以具有我国自主知识产权的多媒体印刷读物（MPR）出版物标准为基础，并由我国主导制定，这将极大提升我国出版业的国际地位。2011年该标准通过 ISO/TC46/SC9 成员国的投票正式立项；2012年是 ISDL 标准研制工作的关键期，在国内外专家的共同努力下，通过了该国际标准的委员会草案（CD）阶段的投票；目前已经顺利提交国际标准草案稿（DIS），该国际标准有望在年底出台。

由于现任 ISO/TC130（国家标准化组织印刷标准化技术委员会）的秘书处承担国——德国提出不再承担该国际标准化技术委员会的秘书处工作，2012年根据国家标准委国际合作部和中国印刷技术协会的要求，全国印刷标委会围绕着我国承担 ISO/TC 130 秘书处的构想，配合中国印刷技术协会与原新闻出版总署和国家标准化机构进行了沟通，预计2013年我国将正式承担该国际标准化机构的秘书处工作，利用作为秘书处承担国的优势，我国制定印刷领域的国际标准的主导地位进一步增强。

（十二）数字出版标准化工作走出盲目期，逐渐进入理性思考期

由于前期数字出版在发展模式、发展形态和发展规律上还存在许多不确定因素，我国数字出版标准化工作也存在盲目性和探索性。随着我国数字出版的快速成长，数字出版的基本发展形态、发展模式已经基本成形，其发展规律也基本显现，前期标准化工作的探索已经形成一定成果，我国数字出版标准化工作逐渐进入理性思考期。

由于存在不同角度、不同粒度的标准化对象，在没有摸清数字出版的发展

规律的情况下，标准制定存在标准化对象选取的角度和粒度不科学的情况，例如我国制定了《新闻出版资源唯一标识符》，但同时我们立项了《电子书标识》和《数字出版标识》等行业标准。随着研究的深入，这些标准有可能出现内容重复的问题，所以协调和整合就在所难免。另外，随着认识的不断提高，我们对标准的研究也进入深度挖掘期，标准的系统性建设也逐渐提上日程，我们现在制定的大多标准都是系列标准，这些标准相互支撑、相互协调，对数字出版的发展形成技术支撑。

三、数字出版标准化工作面临的问题和下一步工作任务

（一）加大对标准的宣传和实施力度

企业是制定标准的主力军，同时也是贯彻和实施标准的主体。目前我国制定了多项数字出版标准，标准制定完成后，应马上展开标准的贯彻和实施。没有宣传和贯彻，标准犹如一纸空文，不能发挥标准本身应有的作用；只有得到实施，才能转化为生产力，产生经济效益。

标准的制定只是一个开始，后续需要花费很长的时间和精力进行推广和实施。例如国际标准书号（ISBN）自 1972 正式发布以来，经过了 40 多年的推广，目前已经在 160 个国家或地区建立了 ISBN 中心，在图书编目、发行、收藏和版权交易交流中发挥了巨大作用。

可见，标准的后期推广是一个艰苦卓绝的漫长过程。我们要通过各种方式展开对标准的推广和实施，不断开展标准培训，通过培训普及标准知识来扩大应用；通过各种媒体扩大宣传和推广；建立标准化学术研究理论平台，展开交流和研讨；同时建立数字出版标准化基地，对标准进行测试、培训和推广工作，对其他企业起到激励和示范作用。

（二）制定更多为市场健康发展起关键作用的数字出版标准

虽然我们目前已经发布或基本完成多项行业和国家标准，但其中研究和探索性的居多，如《数字出版标准体系》、《手机出版标准体系》、《动漫出版标准体系》和《电子书内容标准体系》等，这些都是一些研究性和规划性的行业

标准，近期还不能很快转化为生产力。我们应制定更多为解决我国数字出版发展困境起关键作用的国家和行业标准。

我国数字出版发展这么多年，盈利模式还不是很清晰，版权保护问题也未能有效解决。传统出版单位因收入分成过低从而不愿意将有竞争力的出版内容交给技术提供商，造成优质数字内容缺乏，进而造成数字出版的盈利也无法顺利实现。打破这种恶性循环必须从提高传统出版单位的话语权开始，使他们可以获得合理的回报才能解决优质数字内容缺乏的问题，促进我国数字出版的健康发展。

标准化工作，作为协调各方利益的重要手段，可以利用网聚数字出版产业链的上下游专家和代表的优势，根据公平、公正的原则，协调数字出版产业链条上下游各方利益，促成各方协调一致，形成合理的版权保护标准和数字出版各方公平合理的分配模式，从而推进数字内容的共享和利用，推进数字出版的健康发展。

（三）加强标准的协调力度

标准作为相关利益方协调一致的产物，标准制定中的协调工作至关重要，这涉及标准制定的合理性、科学性以及后续的实施顺利与否。

数字出版涉及作者、出版社、技术提供商、图书馆等机构用户和个体消费者等，标准化工作需要协调他们相互之间的利益。同时同一标委会制定的标准之间也需要加强协调，例如全国新闻出版标准化技术委员会制定的《电子书内标识》、《数字出版标识》和《新闻出版业唯一标识符》等标准之间需要协调一致。新闻出版业不同标准化技术委员会之间也需要加强协调，如全国新闻出版信息标委会制定的《内容资源加工与数据处理》和《数字内容对象存储、复用与交换（DC – OSRE)》应与全国新闻出版标准化技术委员会制定的《面向长期保存的文档格式》和《数字出版呈现格式》等数字出版标准协调一致。

数字出版将内容和技术以及各种媒体融合在了一起。数字出版标准化工作在多个领域与信息产业部、图书馆等领域出现交叉，所以新闻出版标准化技术委员会需要与其他领域的标准化技术委员会进行协调，如全国信息技术标准化技术委员会制定的《电子阅读设备（电子书）标识》和《电子阅读设备（电子书）元数据》正在与全国新闻出版标准化技术委员会制定的《电子书内标识》、《数字出版标识》、《新闻出版业唯一标识符》和《电子书内容元数据》

相互协调。同时标准化机构也要加强与新闻出版相关政府部门等机构的协调，因为这涉及标准导向和后期的顺利实施。

（四）加强数字出版标准的符合性测试和认证

标准符合性测试是通过专业的技术和工具，对产品（服务）与相应的国家标准、行业标准之间符合程度的测试活动。出版产品是否符合相关标准无法直观检验和测试，只能通过相关技术、工具、方法才能科学地进行测试，出具权威的测试报告和认证。对企业进行数字出版标准的符合性测试和认证是对企业是否遵守相关标准的验证，获得测验通过和认证的企业对行业有一定的示范作用，同时对于企业采用国家和行业标准有一定的激励作用，有利于标准的推广和实施。

目前全国新闻出版标准化技术委员会正在展开对《数字出版标准符合性测试关键技术研究及应用》项目的研究，该标准通过开展数字出版内容符合性测试理论及方法研究，开发符合性测试系统及集成平台，并着力于建立数字出版标准符合性测评实验室开展数字出版标准符合性测试工作。

（五）建立电子投票系统以增强企业发挥主体作用

企业是标准制定和实施的主体，所以要发挥企业在标准制定中的关键作用。但目前我国企业，尤其是传统出版企业参与数字出版标准化的积极性不强，企业的主体作用没有得到充分发挥。

根据《标准化事业"十二五"规划》的要求，标准化技术委员会要早日将电子投票系统纳入标准的意见征求以及标准的审查阶段。[①] 鼓励各个省份的新闻出版局也建立类似的电子投票系统，组织省内的相关单位进行投票和意见征集。

由于我国新闻出版领域的标准化技术委员会还没有建立电子投票系统，目前数字出版标准的制定只是通过发函的形式向委员和各省新闻出版局征求意见，并没有给相关企业和代表投票的权利。我国数字出版标准的审查也没有引

---

① 国家标准化管理委员会，《标准化事业"十二五"规划》，北京，2011－12，http：//lczx.mofcom.gov.cn/accessory/201201/1325841074090.pdf

入投票机制，标准审查的范围不够广泛，代表性不够全面。建立电子投票机制有利于企业参与标准化工作，增强企业的话语权和参与的积极性。

（六）加大标准化管理人才和专家型人才的培养力度

标准化是人类在长期生产实践过程中逐渐摸索和创立起来的一门科学，也是一项重要的应用技术。标准化人才可以分为三大类，即技术型、管理型、操作型。

技术型标准化人才主要指技术装备、科研领域的标准化工作者，技术装备领域的标准化工作主要包括：制（修）定技术领域的标准，实施技术标准，促进高新技术成果转化；提高装备管理与运用的通用化、系列化、组合化程度，提高产品的质量。管理型标准化人才是指为管理机构更好地行使其管理职能，运用标准化原理对在管理活动实践中所出现的各种具有重复性特征的管理问题进行科学总结，形成规范，用以指导人们更有效地从事管理活动的一类人员，其业务范围包括管理业务的程序和方法、管理的权限和责任，以及管理工作的考核等。操作型标准化人才是指工作在一线的技术操作人员，按标准的分类，操作型标准化人员是执行工作标准的一类，严格来讲，也属于管理型，但由于这部分人员数量大，工作性质大部分是操作型，工作量在标准化工作中占有较大的比重，所以将其单独列为一类。

数字出版是内容与技术的结合，从事数字出版业务不仅需要熟悉出版业务，同时又要掌握信息技术，而我国这样的人才不多。当前信息化和国际化的趋势，对数字出版的标准化工作人才的要求更高，不仅需要熟悉数字出版业务，同时又熟悉标准化工作。这就要求我们通过各种途径加快上述三类人才的培养。随着我国国力的提升和相继成为 ISO 和 IEC 以及 ISO/TMB（技术管理局）的常任成员，我国主导制定国际标准的实力增强，这就需要更多同时精通外语的数字出版标准化人才，以适应我国标准引进来和走出去的需要，在国际舞台上与各国专家进行沟通和斡旋。

（作者单位：中国新闻出版研究院标准化研究所）

中国数字版权保护状况年度报告

童之磊　闫　芳　吴如镜

随着社会经济和互联网技术的发展，人们的生活节奏不断加快，生活方式、文化消费方式也在悄然中发生了变化。数字出版和数字阅读的出现改变着人们的文化消费习惯和阅读习惯，成为未来出版和阅读的重要发展方向。然而在数字出版和数字阅读方兴未艾之时，由于数字化产品的易传播、易复制和易修改等特性，方便了盗版行为。数字化盗版一方面严重侵害了权利人的合法权益，另一方面也严重阻碍了数字出版业的规范健康可持续发展。对此，政府、企业和社会团体形成了联动机制全方位地对盗版给予严厉打击，从2012年到2013年间取得了颇为丰厚的成果。虽然当前我国有关数字版权的各项制度还不够健全，有效的数字版权保护体系还不完善，但是数字出版业蓬勃发展的趋势，昭示着数字化阅读的光明未来。

一、我国数字版权保护新进展

随着互联网的进一步发展，数字版权产业作为朝阳产业得到社会各界的广泛关注，巨大的利益增长点使行业内呼吁完善数字版权护体系的呼声越来越强烈。相比2011年，我国数字版权保护在2012年有了新的进展。

（一）整体概述

1. 数字版权立法保护新进展

（1）《著作权法》第三次修订工作取得突破性进展

2012年底，国家版权局将《著作权法》第三次修订送审稿正式呈报国务院，标志着此次修法工作取得突破性进展。修改草案（第三稿）较现行《著作权法》有四大变化：一是体例结构明显变化，由现行《著作权法》的六章六十一条调整为八章九十条；二是权利内容普遍增加，特别注重对智力创作成果的尊重，无论是著作权人还是相关权人其权利内容都得到了不同程度的增加；三是授权机制和交易模式有重大调整；四是著作权保护水平显著提高。

此次著作权立法专门成立了修法专家委员会，委托相关教学科研机构起草专家建议稿，以专函形式向立法、司法、行政机关及相关社会团体定向征求意见，并通过网络、座谈会和媒体互动会广泛征求社会各界的意见和建议，被认为是"开门立法、阳光立法"的创举，引起了社会各界对版权立法工作的高度关注。

（2）国务院公布四条例修改，致力于知识产权全面保护

2013年1月16日，国务院关于修改《计算机软件保护条例》、《著作权法实施条例》、《信息网络传播权保护条例》、《植物新品种保护条例》等四部条例的决定，经国务院第231次常务会议通过，自2013年3月1日起施行。

四部条例的共同点是加大处罚力度，主要包括两点：一是提高非法经营额的罚款倍数，将对非法经营额确定的罚款倍数统一调整为1倍以上5倍以下；二是将罚款的最高限额，由5万或10万元提升为20万或25万元。

其中就有三部条例与我国的版权保护有关：

《计算机软件保护条例》第24条第2款修改后规定为："有前款第一项或者第二项行为的，可以并处每件100元或者货值金额1倍以上5倍以下的罚款；有前款第三项、第四项或者第五项行为的，可以并处20万元以下的罚款。"

《著作权法实施条例》第36条修改后规定："有著作权法第48条所列侵权行为，同时损害社会公共利益，非法经营额5万元以上的，著作权行政管理部门可处非法经营额1倍以上5倍以下的罚款；没有非法经营额或者非法经营额5万元以下的，著作权行政管理部门根据情节轻重，可处25万元以下的罚款。"

《信息网络传播权保护条例》第18条、第19条从"并可处以10万元以下的罚款"修改为："非法经营额5万元以上的，可处非法经营额1倍以上5倍以下的罚款；没有非法经营额或者非法经营额5万元以下的，根据情节轻重，可处25万元以下的罚款。"

虽然我国加大了对侵犯知识产权的处罚力度，但罚款的制约作用毕竟有限，许多知识产权法领域的专家学者在肯定本次四部条例修改的同时，纷纷呼吁继续健全相关机制，震慑侵权行为。

2. 数字版权司法保护新进展

数字版权司法保护是我国数字版权保护的重要组成部分，也是其中最可靠最权威的一种权利救济途径，在打击侵权行为、维护当事人合法权益、营造良好的司法环境方面作出重大贡献。

（1）最高人民法院出台《关于审理侵害信息网络传播权民事纠纷案件适用法律若干问题的规定》

2012年11月26日，最高人民法院审判委员会第1561次会议通过《关于审理侵害信息网络传播权民事纠纷案件适用法律若干问题的规定》，自2013年1月1日起实施。该司法解释总共16条，主要对人民法院在审理信息网络传播权纠纷案中行使自由裁量权的原则，侵害信息网络传播权行为的构成，网络服务提供者的教唆侵权、帮助侵权，司法实践中较为常见的信息存储空间网络服务提供者应知网络用户侵害信息网络传播权的判定标准以及人民法院对此类案件的管辖等问题进行了规定。

（2）2012年网络维权诉讼战果累累

纵观2012年版权纠纷，涌现出了一批典型的案例，比如百度文库系列案、谷歌图书搜索案、苹果应用商店案、豆丁网系列案等等。这一年网络侵权纠纷不断攀升，但网络维权取得了丰硕成果。中文在线起诉苹果公司侵权一案最终宣判，法院判决苹果公司停止涉案侵害中文在线对涉案作品的信息网络权侵权行为，赔偿中文在线经济损失人民币60万元，及因诉讼支出的合理费用5000元。中国作家维权联盟诉苹果应用程序商店（App Store）侵犯著作权案，案件涉及李X等8位作家的34部作品，索赔1000余万元。韩X诉百度文库侵权案宣判，韩X的《像少年啦飞驰》等3部作品获赔9.58万元。这些经典维权案例在业界产生了广泛的影响，在维护权利人合法利益的同时进一步促进了数字版权的规范化发展。

3. 数字版权行政保护新进展

（1）全国省级政府机关完成软件正版化检查整改任务，并建立长效机制

截至2012年6月底，全国31个省、自治区、直辖市的省级政府机关已经

全部按时完成软件正版化检查整改工作。至此，中央和省级政府机关全部按期完成检查整改任务。另有超过一半的市级政府和将近三分之一的县级政府提前完成检查整改任务。中央及各级地方政府机关共采购三类通用软件281.76万套（许可数），采购金额17.46亿元。同时，政府机关在软件采购资金预算、软件资产管理、软件采购情况审计、计算机出厂预装正版软件、加强督导检查等方面出台了相应制度，初步建立了软件正版化长效机制。

（2）第八次"剑网行动"成效显著，关闭侵权盗版网站129家

2012年7月至10月底，国家版权局、公安部、工信部、国家互联网信息办公室联合开展了第八次打击网络侵权盗版专项治理"剑网行动"。此次行动主要针对提供作品、表演、录音录像制品等内容的网站、提供存储空间或搜索链接服务的网站以及提供网络交易平台的网站中存在的侵权盗版行为进行专项治理。行动中，各地共查办网络侵权盗版案件282起，其中行政结案210起，移送司法机关追究刑事责任72起，没收服务器及相关设备93台，共关闭违法网站183家。

4. 数字版权社会保护新进展

（1）世界知识产权组织保护音像表演外交会议在北京成功举办，《视听表演北京条约》签署

2012年6月20日至26日，由世界知识产权（WIPO）组织主办、国家版权局和北京市人民政府共同承办的保护音像表演外交会议在北京成功举办，来自154个WIPO成员国和48个国际组织的202个代表团的721名代表出席会议。《视听表演北京条约》的正式签署标志着外交会议在北京圆满落幕。

这是新中国成立以来首次承办的第一次涉及版权条约缔结的外交会议，对正处在经济转型期的中国意义重大。一方面彰显了我国政府对知识产权保护的高度重视，另一方面也有利于增加我国在国际社会的知识产权保护中的规则制定权和谈判话语权。而《视听表演北京条约》的签署，填补了视听表演领域全面版权保护国际条约的空白，进一步完善了国际表演者版权保护体系，是世界知识产权组织在版权保护方面的重要里程碑。

（2）全国首家专业版权评估中心在京成立

随着以版权资源为核心的文化创意产业的高速发展，版权创造、运用、管理和保护对版权作品价值评估提出了需求。针对我国版权评估难、融资难等问

题,我国首家专业版权评估中心——中国人民大学国家版权贸易基地版权评估中心于 2012 年 1 月 6 日在北京成立。版权评估中心的成立不仅标志着我国多年的版权评估理论探索正式向实践领域迈进,也为文化企业在控制融资风险和版权保护方面发挥了关键作用。

(二) 年度对比分析

较之 2011 年,2012 年的数字版权保护在立法保护、司法保护、行政保护和社会保护方面都有一些新的进步。

立法保护方面,《著作权法》第三稿的修订和国务院四条例的公布,进一步完善了我国在数字版权保护方面的法律体系。

司法保护方面,首先,最高人民法院发布的《关于审理侵害信息网络传播权民事纠纷案件适用法律若干问题的规定》对于指导人民法院积极应对互联网环境给传统著作权保护制度带来的冲击和挑战、正确适用著作权法具有重要意义。其次,2012 年网络侵权案件迅猛增长,2011 年各级法院共审结一审知识产权案件 6.6 万件,2012 年审结一审知识产权案件 27.8 万件,同比上升 284.2%。根据最高人民法院 4 月 22 日在江苏苏州发布的《中国法院知识产权司法保护状况(2012 年)》内容显示,2012 年我国法院审理的知识产权案件数量快速增长,特别是知识产权刑事案件成倍增长。2012 年,地方各级人民法院共新收知识产权民事一审案件 8.7419 万件,比上年增长 45.99%;审结 8.3850 万件,比上年增长 44.07%。共新收知识产权行政一审案件 2928 件,比上年增长 20.35%;审结 2899 件,比上年增长 17.37%。共新收知识产权刑事一审案件 1.3104 万件,比上年增长 129.61%;审结 1.2794 万件,比上年增长 132.45%。在深入贯彻实施国家知识产权战略的号召下,司法保护的力度也在不断加强。

行政保护方面,中国政府的行政执法能力得到进一步加强,与司法保护的衔接更为紧密。

社会保护方面,相关国际条约的签订标志着我国知识产权保护在国际地位的提高,也为知识产权保护营造了良好的国际环境,相关机构的设立进一步推动了版权保护体系的完善。

(三) 年度盗版损失情况对比

版权问题是数字出版进程中最大的制约因素。离开了版权保护，数字出版产业的健康发展就得不到保障。由于网络侵权取证难、认定难、维权成本高，盗版问题屡禁不止，版权侵权纠纷也日益增多。综观2012年，较之2011年盗版现象有增无减。

据相关数据统计分析，目前我国原创文学网站仅有十几家，而我国文学盗版网站的数量竟达50多万家。由网络侵权给网络文学造成的损失每年约40亿～60亿，数字音乐每年因盗版损失上亿元，网络影视盗版率更高达九成。在国家版权局和国家工商管理总局一年一度评选案件中，各省报来的40个侵权案件中有19个涉及网络侵权盗版，几乎占到了一半。

当前网络文学网站的主流盈利模式仍是付费点击阅读模式。根据以往的经验，一部网络小说依作者的人气，其付费部分可以占到全部内容的1/3到1/2。艾瑞咨询的相关报告显示，个人付费占据文学网站70%的营收比重，远高于22%的广告收入及8%的版权收入。然而由于网络盗版的存在，数字阅读付费率仅为6%，而网络文学的付费率尚不及此，盗版收入达到正版收入的50倍以上。

中文在线旗下的17K小说网在2012年的网上付费阅读比例因为无线、版权销售等渠道的开拓，以及受到盗版的严重影响，比重已从70%下降到不足40%，几小时之内网上就有一本网络小说的盗版出现。许多盗版网站每天的点击量超过100万次，这些盗版文学网站已经形成黑色产业链，有的盗版网站月收入超过300万元，而这些盗版网站又成为其他盗版网站的源头。

在音像制品方面也有媒体报道，中国的网络影视盗版率约九成，每年盗版致使数字音乐损失上百亿元、软件损失（按市价折算的经济价值）超过千亿元。很多影片一上映，就遭遇网络盗版，其盗版的速度和带来的损失令人咋舌。

根据以上数据显示，在各项法律制度不断完善、行政机关执法能力不断加强、司法机关审判质量不断提高、版权保护体系不断健全的背景下，2012年的盗版侵权行为仍然普遍存在，盗版网站给网络文学和音像制品带来的损失数额依然巨大。盗版的猖獗不仅严重影响了数字出版行业的产业规模效益和创意价值效应，也大大增加了市场监管的难度。所以构建良好的网络出版环境不仅需要行业自律，还需要多方联合，采取有力措施打击网络盗版行为，只有这样才能共同推动数字版权保护事业的发展。

二、各省区版权保护状况统计分析

（一）各地区版权保护状况综述

目前，我国已初步形成国家版权局、省级版权局和地市版权局的三级著作权行政管理体系。近年来各省、自治区、直辖市政府不断加强版权行政管理部门的力量，使版权行政管理与行政执法体系不断完善。而在司法机构体系方面，虽然我国还没有设立具有专业性和技术性的独立的知识产权法院，但是在部分地区已设立了专门的知识产权审判庭，如北京、上海、广东、南京、福建及厦门等中级人民法院的知识产权审判庭，以及北京市和上海市多个区级的基层人民法院的知识产权审判庭。此外，中国版权协会、中国音乐著作权协会、中国文字著作权协会等社会团体在我国版权保护方面发挥了积极的作用。由此形成了当前我国版权保护的机构体系框架。

根据最高人民法院的最新工作报告，自2008年以来的五年间，最高人民法院受理案件50773件，审结49863件，分别比前五年上升174%和191%，审限内结案率82.4%；地方各级人民法院受理案件5610.5万件，审结、执结5525.9万件，结案标的额8.17万亿元，同比分别上升29.3%、29.8%和47.1%，审限内结案率98.8%。2012年，全国各级人民法院审结一审知识产权案件27.8万件，同比上升284.2%。（如图1、图2所示）

通过权利人和权利相关人举报，各地版权行政执法部门在2005年至今开展的8次打击网络侵权盗版专项行动中，查办网络侵权盗版案件逾4千件，有力地维护了网络环境下健康、规范的版权秩序，有效地打击了网络侵权盗版违法行为，进一步促进了互联网产业的繁荣发展。

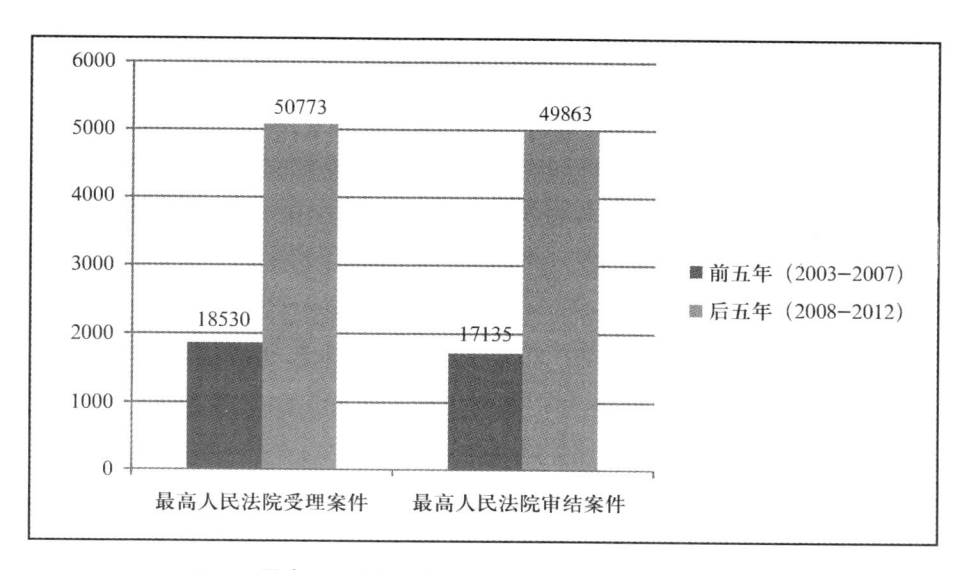

图1 最高人民法院2003-2012年受理、审结案件对比

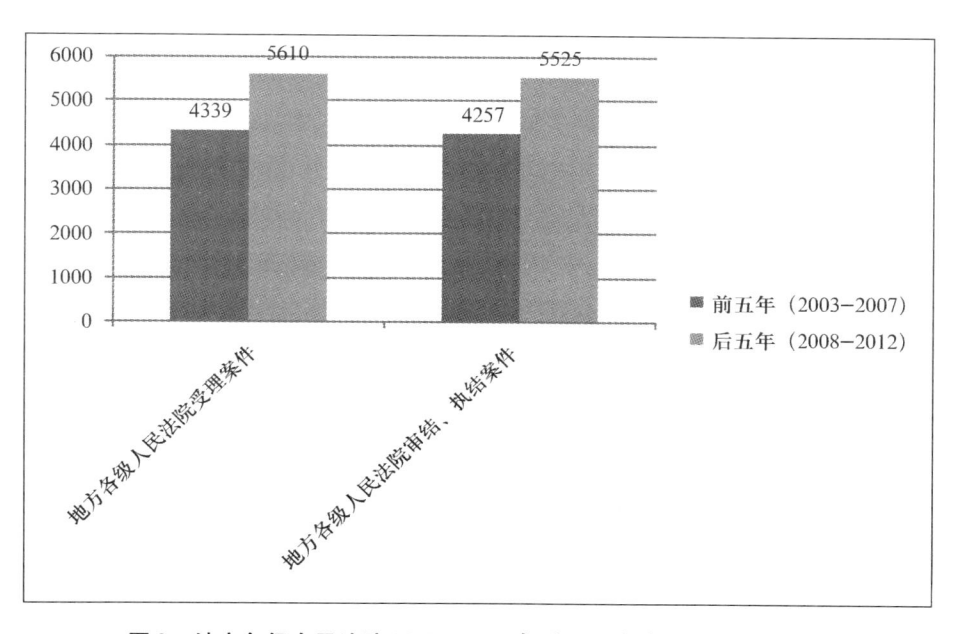

图2 地方各级人民法院2003-2012年受理、审结、执结案件对比

（二）我国部分地区版权保护情况

1. 北 京

北京作为文化中心城市，与技术创新和文化创意产业相关的新类型知识产权案件不断出现。北京法院通过具体案件的处理明确了权利界限，在全国法院发挥了示范作用，通过审判工作，推动确立知识产权司法保护新标准，为修订相关法律和司法解释提供了依据。在2012年最高法院公布的知识产权十大典型案例中，有5件是北京法院的案例，其中许多案件受到世界关注。

根据2012年北京知识产权保护状况的相关资料显示，北京市法院全年受理一审知识产权民事、专利、商标授权确权行政案件11305件，审结11213件。全市检察机关受理审查逮捕涉嫌侵犯知识产权犯罪案件共312件480人，批准逮捕233件325人；受理审查起诉涉嫌侵犯知识产权犯罪案件共668件973人，起诉602件768人。公安部门共破获知识产权领域犯罪案件1729件，收缴侵权盗版出版物40余万张（册）。文化执法部门立案1220件，结案1151件，罚款603万元，收缴各类非法出版物、音像制品200万余件。北京海关查获侵犯知识产权商品1079批次，立案47起，累计查获侵权商品42000余件，案值171万元。这些数字背后积累的实践性经验也为完善"两法衔接"机制、探索建立打击和预防侵犯知识产权犯罪活动的长效机制奠定了坚实的基础。

此外，北京还开展了一系列的活动，如北京首届知识产权十大案件、十大事件、十位有影响力人物的评选，以及专题研讨会、知识产权发展沙龙年会等，进一步加强了知识产权保护宣传力度，弘扬了创新文化，积极树立了北京知识产权保护的良好形象。

2. 上 海

五年来，全市法院共受理各类案件206.06万件，审结206.13万件，同比分别上升38%和39%；存案3.6万件，同比下降1.6%，其中知识产权案件1.1万件，同比上升164.9%。2012年受理各类案件44.87万件，审结44.9万件，收结存案持续保持良性循环；91.8%的案件经一审即息诉，经二审后的息诉率为99%。上海法院在年人均办案数为全国法院人均办案数两倍的情况下，司法公正指数连续五年位列全国法院第一。

2012年对上海来说，是深入推进"创新驱动、转型发展"的关键性一年。

这一年在知识产权创造、运用、保护、管理方面取得了新的突破。上海市知识产权宣传周活动的开展加强了知识产权的宣传和普及，提升了全社会的知识产权意识；上海版权纠纷调解中心与上海仲裁委员会知识产权仲裁院合作协议的签署，使版权纠纷调解和版权纠纷仲裁实现了顺利对接，满足了争议调解的需求，有效缓解了司法和行政压力。

3．广　州

自1994年设立知识产权审判庭以来，广州法院审理知识产权案件近万件，审理案件数量约占同期全国法院知识产权案件总量的十分之一，审结了一批在国内国际均具有较大影响的案件，为地方经济社会发展作出了积极贡献，先后被评为"全国版权示范城市"、"国家知识产权示范城市"。

2012年广州继续全面实施"十二五"知识产权战略，在推进知识产权保护和创造运用方面也取得突破性进展。第一，2012年，广州市法院共审结知识产权案件8340件，同比增长73.53%。第二，知识产权"三审合一"改革试点的全面启动。2012年上半年，广州市获最高法院批复同意在两级法院推行"三审合一"的审判方式改革试点。2012年9月，广州市两级法院知识产权"三审合一"改革试点的全面启动。自改革试点以来，成效显著，辖区内的天河法院获得"知识产权审判基层示范法院"称号，通过此次试点法院知识产权审判质量、效率和保护水平显著提升，知识产权司法保护的整体效能得到进一步发挥。第三，2012年上半年，广州与深圳、珠海、佛山等兄弟城市共同签署了《珠江三角洲地区版权保护城际联盟协议》，在打击侵权盗版、实现跨地区维权等方面建立长期有效的合作机制。

三、数字版权保护技术发展状况

面对数字化出版环境与出版市场的变化，网络出版和传统作品的数字化成为一种趋势。数字版权是数字出版价值链的核心，网络盗版与日俱增，严重损害了权利人的合法权益。构建以技术为支撑数字版权保护体系和保护平台，才能为数字出版产业的健康和可持续发展保驾护航。

（一）数字版权保护技术现状

数字版权保护技术自出现以来，得到了产业界和学术界的广泛关注，被认为是数字内容交易和传播的关键技术。第一代的版权保护技术侧重于限制非法解密、复制和传播，第二代的数字版权保护技术，则追求更加细致地权限控制，除了前面的解密、复制和传播方面的控制外，还包括阅读、拷屏、打印、修改以及用户可能对数字内容执行的所有其他操作。目前，常用的数字版权保护技术主要包括数字加解密技术、数字指纹技术、数字签名技术、数字水印技术、身份鉴别技术、资源标识技术、密钥管理技术、权利描述技术、硬件绑定技术、安全通信技术、安全容器技术、芯片控制加密技术等。随着互联网技术的不断发展，数字版权保护技术经常遭到黑客和一些高手的破解，因而加强数字版权保护技术的开发和研究将是未来一项长期的课题。

（二）DRM 技术

DRM 技术即数字版权管理技术，是当前保护数字版权的核心和关键技术，主要依靠的技术有数字密码技术、数字水印技术和使用控制技术。根据保护的对象，DRM 可分为两类：一类是多媒体保护，另外一类是加密文档。虽然至今 DRM 技术已发展成为一种比较成熟的技术体系，但在保证数字内容的安全性、权利描述、使用控制等方面仍存在一些亟待解决的关键性问题。

（三）基于数字指纹的 DCI 标识技术

面对互联网领域版权保护面临的挑战，基于数字指纹的 DCI 标识技术应运而生。数字指纹是一个独特而稳定的标识符，可以从图像、视频、音频等数字内容中提取出来并能够唯一标识该作品的一个表征。基于数字指纹的 DCI 标识技术是对数字作品版权进行的唯一标识，该技术通过数字指纹为注册登记的数字内容作品产生数字版权唯一标识符并赋予每件数字作品唯一的身份标识——DCI 码，来实现对各种数字内容版权的有序管理，并以此为基础开展国内、国际版权的相关活动。

在实践操作过程中，运用不同提取方法对不同类型的数字作品提取数字指纹。在数字作品中加载不可篡改的 DCI 码，通过验明数字作品的 DCI 码就可以确认作品版权的真伪、明确数字作品的版权归属，实现数字作品版权的网上自动巡查、跟踪、取证、证据保全等监管工作，达到保护数字版权的目的。

四、典型案例分析

2012 年，随着数字技术的迅猛发展和权利人维权意识的不断加强，在信息存储空间、分享平台，以及安卓、苹果等应用商店领域都出现了相应的著作权案例，这些典型案例对于今后的数字版权保护具有指导意义。

（1）韩寒诉百度文库侵害著作权案

【案情】

作家韩寒称其在百度文库中发现多个网友将其代表作《像少年啦飞驰》（简称《像》）上传至百度文库，供用户免费在线浏览和下载。韩寒在多次致函百度公司要求停止侵权，而百度公司消极处理的情况下，诉至法院，请求判令百度公司立即停止侵权行为、采取有效措施制止侵权，关闭百度文库，赔礼道歉，赔偿经济损失 25.4 万元并承担相关费用。

法院经审理认为，韩寒对《像》享有包括信息网络传播权在内的著作权。百度公司为网络用户上传、存储并分享《像》一书文档的行为提供了帮助，对韩寒就《像》享有的信息网络传播权造成损害。百度公司的帮助行为为《像》一书侵权文档的广泛传播提供可行性和便利条件，其行为与韩寒所遭受的损害之间存在因果关系。现有证据虽无法认定百度公司明知百度文库中的《像》一书的文档侵权，但结合百度文库的客观现状、韩寒及《像》的知名度、韩寒与百度公司就百度文库引发纠纷及百度公司对侵权行为的预见水平和实际控制能力等因素，对因显而易见应当知道的侵权文档，百度公司未予履行更高的注意义务，存在过错。据此，判决百度公司赔偿经济损失 39800 元及合理开支 4000 元。

【分析】

百度文库自 2009 年开设以来，围绕著作权问题一直纠纷不断。该案是作家维权联盟就百度文库中存在大量作家作品与百度公司发生纠纷诉至法院的典型案件。该案的裁决既积极鼓励企业技术中立与发展，也对信息网络传播权的侵权构成要件进行了详细的阐述，做到明法析理。在双方当事人知名度较高、社会影响较大的情况下，此案对其他作家的后续维权工作具有参考借鉴意义。本案的审结预示，在互联网盛行的时代，各方利益主体自觉维护和划定权利和义务边界是极其重要的，在充分享受网络技术成果时，亦要注重加强对知识产权新客体的保护。

（2）北京中文在线数字出版股份有限公司诉苹果电子产品商贸（北京）有限公司、美国苹果公司侵犯信息网络传播权一案

【案情】

原告北京中文在线数字出版股份有限公司诉称其经著名作家二月河、海岩、周梅森及巴金之继承人李小棠、李小林等人的授权，在全球范围内对其《康熙大帝》、《河流如血》、《家》等16部作品独家享有信息网络传播权。苹果电子产品商贸（北京）有限公司在其经营的网站提供 iTunes 软件下载，安装该软件后访问美国苹果公司经营的苹果在线商店，即可购买、下载包含上述作品的应用程序，用以在美国苹果公司的 iPad 和 iPhone 产品上进行阅读。而被告公司未经许可，擅自使用上述涉诉作品的行为已经严重侵犯了原告享有之信息网络传播权、获取报酬权等著作权合法权益。美国苹果公司辩称，苹果在线商店（App Store）并非由其经营，而是其全资子公司艾通思公司经营管理，其并未实施及帮助实施侵权行为，且苹果在线商店是提供信息存储空间的网络服务提供者，经通知后删除涉案作品，并无主观过错，不构成侵权。北京市第二中级人民法院开庭审理了此案，于2012年12月21日做出一审判决，判决被告美国苹果公司停止侵权，赔偿原告经济损失60万元，合理支出5000元。

【分析】

此案件争议的焦点：①涉案侵权应用程序是否侵权？②在现有 App Store 的运营模式下，苹果公司是否为 App Store 的经营者？③苹果公司作为 App Store 的经营者，其行为性质如何认定以及应当承担何种法律责任？

关于争议焦点一，法院经审理查明，运行从网址为 http://www.apple.come.cn 的网站上下载并安装的 iTunes 软件后，能够进入"iTunes Store"下设的"App Store"中购买并下载涉案应用程序。据比对，涉案应用程序与涉案作品相同的字数为6373千字。故涉案应用程序应为侵害原告涉案作品信息网络

传播权的侵权应用程序。

关于争议焦点二及焦点三，法院审理后认定，美国苹果公司为 iTunes 软件的开发者，苹果在线商店的所有应用程序均为美国苹果公司自行开发或开发商依据与美国苹果公司签订的《APPLE 开发商协议》和《iOS 开发商计划许可协议》开发，美国苹果公司制定并可修改协议内容及政策，对应用程序的审核、分销和撤销也承担重要职责，所以法院最终确认美国苹果公司为苹果在线商店的经营者。而且，美国苹果公司对苹果在线商店具有很强的控制力和管理能力，其通过苹果在线商店提供涉案应用程序的收费下载服务，从中获取直接经济利益，但未尽到应有的注意义务，对于涉案应用程序的侵权，应当承担相应的法律责任。

中文在线起诉苹果公司，显示了中国企业、中国社会知识产权保护意识的增强。值此苹果产品风靡全球之时，该起诉讼对于全球范围内的苹果应用商店乃至安卓等其他平台的应用商店知识产权保护模式都产生了深远影响。

五、数字版权保护存在的困境及应对措施

随着互联网的迅速发展，传播形态和传播格局也发生了变化。在新技术环境下以生产成本低、内容极大丰富、流通渠道便利为特征的数字出版产品掀起了一场出版革命。但由于法律法规不健全，网络新技术的层出不穷等诸多原因，数字版权保护在我国呈现出传统出版业在数字化转型期的一系列尴尬境遇。近年来版权界一直都在探索一条保护数字版权的道路，只有看到数字版权保护现状和趋势中的困境，才能找到相应的对策，建立日趋完善的数字版权保护模式。

（一）数字版权保护的困境

1. 数字版权的概念界定不明

按照国际法律传统，版权和著作权建立在截然不同的逻辑前提和法律渊源基础之上。版权的说法起源于英美法系，而著作权则根植于大陆法系。但在我国，著作权与版权的概念都是舶来之物，二者并不加以区分。在版权保护领域

以《著作权法》为最高法律规范。另外，数字版权是一个笼统的概念。在数字出版中，具体到手机、电子阅读器等不同的终端，数字内容包含的权利不尽相同。每一种数字出版形态、新媒介出现，都可能意味着权利内容的调整。尤其在著作权的转让和授予的过程中，数字版权的内涵如何界定就直接影响到合同双方权利义务的履行，间接地影响到数字版权的保护。

2. 数字版权保护意识薄弱

一方面很多数字出版企业缺乏必要的法律意识，体现在数字版权交易过程中缺乏严格"先授权，后传播"的意识，无法清晰地了解交易过程中版权的真正归属，也体现在面对版权侵权行为之时不知道如何运用法律的武器来维护自身的合法权益，这些都是导致数字版权侵权纠纷频繁发生的主要原因；另一方面广大网民缺乏付费下载的数字版权保护意识反而在无形中成为网络盗版横行的重要推手。

3. 数字版权保护的法律制度还不够完善

数字版权保护的法律制度还不够完善，主要体现在以下几个方面：首先，没有专门针对数字出版的版权保护的立法，主要依据的是《著作权法》和《信息网路传播权保护条例》等法律法规；其次，法律法规的更新制度慢，无法及时反映现实的需求；最后，制定的法律宏观性规定较多，实践操作性不强。

4. 数字版权资产管理体系不完善

版权是版权产业界竞争实力的重要组成部分，而对版权专业化管理能够让版权价值得到充分开发。互联网的迅速发展使得版权创造越来越容易，版权权利人的分散导致版权的分散。而完善的数字版权资产管理体系的缺位无法为新创造的版权和分散的版权权利人提供一个集中管理、运用、保护和交易的平台，也无法形成一条完整的版权产业链，构建多样化的版权交易模式，充分发挥数字版权本身的价值，更谈不上营造一个良好的数字版权保护的环境。

5. 缺乏有效的数字版权保护技术

当前，在我国被广泛使用的数字版权保护技术主要有数字水印技术、数字加密技术、数字指纹技术，以及基于数字水印和内容加密之上的DRM技术、电子签名技术与认证技术。但就当前我国版权保护技术整体水平而言还比较落后，在实际运用中不断涌现的新问题仍然使得这些技术应对无措。

6. 版权专业人才匮乏

现代数字版权产业的发展不仅仅要求版权产业的从业者具备专业法律知识，还必须具备丰富的专业实战经验。但从现实情况来看，我国知识产权人才严重匮乏，这不仅阻碍我国版权产业的发展，也不利于我国数字版权保护体系制度的构建。

（二）应对数字版权保护困境的措施

1. 明确界定数字版权的概念

当前在出版界、学术界和法律界对数字版权存在一些混淆的理解，也因而在工作和认识上造成了一些偏差。明确界定数字版权概念，首先应该遵循我国现行的相关法律法规的规定；其次要明确数字版权和相关概念（如电子版权、信息网络传播权、多媒体权等）的联系和区别；最后在界定数字版权概念的时候要明晰数字版权的主体、数字版权涉及的作品类型以及数字版权权属范畴。

2. 增强企业、消费者和社会公众的版权保护意识，构建鲜明的版权文化

数字出版企业要培养自己正确的版权意识，尊重他人的版权，尊重员工的版权，坚持"先授权，后传播"的版权保护理念，这样才能合理运用和保护企业自身的版权，充分开发版权本身的价值。此外，数字出版产业的健康有序可持续发展更加依赖于社会公众的版权保护意识的提高。因为普通消费者是数字出版企业生产出来的文化产品赖以生存的土壤，引导消费者和社会公众提升自身的版权保护意识，才能营造良好的版权产业氛围，打击和遏制网络盗版等网络侵权行为，从而推动数字出版行业的有序发展。

3. 制定专门针对数字版权的法律法规

到目前为止，我国尚未出台专门针对数字版权的法律和行政法规，《著作权法》和《信息网络传播权保护条例》是现行的我国数字版权保护的主要法律依据，但数字版权和著作权、信息网络传播权的内涵和外延均有所不同。因此，在数字出版发展日新月异的当下，制定专门针对数字版权的法律法规是很有必要的。应在条文中明确数字版权的内涵和外延、明确数字版权涉及作品类型和权利范围，并对侵权构成要件、管辖级别和范围、责任以及涉及的特殊问题都做出更为细致的规定。

4. 建立完善的数字版权资产管理体系

构建完善的数字版权资产管理体系，能够更好地实现版权资产的规范化管理、多样化开发和精细化运营，实现版权集约化运营。首先建立版权资产的运营基金，利用私募基金的形态，通过资产集成形成人才的集成，从而实现集约化经营。其次建立社会化版权和专业化版权的托管服务中心，构建多样性的经营网络和电子化的经营平台。

5. 发展数字版权保护技术，加强技术保护的研究

数字版权的保护是不能通过仅仅依靠企业的自律、消费者版权意识提高和法律制度的制定完善来实现的，还必须以数字版权保护技术的进步和发展作为支撑。然而，因为技术的局限性，绝对的安全是不存在的。所以进一步加强技术保护的开发和研究是推动数字版权保护技术的发展，实现数字版权保护的必由之路。

6. 培养版权人才，建立全国版权人才资源库

版权管理的专业性决定了企业需要既了解企业，又精通国内外知识产权法律和实务的复合型人才。在数字出版时代，数字出版企业间的版权保护的竞争本质就是版权的竞争，而在版权人才匮乏的时代，数字出版企业版权竞争的核心竞争力就是人才。因而能否培养和造就一支高素质的版权人才队伍，直接关系到企业版权保护和运用的成败。建立全国版权人才资源库，能够更加整合利用这些人才资源，从而更好地推动版权事业的发展，使得版权能够得到更好的保护和运用。

六、2013 年数字版权保护展望

如何建立完善的数字出版产业版权保护体系，在维护版权权利人合法利益的同时实现版权人与社会公众之间的利益平衡，推动产业的发展，依旧是 2013 年数字版权保护的工作重点。

第一，立法保护方面。首先，制定专门针对数字版权的相关法规。虽然在 2012 年我国《著作权法》第三次修改草案已经完成，在该草案中无论是著作权人还是相关权人其权利内容都得到不同程度的增加，授权机制和交易模式也

得到重大调整，但我国目前还没有一部配套的法规调整数字出版行为。在数字化不断发展的环境下，细化与数字版权相关的概念内涵，界定数字出版作品的合理使用范围、使用权限，明确不断涌现的新的数字作品的性质，健全关于数字版权侵权认定标准的具体规定已经成为版权保护的需要。其次，通过改变传统的稿酬支付标准和确认公共图书馆等机构对数字作品获取的方法、版权支付标准、控制措施和公益性利用的合法性范围来构建数字版权人与社会公众利益平衡的机制，实现适度的公共利益和多元化法律保护。

第二，行政保护方面。版权行政保护作为比较有效的版权保护方法之一，是我国所特有的。增强数字出版产业的版权行政保护，首先要制定数字出版行业的专项行业版权战略来应对数字化环境下日益猖獗的盗版侵权行为；其次要制定相关的优惠政策，加大对数字出版企业的资金扶持力度，优化数字出版产业版权保护环境；最后要完善版权公共服务平台的建设，整合利用各种资源，降低数字出版产业版权信息交易和维权成本，推动产业的发展，同时尽快实现数字版权工作的统一管理，提高版权管理工作的效能，使版权行政管理和执法职能得到进一步强化。

第三，司法保护方面。随着数字出版的发展，一方面现今的法院人员的配置无法满足日益增多的版权侵权诉讼的需求，另一方面网络维权的取证难、维权成本较高等问题还得不到妥善解决，这些现实困境都急切需要法院和相关行业协会合作建立版权纠纷调解中心和版权纠纷仲裁中心来应对，从而能够迅速解决版权纠纷。法院在审理版权纠纷案件过程中应该正确适用法律原理和规定，坚持审判原则，更要重视司法队伍建设，全面提高法官的专业素养。

第四，社会保护方面。首先，充分发挥行业协会的作用，搭建版权产业界合作和交流的平台。行业协会是政府和企业沟通的桥梁，协会应积极调整内部机构和下属委员会的设置，制定各委员会的规章制度，界定各委员会的职能和定位，使其真正地为各会员单位服务，在实际的工作开展过程中，及时反馈行业内企业版权现状和在版权应用中遇到的问题、建议和合理要求，便于政府做出有利于企业的政策决定。此外，大力普及与版权相关的知识，培养和提高企业、消费者和社会公众的版权保护意识，营造尊重版权、保护版权的良好数字版权保护氛围。

参考文献

1. 《著作权法》第三次修订工作回顾，http：//www.chinaxwcb.com/2012-11/06/content_256106.htm

2. 参见最高人民法院网站，http：//www.court.gov.cn/xwzx/yw/201206/t20120606_177336.htm

3. 赖名芳：《2012，有多少版权大事值得回忆》，中国新闻出版报/2012年12月/第005版

4. 参见最高人民法院网站，http：//www.court.gov.cn/xwzx/yw/201206/t20120606_177336.htm

5. 参见广东政法网，http：//www.gdzf.org.cn/gdsgzdt/gz/201209/t20120912_317920.htm

6. 参见徐耀明博客：《中文在线胜诉苹果公司入选2012年中国品牌大事记》http：//blog.sina.com.cn/s/blog_7cb9e94b0101dqvp.html

7. 《北京市高级人民法院工作报告》

8. 《2013年上海市高级人民法院工作报告》

9. 《最高人民法院2013年工作报告》

10. 《广州市中级人民法院2013年工作报告》

11. 《2012年中国法院知识产权司法保护状况》

12. 参见首都之窗："2012年北京知识产权保护状况"新闻发布会，http：//www.beijing.gov.cn/zbft/szfxwfbh/wz/t1305716.htm

13. 马建平、周丽丽：《数字版权保护DRM技术体系与缺陷及其改进》，江汉大学学报，2012年8月第4卷第4期

14. 单润红：《基于数字指纹的数字版权标识技术》，电子科技，2012年第25卷第9期

15. 施勇勤、张凤杰：《数字出版概念探析》，中国出版，2012年3月

16. 王宇红、刘盼盼、倪玉莎：《我国数字出版产业版权保护体系的构建和完善》，科技管理研究，2012年第8期

17. 王勇：《数字版权保护技术的难题和对策研究》，理论研究，2012年第01期

18. 施勇勤、张凤杰、马畅：《数字版权保护技术的概念、类型及其在出

版领域的应用》，科技与出版，2012年第3期

19. 杨惠明：《数字出版企业版权问题研究》，河南大学出版社，2012年5月

20. 黄先蓉、李晶晶：《中外数字版权法律制度盘点》，科技与出版，2013年第1期

21. 许蕾、曹晓亮：《珠三角9市联合签署"版权保护城际联盟"协议》，南方日报GC03版：广州观察·政情，2012年4月27日

（作者单位：中文在线）

中国数字出版教育年度报告

张 博 庄子匀 李宇辰 余姣卓

近两年,随着移动互联网的普及和多种媒介的融合,传统出版产业转型进一步深入,出版企业数字化程度不断升级。各个高校在技术与理论结合的基础上,呈现出三个重要的教育发展趋势。首先,学科设置更加清晰,教育模式更加成熟;其次,实践应用中的媒介种类呈现融合化和统一化趋势;再次,实践平台的建立更加受重视,形成系统化的编辑、制作能力。

本课题组通过发放调查问卷的形式,向开设编辑出版学、传播学、印刷工程专业的大部分院校调研有关数字出版课程、专业方向以及师资队伍建设、教材建设、学科建设等内容的情况。并通过查阅这些院校的网站和到部分院校进行访谈等方式,对近年来尤其是2012年我国数字出版教育的发展状况进行材料汇总以及系统的梳理和分析,总结我国近年来数字出版教育领域的成就,发现当前存在的问题,为我国数字出版教育更好地发展提供参考建议。

由于部分院校没有及时回复调查表,本次调研收集的数据难免有疏漏和不完善的地方,敬请谅解。

一、中国数字出版教育的新进展

我国数字出版教育自诞生之初就一直在快速发展,不断吸收国内外教育的经验,适应新技术、新媒体和新产业模式的需求,调整和创新数字出版教育的模式。

（一）数字出版学科设置日益清晰

随着数字出版教育的不断调整和探索，在学位点、课程设置和研究方向等方面的学科设置更加清晰。

根据中国研究生招生信息网上数据进行统计，我国2013年新闻传播学硕士学位招生单位有102所，其中设立数字出版硕士学位点或研究方向的院校约70所。当前大多数高校将新媒体传播、网络传播作为其新闻学、传播学、广告学和图书馆学等专业的方向之一，其中北京大学、北京印刷学院、上海理工大学、上海师范大学、内蒙古大学、重庆大学等院校已明确确定了数字出版方向。

北京大学是国内最早开设新闻学课程的高等学府，新闻与传播学院目前设置本科、硕士和博士三种学历层次。本科生设有新闻学、广告学、编辑出版学和广播电视新闻学四个专业。研究生设置了新闻学和传播学两个硕士点，以及一个传播学博士点，专业研究方向涵盖国际新闻、新媒体与网络传播、媒体经营管理、编辑出版等诸多领域。

中国传媒大学电视与新闻学院、广告学院均将新媒体设定为研究方向之一，横跨新闻学、广播电视学、新媒体等多个专业，方向设置明确，专业分工清晰，且在课程设置上重专题研究与实务学习。

北京印刷学院新闻出版学院在新闻学与传播学硕士点的研究方向上已将数字传播、数字媒体新闻两个方向明确列入，其经济管理学院传媒经济与管理专业硕士点将传媒数字资源管理作为硕士培养方向之一，专业设置清晰，且自成体系。

武汉大学新闻与传播学院目前有新闻学、传播学以及数字媒介三个硕士学位点，其中，传播学专业偏重理论研究，数字媒介专业偏重技术。在课程的开设上偏重实务与技术应用。国际软件学院也将数字媒介设为硕士点之一，重在数字技术的开发与应用。

（二）政产学研合作模式逐渐成熟

数字出版教育始终坚持政产学研合作的培养模式，即政府、企业、大学、研究机构的相互协作，联合培养。随着数字出版教育的深入，政产学研合作的模式日渐成熟，合作形式和层次更加丰富，主要包括以下形式。

1. 政产学合作模式

政产学合作能够有效地将政府管理、企业经营以及高校科研相结合，将各自优势整合发挥，共同进行人才培养。如，教育部、科技部和广东省以"两部一省"的名义实施的省部产学研结合工作。高校依托政产学研协作平台，实现了大量科技成果的转化：华中科技大学的"新一代多功能光盘整机研制及关键技术开发"、西安交通大学的"音视频多媒体数据编码和传输综合仿真平台"、电子科技大学的"自主知识产权的数字媒体通用基础引擎"等，这些都促进了广东出版产业自主创新水平的提高。

省各级政府与高校院所政产学研协作多以共建的产业技术创新联盟形式出现，出版业政产学研省校协作模式目前主要是共建办学方式，内容包括：将出版学科确定为地方重点学科，加快学科专业的建设发展，提供财政经费和其他项目资源支持。如北京市人民政府和国家新闻出版广电总局共建北京印刷学院，国家新闻出版广电总局与上海市人民政府共建上海理工大学出版印刷学院。

2. 产学研合作模式

产学研协作模式是企业、高校与出版研究机构在教学和研究方面强强联合的模式。

高校和研究机构之间多采用建立研究基地或培养基地的形式，聘任研究机构专家讲学，在人才、项目等方面实现资源及成果共享。中国新闻出版研究院同上海理工大学共同创办的传播学研究生培养基地，设立了多层次人才培养体系，为出版业输送了更多高水平专门人才。

高校和企业之间则采用资源互补的形式进行合作。高校借此模式提高育人质量，实现与市场接轨，为数字出版行业培养复合型人才。校企之间的协作途径包括共建教学实践基地或研发机构、建立大学科技园、校办企业（高校出版社）等。这类合作很多，北京印刷学院与京南卫星图书城建设教育教学实践基地，安徽师范大学出版社设立合肥研发中心，凤凰出版传媒集团与南京大学博士后的联合招生，皆属于此。

（三）综合能力培养目标更为突出

我国高校设立的数字出版专业，大都是在传统的新闻传播、编辑出版等文科专业基础上建立的。数字出版教育的发展初期，其教学主要以理论讲授和分析为主。

随着产业的发展，数字出版人才的需求也日益提高，针对数字出版人才的综合能力培养更加突出。与传统出版相比，数字出版具有更强的开放性、综合性、技术性，因此对人才的需求也发生了转变。除了坚实的人文社科知识和专业出版知识外，数字出版还要求人才具备与数字媒体相关的多种信息技术，懂得网络编辑、图像处理软件，拥有跨学科、文理兼容的知识结构，既能对数字内容进行创意策划，又能根据市场需要，对数字出版企业进行经营管理。同时，由于数字技术、出版行业的特殊性，人才的职业素养、职业品格也是不容忽视的。网络环境下的法律法规、管理知识、敬业精神、合作意识、创新精神等方面的培养对于数字环境下的人才培养同样重要，甚至更为重要。

数字出版的综合人才培养目标也对高校教师提出了更高的要求。数字出版专业的定位和培养目标决定着高校师资队伍的类型、教学定位和教学方式。一般来说，绝大多数高校教师属于观念研究型成理论研究型，掌握系统全面的学科知识，善于理论分析与教授，这对于培养研究型人才更为合适。但对于应用型、复合型特点较强的数字出版专业而言，教师所掌握的专业知识和研究能力并没有其实践经验和经历来得重要。因此，数字出版专业的教师，也需要不断学习提高，及时掌握最新计算机、网络、软件等相关技术知识，这样才能更好地适应数字出版人才培养的实际需要，为数字出版人才培养提供原动力。

（四）实践应用媒体形式日益融合

媒介融合给我国数字出版和新媒体产业发展带了机遇，也给高校相关人才的培养提出了挑战。传统的单一媒体形式和简单媒体渠道的培养和实践模式已经不能满足当前产业发展的需要，各高校也在积极探索基于互联网环境下新型人才的培养模式。

在媒介展现形式上，一些高校的编辑出版专业开始进行全媒体的信息采集、编辑加工、内容制作，并通过有线和无线渠道，面向不同终端进行内容作品的发布和传播。

在实践环境方面，简单的局域网逐步向互联网环境过渡，一些新兴的媒体热点领域也引起了高校人才培养和教育的注意，包括社交网站的内容规划和传播,大数据的概念和应用,以及基于以上新颖媒体形式的教学理念和实践平台的变化,都开始为我国数字出版人才培养注入了较多活力。

在具体实践过程中,各高校也从单一的某个媒体形式的编辑操作上升为基于媒体体系的内容构建和编辑加工,从桌面软件的使用向基于互联网的媒体软件体系的应用和实践发展,这些新的趋势带动了人才培养的模式变更,并会随着产业的发展逐步深入。

二、中国数字出版教育的典型范例

随着学科的不断完善,人才培养的定位日益清晰,学科交叉更加自然,多元化培养模式更加成熟。一些高校在日常人才培养中形成了自身的特色,为数字出版教育树立了典型范例。

(一)形成技术基础,综合化定位

在培养模式方面,一些高校以信息技术为基础,在人才培养过程中,逐步明确培养目标,清晰人才培养的综合定位。

以武汉大学为例,其数字出版专业以出版理论、计算机技术和信息科学理论为三大基础学科,在此基础上开设了相关数字出版课程。在该专业设计之初,优先发展研究生教育,鼓励学生跨学院、跨学科报考,并优先录取有复合学科背景的学生。为体现出版理论和数字技术的交叉,武汉大学构建了"平台+模块"的课程体系。平台类课程主要有两大类:一是传统出版理论,如出版学基础、编辑理论等;二是数字技术和信息管理,如计算机基础、软件工程、信息组织检索等。模块类课程主要面向各种新型数字出版业务,如电子书、数字期刊、网络游戏、数字动漫等。

在授课形式方面,跨学科的联合授课促进了学生综合能力的培养。仍以武汉大学为例,该校邀请计算机和出版两个专业的教师进行联合授课,在教学内容上以技术类课程为主,强调数字内容策划、编辑和销售能力的培养。此外,该校还聘请了数字出版业内的知名专家作为兼职教授,将数字出版实践引入课程,提高学生的动手能力。同时,注意加强学术交流,以学术带动教学。武汉大学多次举办数字出版相关的前沿讲座和学术交流会议，并且组建了多个项目团队，围绕数字出版开展科学研究，以高质量科研成果推动专业建设和教学质量的提高，进而扩大该专业在国内外的影响，这对学生毕业就业也是十分有利的。

（二）促进学科交融，跨媒体教育

随着新媒体的发展，数字出版教育需要适应媒介的发展趋势，及时调整相应课程，促进学科交融，实现跨媒体教育。

以华南理工大学为例，该校编辑出版专业自 2004 年成立到现在，几经调整，现已明确了专业定位，树立了办学特色。创办编辑出版学之初，该专业并没有明确的方向，只是依托学院本身的新闻传播背景和师资，开设大量人文类新闻传播课程，整体设置较混乱。计算机技术、通信技术等实用技术的教学是该校的优势，因此到了 2007 年，该校重新设置课程，增加网络传播学、电子与网络出版，并与计算机学院联合开设多媒体设计制作等课程。

2008 年，华南理工大学新增"新媒体艺术"方向，将一些人文课程合并，取消了目录学等课程，增加了传播技术基础、多媒体素材采集制作、数字出版与网络编辑等课程并引入数位具有该领域知识的教师。

华南理工大学的编辑出版学专业不仅积极鼓励本专业学生选修经济管理、法学、计算机等专业的课程，也鼓励其他专业学生选修编辑出版类课程。2006、2007、2008 和 2009 级的编辑出版专业学生选修其他专业课程的比例高达 70%，获得双学位证书的学生比例超过 20%。从就业和实习单位的反馈看，这种跨学科培养人才的方式获得了普遍认可和好评。

（三）构建课程体系，多元化培养

数字出版的教育课程需要根据培养目标和已有师资力量建立课程体系，国内一些高校已经在进行相关探索，依托"业内专家+自身师资"，以及多元学科交叉的模式建立课程体系。

辽宁大学的编辑出版专业利用已有的师资，构建合理的课程体系。由来自出版一线的教师带队，在编辑出版专业开设数字出版相关课程，成立了出版专业多媒体网络教学中心，重视学生实践能力的培养。同时，该校还将出版业内经验丰富、具有一定理论水平和实践技能的产业人才请到学校进行授课、开展讲座、担任兼职教师等，实现了课堂与行业的对接。另一方面，该校自2010年开始重点加大管理学、经济学等专业课程的设置比例，旨在顺应行业发展，打破专业局限，扩大专业核心课程比例。

其次，高校在课程体系构建过程中，积极吸收国外课程体系的建设经验，提高科研等自主学习的比重，注重挖掘学生自主学习的动力和潜力，结合学校培养和企业实践的互补优势，形成多元化的培养体系。

（四）紧跟媒介潮流，系统化革新

我国早期的编辑出版专业大多设在中文系下（如北京师范大学、河南大学、广西师范大学、广西民族大学等相关专业设置），用培养文稿编辑的标准培养学生。传统出版机构的在职编辑培训，也只注重信息内容而非技术手段，强调对法律法规、工作流程、书稿加工的规范标准、职业道德和业务素养、教育思想、教改动态以及图书内容所涉及的学科领域的了解，这些都是传统印刷媒介技术下的一种专业教育模式，主要面向传统的纸质书、报、刊等媒体。当前，在多媒介融合趋势以及媒介市场竞争激烈的环境下，传统的编辑出版人才培养模式已远远滞后于传播技术飞速发展的市场需求。

对于媒介融合背景下传媒教育专业人才的培养尝试，国外已经走在了我国的前列。其中，美国的密苏里新闻学院在"融合新闻"教育方面的创新尝试处于全球领先。2005年，美国密苏里新闻学院率先开设了媒介融合专业，此举开始了媒介融合背景下传媒人才培养的新探索。随着媒介融合的发展和"全媒体"时代的到来，我国学界关于媒介融合背景下如何更好地培养传媒人才的探讨也越来越多。国内不少高校面向应用研究、呼吁融合媒体教学的呼声也越来越高。

针对媒介融合的变革需求，南京大学金陵学院首先开设媒体融合专业（方向），并于当年秋季开始招生。而汕头大学的长江新闻与传播学院则与美国的密苏里大学新闻学院的合作则另辟蹊径，成立了我国高校首家融合媒体实验室。

国内为数不多的几所院校目前所创办的这几个媒介融合专业是紧跟媒介潮流进行的勇敢探索。但是需要指出的是，这些院校不论是培养理念、课程设置、教学内容、还是实验室配置，都参照了美国的"密苏里"模式和体系，都深受美国密苏里新闻学院媒介融合专业的影响。在进行初步模仿的基础上，我们也期待着更加深入的实践和探索，即面向我国的国情和数字内容产业发展特点，建立有中国特色的人才培养模式。

三、中国数字出版教育发展中的主要问题

（一）学科逻辑不够清晰

学科逻辑模糊、体系不完整是制约数字出版教育发展的决定性因素。每个学科都必须遵循自身特有的学科逻辑，系统地组织相关知识内容。但从数字出版的办学定位来看，各高校普遍认为该专业是一种通才教育，既要懂一点文史哲政经法和数理化，又要懂数字出版物的出版全流程，还要掌握各类实务操作。这就造成了数字出版专业受外部因素干扰过多，而使自身学科逻辑、培养规格等变得模糊不清，结果不仅是学生无法掌握坚实的出版理论和熟练的出版技能，还令数字出版成为传播学、情报学、图书馆学、新闻学等其他学科的附属物（如数字出版专业对新闻传播学院系的依附，数字出版课程对其他专业课程的依附等）。

学科逻辑模糊带来两个严重的后果：一是毕业生苦苦谋职，业界却招不到合适的人才；或毕业生什么都会但什么都不精，到企业后难以独当一面，企业还得重复培训；二是相较于其他稳固的传统学科，数字出版专业很难获得其所跨学科专家的一致认同，导致学科认同度低。

（二）行业结合仍需深入

数字出版业主要是由技术牵引发展的，这就不可避免地产生教育落后于产业、学校与业界关系不够紧密甚至脱节的现象。

首先是教学内容与行业需求的脱节。目前大多数高校非常重视所传授知识的综合性、广泛性，却缺乏与数字出版实务相结合的实践性、实用性，致使高校培养出来的人才在从事具体工作时无所适从，短期内难以适应，无法圆满完成工作任务。即使有部分高校迫于行业现实压力，已经加强了教学内容的实践性，但那种非系统的、临时凑补的培养模式仍不能消除毕业生就业时的尴尬。

其次是教育理念与行业发展的脱节。近年来数字出版呈现全球化的趋势，尤其是加入WTO后，我国的出版业更多地参与到版权贸易、出版交易等活动中。但高校的教育管理者在思想上却没有跟进数字出版全球化、市场化、网络化的步伐，进而导致了学生在经营管理、市场营销等方面知识结构的不足。

（三）教学设施更新较慢

相较于体系稳固的传统学科，数字出版专业的学术认同度、学术声誉并不高，这就导致了资金等方面投入的不到位，进而数字出版专业的教学器材也无法得到及时更新。但相反的是，科技在不断发展，企业为了获得最大化利润，一般都会采用最新的设备来降低成本。这无疑形成了一个矛盾——学生在校所学的技能可能在业界已经过时或淘汰了，这给刚入社会的毕业生适应社会、适应工作带来了一定困难。

（四）教学体系需要规范

数字出版专业的教材明显存在体系混乱不健全、缺乏权威性、与出版实践相脱节等问题。具体表现为：有的教材内容陈旧、与其他教材重复，缺乏严谨性和科学性，观点缺乏创新；有的教材注重理论，脱离实际；学科前沿的、科技含量较高的新开课程教材严重缺乏等。

数字出版的课程方面主要存在三个问题：

1. 逻辑模糊

课程是基于学科逻辑设置的，数字出版学科逻辑的模糊造成了课程逻辑的模糊与混乱。主要表现为：课程群结构不清，数字出版、网络出版、新媒体出版课程之间存在差异不明显，内核和外延的逻辑缺乏关联，因产业发展而仓促设置课程的现象时有发生。

2. 两重两轻

即重文史轻科技、重理论轻实践。现开设数字出版的院校大多具有传统出版教育背景，因此在教学组织上，往往会根据已有的知识背景进行课程设置，概念、原理等理论构建的讲授漫天飞，却鲜对数字出版中的实践性、操作型问题给予关注。这就严重背离了数字出版业"应用型"的培养目标。当然，目前部分高校已开始重视学生实践能力的培养，但在具体安排上仍比较模糊，远远没有取得预期的效果。

3. 缺乏前瞻性

大部分高校的数字出版人才培养未能紧跟时代发展趋势，开设注入信息管理系统、电子出版、跨媒体出版等课程，市场营销、财务管理类课程更是少之又少。即使开设了相关课程，也由于教师缺乏相应的数字出版实战经验而使教学水平大打折扣，这就使培养出来的学生在一些前沿技术性数字出版工作上很难达到企业标准。

四、加快中国数字出版教育发展的对策

（一）理清数字出版学科逻辑

数字出版教育常被认为是一种通才教育，但细想并非如此。数字出版之所以能够成为一门专业，是社会分工的结果。分工必然就要有针对性、有所专注，这就要求数字出版在紧跟时代发展形势的前提下，具有鲜明的办学定位和明显的学科独立性。但目前我国数字出版的学科定位非常尴尬，仍停留在挂靠其他学院和其他学科的阶段。这就要求我们必须梳理学科逻辑、人才能力逻辑和职业发展逻辑，确立逻辑体系下的专业建设原则，扫清教学中的理念障碍和思维混乱，同时解决数字出版专业的立而不决、课程设置无所参考、学生毕业无所适从的问题。

（二）提升数字出版教学理念

数字时代下，若延续传统出版的人才培养模式，显然是与行业发展不相适应的。在网络化、全球化、企业化、市场化的数字时代，高校必须从媒体融合的时代趋势出发，对接产业发展需求，树立大编辑、大文化、大出版的教育理念；突出实用性，强调开放性和兼容性；注重媒介素养、数字化思维、人文精神、创新和批判精神等方面的培育；凸显数字出版的应用性特点，多解决实际问题；加强数字出版高层次人才的培养，大力支持优秀教材的出版和实验室建设。只有这样，学生在进入传媒领域的时候，才能从整个人类精神发展史的高度，把握当前繁杂的精神文化产品。

（三）完善数字出版教学服务

教学服务（包括教学设施的配套、教材的采用、软件信息服务的更新、就业辅导及课后的专题讲座等）也是数字出版教育的重要部分。高校若没有配置足够的设备硬件，或虽有充足的配置，学生却不能根据自己的时间和需要申请使用实验室，这将在很大程度上制约学生学习和实践的积极性。因此高校应设立开放性数字出版实验室，保证学生能在课外时间申请使用。

除去硬件设施，学校也应在职业规划上对学生加以指导。由于数字出版是新生事物，很多学生并不清楚今后究竟可以干什么，加上数字出版本身的一些教学缺陷，往往无法让学生对课程感兴趣，也无法制定明确的职业规划。这不仅会导致学生难以就业，也严重影响了专业的发展，使业界对数字出版学专业的学生颇有微词。因此高校应该针对这点，帮助学生制定职业发展规划，使他们在校期间的学习更有效率、更具针对性，能在就业后很快地进入角色。

（四）改善数字出版师资队伍

由于跨学科融合专业较为新颖，一般情况下难以找到对口的教师，所以发展数字出版首先应该建立合理的教学研究队伍。由于数字出版常常依托与某一科系建立，因此在创立之初可采用"整合师资"的方式，聘请参与实际工作的数字出版工作者进入高校，借助他们丰富的现实经验，传授最新理论、前沿知识。特别还可以请一些在从事数字出版工作同时兼任经营管理工作的总编、主编等，弥补学生数字出版管理经营相关知识的不足。

在专业建立之后，还必须全方位地提高教师的教学和科研水平，完善教师继续教育制度，将教师培训作为一项长期工作。这是教师应享的待遇，也是高校应尽的职责。具体可通过会议交流、国外进修、暑期学校等方式，激发教师潜能，培养新教师，以及提高老教师的学术水平。

（五）加强学生创新能力培养

数字出版是知识密集型、技术密集型、人才密集型产业。因此，对于数字出版企业而言，创意才是核心竞争力。这就需要高校加强打造高素质的创意人才队伍。一般来说，创意人才包括：具有战略思维和经营管理能力的行业领军人才；既懂出版业务又懂现代数字出版技术的"知识技能型"人才；既懂出版专业知识又懂产品创意策划和市场营销的"策划经营型"人才；既懂国内数字出版状况又能与国际出版同行交流沟通的"外向型"人才；善于跨媒体经营、实施资本运作的"实战型"人才等。这就需要高校"对症下药"，重新定位培养目标，以调整学生的知识结构，为企业储备优质人才资源。

（六）优化教学课程设置评价

课程设置包括逻辑设置和内容设置。课程的逻辑不等同于学科逻辑，而是基于学科逻辑，将知识分配到各个范畴后而形成的课程体系。只有遵循学科逻辑，才能保障课程之间衔接紧密，避免内容重复。对于课程内容设置，首先应拓宽知识面，重视实践性课程，强化营销类课程；其次还应注重办学特色，将分得太细的课程进行"模块化"，以明确几个教学重心，培养出宽口径、厚基础、高素质的复合型人才，而不是什么都会什么都不精或只专注某一细节对数字出版其他领域一概不知的人才。

课程评价在课程改革中起着质量监控的作用，关系着课程改革的成败，进而间接地影响着学科高度和人才质量。因此，高校应建立多元化课程评价体系，邀请行业专家、学校、企业等作为评价主体，对课程的质量进行评估。

参考文献

1. 邓欣．编辑出版工作的科学构建［J］．新闻传播，2012（3）：112

2. 丁锋，米玛扎西．新形势下编辑出版专业教育再探讨［J］．中国出版，2012.6：48－50

3. 毕潜．高校编辑出版专业改革发展探索［J］．价值工程：2012 147－148

4. 陈金川．论数字出版背景下的内容创新［J］．出版发行研究，2012（5）：14－17

5. 潘文年，张岑岑，丁林．我国编辑出版学本科教育课程体系分析［J］．合肥学院学报（社会科学版），2012，29（5）：114－118

6. 潘文年，丁林．基于创新性人才培养的编辑出版学课程体系设计［J］，

合肥工业大学学报(社会科学版).2012,26(5):146-150

7. 鲁黎. 数字出版时代的大学出版社的角色定位和编辑人才能力的思考 [J]. 新闻与出版,2012.8:127-128

8. 林新华. 媒介融合背景下编辑出版学教育的问题与对策 [J]. 杭州电子科技大学学报(社会科学版),2012,8(3):62-66

9. 王晓光,罗安娜. 跨学科融合专业的开设与运营——以武汉大学数字出版专业为例 [J]. 中州大学学报,2012,29(3):40-43

10. 魏莉. 新时期文化产业管理人才培养模式改革与创新 [J]. 商业时代,2013(1):124-125

11. 杜永红. 促进数字出版产业发展的对策研究 [J]. 科技管理研究,2013(2):166-170

12. 常春梅. 电子出版物制作人才培养模式的探讨 [J]. 商丘职业技术学院学报,2012,11(4):123-124

13. 肖洋,谢红焰. 数字时代出版产学研协作模式中的共性问题与对策分析 [J]. 出版科学,2012,20(3):68-71

14. 卢政,唐雪莲. 我国编辑出版专业教学模式优化研究 [J]. 编辑之友,2012,10:92-93

15. 张锦华. 编辑出版学硕士研究生实验教学问题及对策研究 [J]. 现代出版,2012.1:77-80

16. 王勇安. 编辑出版学专业课程建设的逻辑误区 [J]. 河南大学学报(社会科学版),2012,52(1):148-151

17. 陈丽华,郭伟,王坤. 高校编辑出版专业人才培养模式存在的问题及对策 [J]. 教育与职业,2011(35):105-107

18. 唐乘花. 以"数字出版基础"为例探讨基于创业导向的高职课程评价改革 [J]. 教育与职业,2012(15):136-137

19. 王东霞. 数字出版专业教师发展策略 [J]. 长沙航空职业技术学院学报,2012.12(4):21-23,27

20. 乔卫兵,崔清北,黄静. 数字时代美国出版业的观察与思考 [J]. 出版参考,2012.7:45-47

21. 张国平. 数字时代编辑出版人才的培养 [J]. 东南传播,2012

（10）：75－76

22．王丽莉．编辑出版专业教学改革实践［J］．产业与科技论坛，2012，11（5）：183－184

23．李德强．传统出版向数字出版转型中编辑的应对措施探讨［J］，编辑之窗，2012.6：91－92

24．徐景学，秦玉莲．数字出版人才培养策略研究［J］．出版发行研究，2012（11）：56－59

25．王东霞，赵龙祥．数字出版人才培养开放性的三个层次［J］．延安职业技术学院学报，2012，26（6）：120－122

26．王健．数字出版设计教育创新思维与创新人才的培养［J］．艺术教育，2012.5：127

27．李敏．浅析数字出版产业化的人才培养策略［J］．编辑之友，2012.12：75－76

28．贺明华．美国国际传播人才培养特点及启示［J］．安庆师范学院学报（社会科学版），2012，31（2）：133－136

29．宋艳丽．媒介融合时代地方院校编辑出版学专业人才培养理念探讨［J］．编辑之友，2012.11：76－77

30．王虎．媒介融合背景下新媒体专业人才培养机制研究［J］．现代教育技术，2012，22（10）：77－81

附件：

表1　设立数字出版专业实验室部分高校一览

序号	高校名称	实验室名称
1	广西民族大学	编辑出版实验室
2	肇庆学院	非线性编辑实验室
3	海南大学	网络传播与编辑实验室、影视与传播综合实验室
4	华中科技大学	数码艺术实验室
5	江西师范大学	数字媒体技术实验室

续表

序号	高校名称	实验室名称
6	天津职业大学	广告设计工作室（数码印刷前、中、后）
7	西安理工大学	图文信息处理中心
8	湘潭大学	数码艺术实验中心
9	衡阳师范大学	非线性编辑实验室
10	青岛科技大学	广告学教研室、广告设计教研室、编辑出版学教研室、新闻学教研室
11	河北大学工商学院	文科实验室
12	山东工艺美术学院	数字艺术与传媒实验中心，书籍装帧设计实验室、广告设计实验室
13	山东经济学院	编辑出版教研室、广告学教研室、
14	湖南工业大学	非线性编辑实验室、电视演播室
15	南京林业大学	广告数码影视实验实训中心、广告与数码影视实验实训中心
16	北京大学	数字媒体实验室、国际新闻传播研究所、创意产业研究中心新媒体研究室、财经新闻研究中心、世界华文传媒研究中心、现代出版研究所、跨文化交流与管理研究中心、新闻学研究会、市场与媒介研究中心、中国新闻史学会、现代广告研究所。 数字视频编解码技术国家工程实验室、电子出版新技术国家工程研究中心
17	中国传媒大学	动画制作实验室、互动艺术实验室、CG 实验室、广播实验室、电视实验室、网络实验室、报纸版面编排实验平台、Adobe 媒体创意实验室
18	内蒙古民族大学	新闻编辑实验室
19	陕西师范大学	电子出版物实验室
20	北京印刷学院	印前图文处理实验室数字出版实验室、数字出版、电子商务和信息仿真实验室
21	南京大学	数字出版实验室
22	武汉大学	电子出版试验中心、网络与多媒体通信实验室

续表

序号	高校名称	实验室名称
23	上海交通大学	丝网印刷实验室
24	上海理工大学	数字媒体传播实验室/出版传播实验室
25	西安欧亚学院	报纸编辑实训室、非线性编辑实训室、摄像技术实训室、现代音响实训室
26	首都经济贸易学院	影视演播厅、报刊编辑实验室、平面设计实验室、影像制作实验室
27	浙江理工大学	文化传播综合实验室
28	西南交通大学	信息安全与国家计算网格实验室、信号与信息处理实验室、网络通信技术实验室、移动通信实验室
29	华中科技大学	图像信息处理与智能控制教育部重点实验室、智能互联网技术湖北省重点实验室
30	大连工业大学（原大连轻工业学院）	数字媒体艺术专业工作室、数字媒体专用机房
31	东北电力学院	媒体技术专业综合实验室
32	陕西科技大学	多媒体语言实验室、视频编辑实验室、音/视频实验室
33	江南大学	印刷工程实验室
34	安徽大学	国家级新闻传播实验教学中心、北大方正新闻传播实验中心
35	湖南师范大学	现代传媒技术实验室
36	中国海洋大学	文化与传播实验中心
37	安徽大学	广告实验室
38	北京师范大学珠海分校	编辑出版实验室
39	北京邮电大学	网络与交换技术国家重点实验室
40	教育信息技术与传媒学院	电视媒体实验室、光学投影媒体实验室、多媒体教学系统实验室、多媒体课件制作实验室、电视摄像实验室、非线性编辑实验室、摄影实验室、电视演播室

续表

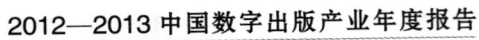

序号	高校名称	实验室名称
41	聊城大学东昌学院	非线性编辑网络实验室
42	南京财经大学	ADOBE 广告设计实验室
43	广西玉林师范学院	非线性编辑实验室
44	南开大学	数字艺术与传播实验室、数字编辑与出版实验室、中文数字文献实验室、数字影音视听实验室
45	河南大学	广电传媒与音像制作实验室、广告创意与设计实验室、编辑出版实验室
46	哈尔滨工业大学	媒体技术与艺术系现设新媒体理论研究室、复合媒体界面设计研究室、工程美学与仿真技术研究室、影视特技与虚拟现实技术研究室、东西方艺术理论研究室、艺术与广告传播理论研究室以及一个媒体技术与艺术实验中心
47	内蒙古大学	网络实验中心
48	四川大学锦城学院	非线性编辑实验室
49	汕头大学长江新闻与传播学院	数字化电视演播厅、电视节目制作实验室、新闻摄影实验室、网络传播实验室、多媒体实验室、广播实验室、电脑报刊编辑实验室、编辑出版实验室
50	上海师范大学	教育技术非线性编辑实验室
51	西南政法大学	非线性编辑实验室
52	云南大学	非线性编辑实验室
53	中国人民大学	传播与认知科学实验室、激光照排实验室、网络与移动数据管理实验；
54	中国科学技术大学与中国科学院升学研究所共同创建	网络传播系统与控制联合实验室
55	仰恩大学	广播播出实验室、视频播出实验室、虚拟演播室、苹果多媒体实验室、非编多媒体实验室、音频实验室、摄影摄像实验室
56	中国语言文学学院	电子排版实验室
57	浙江大学宁波理工学院	报刊编辑出版仿真实验室
58	浙江大学	网络与媒体实验室

表2　设立数字出版研究所（教研室）部分高校一览表

序号	高校名称	研究所（研究室）名称
1	北京大学	媒体与传播研究所、现代出版研究所、现代广告研究所、俄罗斯传媒研究所；市场与媒介研究中心、财经新闻研究中心、世界华文传媒研究中心、多媒体中心、影视制作中心
2	清华大学	新媒体传播研究中心
3	武汉大学	电子出版研究室
4	复旦大学	新闻学研究所
5	中国传媒大学	动画研究所、数字技术与艺术研发中心、亚洲动漫研究中心、新闻研究所、新闻与传播心理研究所
6	上海交通大学	全球传播研究院、传播研究所
7	中国人民大学	新闻传播研究所
8	华东师范大学	新媒体出版研究室
9	首都经济贸易学院	大众传播文化研究中心
10	浙江大学	传播与文化产业研究中心
11	浙江理工大学	跨文化传播研究所
12	深圳大学	新媒体研究中心
13	香港大学	新闻与传播研究中心
14	厦门大学	传播研究所
15	华中科技大学	新闻传播与舆论调查研究所
16	西南交通大学	信息网络中心、网络通讯安全应用研究中心、
17	上海理工大学	数字印刷研究所、出版与传播研究所、新媒体研究所
18	上海大学	影视传播实验教学中心
19	武汉理工大学	广告与编辑研究室、电脑广告设计室、影视制作实验室、广告司法摄影实验室、多媒体制作实验室、编辑出版系统实验室
20	山东经济学院	编辑出版教研室
21	湖北商学院	文化传播研究室
22	湖南师范大学	文化与传播研究所、出版科学研究所
23	昆明理工大学	数字艺术研究所
24	河南大学	编辑出版科学研究所、传媒研究所

续表

序号	高校名称	研究所（研究室）名称
25	成都理工大学	信息处理与通信技术研究室、中科大洋高、标清非线性编辑机房，APPLE 苹果机房，方正飞腾创意教学实验室，视频制作和编辑实验室
26	浙江林学院	人文实验教学中心广告实验室分室
27	青岛科技大学	编辑出版学教研室
28	西安欧亚学院	报纸编辑实训室
29	江西师范大学	数字媒体技术实验室
30	东北电力学院	计算机基础教研室、媒体技术专业教研室
31	重庆工商大学	传播理论与应用研究所
32	陕西科技大学	公关传播研究所
33	暨南大学	传媒产业研究中心、品牌战略与传播研究中心、舆情分析与研究中心、广播电视研究中心、媒介批评研究中心
34	郑州大学	穆青研究中心、文化产业研究中心、传媒发展研究中心
35	河南大学	编辑出版研究中心、传媒研究所、纪录片研究中心

表3　设立编辑出版学硕士学位点或研究方向院校一览

序号	单位名称	专业名称	主要课程	研究方向
1	中国社会科学院研究生院	新闻学	1. 新闻业务研究 2. 新闻媒介管理学研究 3. 大众传播学 4. 电子传媒学研究	1. 新闻业务研究 2. 网络与新媒体研究 3. 当代中国新闻史研究 4. 广播电视新闻研究
2	北京大学新闻与传播学院	传播学	1. 传播学理论研究 2. 传播学研究方法 3. 国际传播学 4. 网络传播研究 5. 广告学研究 6. 编辑与出版研究 7. 媒体经营管理研究 8. 新闻学理论研究	1. 国际传播与文化交流 2. 新闻史论、新闻实务、国际新闻、大众传播 3. 新媒体与网络传播 4. 广告学 5. 媒体经营管理 6. 编辑与出版学
	北京大学信息管理系	图书馆、情报与档案管理学	1. 图书馆学概论 2. 档案学干轮 3. 信息管理学概论 4. 传播学概论 5. 数据库系统基础 6. 信息管理基础理论	1. 现代出版业研究 2. 出版产业研究 3. 文献与出版史研究 4. 数字出版研究 5. 阅读文化研究

续表

序号	单位名称	专业名称	主要课程	研究方向
3	中国人民大学新闻学院	传播学	1. 传播理论 2. 传播学研究方法 3. 新闻理论与实务 4. 新媒体理论与实务 5. 公关理论与实务 6. 视觉传播概论与实务 7. 广告概论与实务 8. 公共外交与国际传播 9. 出版概论与出版实务	1. 传播理论研究 2. 数字媒体研究 3. 视觉传播研究 4. 策略传播研究 5. 公共外交研究 6. 出版研究
4	清华大学新闻与传播学院	新闻传播学	1. 媒介发展史 2. 新闻史研究 3. 影视传播研究 4. 国际传播研究 5. 传媒产业及其管理 6. 数字媒体设计 7. 新闻学经典论著研究 8. 现代媒体采访与写作 9. 新媒体研究 10. 影视艺术理论与实践 11. 媒介经营案例研究	1. 新闻学 2. 国际新闻传播 3. 新媒体研究 4. 影视传播研究 5. 媒介经营管理
5	北京师范大学文学院	传播学		1. 传播理论 2. 媒介与文化传播 3. 编辑出版
6	北京印刷学院经济管理学院	传媒经济与管理		1. 传媒产业经济 2. 传媒企业管理 3. 传媒数字资源管理
6	北京印刷学院新闻出版学院	传播学	1. 传播学教程 2. 传播学简史 3. 现代出版学 4. 书籍编辑学概论 5. 中国出版史	1. 数字传播 2. 出版传播理论（书刊编辑学） 3. 出版产业研究 4. 广告学研究
	北京印刷学院新闻出版学院	新闻学（2012年开始招生）		1. 数字媒体新闻 2. 新闻史 3. 新闻报道与策划

续表

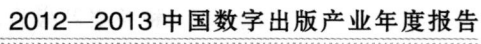

序号	单位名称	专业名称	主要课程	研究方向
7	中国传媒大学电视与新闻学院	新闻学	1. 新闻理论研究 2. 传播学理论 3. 中外新闻传播史 4. 新闻传播学研究方法 5. 新闻史专题研究 6. 新闻理论专题研究 7. 新闻业务专题研究 8. 网络新闻及新媒体专题研究 9. 报刊理论与实践专题研究	1. 新闻史 2. 新闻理论 3. 新闻业务 4. 网络新闻与新媒体 5. 报刊理论与实践
	中国传媒大学电视与新闻学院	广播电视学	1. 新闻理论研究 2. 中外新闻传播史 3. 新闻传播学研究方法 4. 广播电视史研究 5. 当代外国广播电视研究 6. 电视新闻创作方法研究 7. 电视纪录片史论 8. 电视影像语言 9. 广播新闻研究	1. 广播电视史 2. 外国广播电视 3. 电视新闻 4. 纪录片 5. 新闻摄影 6. 新媒体策划与制作 7. 电视理论 8. 广播理论 9. 广播节目 10. 广播经营
	中国传媒大学广告学院	新媒体	1. 新闻理论研究 2. 电视影像语言 3. 电视新闻创作方法研究 4. 新媒体导论 5. 融合媒体实务	新媒体产业
8	北京邮电大学人文学院	新闻传播学		1. 网络文化与新媒体传播、传播学理论 2. 电信传播学 3. 大众文化与传播、网络文化与新媒体传播

续表

序号	单位名称	专业名称	主要课程	研究方向
9	中国农业大学人文与发展学院	传播学		1. 影视传播 2. 传播社会学 3. 乡村传播 4. 新媒体研究
10	复旦大学新闻学院	传播学	1. 传播学研究 2. 网络传播 3. 传播学研究方法 4. 当代新闻史论研究	1. 中外传播思想与观念 2. 受众研究 3. 新传播技术研究 4. 国际传播 5. 编辑出版
11	华东师范大学传播学院	新闻学		1. 新闻理论与实务 2. 媒介经营与管理 3. 新媒体
		传播学	1. 传播学专题研究 2. 社会调查研究方法 3. 新媒体研究 4. 传媒、文化与社会 5. 新闻实务研究 6. 网络传播研究 7. 品牌形象研究	1. 文化理论与编辑出版实务 2. 广告传播理论与实务 3. 当代中国文化
12	上海理工大学出版印刷与艺术设计学院	新闻传播学	1. 传播学理论前沿 2. 传播学研究方法 3. 编辑出版学专论 4. 数字媒体技术与应用 5. 媒介经济与管理专论 6. 数字出版与媒体专论	1. 出版传播与出版文化 2. 媒介经济与管理 3. 艺术传播
	上海理工大学出版印刷与艺术设计学院	数字出版与传播		1. 数字出版 2. 数字媒体与传播
13	上海大学影视艺术技术学院	新闻传播学	1. 传播学概论 2. 理论新闻传播学导论 3. 传播学通论 4. 新闻理论（包括采写编评）	1. 新闻与传播理论 2. 新闻传播业务 3. 国际传播 4. 传媒经济与文化产业 5. 会展与广告艺术设计 6. 广告理论与实务 7. 体育报道 8. 公共外交与上海合作组织 9. 人文外交与文化艺术产业

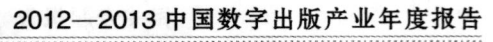

续表

序号	单位名称	专业名称	主要课程	研究方向
14	上海交通大学媒体与设计学院	新闻传播学	1. 大众传播与社会发展 2. 大众传播法规与伦理 3. 大众传播研究方法 4. 受众研究 5. 传播效果研究 6. 中外传播事业研究 7. 品牌传播研究 8. 西方传播思想史 9. 组织传播研究 10. 中国报道与中国评论	1. 新闻学 2. 传播学 3. 文化产业管理，文化经济，文化政策，文化产业
15	上海师范大学人文与传播学院	传播学	1. 传播学研究 2. 现代出版学研究 3. 书籍编辑学研究	1. 广告与传播文化研究 2. 广告与创意产业研究 3. 跨文化与网络研究 4. 会展策划与营销研究
		新闻学		1. 出版文化与新媒体实务研究 2. 数字出版研究 3. 出版市场与营销研究 4. 广播电视新闻发展研究 5. 广电媒介经营与管理
16	同济大学艺术与传播学院	传播学	1. 传播学方法研究 2. 传播学经典理论研究 3. 视觉传播理论与实践 4. 计算机设计与应用 5. 现代营销学	1. 电子传媒与新闻研究 2. 广告创意与新闻研究 3. 新型传播与社会研究 4. 新兴科技与出版研究
17	天津师范大学新闻传播学院	传播学	1. 传播理论研究 2. 新闻理论研究 3. 传播史研究 4. 应用传播研究 5. 舆论学原理与方法 6. 传播法规与伦理 7. 传媒经济与管理 8. 传播社会学专题研究	1. 传播与社会发展 2. 传播史 3. 传播基础理论

续表

序号	单位名称	专业名称	主要课程	研究方向
18	南开大学国际商学院	图书馆学	1. 图书馆学基础 2. 信息资源管理 3. 系统分析与设计 4. 现代信息技术 5. 文献管理程序设计 6. 现代图书馆管理 7. 文献分类 8. 电子出版 9. 多媒体技术应用 10. 数字图书	1. 信息咨询 2. 信息交流与传播 3. 图书与出版管理
	南开大学文学院	传播学	1. 新闻学理论 2. 传播学理论 3. 媒介与文化研究 4. 编辑出版理论与实践	传播理论与实践
19	武汉大学新闻与传播学院	数字媒介	1. 计算机网络技术及应用 2. 多媒体技术研究 3. 数字新媒体概论	数字媒介技术与应用
	武汉大学新闻与传播学院	传播学	1. 广播电视理论与实务 2. 广告传播理论与实务 3. 网络传播理论 4. 网络新闻传播理论 5. 新闻理论（包括采写编评） 6. 图像动画设计理论与技术 7. 媒介经营管理理论与实务计算机网络应用	1. 传播理论 2. 广告传播 3. 广播电视传播 4. 网络传播 5. 图像与动画设计 6. 媒介经营管理
	武汉大学国际软件学院	数字媒介		1. 数字艺术与游戏设计 2. 移动多媒体 3. 数字电视技术

续表

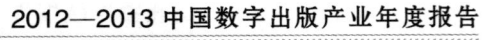

序号	单位名称	专业名称	主要课程	研究方向
20	华中科技大学新闻与信息传播学院	传播学	1. 新闻理论专题研究 2. 传播理论研究 3. 中西比较新闻传播史论 4. 传播研究方法论 5. 网络传播理论 6. 中外著名网站比较研究	1. 传播理论 2. 网络传播 3. 政治传播 4. 编辑出版
21	武汉理工大学文法学院	传播学	1. 传播学理论研究 2. 网络传播研究 3. 出版策划研究 4. 传播学研究方法 5. 媒介、文化与交往 6. 营销传播策划与创意	1. 编辑出版学 2. 营销传播研究 3. 网络传播 4. 跨文化传播研究
22	华中师范大学文学院	新闻学	1. 西方文论与文化 2. 传播学专题理论研究 3. 新闻传播理论与方法研究 4. 中国近现代新闻思想研究 5. 大众传播心理研究 6. 20世纪西方新闻思潮 7. 中国新闻史专题 5. 编辑学原理 9. 电视与新媒体研究	1. 新闻理论 2. 新闻史 3. 新闻业务
		传播学	1. 西方文论与文化 2. 传播学专题理论研究 3. 新闻传播理论与方法研究 4. 传播伦理与法制 5. 跨文化传播专题研究 6. 文化传播史 7. 二战时期美国传播学研究 8. 大众传播心理研究 9. 传播文化研究	1. 传播理论 2. 传播史 3. 传播业务

续表

序号	单位名称	专业名称	主要课程	研究方向
23	河南大学新闻与传播学院	新闻学	1. 新闻与传播学理论与前沿 2. 社会科学研究方法 3. 中国新闻传播史研究 4. 广告理论与实务研究 5. 传播理论研究 6. 网络传播研究 7. 媒介经营与管理研究 8. 传播哲学与媒介理论研究 9. 广告文化学研究 10. 视觉文化传播研究	1. 传播理论 2. 广告理论与实务 3. 跨文化传播 4. 网络与新媒体传播 5. 媒介经营与管理
24	苏州大学凤凰传媒学院	传播学	1. 当代传播理论与思潮 2. 广告学原理 3. 中外影视美学思潮 4. 新闻与传播研究方法 5. 电视制作基础 6. 编辑与出版研究 7. 媒介文化研究专题 8. 媒介经济与管理	1. 大众传播理论与实务 2. 广播电视研究 3. 编辑与出版 4. 广告研究 5. 媒介研究 6. 文化创意产业研究
25	南京大学新闻传播学院	传播学	1. 新闻传播理论专题 2. 传播学理论专题 3. 传播研究方法	1. 传播理论 2. 广告理论与实务 3. 影视与网络传播 4. 媒介管理
25	南京大学信息管理学院	编辑出版学	1. 信息科学原理 2. 信息资源管理技术 3. 编辑出版学原理 4. 编辑出版实务研究	1. 编辑出版基本理论研究 2. 编辑出版业务研究 3. 编辑出版数字化研究 4. 国外编辑出版研究 5. 编辑出版史研究
26	南京理工大学	传播学		1. 新媒体传播研究 2. 新闻传播与实务研究 3. 影视传播研究

续表

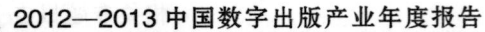

序号	单位名称	专业名称	主要课程	研究方向
27	南京师范大学新闻与传播学院	传播学	1. 新闻学理论（包括采写编评） 2. 传播学理论 3. 中外新闻史研究 4. 中国广播电视通史研究 5. 广告学教程 6. 公共关系研究	1. 理论传播学 2. 应用传播学 3. 广告与公关 4. 新媒体传播
28	山东大学文学与新闻传播学院	传播学	1. 新闻传播理论 2. 媒介研究 3. 新闻传播史学研究 4. 人文科学方法论 5. 前沿讲座 6. 第一外国语（英） 7. 第一外国语（日）	1. 传播与创意产业 2. 广告理论与实务 3. 电影电视与新媒介 4. 出版发行
29	山东师范大学传媒学院	传播学		1. 数字媒体传播 2. 传播学理论与实践 3. 广播影视传播
30	安徽大学新闻传播学院	传播学	1. 传播学理论研究 2. 新闻报道方式研究 3. 新闻学理论（包括采写编评） 4. 文史要览	不区分研究方向
31	中国科技大学科技传播与科技政策系	传播学	1. 传播理论—起源方法与应用研究 2. 大众传播理论研究 3. 媒介与文化研究方法研究 4. 数字媒体技术、应用、设计研究 5. 网络出版研究	1. 科技传播与科学普及 2. 新媒介研究 3. 编辑出版学 4. 健康传播与教育传播
32	湖南师范大学新闻与传播学院	新闻学		1. 新闻理论与业务 2. 新媒体传播 3. 传播与文化

续表

序号	单位名称	专业名称	主要课程	研究方向
33	陕西师范大学新闻与传播学院	传播学		1. 传播理论 2. 编辑出版学 3. 网络传播学 4. 舆论学 5. 广告学 6. 出版与文化产业 7. 媒介经营与管理 8. 广播电视传播理论与实务
34	西安交通大学人文社会科学学院	传播学	1. 传播学理论研究 2. 新闻学理论研究 3. 新闻传播实务 4. 媒介经济与管理 5. 编辑学专题研究	1. 媒介管理 2. 应用传播学 3. 媒介经营与管理
35	电子科技大学政治与公共管理学院	新闻传播学	1. 马克思主义经典著作选读 2. 科学社会主义理论与实践 3. 硕士学位英语、传播学理论 4. 社会科学研究方法 5. 新闻学理论 6. 新闻传播实务与法规 7. 网络新媒体研究	1. 理论传播学 2. 应用传播学 3. 新媒体与网站传播 4. 数字传播与文化产业
36	华中科技大学新闻与信息传播学院	新闻学	1. 传播学理论 2. 新闻学理论（包括采写编评） 3. 网络新闻传播理论研究 4. 电视实务研究 5. 广告策划 6. 中外新闻传播史研究	1. 新闻史论 2. 新闻业务
36	华中科技大学新闻与信息传播学院	传播学	1. 传播学理论 2. 新闻学理论（包括采写编评） 3. 中外新闻史 4. 电视实务 5. 网络传播研究 6. 广告实务	1. 传播理论 2. 政治传播 3. 编辑出版 4. 网络传播

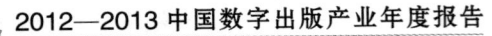

续表

序号	单位名称	专业名称	主要课程	研究方向
37	广西大学文化与传播学院	传播学	1. 新闻学理论研究 2. 传播学理论研究 3. 新闻传播史专题研究 4. 新闻传播学研究方法 5. 新闻传播实务专题研究	1. 大众传播与社会 2. 文化产业 3. 媒介融合研究
38	广西民族大学文学院	图书馆学	1. 信息资源管理研究 2. 图书馆学理论研究 3. 图书馆管理研究 4. 数字图书馆建设 5. 中外图书馆比较研究 6. 信息资源管理研究方法	1. 图书馆管理现代化 2. 信息咨询研究 3. 文献学与文献资源建设 4. 信息资源开发与利用
39	四川大学文学与新闻学院	传播学	1. 传播学理论实务 2. 理论新闻学理论 3. 中外新闻传播史	1. 传播理论研究 2. 编辑出版研究 3. 广告研究 4. 影视传播研究 5. 网路传播研究 6. 符号学与传播学
40	西南交通大学艺术与传播学院	传播学	1. 传播学理论 2. 中外新闻传播史 3. 新闻写作 4. 新闻评论	1. 影视传播 2. 媒介批评 3. 编辑出版 4. 广告传播 5. 文化创意 6. 新媒体研究
41	内蒙古大学文学与新闻出版学院	传播学		1. 媒介经营管理 2. 新媒体与数字出版 3. 大众传播与民族文化
42	浙江大学新闻与传播学系	传播学	1. 传播学研究方法 2. 当代传播层面与交叉理论 3. 新闻学新论 4. 传播批判理论 5. 媒介战略管理 6. 广播电视理论 7. 品牌战略与传播研究	1. 传播理论研究 2. 编辑出版研究 3. 广告研究 4. 影视传播研究 5. 网络传播研究

续表

序号	单位名称	专业名称	主要课程	研究方向
43	江西师范大学传播学院	新闻学		1. 新闻理论研究 2. 新闻业务研究 3. 广播电视研究 4. 新媒体研究
44	福建师范大学	传播学		1. 新媒体研究 2. 广告研究 3. 涉台传播研究 4. 编辑出版研究 5. 理论传播学 6. 传播社会学
45	吉林大学文学院	传播学	1. 广告哲学研究 2. 传播方法论研究 3. 消费文化研究 4. 广告符号学研究 5. 广告史专题研究 6. 传播心理与播效果研究 7. 广告美学研究 8. 广告经济学研究 9. 广告营销研究 10. 受众研究	1. 传播文化研究 2. 广告理论研究 3. 消费社会学研究 4. 广告设计研究
46	东北师范大学文学院传媒科学学院	新闻学		1. 大众传播理论研究 2. 新媒体研究 3. 广播电视新闻研究 4. 应用电视新闻学 5. 纪录片研究 6. 电视与新媒体叙事学研究 7. 传播心理理论 8. 影视与网络传播 9. 媒介调查研究 10. 广告学
47	南昌大学人文学院	传播学	1. 传播理论 2. 西方新闻理论评析 3. 受众研究	1. 传播理论 2. 传播实务 3. 广告学

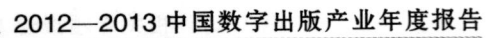

续表

序号	单位名称	专业名称	主要课程	研究方向
48	暨南大学新闻与传播系	广告学	1. 社会科学研究方法 2. 新闻传播理论 3. 中国新闻传播史研究 4. 传媒产业发展研究	1. 广告理论与实务 2. 品牌传播 3. 数字营销传播 4. 媒介与市场研究 5. 视觉传播与数字媒体
		广播电视学		1. 广播电视新闻 2. 网络与新媒体 3. 广播影视艺术 4. 纪录片研究 5. 城市形象传播
49	华南理工大学新闻与传播学院	新闻学		1. 新闻理论与实务 2. 传媒经营与管理 3. 网络与视听新媒体
50	中山大学传播与设计学院	传播学	1. 新闻学理论 2. 新闻伦理 3. 传播学理论 4. 传播与民主 5. 传播与全球化 6. 社会研究方法论 7. 传播学量化与质化研究方法	1. 公共传播 2. 视觉传播
51	兰州大学新闻与传播学院	传播学	1. 新闻学理论（包括采写编评） 2. 中外新闻传播史 3. 公共关系研究 4. 广告学概论 5. 网络新闻传播研究	1. 理论传播学 2. 广告学 3. 边缘传播学 4. 文化传播学 5. 民族传播学 6. 编辑出版学 7. 网络传播学
52	河北大学新闻传播学院	传播学	1. 中国文学史 2. 中国现代文学 3. 报纸编辑学 4. 中国新闻传播史 5. 传播学理论 6. 新闻学理论	1. 编辑出版 2. 广告学 3. 科技传播 4. 媒介经营管理 5. 文化传播

续表

序号	单位名称	专业名称	主要课程	研究方向
53	河北经贸大学	传播学		1. 编辑出版学 2. 广告学 3. 媒介经营与管理
54	山西大学文学院	新闻学		1. 新闻理论与新闻史 2. 新闻编辑与写作 3. 编辑出版
		传播学		1. 传播理论与传播史 2. 编辑出版与广告学
55	西北大学新闻学院	传播学	1. 新闻理论专题研究 2. 新闻业务研究 3. 新闻史学研究 4. 新闻调研与实践	1. 理论新闻学 2. 应用新闻学 3. 广播电视新闻学 4. 新闻事业经营管理
56	深圳大学传播学院	传播学	1. 传播学理论 2. 传播学研究方法 3. 媒体研究 4. 文化产业研究	1. 大众传播与文化产业研究 2. 广告与品牌研究 3. 媒体技术应用研究
57	厦门大学新闻传播学院	传播学	1. 传播理论 2. 传播史 3. 广告理论与实务 4. 传播学研究方法 5. 公共关系研究	1. 传播和社会发展 2. 媒介发展史
		新闻学	1. 新闻学理论（包括采写编评） 2. 对外新闻报道 3. 国际新闻报道 4. 新闻伦理与法规 5. 英美报刊选读 6. 杂志编辑学 7. 舆论学	1. 媒体关系研究 2. 台湾传媒研究 3. 电子传媒研究
58	云南大学人文学院	传播学	1. 新闻学理论（包括采写编评） 2. 全球新闻传播史 3. 中国新闻事业史 4. 网络传播研究	1. 民族传播研究 2. 电视媒介研究 3. 营销传播研究

续表

序号	单位名称	专业名称	主要课程	研究方向
59	中国政法大学文学院	新闻学	1. 新闻学研究 2. 传播学研究 3. 媒介经济研究 4. 媒介管理研究 5. 新闻传播法学 6. 传媒制度与新闻政策研究	1. 新闻政策与法规 2. 新闻媒介管理
60	上海社会科学院新闻所	新闻学		1. 传媒管理 2. 网络传播 3. 新闻传播史
61	上海外国语大学新闻传播学院	传播学	1. 传播学研究史 2. 传播制度与媒介规范理论 3. 传播效果研究 4. 传播学调查研究方法 5. 公共关系传播 6. 跨文化传播	1. 国际广告与公关 2. 跨文化传播 3. 数字营销与传播 4. 影视传播与媒介文化 5. 媒介经营与管理 6. 外语编辑与出版
62	湘潭大学文学与新闻学院	传播学	1. 新闻写作 2. 广告文案写作 3. 传播学理论 4. 传播学应用	1. 传播理论与实践 2. 大众传媒与大众文化 3. 广告学与公共关系学
63	上海财经大学人文学院	传播学		1. 广告与营销 2. 新媒体和商务传播
		新闻学		1. 媒介经营与管理 2. 经济新闻 3. 新闻实务
64	厦门大学知识产权院	知识产权管理	1. 知识经济 2. 知识产权法研究 3. 知识产权法案例	1. 知识产权管理 2. 知识产权价值评估 3. 知识产权管理绩效评估

续表

序号	单位名称	专业名称	主要课程	研究方向
65	重庆工商大学文学与新闻学院	新闻学	1. 中外大众传播史研究 2. 传播学理论与方法 3. 新闻学理论与方法 4. 新闻传播学名著导读 5. 传播与媒介研究方法 6. 传播思想史 7. 大众文化研究 8. 传媒产业研究	1. 新闻理论与新闻史研究 2. 新闻业务 3. 新闻媒介与新媒体研究
		传媒经济学	1. 中外大众传播史研究 2. 传播学理论与方法 3. 新闻学理论与方法 4. 新闻传播学名著导读 5. 传播与媒介研究方法 6. 新闻编辑与新闻评论 7. 新闻报道策划与组织 8. 媒介营销与管理	1. 媒介经营管理 2. 传媒与文化创意产业 3. 新媒体经济学 4. 媒介营销学
66	大连理工大学人文学院	新闻学		1. 理论新闻学研究 2. 历史新闻学研究 3. 实务新闻学研究 4. 新媒体研究
		传播学		1. 传播理论研究 2. 媒体经营与管理研究 3. 广告研究 4. 编辑出版研究
67	郑州大学新闻与传播学院	传播学	新闻学理论、传播学理论、新闻传播史研究、新闻报道与新闻文体研究、广播电视新闻学概论、新闻传播学研究方法、影视传播研究、新媒体前沿研究、网络传播研究、电视文化研究、当代新闻传播热点研究、跨文化传播研究、媒介批评、批判学派研究、影视艺术传播研究、媒介与性别、媒介与社会。	1. 传播理论 2. 广告传播 3. 网络与新媒体传播 4. 影视传播与影视文化产业 5. 媒介经济 6. 编辑出版

续表

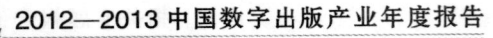

序号	单位名称	专业名称	主要课程	研究方向
68	河南大学新闻与传播学院	传播学		1. 广告理论与实务 2. 传播理论与实务 3. 新媒体传播 4. 媒介经营管理与文化产业
69	重庆大学文学与新闻传媒学院	新闻学		1. 国际新闻 2. 新闻理论与业务 3. 传播媒体形象与市场开发 4. 舆情信息研究 5. 数字出版研究 6. 报业集团化研究 7. 新闻媒体产业研究
70	西南大学新闻传媒学院	传播学	1. 传播学理论研究 2. 网络文化与新闻传播 3. 像化叙述研究 4. 现代传媒技术 5. 网络传播研究 6. 编辑学概论 7. 出版学概论	1. 新闻传播 2. 文化发展与传播 3. 新媒体传播 4. 编辑出版
71	成都体育学院	新闻学	1. 新闻传播理论研究 2. 新闻业务研究 3. 科研方法与论文写作	1. 体育新闻传播理论与业务研究 2. 体育与新媒体研究 3. 体育宣传与公共关系理论与实践研究 4. 视觉传播理论与实践研究
72	四川省社会科学院	新闻学		1. 当代媒体报道研究 2. 新闻传播理论研究 3. 中国发展新闻学研究 4. 网络传播及新媒体研究 5. 文化产业研究

表4 设立传播学/编辑出版/数字出版博士学位点或研究方向院校一览

序号	单位/学院/学科名称	专业名称	主要课程/参考书	研究方向
1	北京大学新闻与传播学院	国际传播	1. 新闻理论 2. 传播学概论 3. 传播学研究方法 4. 网络传播 5. 影视传播 6. 媒介经营管理 7. 网络技术与管理	1. 传播学 2. 国际传播 3. 传播管理 4. 广播影视
2	清华大学新闻与传播学院	传播学	1. 传播理论 2. 传播学研究方法 3. 媒介政策与法规 4. 媒介经济学 5. 影视文化与传播	1. 传播学理论与方法研究 2. 当代传媒研究 3. 新媒体研究
3	中国人民大学	传播学	1. "新闻传播前沿讲座"、"新闻传播学研究专题讲座" 2. 导师分别开设的研究指导课	1. 传播理论研究 九、视觉传播研究 十、新媒体研究 2. 策略传播研究
	中国人民大学	传媒经济学		1. 数字化与出版转型研究
	中国人民大学	新闻学	1. 新闻史 2. 新闻理论 3. 新闻采访与写作 4. 报纸编辑 5. 新闻摄影	1. 新闻摄影 2. 新闻事业经营管理
	中国人民大学	传媒经济学		1. 数字化与出版转型研究
4	华中科技大学新闻与信息传播学院	新闻学	1. 大学 2. 中庸	1. 新闻史 2. 新闻理论及新闻法 3. 新闻事业管理

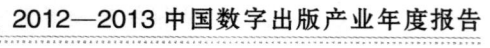

续表

序号	单位/学院/学科名称	专业名称	主要课程/参考书	研究方向
	华中科技大学新闻与信息传播学院	传播学	1. 传播学概论 2. 传播理论 3. 媒介效果研究 4. 跨文化传播 5. 媒介分析：传播技术神话的解读 6. 软边缘——信息革命的历史与未来	
5	湖南科技大学商学院新闻传播学	传播学		
6	浙江大学	传播学		
	浙江大学	信息资源管理	1. 图书馆管理 2. 情报管理 3. 档案管理 4. 政务信息管理	
7	复旦大学	新闻传播学	1. 新闻学概论 2. 传媒管理学导论 3. 当代广播与电视新闻学 4. 中国新闻事业发展史 5. 当代西方新闻媒体 6. 营销管理	1. 理论新闻学 2. 中外新闻事业 3. 应用新闻学 4. 广播电视新闻学 5. 理论传播学 6. 应用传播学 7. 国际新闻传播学 8. 媒介管理学
	复旦大学	编辑出版学		
8	厦门大学	传播学		1. 广告理论 2. 广告实证研究 3. 台湾媒体研究 4. 传播理论研究
9	武汉大学	传播学	1. 新闻传播研究方法 2. 传播学原著选读 3. 传播理论前沿 4. 广播电视研究 5. 媒介文化研究 6. 新媒体研究	1. 传播理论 2. 媒介发展研究 3. 媒介文化研究 4. 广播电视研究 5. 新媒介发展研究

续表

序号	单位/学院/学科名称	专业名称	主要课程/参考书	研究方向
	武汉大学	信息资源管理		
	武汉大学	出版发行		1. 理论传播学与传播史 2. 国际传播 3. 传播心理学 4. 受众与传媒生态 5. 传播政策与法规 6. 传播学研究方法 7. 大众传播与国际关系 8. 政治传播
	武汉大学	编辑出版学		
	武汉大学	图书馆学		出版发行方向
10	中国传媒大学	国际新闻学		1. 国际新闻史论 2. 国际新闻业务 3. 国际新闻与跨文化交流 4. 国际媒体
	中国传媒大学	编辑出版学		
	中国传媒大学	广播电视新闻学		
11	中国科技大学人文学院	传媒管理	1. 面向知识型组织及知识员工的人力资本管理 2. 学习型组织建设与企业文化建设 3. 数字识别系统及品牌管理系统 4. 知识库管理技术	1. 传播学 2. 新闻学 3. 新媒体技术 4. 网络传播

续表

序号	单位/学院/学科名称	专业名称	主要课程/参考书	研究方向
12	南京大学	编辑出版学		
	南京大学	信息资源管理	1. 信息资源管理前沿技术 2. 信息资源管理理论与方法研究	1. 信息经济学研究 2. 信息资源规划
13	厦门大学	新闻学		
14	暨南大学	新闻学	新闻事业经营管理	
15	南京师范大学	新闻学	1. 新闻学导论 2. 中国新闻史 3. 外国新闻传播史 4. 传播学教程 5. 传播媒介的历史之光 6. 新闻评论教程	
16	四川大学	新闻学		
17	中国社会科学院新闻研究所	新闻学		
18	解放军南京政治学院	新闻学		
19	上海理工大学	传媒管理		1. 传媒产业系统分析 2. 传媒经营与管理 3. 数字内容管理
20	哈尔滨工业大学媒体技术与艺术系	数字媒体技术（联合）		
21	南京艺术学院传媒学院	数字媒体艺术		1. 数字媒体艺术研究 2. 艺术与传播
22	福州大学	数字媒体艺术		

（作者单位：上海理工大学）

中国数字出版产业基地研究报告

陈 彤

国家数字出版基地的成立始于"十一五"期间。原新闻出版总署期望通过基地建设来带动数字出版产业的发展,因此在2008年7月,与上海市政府召开部市合作会议签署的部市合作框架中,第一次提出推进张江国家数字出版产业基地建设等六个重点领域的合作内容。这是原新闻出版总署最早提出建设国家数字出版产业基地这一概念。在这次部市合作会议上,中国第一家国家数字产业出版基地——张江国家数字出版产业基地正式在上海张江高科技园区揭牌,从此揭开了我国以产业集聚促进数字出版产业发展的序幕。

张江成立国家数字出版产业基地是原新闻出版总署和地方政府共同促进数字出版产业发展模式的一种探索。从2008年到2010年,经过两年左右的摸索,张江基地在数字出版企业的集聚上取得大成效,企业集聚数量取得快增长,基地产值迅速突破百亿元。这一结果验证了原新闻出版总署以基地建设的模式促进产业发展决策的正确性。于是,在2010年原新闻出版总署发布的《关于加快我国数字出版产业发展的若干意见》中,正式提出"到'十二五'末,在全国形成8-10家各具特色、年产值超百亿的国家数字出版产业基地或国家数字出版产业园区"这一目标。这是原新闻出版总署第一次以正式文件的形式提出国家数字出版产业基地建设这一规划。随后在2011年印发的《新闻出版业'十二五'时期发展规划》中,原新闻出版总署再次提出"到十二五期末,在全国形成10家左右各具特色、年产值超百亿的国家数字出版基地或国家数字出版产业园区"。

原新闻出版总署希望通过基地建设这一模式,能够发挥地区产业集群优势,提高产业集中度和专业化协作水平,更好地分工协作,成龙配套,发挥各自优势,依托公共平台共同发展。同时,通过基地建设,也能充分发挥其辐射示范作用，带动周边地区和相邻产业同步发展，形成区域发展优势。这些年以来，各基地的建设成果初步证明了这一道路的可行性。

从2008年7月上海张江成立首个国家数字出版基地开始，到2013年6月，已经批复的12家国家数字出版产业基地，按获批时间顺序排列分别是上海张江国家数字出版产业基地、重庆北部新区国家数字出版产业基地、杭州国家数字出版产业基地、中南国家数字出版产业基地、华中国家数字出版产业基地、天津国家数字出版产业基地、广东国家数字出版产业基地、西安国家数字出版产业基地、江苏国家数字出版产业基地以及2013年新批复成立了安徽国家数字出版产业基地、北京国家数字出版产业基地和海峡国家数字出版产业基地。至此，全国已经形成12家基地的布局，提前实现在"十二五"末期完成基地布局的构想。

一、基地审批及建设情况

（一）2008－2009年

2008年到2009年是基地建设模式的探索期。从2008年张江国家数字出版产业基地成立起，两年内原新闻出版总署并未批复成立第二家基地。这是因为原新闻出版总署对基地模式尚处于摸索阶段，希望在张江基地初步成功的基础上再向其他地区推广。

表1　2008－2009年基地审批与建设情况

基地名称	获批时间	所在区域	简　介
上海张江国家数字出版产业基地	2008年7月	上海张江高科技园区	首个国家级数字出版基地。以"科技"为基础，"文化"为内容。经过4年多的发展，张江已经形成国内最大的数字出版产业集聚区，吸引了近400家企业入驻，2012年产值突破200亿元。已经引进和建成了"版权服务中心"、"版权交易中心"、"作品版权登记保护应用平台"、"上海文化产业股权投资基金"等一批服务型平台项目。

（二）2010 年

到 2010 年，数字出版产业的迅猛发展和张江基地建设取得的巨大成功，坚定了原新闻出版总署推广基地建设这一模式的决心，也鼓励了其他省市通过集中力量推进数字出版产业发展的尝试。因此，这一年中，原新闻出版总署先后批复了重庆、杭州、中南、华中和天津五家数字出版产业基地，分布在华东、西南等多个区域。

表 2　2010 年基地审批与建设情况

基地名称	获批时间	所在区域	简　介
重庆国家数字出版产业基地	2009 年 8 月	重庆市北部新区	首个设在西部地区的基地，形成了"1 + 2 + 10 + N"的发展思路。"1"为依托 1 朵云——以重庆两江新区正在打造的亚洲最大"云计算"基地和产业实验基地为基础；"2"为打造 2 个平台——建设数字内容监管平台和数字出版公共服务平台，加强数字出版产业发展的监管和服务；"10"为培育十大产业门类；"N"为建设 N 个拓展园区——以基地为核心，建设若干个数字出版产业拓展园区，形成完整的产业链条。
杭州国家数字出版产业基地	2010 年 4 月	浙江省杭州市	第一个以一个城市为单位建设国家级数字出版基地、整合资源、整体建设国家数字出版产业基地思路的基地。杭州基地包括滨江数字出版核心园区、杭报数字出版园区、中国移动手机出版园区、中国电信数字阅读园区、华数数字出版园区、数字娱乐出版园区、滨江动漫出版园区、人民书店数字出版园区八个功能园区，形成核心园区和数大功能区块组团式发展的产业格局。
中南国家数字出版产业基地	2010 年 7 月	湖南长沙	第一家从零开始筹建的基地，也是第一家与省级发展战略直接关联的数字出版基地。基地 2011 年挂牌，2012 年 11 月成立了以湖南省政府副省长为组长，省政府副秘书长和省新闻出版局局长为副组长，省宣传部、发改委、经信委、财政厅、国土资源厅等多个部门参与的基地建设领导小组。

续表

基地名称	获批时间	所在区域	简介
华中国家数字出版产业基地	2010年8月	湖北省武汉市经济技术开发区	华中基地由华人汇和科技园建设公司出资承建，是我国第一个以"打造产业生态"为概念的国家数字出版基地。基地总部规划用地246.66亩，总建筑面积32.88万平方米，基础设施总投资达13.6亿元。基地设立了每年2000万元的湖北数字出版专项资金。
天津国家数字出版产业基地	2010年12月	天津市滨海新区空港经济区	天津基地由天津空港经济区管委会负责运行管理。基地总体规划面积20万平方米，其中，建设孵化器3万平方米，建设转化载体17万平方米。基地通过与中企创团、正源国际等企业合作，已经建成了数字版权交易平台、云计算中心、数字出版体验中心等服务项目。基地到2013年1月为止，已有50余家企业在孵化转化载体内注册、运营，初步形成产业聚集效应。

（三）2011年

2011年，原新闻出版总署又先后批复了广东、西安、江苏三家数字出版基地，基地数量达到9家，基本完成"十二五"的规划目标。

表3 2011年基地审批与建设情况

基地名称	获批时间	所在区域	简介
广东国家数字出版产业基地	2011年2月	广东省广州市	广州基地由广东省出版集团有限公司建设运营。基地规划总用地面积为78435平方米，总建设规模为9.5万平方米。基地一期位于天河软件园高唐新区，基地二期位于天河区东圃地段。基地还成立了全国第一家专门的省级数字出版产业联合会。
西安国家数字出版产业基地	2011年5月	陕西省西安市高新技术产业开发区	西安基地由西安市高新区管委会投资建设。基地总建设用地70亩，总建筑面积23万平方米，投资额9亿元。项目总体有65%的高层创意工厂，35%为包括展示、体验、交易及数据服务的配套用房。2012年11月，基地开工建设。陕西省政府每年拿出4000万元的专项资金，西安市政府每年拿出4000万元的专项资金，西安高新区每年拿出8000万元的专项资金支持数字基地建设。

续表

基地名称	获批时间	所在区域	简　介
江苏国家数字出版产业基地	2011年6月	江苏省南京市、苏州市、扬州市、无锡市、镇江市	江苏是长三角地区第三家国家级数字出版基地。江苏省具有丰富的文化出版资源，并根据自己的区域发展特色设计了"一基地、多园区"、"一体两翼、差异发展"的基地发展模式。自从2011年7月江苏基地揭牌以来，南京、苏州、扬州、无锡和镇江园区先后挂牌经营。五个园区各有特色，相辅相成，整体推进江苏省数字出版产业的发展。

（四）2012 - 2013 年

2012年，原新闻出版总署没有批复成立新的基地，但是从2013年开始，又陆续批复了安徽、北京和福建海峡三家国家数字出版产业基地。至此，基地的数量已经达到12家，提前超额完成了"十二五"目标。

表4　2012年 - 2013年基地审批与建设情况

基地名称	获批时间	所在区域	简　介
安徽国家数字出版产业基地	2013年1月	安徽省合肥市、芜湖市	安徽版基地将按照一个基地两个园区（即合肥园区、芜湖园区）的模式，打造各具特色的差异化发展的数字出版产业集群。合肥园区总体规划1430亩，总投资126.5亿元，项目坐落在合肥高新技术产业开发区，芜湖园区分为主基地和辅基地，主基地包括芜湖华强文化科技产业园、鸠江文化创意产业园。辅基地是芜湖服务外包产业园、新华印务产业基地和高教园区。
北京国家数字出版产业基地	2013年3月	北京市丰台花乡榆树庄	北京基地位于丰台区花乡榆树庄村。基地采用一区多园的形式建设，总部拟于2013年开建，2020年建成。建成后园区总建筑面积约为60万平方米，入驻企业达400家。

373

续表

基地名称	获批时间	所在区域	简　介
福建海峡国家数字出版产业基地	2013年4月	福建省福州市、厦门市等	海峡基地以福州和厦门数字出版产业为中心，形成包括福州、厦门、漳州、泉州、莆田等在内的沿海数字出版产业带，并向平潭综合实验区延伸，采用"园中园"的模式建设，设立福州园区（福州软件园、海峡出版发行集团数字出版产业园、海西创意谷）、厦门园区（下面软件园二期、三期）和平潭综合实验区（海峡出版创意示范园）等5个产业园区。

二、国家数字出版产业基地特点概述

（一）国家数字出版产业基地布局基本完成

从2008年我国第一家国家数字出版基地在上海张江成立以来，到2013年4月海峡国家数字出版产业基地在福建省挂牌，原新闻出版总署已经先后批复成立了12家国家基地，我国初步已经形成了以东部沿海为带动，以长三角流域为核心，以华北、中南、西北、西南为辐射的综合布局。至此，全国的基地布局已经基本完成，下一阶段将进入基地的快速发展时期。

从地理位置分布看，这12家国家数字出版产业基地处于除东北地区以外的全国六大区域，分别是：华北2家（天津、北京）、华东5家（上海、浙江、江苏、安徽、福建）、华南1家（广东）、西北1家（陕西）、西南1家（重庆）、华中2家（湖北、湖南）。

华东地区以近总数二分之一的数量遥遥领先其他地区，同时基地产值也占绝对优势，上海张江一家基地产值接近200亿元。这既反映了华东地区数字出版产业在我国数字出版产业中的相对优势，也反映了华东地区各地方政府对数字出版产业的重视程度。华东地区的基地不仅数量多，基地的模式也因各自的特点而有所创新。在华东5家数字出版基地中，除了第一家上海张江外，其他4家基地都采用多园区的发展模式，这可以将区域内更多的数字出版企业或园区集聚起来，形成更大的规模优势。

相对于华东地区而言，其他地区的基地在基地建设进度、企业聚集数量、产业扶持政策落实程度等方面还存在一定的差距，例如湖南、湖北、陕西、广东等省的数字出版产业基地都还在建设、甚至规划的过程中。

随着基地的布局基本完成，各基地都陆续进入建设和发展阶段。原新闻出版总署的工作重点也将由对各地区数字出版产业基地的设立逐渐转向对已设立各园区的规范化管理上来。国家新闻出版广电总局计划出台《产业基地（园区）管理办法》，该办法明确国家数字出版产业基地的申请标准、对已批复基地考核指标及动态管理、基地产业规模、发展规划等方面作出明确的规定。而且，对已有国家数字出版产业基地的管理、运营也将纳入该管理办法中。

（二）地方资源初步聚集，产业集群化发展已现端倪

作为国家级的产业化园区，各省市向原新闻出版总署申报成立基地的时候就对基地承诺进行政策配套。政府的各项支持向基地进行倾斜，有利于引导资源向基地集中，可以更有效地为众多起步时间不长的数字出版企业服务，从而鼓励企业在基地聚集，形成产业集群化发展。

作为全国首家国家级数字出版产业基地，上海张江国家数字出版产业基地经过5年发展，已经成为全国新闻出版业转型的试验田与改革的先行者。上海浦东新区政府从2008年起，每年出资5000万元专门用于基地的发展。5年来，专项资金资助了一批具有良好市场发展前景的优秀原创项目、平台，并通过房租补贴、平台补贴等一系列措施降低了数字出版企业的发展成本，为更多的数字出版企业在张江基地集聚提供了支持。

陕西省在第十二次党代会上提出"经济强、科教强、文化强"的"三强"战略，要把文化产业作为陕西的一个支柱性产业来发展，并专门设立了5个亿的专项资金，其中西安有1.2亿元的专项资金，西安高新区有9000万元的专项资金，为数字出版产业提供了充足的资金支持。

天津市利用政府的财政资金，组建了中小企业担保中心、小额贷款公司和风险投资公司，为入驻天津国家数字出版产业基地的企业打造了金融服务平台。累计投放资金近两个亿，为基地招商引资和企业孵化提供了有力支持。

新成立的安徽和海峡两个数字出版产业基地也对基地入驻企业提供了优越

的扶持政策。合肥市入驻园区、符合条件的数字出版企业可享受市财政每年安排的专项资金补贴,建设数字出版公共服务平台和骨干项目还可享受高新区每年安排的扶持数字出版产业专项资金。对入驻园区的数字出版企业,实行税收减免、租金优惠、贷款贴息、担保补贴等政策。国家新闻出版广电总局加大对海峡西岸经济区新闻出版业建设的政策扶持,鼓励福建省在对台交流合作中先行先试。福建省政府也出台多项支持新闻出版产业发展的政策措施,而数字出版是重点扶持的板块之一。

由于各省最多只能设立一个国家级数字出版产业基地,因此这个基地能汇集包括所在地文化部门、新闻出版部门、发改委等其他政府主管部门的政策优势。这对于避免园区恶性竞争、资源重复投入具有很好的效果,每个基地也能更好地集聚当地的数字出版资源,实现产业集群化发展。

(三) 基地发展模式各异,各自探索适合道路

我国现有的 12 家国家数字出版产业基地分布在我国六大地区。我国幅员辽阔,每个地区的数字出版产业基础和各个基地的初始管理运营架构都不同,因此决定了各基地的发展道路也必定有较大的差别。在这些影响基地发展的因素中,基地的组织架构特别是管理机构,是决定基地发展模式和方向的决定性因素。

国家数字出版产业基地的规范持久运营,有赖于专职管理机构和管理团队。尽管对基地运营的组织形式、机构规模等,原新闻出版总署未作统一要求,但设立服务于基地企业专职机构的要求则是明确和具体的。在各基地运营的管理机构中,张江设立了上海张江数字出版文化创意有限公司专门负责基地的运营发展;杭州基地由浙江省新闻出版局和杭州市新闻出版局共同负责;重庆基地由重庆北部新区创新服务中心负责;天津基地由天津空港新区科技局负责;湖南基地由湖南省新闻出版局负责;湖北基地由华人汇和科技园建设有限公司负责;广东基地由广东省出版集团数字传媒公司负责;西安基地由陕西省西安市高新区管委会创意产业办负责;江苏由江苏省新闻出版局和各分园区负责。

虽然每个基地所采用的方式各异,但综合而言大部分可分为两类:一类是由地方新闻出版局这样的行业主管部门负责,另一类则是由专门的企业或园区

来负责。第一类的形式多应用于多园区的模式。由于涉及多个园区主体，基地往往需要所在地区的新闻出版局进行统一运营管理和协调，所以新闻出版局成了基地的负责和协调机构，而各园区的主体则在当地新闻出版局的指导下运营。第二类则是大部分园区都采用的模式，其中又可分为园区管委会负责模式和企业负责模式。有些基地，例如重庆、天津、西安等，是由所在园区的管委会来负责基地运营。这些基地是所在园区的一部分，招商和服务都和整个大园区在同一架构下进行。这种模式的优点在于园区投入大，基地在物业、招商政策等方面具有较大的自由度。另外一些基地，如上海张江、湖北等，是由企业进行基地的运营和管理。这种模式比较符合市场化运营的方向，把基地和基地运营企业捆绑在一起，利益相关，而缺点是很难把基地运营的社会化效益和企业效益统一起来。

由于各基地成立的时间都不长，各种发展模式和运营主体对基地长期发展的影响还没有完全显示出其优劣程度。随着时间的推移，基地的发展效果一定会有所不同，各基地需要在发展中进行调整，寻找到各自适合的道路。

（四）基地模式出现新突破

在国家数字出版产业基地发展最初，最先成立的张江和重庆基地最初都是采用比较常见的单一园区模式。但是之后基地模式开始出现各种突破，新的基地模式例如延伸园区、分园区、跨省分园区等形式纷纷出现。

2010年5月，上海国家数字出版产业基地虹口延伸园区在上海市虹口区成立。但是虹口延伸园区与张江基地的关系比较松散，没有统一的管理机构，还不是真正意义上的模式突破。

最早进行基地模式上突破的是杭州基地，它第一个提出以一个城市为单位建设国家级数字出版产业基地，整合资源，进行整体建设思路的基地。杭州基地包括滨江数字出版核心园区、杭报数字出版园区、中国移动手机出版园区、中国电信数字阅读园区、华数数字出版园区、数字娱乐出版园区、滨江动漫出版园区、人民书店数字出版园区八个功能园区，形成核心园区和数个功能区块组团式发展的产业格局。

在继以城市为单位进行基地建设后，又出现了以省内多个城市为主体进行基地建设的模式，例如江苏基地、安徽基地和海峡基地。江苏省根据自己的区域发展特色设计了"一基地、多园区"、"一体两翼、差异发展"的基地发展模式。自从2011年7月江苏基地揭牌以来，南京、苏州、扬州、无锡和镇江园区先后挂牌经营。五个园区各有特色，相辅相成，整体推进江苏省数字出版产业的发展。安徽国家数字出版产业基地将按照一个基地两个园区（即合肥园区、芜湖园区）的模式，打造各具特色的差异化发展的数字出版产业集群。海峡国家数字出版产业基地以福州和厦门数字出版产业为中心，构筑包括福州、厦门、漳州、泉州、莆田等在内的沿海数字出版产业带，并向平潭综合实验区延伸，采用"园中园"的模式建设，设立福州园区（福州软件园、海峡出版发行集团数字出版产业园、海西创意谷）、厦门园区（厦门软件园二期、三期）和平潭综合实验区（海峡出版创意示范园）等5个产业园区。

除此之外，基地建设还出现了跨省建立分园区的最新模式。2013年3月，华中基地洛阳分园区正式获批落户洛阳市炎黄科技园，这是河南省唯一的国家数字出版产业基地分园区，也是国家数字出版产业基地第一次跨省级区域设立分园区。这些新的分园区模式大大拓展了国家数字出版产业基地的覆盖和影响范围，达到辐射更大区域、集中更多企业的目的，有力地促进了我国更多区域数字出版产业的发展。

三、基地平台建设情况

（一）基地在某种意义上就是一个大平台

我国数字出版产业已实现年营收1300亿元以上，但手机游戏、网络游戏出版和互联网广告三项营收占数字出版总营收90%以上。真正从传统出版转型而来的数字出版产值几乎可以忽略不计。传统出版转型的过程一直在艰难的推进之中，传统出版社拥有大量的内容资源，但在数字出版面前却一直踌躇不前，表现黯然，而互联网企业虽然不断尝试，却鲜有成绩。这一现象和国外苹果、亚马逊等企业在数字出版领域的成功形成鲜明对比。为集中资源促进数字出版产业的发展，解决数字出版产业中难以克服的瓶颈，政府鼓励采用基地的形式来推进产业的发展，是符合中国数字出版产业发展特色的。在这个模式下，基地本身就成为一个平台，对外承接政府各种资源政策，对内加强产业链上各环节企业的沟通联系，实现资源对接、优势互补。

（二）基地建设平台的优势

基地因为本身具有平台的特征，所以更方便利用其优势来集中外界各种政策、技术、服务、资金等资源，针对基地内外的企业共性需求，通过打造一系列服务型公共平台来实现其促进区域产业发展的目的。从2008年，第一个国家数字出版基地成立至今，先成立的基地除了提供在招商、政策配套、物业服务等基础性园区服务功能，也开始探索建设类似公共服务平台等具有行业针对性和普适性的高端产业服务项目。之所以基地能够开展产业公共服务平台的建设，是因为其具有以下优势。

1. 政府资金支持

基地经过原新闻出版总署进行挂牌成立，实际上就承担了促进地区数字出版产业发展的一些责任。这一方向和各地方政府促进地区经济发展的目标是一致的，所以地方政府对于国家数字出版产业基地都倾力扶持。所以如果基地或基地相关企业进行服务于广大企业的公共服务平台建设开发，较容易获得政府资金的投入或补贴。

2. 与基地服务相融合

基地作为一个园区，有其特定的地理边界和服务范围。此时，通过建设公共服务平台则为基地提供了另一种超越地域的服务模式。无论平台运营方是基地运营者也好，还是基地入驻企业也好，都为基地实现更大范围的资源聚集提供了可能。平台提供的服务和基地运营者提供的基础服务相融合，能提升基地服务能力，打造更高层级的产业服务模式。

3. 兼顾社会性和市场性

企业建立的平台，大多有非常重要的盈利目标。但是对于需要大量投入的出版社信息化系统建设、书籍数字化转档、版权保护等公共性产业需求，目前投入的成本和所能获得的收益不相平衡。此时，作为本身承担着政府促进产业发展要求的基地而言，可以在不单纯考虑商业效益的条件下开展平台建设。虽然这对于平台的持久发展是一个挑战，但是对于快速兼顾平台的社会性和市场性而言，是一个很好的开始。

（三）平台的类别

数字出版平台包括很多类型，如技术服务类平台、分销类平台、版权保护类平台等。目前基地开展建设的平台大致上可以分为两类，一类是基于数字出版产业特点的版权保护类平台，另一类是介入数字出版产业链内部的产业平台。

1. 版权保护类平台

版权保护是中国文化产业发展过程中面临的一个非常严峻的问题，也是数字出版企业在发展中都会遇到的共性问题。因此有些基地开始通过建设版权登记平台来实现版权保护的目的。

上海和重庆作为最早成立的两个国家数字出版产业基地，都建立起了本地区的在线登记平台。

上海张江国家数字出版产业基地成立之初就与上海市版权局一起策划建设作品版权登记保护应用平台。平台实现了从申请人提交版权登记申请、填写申请材料、提交登记作品及相关附件、查询审核进度、打印登记证书、到后台审核人员在线受理登记、审核并颁发证书的全部流程。平台解决了版权登记申请人作品登记因"费时"、"费钱"无力维权的问题；从业务办理上，解决登记审核"费劲"和管理困难的问题；最重要的是，当发生版权纠纷需要取证时，版权局能提供水印验证、特征码验证等相关版权信息，为法律部门提供评判依据，解决取证时"费神"又尴尬的问题。在成功实现在线登记服务的基础上，张江基地还不断研发新的版权服务功能，以企业版权保护需求为核心，将平台打造成为全面实现版权保护的综合性服务平台。

与上海张江国家数字出版基地类似，重庆基地也打造了版权云端服务平台，实现版权在线登记服务。与此同时，上海和重庆两地政府不约而同地对作品实行免费版权登记，以鼓励更多的企业在平台上进行登记，开展更广泛性、公益性的版权服务。

2. 产业类平台

产业类平台是针对数字出版产业链条中的某些环节专门提供服务的平台。重庆基地的"中国出版发行交易云平台"，被列为原国家新闻出版总署和重庆市政府的署市共建项目，是在目前所有综合性平台中比较有特色的一个。

平台由重庆市国有文化资产经营管理有限责任公司牵头，与重庆新华书店集团、重庆出版集团三方共同出资建设成立重庆云汉网络传媒有限责任公司作为实施主体，注册资金1亿元。"中国出版发行交易云平台"将面向出版发行业编印发供全产业链，是国内首个基于云计算技术的全国性电子商务云平台、第三方网络服务平台、国家级知识资源平台。平台两大核心业务是"中国出版发行在线交易中心"和"中国书城"。2013年3月23日，中国出版发行交易云平台一期工程——"中国出版发行在线交易中心"正式验收。4月19日，"中国出版发行交易云平台"项目一期工程"中国出版发行在线交易中心"正式上线。

"中国出版发行在线交易中心"为上游出版商和下游发行商在网上实现交易，完成图书批发。出版社可以自己在自有网店、交易大厅、网上订货会三个地方同时展销自有产品，并在线完成订单整理、发货、催退、商品资料传递调剂、推荐、对账等业务操作。书店可以在平台上采集到所有产品信息，在线完成订货、收货、退货、对账、分货等业务操作。在"中国书城"，市民可在网上购买图书音像等实体出版物及数字出版物。同时，云平台还将提供出版物版权进出口交易、行业知识资源搜索等多元化服务。

从产业链上看，"中国出版发行交易云平台"立足服务于整个出版发行产业链，涵盖了从出版社到发行商（B2B）和从发行商到用户（B2C）的所有环节，比现有的当当网、京东网等平台拥有更完整的产业服务链条。从技术上打通出版和发行之间信息对称的障碍，解决了出版发行业电子商务化上的问题，为出版社实现转型提供保障。

中国数字出版产业发展的问题不仅仅是技术方面的问题，但"中国出版发行云平台"的建设为传统出版企业转型提供了一条可选择的途径。平台建成后如何吸引传统出版企业将成为后期平台运营的主要工作。目前，国内大部分有影响力的数字出版产品交易平台都由民营企业运营，还鲜有国有企业运营平台市场化成功的例子。只有在平台运营上坚持市场化导向，才能在帮助产业链各方在平台上获得利益的同时，维持平台本身的良性运转。

四、基地在发展过程中仍存在的问题

经过五年的发展和探索,基地模式对于促进我国数字出版产业的进步起到了非常大的作用。但是同时,基地模式在发展中存在的一些问题和不足也显露出来。

(一) 基地管理主体不明确,定位模糊

由于原新闻出版总署在基地的批复中并未对基地管理主体进行规定,因此现在各基地的管理主体都是因当地情况而异。在一些基地中,地区新闻出版局作为行业管理部门直接充当基地管理主体。因为新闻出版局作为行政机关,不可能完全从事具体事务的管理和操作,实际上造成基地管理主体缺位。

基地管理主体不明确的问题也导致一些基地在建设上进展缓慢。政府主体缺乏市场化运行的机制,在推动基地建设上所需要的资金落实、规划制定、成本控制、产业导向制定、招商政策制定、服务内容提示等各方面都缺乏效率。

(二) 企业集中尚未实现集聚效应

从基地入驻企业数量来看,有些基地已经取得了较明显的成果。对于原来就有产业基础的基地和园区,这些入驻的企业既包括原来就已入驻的企业,也包括基地成立后所吸引入驻的新企业。但是普遍来看,入驻的企业并没有实现产业链条上的互动,还是处于孤立和零散的状态。

大部分基地虽然在成立之时制订了产业的重点发展导向,但是在实际招商过程中,并没有科学的导向和选择机制,也缺乏对龙头企业的吸引力,所以企业即使入驻了基地也仍然是比较独立的发展,缺乏产业链上下游之间的互动。龙头企业的缺乏使产业缺乏集聚的核心和凝聚力。

(三) 基地政策趋同

基地在成立和发展过程中,各地方政府对于基地都会制定一些财税等政策

鼓励措施。这次政策对于促进区域企业的极具起到了良好的作用，但是综观各基地的政策，可以发现政策的具体内容大致类似，都是以房租减免、项目补贴、贷款贴息等比较常规的形式。这些政策没有针对数字出版各子行业的特殊性而制定，因此和大部分开发区所采用的政策并无太大的区别。

（四）基地的差异化特征不明显

如果深入研究各基地所制定的产业导向政策，会发现动漫、网游、影视、网络教育等基本都是每个基地的引导方向。各个基地并没有针对区域内的企业发展特点和市场需求特点制定专门性的政策和服务模式。

差异化特征是原新闻出版总署在以基地模式推进产业发展中一直重点强调的内容。但由于基地的成立时间普遍较短，基地在地区优势文化内容产业的挖掘、符合当地企业特性需求的服务模式构建等方面都缺乏深入的研究。未来基地要长久、持续地发展，避免重复建设、恶性竞争，形成各自的差异化特征是必不可少的。

（作者单位：上海张江数字出版文化创意产业发展有限公司）

中国移动出版发展报告

周芷旭

来自世界知名咨询公司 Ovum 的数据显示：2016 年，亚太区移动互联网用户将达 42 亿。中国、印度和印度尼西亚将是带动移动互联网用户数量成长的主要动力，预计这三个市场在 2016 年时将有 30 亿移动互联网用户，占亚太区的 72%，占全球的 38%。未来五年的年复合增长率（CAGR）达 6.4%。[①]

随着 3G 网络的规模化发展和多种移动智能终端的普及，移动出版正成为出版业在新世纪的矿产与石油，成为构建十八大报告提出的"终身学习体系"和"学习型社会"的核心力量，将带来全新的创业方向、商业模式和投资机会。

一、移动出版概述

（一）移动出版的概念

近年来，移动互联网及智能移动终端的普及，给人们的社会生活、交流和沟通方式等各方面带来巨大变革。在数字出版领域，移动出版的概念于上世纪末首次提出，但至今仍未有定论。

目前的主流观点认为移动出版是将内容资源进行数字化加工，运用数字版权保护技术（DRM），通过移动互联网进行传播；用户在移动设备上通过阅读软件实现随时随地阅读。也有学者认为，移动出版指出版机构以移动通信设备为平台，进行图书选题策划、编辑出版、信息发布、宣传营销以及售后服务的

---

① Ovum：《全球移动市场展望报告》。

新型出版形式。

这些定义基本描述了移动出版的产业链，却忽略了移动出版以用户体验为设计理念和服务中心，以数据化为关键技术的两大特点。随着智能手机、平板电脑、电子书阅读终端的普及，数字出版产业正迎来移动互联时代。

（二）移动出版特征

移动出版是基于移动互联网并通过特定的信息平台实现的。与其他数字出版形式相比，移动出版打破了传统出版的编印发流程，在内容设计、技术手段、服务模式和盈利模式等方面都有所不同。

从内容设计上来看，移动出版更具有创新精神，从产品设计之初就以用户体验为核心，强调与消费者互联互动。可以根据消费者需求将文字、图片、音乐、视频、互动问答，以及实时的分享、评论、网络社群等内容融入一本书中，从而成为一个庞大的、有机整合的媒体库，带给读者互动阅读体验。

从技术手段上来看，移动出版更侧重对数字化的内容进行数据化转换、数据挖掘和数据的交叉复用。通过对内容进行切割、标识、元数据描述以及建立关联关系，移动出版能够从技术上实现对内容资源更准确高效的检索、推送。通过对消费者的阅读内容和阅读习惯等数据的精确分析计算，利用各种模型拟合消费需求，移动出版能够更加精准地向消费者推荐更符合其口味的内容产品。

从服务模式上来看，移动出版更重视基于用户体验而针对不同消费者提供的个性化服务和与消费者的互联互动；以实现智能化（smart）、互动性（interactive）、触摸交互（tangible）以及去书本化（打破图书叙事结构和知识传播框架）的新一代出版服务。

从盈利模式上来看，移动出版偏好专业化数据库实时服务的B2B利润和碎片化销售的B2C"微利"收入。

二、移动出版发展的驱动因素

无论是Android、iOS和Windows Phone系统，还是APP STORE中相关阅读应用软件，都用事实证明：移动出版是数字出版对传统出版名副其实的又一次创新。

· 385 ·

（一）技术推动因素

1. 移动互联技术推动移动阅读市场

由科技进步所带动的现代传媒业发展使部分新型媒体成为媒体产业发展的重要推动力量，同时也改变了整个媒体行业的发展格局和方向。

随着移动互联网的高速发展，移动出版和服务必将成为数字出版和数字化学习（E-learning）的主要特征，应用与市场前景广阔。由于电子书阅读器、平板电脑等其他移动互联终端与手机相比统计难度较大，本报告将以手机应用的相关数据来反映移动互联网的使用情况。中国互联网络信息中心于 2013 年 1 月发布的《中国互联网络发展状况统计报告》显示：休闲娱乐类和电子商务类手机应用发展速度较快，整体领域使用率看涨。其中 2012 年手机网络音乐和手机网络文学分别占 50.9% 和 43.3%，成为继手机即时通信和搜索之后的新亮点。[1]

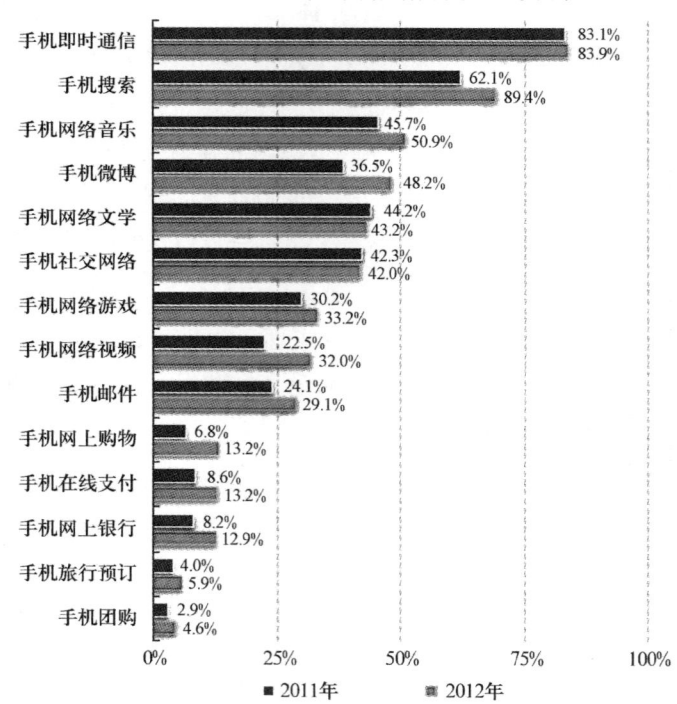

2011-2012年手机网民各类手机应用使用率

应用	2011年	2012年
手机即时通信	83.1%	83.9%
手机搜索	62.1%	89.4%
手机网络音乐	45.7%	50.9%
手机微博	36.5%	48.2%
手机网络文学	44.2%	43.2%
手机社交网络	42.3%	42.0%
手机网络游戏	30.2%	33.2%
手机网络视频	22.5%	32.0%
手机邮件	24.1%	29.1%
手机网上购物	6.8%	13.2%
手机在线支付	8.6%	13.2%
手机网上银行	8.2%	12.9%
手机旅行预订	4.0%	5.9%
手机团购	2.9%	4.6%

图 1　2011-2012 各类手机应用使用率

---

[1] 中国互联网络信息中心：《中国互联网络发展状况统计报告》。

2. 云计算、大数据等技术深入出版领域各环节

移动互联网时代的云计算应用、大数据虚拟化等IT技术发展对移动出版将产生深远影响。其主要特征就是移动互联网正以移动设备和应用为核心，以云服务、移动宽带网络大数据分析等为依托，深入到出版领域的各个环节。同时云计算、数据挖掘等从技术转为商业应用的过程，将向出版领域扩展，改变传统出版的业务模式和盈利模式。

通过云计算技术，多媒介融合、移动化、社会化以及个人消费化等特点将成为移动出版的新属性。内容产品的编辑加工环节将从传统的对内容整体的编校加工到模块化、规模化生产；产品分类将更加清晰、细致，编校分工将更加精准。内容的印制和发行环节也将实现多渠道跨终端发布。

大数据时代的到来，基于碎片化、个性化、体验化的阅读需求更加突显。对于阅读活动大范围、全过程的数据记录，特别是围绕着数据挖掘和分析为核心的大数据虚拟化技术将蕴含巨大的商业应用前景，带来全新的服务模式和盈利方式。

（二）阅读习惯及产品消费变化因素

1. 主要消费群体移动阅读习惯已基本养成

中国互联网络信息中心（CNNIC）2013年4月发布的《中国移动互联网发展状况报告》显示：我国手机网民整体偏年轻化。其中，20－29岁手机网民在总体手机网民中占比34.3%，10－19岁手机网民在总体手机网民中占比25.7%。[①] 10－29岁年龄段的用户，大多处于学习阶段，有大量的阅读需求。他们对新生事物接受较快，对智能机高性能配置和应用软件丰富性功能更为感兴趣，不仅成为移动互联网的主体，更是移动互联出版物的主要消费群体。

同时，报告特别指出"用户使用手机终端在线阅读的习惯正在逐步养成"。手机游戏和手机小说是网民付费意愿相对较高的两大手机应用。根据调查，手机付费网民中对手机游戏和手机小说付过费的比例分别为63.7%和30.3%。

如今在出版物消费群体中，中青年在移动终端上的时间和阅读频率远远超过个人电脑。移动阅读正在改变着我们的阅读方式。

[①] 中国互联网络信息中心：《中国移动互联网发展状况报告》。

手机网民年龄结构

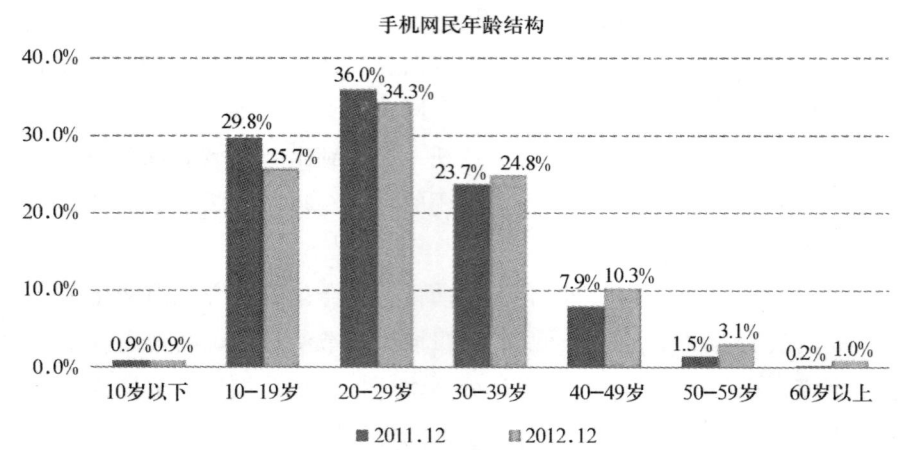

年龄段	2011.12	2012.12
10岁以下	0.9%	0.9%
10–19岁	29.8%	25.7%
20–29岁	36.0%	34.3%
30–39岁	23.7%	24.8%
40–49岁	7.9%	10.3%
50–59岁	1.5%	3.1%
60岁以上	0.2%	1.0%

图 2 2011–2012 手机网民年龄结构比较

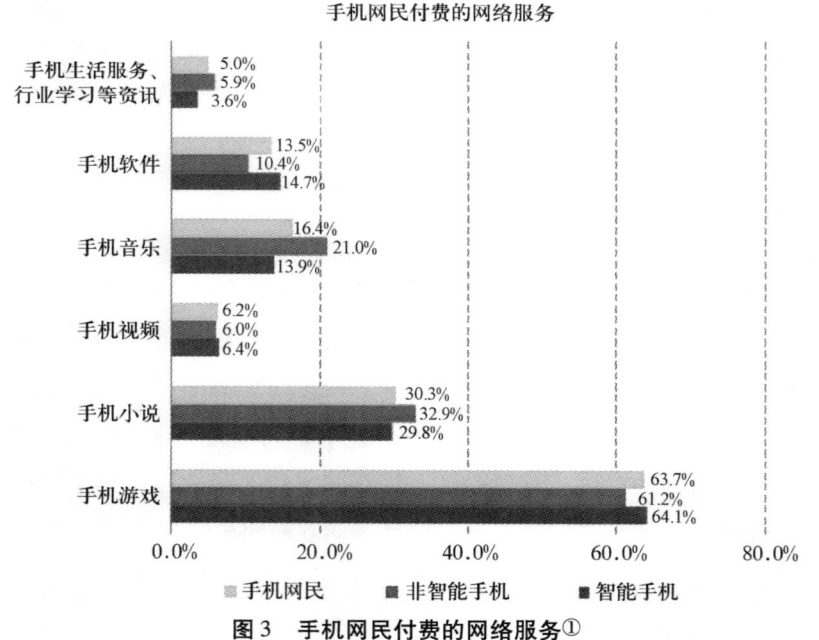

手机网民付费的网络服务

服务	手机网民	非智能手机	智能手机
手机生活服务、行业学习等资讯	5.0%	5.9%	3.6%
手机软件	13.5%	10.4%	14.7%
手机音乐	16.4%	21.0%	13.9%
手机视频	6.2%	6.0%	6.4%
手机小说	30.3%	32.9%	29.8%
手机游戏	63.7%	61.2%	64.1%

图 3 手机网民付费的网络服务①

2. 阅读产品消费趋于碎片化、个性化、无缝化、体验化

随着生活工作节奏的加快，时间被"碎片化"，伴随而来的是阅读产品消费的碎片化。不论是微信、微博，还是微课或电子图书，都呈现出短、小、

---

① 中国互联网络信息中心：《中国移动互联网发展状况报告》。

精、图的碎片化特点。图片和视频等简单明了的碎片化描述方式被广泛应用,大量描述性文字被省略,大大提高了阅读速度。

同时,各类移动终端的普及以及APP[①]的广泛应用,使碎片化的内容更容易随着阅读时的思维,随时停驻在关键的内容上,也可以随时以超链接跳往下一个阅读思维的焦点,形成个性化阅读。

超链接、超文本环境下的数字化阅读对象能够提供无限丰富的阅读内容,在这种方式下阅读的大众不再像以前一样需要从头到尾顺序性阅读文本。用户选择阅读文本的时候往往习惯从一个标题迅速跳到另一个标题,从一个网页马上跳到另一个网页,甚至通过超链接从一本电子图书的某一章节立刻跳到另一本电子图书的某一段,从精读转向泛读、从静态转向动态、从一元转向多元。内容提供方主导的阅读模式在这个过程中被瓦解,代之而起的是读者主导的阅读模式。内容提供方再也无法强行划定读者的视野,再也无法高高在上地将单一的形式和固定的内容推向读者,读者用户从信息库中选择自己感兴趣的信息,内容提供方只是素材的提供者。

此外,从PC到APP、移动WEB等的无缝衔接以及不同设备间的无缝衔接已成为阅读消费的重要需求。由于消费时间的碎片化和不固定性,消费者希望能够在不同设备上继续消费相同的内容,保证相同的用户体验。

(三) 内容加工转换因素

目前,内容加工正逐渐从单纯的数字化向深加工转换。2011年,中国最大的数字出版云计算中心在天津国家数字出版基地正式上线运营,北大方正、同方知网等多家公司都提出了云出版解决方案,多家出版集团也在积极开发适合自身发展的出版平台。与此同时,中国移动、中国电信和中国联通三大电信运营商基于移动阅读终端的数字内容分销平台已经初具规模。传统出版在数字化转型中,正在从单纯依赖内容数字化的模式,进入以数字产品开发和信息服务为主的新阶段,以数字产品开发为核心,借助数字内容投送平台提供营销和服务。

随着新技术不断发展,单纯地将内容进行数字化转换,已经不能满足多渠

---

① 百度百科:APP是英文Application的简称,指智能手机的第三方应用程序。

道跨平台的全媒体发展的需要，更无法保证读者和消费者的阅读体验。移动出版从策划、创意、组织、分工到制造和上市都要依托"系统生产"的方式。合理构建内容资源体系，细化内容资源分类，通过对内容资源进行标引，并构建知识单元链接等，对内容资源进行深加工，正是出版机构打破传统编校流程，开发符合移动出版特点的内容所必需的内容加工模式。

（四）营销渠道日益丰富

移动出版的产品不再是8开的报纸或是成本的书籍、杂志，而是一篇篇文章和一段段语义关联的文字。产品形式的转变必将带来营销渠道和盈利模式的变化。APP、二维码、微信、微博、游戏、社区、户外媒体等的营销渠道为目标受众提供了不受时间、空间甚至平台的限制消费方式，可以不间断地接受信息并乐在其中。

三、移动出版面临的问题

（一）版权保护的有效性和适度性的矛盾

媒体未来学家 Gerd Leonhard 在其著作《Friction is Fiction：The Future of Content，Media & Business》中提到：信息是流动的，如果你试图对流动的信息设置障碍或阻力的话，那你就违反了它的运行规律，障碍或阻力就是 Friction（摩擦）。① 音乐产业就是一个典型的例子，由于为了保护著作权而在网络传播上设置了过多障碍，反而给音乐产业带来不利影响。

一种办法是建议内容提供方适当减少其版税收入，换来更大的传播面，那可能意味着其影响力的扩大，进而会产生版税以外的其他额外收入。另一种办法是《免费文化》一书的作者劳伦斯·莱斯格提出的。他指出，人们既不赞同"保护所有权利"，也不能认可"不保护任何权利"，人们需要的是"保护一部分权利"。其中，需要有高效的作品标识方法，要简化著作权登记及续展的手续，并缩短著作权保护期，在期限与范围方面限制著作权的衍生权利。

---

① Gerd Leonhard：《Friction is Fiction：The Future of Content，Media & Business》。

（二）以数字化为主，数据化转换和应用不足

目前数字出版的主流产品依然还是数字化的图书、期刊与报纸。国内数字出版的商业模式，基本上是以售卖数字内容为核心，出版社希望在数字时代可以像卖纸本书一样售卖电子图书，报刊社希望把内容做成数据库并向读者收取订阅费，但是，数字出版实践证明，这些模式很难实现盈利，即便实现盈利，也是以牺牲纸本销售收益为代价的。2011年全球电子书销售收入达320亿美元，这个数字让很多国内出版人欢欣鼓舞。但是，必须看到，这种简单数字化的、未经深度加工的内容，其商业价值非常有限。由于传统出版商没有在数字环境中创造出新的附加价值，内容其实被廉价售卖了；电子图书与印刷图书互相成为替代品；数字出版与传统出版的销售额此消彼长——伴随电子图书升温的，却是传统图书销量的下滑以及蔓延全球的书店倒闭潮。整体而言，传统出版业并未从电子书的火爆中获得经济实惠。相反，利益更多地被运营商占据，内容成为廉价资源。无可否认，内容对数字出版是不可或缺的，但是，如果出版商无法打造高附加值的应用产品，而单纯依靠售卖数字内容，传统出版业在移动互联时代将处于被动地位。

（三）内容设计和服务模式中用户体验不足

移动出版也面临着内容资源建设、产业发展、软硬件技术的突破等方面的困难。消费者心理学揭示：用户在使用某产品和服务之前，都会形成一种心理预期，如果达到了其预期，满足了其某种需求，就会形成积极的用户体验，反之则会产生消极的用户体验。积极的用户体验会给该产品和服务带来美誉度，增强用户的使用意愿，从而产生消费黏性；相反，消极的用户体验则会降低用户的使用意愿。因此，移动出版必须深刻地思考，如何在当前蓬勃发展的同时，不断提升移动出版物的质量，给用户带来更强烈的使用体验，从而增强移动出版对用户的黏性，实现移动出版发展的真正突破。

（四）相应政策、标准和专业技术人员缺乏

尽管移动互联出版将进入高速发展期，产业各环节也正处于剧烈整合变动

中，未来产业特征和市场表象还不是非常明显，客观上对政府管理政策和相关标准的制定造成了很大的难度和障碍。但是目前在《著作权法》及其他管理条例中对移动互联出版物没有明确的界定，也没有如何保护移动互联出版物著作权的规范，导致移动互联出版市场的无序化竞争。

此外，出版工作要实现社会效益与经济效益的最佳结合，必须由专门的监管机构和专业技术人员对手机出版活动进行管理。我国目前没有监管移动互联出版机构和相关专业技术人员，对从业人员的专业水平也没有相应的规定。

（五）产业链条尚未打通、赢利模式不明朗

传统出版机构参与意愿不强烈，不愿作为内容提供商。我国的传统出版机构，如出版社、期刊社拥有着丰富的出版资源，但是他们出于盗版现象严重、影响主营业务收入，电信运营商、平台运营商利润要求不合理，未来的前景不明朗等多方面考虑，对移动出版还有所顾虑。

目前虽有数字报刊等以推送模式为主的订阅费的盈利模式，但是纵观手机图书、手机杂志等移动出版物并没有成熟的盈利模式。

1. 产业链利润分配不均衡

目前移动出版的产业链主要包括内容提供商（CP）、服务提供商（SP）和电信运营商。其中CP负责提供版权内容，SP负责将内容进一步加工与包装，并通过自己的业务平台与电信运营商对接，负责业务推广、客户服务等。电信运营商负责把内容通过自己的通信渠道传输给用户，并从用户的手机费中扣除相关费用，完成渠道盈利；部分业务还可以代收内容服务费。整个产业链上运营商占主导地位，CP处于最弱势的位置，获得的利益最少。在过去的发展历程中，基本上都是渠道为王、运营为王，内容的权重是最低的，出版机构专门做内容加工业务入不敷出。因此内容提供商不再愿意与SP以事后分成的方式合作。直接高价销售版权内容，让SP望而止步。

2. 介入门槛较高

因为产业链利润分配不均衡，出版机构不再满足于单纯地做内容提供商，关键在于无法掌握主控权，也无法保障自己的利益以及业务的稳定性。所以想自己做SP，与电信运营商直接合作，省略与SP合作的环节。但要介入这个行业却非易事，既要申请电信增值业务经营许可证，又要备案，还要组建相当专

业的技术团队、24小时客服团队、做业务接入。移动出版受电信运营商政策影响较大：整个产业链上，电信运营商掌控话语权。

四、移动出版发展对策

（一）以用户体验为核心，设计面向积极受众的内容产品

移动互联时代，继续售卖单向的内容产品，即由出版商或内容方单方面提供的内容产品将极大地限制读者的参与性和创造性，也无法及时了解用户的消费反馈。出版人亟须更新受众观念，并依据积极受众的认知来升级商业模式，尤其在设计内容产品环节，通过科学的设计培养创造性消费者，增加用户黏性。

移动互联网便捷的搜索和分享应用从根本上改变了用户的消费行为模式。这是一个十分快捷的集问题识别、信息搜集、评价选择、决策购买和购后评价、分享消费体验的这一系列消费者行为为一体的媒体平台。在移动互联网中，积极受众会向自己涉猎的多个朋友圈子发布消费体验。

所以，在包装售卖用户创造内容方面，以国内盛大文学为代表的网络文学业开拓了一套成熟的商业体系。其商业模式即便对西方出版业来说，也颇具创新价值。当然，盛大模式的成功得益于中国独特的文化社会背景，如传统文学出版的不景气，尤其是类型小说的空缺，网络文学宽松的审查尺度，互联网人口红利等。

（二）借助平台打造品牌营销

在移动互联时代，社交媒体的功能早已超越"社交"，它是最重要的营销推广渠道。虽然国内出版人已经开始利用社交媒体进行营销——尤其在微博平台。在移动互联平台，内容并不是终极产品，内容销售收入也不是终极目标。以内容为纽带，社交媒体为平台所联络的忠实受众群才是最有价值的资源。通过优秀内容，建立拥有高互动性、高参与度的在线社群，并通过虚拟社群进一步推动内容传播与内容增值，这是移动互联时代的基本产品模式。

利用网络平台进行产品的分享和互动，深度影响读者，如微博上的各种推广活动，微信的主动推送，豆瓣的分享，各大读书平台的连载和评论。利用网络和信息技术延伸服务，为读者提供增值服务。

（三）探索多样化盈利模式

垂直打包销售模式或占领分众市场数字资源的下载将会有多种方式，既可以通过相应的云端书库下载相应的图书，又可以通过 App 的方式下载相应的电子资源；既可以以"本"为单位售卖，也可以以"章节"为售卖单位，还可以以"若干本（如 30 本）"为售卖单位。如果是以"若干本"为售卖单位，则属于垂直打包模式，主要针对分众市场，即为不同领域（如科技、教育、升学复习资料、财会、房地产、管理学、国学、书法及棋谱等）的阅读消费者推出不同的垂直阅读包，让他们所在领域的重要数字资源集中在一起——做到"一次购买，一个领域全搞定"。

（四）推动标准化建设

越来越多的移动终端让移动出版机构疲于奔命，甚至无所适从。电子阅读器、平板电脑及智能手机大量涌现，而且它们有不同的厂商、型号，不同的操作系统，不同的数字阅读格式。一种常见的解决思路是，对于主流的机型、操作系统及阅读格式，尽可能开发相应的数字阅读应用，以占领主流的市场，但这仍需要各应用程序平台方提供尽可能简便的内容发布流程。

另一种解决思路则需要整个数字出版行业的共同努力。其中较容易做的是数字出版物阅读格式的兼容，不太容易做的是在不同厂家的不同操作系统中制定相应的移动出版产品标准接口，然后由操作系统自动识别用户的设备，以确定下载的版本。

五、移动出版发展趋势

（一）城镇化进程将拓展移动出版的发展空间

党的"十八大"报告指出："解决好农业农村农民问题是全党工作重中之

重，我国经济结构战略性调整必须以推进城镇化为重点。大力促进教育公平，合理配置教育资源，重点向农村、边远、贫困、民族地区倾斜。"由此可见，农村人口结构、知识结构改变，人才培养，都是我国经济持续健康发展所急需解决的重大结构性问题和难题。随着城镇化进程的不断推进，农村人口移动阅读终端占有率的不断扩大，移动出版的市场空间和市场需求将是巨大的，对于移动出版来说，无疑是难得的机遇。

（二）技术进步将进一步推动移动出版的发展

技术进步将使移动出版进一步发展。交互式制作工具，让出版单位不用开发任何一个程序就能开发出基于移动终端跨平台的交互式出版物，使很多出版单位免去构建自己 IT 平台的困扰，通过云服务平台就能够实现交互式出版物制作以及发行、运营。

今后，特别是在各类数字资源数量剧增、各类不同阅读格式及各类终端繁多的背景下，先进的数字检索技术将在移动出版发展中起到重要作用。先进的数字检索技术应该能够跨系统、跨平台地提供检索结果，可以让用户体验到更加人性化、智能化和个性化的信息服务，即让搜索的结果更精确，更合理，更符合用户的需求。

随着技术的发展，图片检索及音视频检索将变得更加便利，否则所有资源都会变得杂乱无章。对于图片或音视频检索的后台，可能会在加标引之外进行多帧缩略图的提取，以便用户对视频类数字资源进行检索。

数字出版相关领域新技术的引入将不断改善阅读体验。随着技术的发展，触摸屏、彩色电子墨水屏、可弯曲屏及拥有砸不烂特性的"赛伦纸"等都有可能逐步被用于各种移动阅读终端。同时，各类设备可能会更多地支持或提供手写输入及各类手势操作。这些，都会让移动阅读的体验得以提升。

（三）教材教辅将成为移动出版的宠儿

随着数字化教育的发展，教材教辅将成为移动互联出版的宠儿，并形成移动学习的新模式。

《教育信息化十年发展纲要》指出，要以教育信息化带动教育现代化，同时强调教育信息技术与课堂教学深度融合。不难看出，随着移动互联网技术和移动终端技术的发展，移动出版物数字化教材教辅将为形成互动式教学模式贡献力量。

移动终端成为课堂教学信息化的核心要素，会推动基于平板电脑的教育教学成为该领域的新趋势。未来，基于移动终端数字教材的研发，会有一个新的爆发点。

参考文献

1. ［美］斯蒂芬. P. 罗宾斯. 组织行为学［M］：10 版. 孙健敏，李原译. 北京：中国人民大学出版社，2004.

2. ［澳］约翰·哈特利. 创意产业读本［M］. 北京：清华大学出版社，2007.

3. ［加］唐·泰普斯科特，安东尼·D·威廉姆斯. 维基经济学：大规模协作如何改变一切［M］. 北京：中国青年出版社，2007.

4. 匡文波. 手机媒体概论［M］. 北京：中国人民大学出版社，2006.

5. Tullis T，Albert B. 用户体验度量［M］. 周荣刚等，译. 北京：机械工业出版社，2009.

6. 阿尔文·托夫勒. 未来的冲击［M］. 孟广均译. 北京：新华出版社，1996.

7. 朱音. 移动阅读点亮出版未来［J］. 中国出版，2008（6）：59.

8. 莫林虎，王一. 手机出版产业现状及运营模式的比较分析［J］. 出版发行研究，2009（5）：17.

9. 王晓艳，胡昌平. 基于用户体验的信息构建［J］. 情报科学，2006，24（8）：1235－1238.

10. 刘冰，卢爽. 基于用户体验的信息质量综合评价体系研究［J］. 图书情报工作，2011（22）：56－59

11. 巢乃鹏，王成. 基于用户体验的移动互联出版物评价体系研究［J］. 出版发行研究，2012（8）.

12. 郝振省. 中国手机出版产业的现状及未来发展趋势［J］. 科技与出版，2008（7）.

13. http：//www.zmms.tuberlin.de/~sma/ressources/papers/PositionPaper_EmotionInHCI_Mahlke.pd.

14. Montgomery，L.（2011）China's creative industries：copyright. social network markets and the business of culturein a digital age. Cheltenham，Edward Elgar.

（作者单位：中国新闻出版研究院标准化研究所）

附　　　录

2012 年中国数字出版大事记

一、电子图书

国内首家数字图书互动社区云海藏书上线

2012 年 1 月 12 日报道，国内首家数字图书互动社区云海藏书上线，为个人用户提供正版电子图书的购买、存储、展示、阅读、分享。云海藏书提供 30% 的图书预览内容，并提供链接供用户购买。云海藏书内容由作者、出版社自行上传，定价也由二者决定，汉王科技负责搭建平台并从中分账。

京东商城电子书刊平台上线

2012 年 2 月 20 日，京东商城正式启动电子书刊业务，进入电子书 B2C 市场。京东电子书刊平台内容合作供应商超过 200 家，首期上线 8 万种电子图书，包括电子书、数字期刊及多媒体电子书，其中，畅销书种类达到 5000 种以上。

淘米童书进苹果商店免费总榜前十

2012 年 5 月 15 日报道，儿童互动娱乐公司淘米网推出的 6 套儿童互动电子书全部进入苹果商店免费总榜前十名，其中《拉仔的秘密》以及《悄悄话树洞》分别排名第四位和第五位。这套名为"互动有声绘本"的互动电子图书取材于淘米网旗下动画片《摩尔庄园》。儿童电子图书实现了有声讲故事和随机涂鸦功能，有中英文两种配音。此外，还实现了用户终端与内容平台的结合，用户可以免费下载或购买电子书。

盛大文学牵手微软诺基亚打造云中书城

2012年5月23日，盛大文学在京宣布云中书城与微软、诺基亚结成深度合作伙伴。云中书城也成为微软和诺基亚在全球阅读类应用中少数重点合作的平台之一。盛大文学负责开发云中书城 windows phone 7 的客户端应用，用户可在微软和诺基亚应用商店中下载并使用；微软和诺基亚为云中书城提供技术和设备支持，并在市场中重点向用户推荐云中书城。在发布会上盛大文学还宣布启动书评人招募活动，将投入百万元构建数量达百人的白金书评人群体，推动网络书评人的职业化进程，改变文学评价体系。

天猫书城上线

2012年6月14日，天猫书城正式上线。包括50家国内外出版社、20多家独立B2C购书网站、5家杂志社、9家大型新华书店、8家城市地标书店等在内的1000多家图书网店，推出130万种在线图书，在售图书超过6000万本。天猫书城分考试教程辅导、少儿书籍、小说、学习教材、财经管理、杂志等几大类；每周一期在首页推出3本新书，全国独家发售。

中国作协首次研讨网络文学作品

2012年6月28日，中国作家协会在京召开网络文学作品研讨会。此次研讨会重点对各文学网站推荐的李晓敏的《遍地狼烟》、天下归元的《扶摇皇后》、酒徒的《隋乱》、阿越的《新宋》、杨鎏莹的《凝暮颜》等5部网络文学作品进行研讨。此次研讨会的最大特点是专家学者与网络作家直接进行面对面的定向交流，每部作品都有两位专家进行点评，作者随后发表心得和感言。

苏宁易购电子书正式上线

2012年11月14日，苏宁易购电子书正式上线，已有近1000家出版社和原创文学网站与其建立了合作关系，首批共引进电子书近5万册。苏宁易购采取与供应商联合定价模式，电子书价格一般限制在纸书价格的30%。对于有刚性需求的书籍，会遵循供应商的限价原则。

二、互联网期刊

两岸合作出版全媒体育婴杂志

2012年6月2日,福建海峡出版发行集团与台湾城邦媒体控股集团《好孕妈妈》全媒体合作签约仪式在第22届全国书博会上进行。该项合约的达成意味着双方关于《好孕妈妈》全媒体项目全面合作的启动。这是一项以纸本为核心,并提供移动互联、网站、微博等个性化随身服务的全方位媒体项目。

龙源期刊网期刊商店上线

2012年6月22日,在"第四届中国国际版权博览会"上,龙源期刊网上线内容交易新媒体平台"刊",并对当前环境下数字期刊版权模式的具体操作进行了分享。"刊"是龙源期刊网自主研发的基于iPad等平板电脑的客户端,定位为"可随身携带的期刊商店",已容纳1000多种杂志,除供iPad用户付费订阅外,也已经应用到安卓平台上。"刊"之外,龙源期刊网的移动阅读产品还包括"手机龙源网",可以让读者随时享受移动阅读。

新华社首款新闻类互动数字杂志问世

2012年7月3日报道,新华社首款新闻类互动数字杂志《阅读中国》(Read China)在苹果应用程序商店上线。用户下载后可通过文字、图片、音频、视频等多媒体形式,"触摸到"最新发生的重要财经新闻以及对中国经济新闻的专业解读。《阅读中国》英文版聚焦财经领域深度报道,主要栏目包括封面故事、经济观察、中国百问、在华外企等,通过一键分享、评论反馈等实现与用户互动。

三、数字报纸

《京华时报》云报纸全球首发

2012年5月17日,《京华时报》在京举行云报纸全球首发仪式。读者通过手机客户端拍摄报纸图片,即可通过"云计算"查看与图片相关的视频、背景资料等信息。"京华云报纸"也成为首家将图像识别技术与纸媒相结合的媒体。

中国媒体数字化转型发展峰会暨联讯读报V4.0上线仪式在京举行

2012年7月15日,中国媒体数字化转型发展峰会暨联讯读报V4.0上线启动仪式在京举行。借助这一技术,可成功实现在多平台上的无纸化阅读,并在阅读中实现多种互动功能。该技术平台支持苹果、安卓等主流移动终端及可运行java软件的移动终端。

云南首家报纸数字化数据库落成

2012年8月16日报道,"云南日报数字化工程建设项目"全面建成。历时两年多建成的《云南日报》60年图文数据库,拥有近14万个版面、2.1万多期、120多万条文章数据、7.9亿汉字、25万多张新闻图片、1519万条广告数据。该数据库形成了数据库、数字报、光盘出版一体化,实现了报纸资源的电子版保存和数字产品出版,为报刊数据的多次开发应用提供了便利条件。

全国报业云计算研讨会在渝召开

2012年9月5日报道,由中国报协主办、重庆日报报业集团协办的"报业云计算研讨会"日前在渝召开。与会代表就信息全媒体化、发布多元化、应用融合化、办公协同化、功能智能化、资源共享化等热点问题展开了深入探讨。

四、手机出版

广西师大社与中国移动联手推移动数字出版

2012年1月18日，广西师范大学出版社有限责任公司与中国移动广西公司签署了《广西教育行业信息化应用拓展合作协议》。其中，"广西教育手机报"为该协议的主要项目之一。项目分为"移动教育专刊"、"掌上课堂"、"成长手册"3个栏目，通过手机短信及彩信发送的业务形式，定期向定制客户发布专业的教育信息。所有发布的教育信息均经区教育厅授权和审定。

广州创建文化市场服务平台移动应用

2012年2月2日报道，广州市文化市场管理部门发布"广州文化市场服务平台"手机应用客户端，通过手机、平板电脑等主流移动终端，为市民提供信息查询、举报投诉、正版查验、信息互动、文化服务等便捷、实用的服务功能。这项服务开创了网络时代政府与民众互动、引导正版消费、传播文化信息的新形式。

新华—道琼斯移动资讯平台落沪

2012年2月28日，由新华社上海分社、经济参考报社、道琼斯公司共同打造的"新华—道琼斯移动资讯发布平台"正式落户上海。该平台的资讯来源于24小时不间断更新的道琼斯和新华社数据库。内容以金融新闻信息为主，涵盖股票、基金、债券、外汇、保险、期货等金融产品和大宗商品市场，第一时间报道和分析全球重要财经和经济新闻。主打产品《新华—道琼斯手机报》属新华社和默多克新闻集团合作开发的高端资讯产品。

第七届中国原创手机动漫游戏大赛在北京启动

2012年3月11日，以"微动漫·微生活"为主题的第七届中国原创手机动漫游戏大赛在北京国家博物馆正式启动。大赛宗旨是"聚合中国原创力量，大力培育潜力新星；创新动漫赢利模式，推动产业繁荣发展"，并首次引入大众评审机制，全体网民注册官网即可成为大众评委。

方正推出翔云移动出版解决方案

2012年3月30日，北大方正电子有限公司正式推出方正翔云移动出版解决方案。该方案是方正电子专门针对具有移动信息传播需求的出版传媒机构而研发设计的整体解决方案。

中国移动手机阅读高峰论坛

2012年4月19日，中国移动手机阅读高峰论坛暨"悦读中国"大型移动互联网读书活动启动仪式在京举行。中国出版集团、作家出版集团、新浪、腾讯、盛大文学等16家出版社、读书网站、互联网企业及运营商在启动仪式上共同发起了"悦读中国"移动互联网读书倡议并签署倡议书。倡议书提出各方积极推动精品内容传播和推广，传承优秀文化；坚持先授权后传播，倡导绿色、正版阅读，营造积极、健康有序的移动互联网阅读环境。

天津首次举办全民手机阅读活动

2012年5月8日，由天津市文明办、天津市新闻出版局和天津滨海新区区委宣传部主办的"天津市全民手机阅读活动"正式启动，这是天津首次举办全民手机阅读活动。

《人民日报》安卓版客户端上线

2012年5月14日，《人民日报》安卓版客户端正式面向全球用户发布，使用安卓系统的手机、平板电脑用户可在各大安卓应用商店免费下载。

200余部文学作品入驻中国移动手机阅读基地

2012年5月15日报道，中国文字著作权协会近30位会员的200余部经典作品正式接入中国移动手机阅读基地。这也是文著协在推广会员作品数字版权方面迈出的第一步。首批入驻中国移动手机阅读基地的会员作品以文学类为主，文著协将根据实际销售情况，以季度或半年为周期向作者支付数字出版"稿费"。

我国首部移动互联网蓝皮书在京发布

2012年6月7日，以"渗透·整合·共赢"为主题的中国移动互联网研讨暨蓝皮书发布会在京举行，会上发布了我国首部移动互联网蓝皮书——《中国移动互联网发展报告（2012）》。该报告由人民网研究院组织撰写，共分总报告、综合篇、产业篇、市场篇和专题篇5部分，对2011年中国移动互联网的发展作了全景式回顾、扫描和分析。

天翼阅读步入公司化运作

2012年8月7日，中国电信天翼阅读基地注册天翼阅读文化传播有限公司。独立运作之后的天翼阅读文化传播有限公司以数字出版、手机阅读等为业务方向，更深层次地进行数字阅读业务的投资、收购、产品研发和市场营销。

首都图书馆新馆开通"掌上图书馆"

2012年9月28日，首都图书馆新馆开馆，首图"掌上图书馆"同时开通。首都图书馆新版门户网站和移动客户端也同步上线。其中，"掌上图书馆"可以让150万持卡读者随时随地免费使用馆藏资源；人性化的搜索引擎式检索平台——"e搜索"，可以实现在首图及北京市公共图书馆之间的跨库、跨资源检索。

全球移动媒体高峰论坛在京召开

2012年11月19日，网易举办的全球移动媒体高峰论坛在北京召开，美联社、BBC、福布斯、IMG，时尚集团、财新传媒、南都、现代传播等，以及来自日本的移动互联网媒体和企业，共同探讨"移动媒体的战略、赢利和未来"。风投机构KPCB、创新工场、经纬创投，和华扬联众、奥美等知名广告代理商，也针对"移动媒体如何赢利"等问题进行了深入交流。

《读者》手机全力推广内容平台多元化

2012年12月17日报道，由《读者》杂志与国内通信设备解决方案提供商斐讯独家合作的3G智能手机开始网络销售，手机内含《读者》杂志30年全套合刊内容和云端图书馆海量电子图书下载。《读者》手机配合云图网络平台服务，用"内容+平台+终端"的方式实现了图书的阅读、购买和下载，并对内置的正版《读者》合刊进行了筛选和关键字设置，同时对视觉效果进行纸质化二次加工。

五、网络游戏

2011 中国原创安卓手机游戏"金鹏奖"颁奖典礼在京举行

2012 年 1 月 5 日，2011 中国原创安卓手机游戏"金鹏奖"颁奖典礼在京举行。本次手机游戏大赛由中国电信、人民网共同主办，是国内首个智能手机游戏专项评选赛事，共评出包括优秀产品奖在内的 12 类奖项。

中国动漫游戏产业股权投资管理有限公司成立

2012 年 1 月 10 日，中国动漫游戏产业股权投资管理有限公司在京成立，这标志着动漫游戏产业体系的关键基础平台正式启动。该公司以如何帮助创意类企业获得资本的支持并规范化发展为服务宗旨，搭建动漫游戏产业投融资平台，力求能为动漫游戏产业体系建设打好坚实的基础。北京银行、工商银行、农业银行、华夏银行分别与中国动漫游戏产业股权投资管理有限公司签署了《银企战略合作协议》；中国文化产业基金管理有限公司、清科集团有限公司、深圳东方富海投资管理有限公司、北京京西创业投资基金管理有限公司、信中利资本集团、启迪创业投资管理（北京）有限公司与中国动漫游戏产业股权投资管理有限公司分别签署了《战略合作协议》；中国动漫游戏产业股权投资管理有限公司与 6 家动漫游戏公司分别签署了《项目投资意向协议》。

北京动漫游戏设计专业人才可评职称

2012 年 1 月 11 日，北京市人力资源和社会保障局宣布，2012 年动漫游戏设计专业首次纳入北京市职称评审范围。初步考虑设置高、中、初 3 个等级，通过考试或评审，进行评价，颁发国家认可证书，纳入国家职称序列。

姚记扑克与北京联众出资 200 万元进军网游

2012 年 3 月 8 日报道，上海姚记扑克股份有限公司与北京联众电脑技术有限责任公司共同出资成立姚联互动娱乐有限公司，注册资本为 200 万元。

2012 广州国际网络及数字互动游戏博览会开幕

2012 年 3 月 9 日，2012 广州国际网络及数字互动游戏博览会在中国进出口商品交易会琶洲展馆开幕。展会为期 3 天，以"游戏给力幸福生活"为主题，涵盖技术、内容、运营等产业链各环节的最新成果，产品包括大型端游、页游、手游、单机游戏及网游动漫产品，为海内外游戏企业搭建发布新产品、新技术、新概念和互动交流的专业平台。总展览面积达 6 万平方米，由网络游戏、数字互动游戏、移动网络游戏、动漫文化四大专题展区构成。

二十一世纪出版社大举进军网络游戏产业

2012 年 5 月 7 日，二十一世纪出版社与上海千陌网络科技有限公司，就网络游戏投资事宜达成共识，正式签署合作协议。这标志着二十一世纪出版社正式进军网游产业。此次二十一世纪出版社斥资数千万元购买上海千陌网络科技有限公司 35% 股权，成立"上海二十一世纪千陌网络科技有限公司"。二十一世纪出版社以介入网络游戏为先导，现已全面启动"二十一世纪少儿全媒体数字出版产业基地"建设。该基地包括少儿绿色网游、平板电脑与手机移动出版、点读笔有声读物、原创精品漫画、动画片制作发行与少儿科普社区网站在内的六大业务板块。

第十届中国国际数码互动娱乐展览会在沪举办

2012 年 7 月 25 日，由新闻出版总署、教育部、科技部、工业和信息化部、商务部、国家互联网信息办公室、国家广电总局、国家版权局、国家体育总局、共青团中央、中国关心下一代工作委员会、中国贸促会、上海市政府等部门联合指导举办的第十届中国国际数码互动娱乐展览会（ChinaJoy）在上海举办。展会期间同时举办以"开放、转型、突破、迎接新纪元"为主题的中国国际数码互动娱乐产业高峰论坛、中国游戏商务大会、中国游戏开发者大会和中国游戏外包大会等专题会议，以及 Cosplay 动漫游戏角色扮演大赛、"张江杯"

电子竞技大赛等活动。

18 种选题入选第七批"民族网游工程"

2012 年 8 月 9 日报道，新闻出版总署公布第七批"民族网游工程"选题，盛趣信息技术（上海）有限公司开发的《零世界》、成都哆可梦网络科技有限公司开发的《浩天奇缘 OL》、北京像素软件科技股份有限公司开发的《刀剑 2》等 18 种选题入选。新闻出版总署近期开展的第七批"民族网游工程"选题论证工作，共收到 85 家游戏企业申报的"民族网游工程"选题 118 种，经选题专家论证委员会研究，最终确定 18 种。

六、网络动漫

三所高校联手培养动漫高端人才

2012 年 2 月 8 日，由教育部等共同实施的"动漫高端人才联合培养计划"在京正式启动，北京师范大学、中国传媒大学和北京电影学院通过组建跨校联合体、举办实验班方式，联合培养动漫高端人才。

中国动漫产业发展成果展开幕

2012 年 3 月 10 日，为期 20 天的"十七大以来中国动漫产业发展成果展"在中国国家博物馆拉开帷幕。此次成果展是对十七大以来中国动漫产业发展经验的全景式总结。

首部跨纸媒与手机连载漫画首发

2012 年 4 月 27 日报道，中国电信与漫友文化联合发布悬疑推理穿越漫画《谜团》。故事中的英雄角色均来自动漫名作，平面版发布在《漫画世界》、《漫画 BAR》、《漫画 SHOW》杂志，手机版则在中国电信"爱动漫"手机平台上连载。这是新媒体与传统媒体联合发行的首次尝试，力求探索中国漫画原创故事情节的多线程发展类内容运营新模式。

第八届中国国际动漫产业博览会开幕

2012年4月29日,第八届中国国际动漫产业博览会在杭州高新区(滨江)白马湖生态创意城(动漫广场)开幕。本届博览会涵盖动漫形象设计、动漫画创作、音像图书发行、衍生品开发等产业各环节,包含国际动画片交易、动漫产业项目发布洽谈、动漫衍生产品交易和中外动漫教育推广等多项官方活动,吸引了海内外400多家动漫企业机构参加。

《中国动漫产业发展报告(2012)》发布

2012年5月4日报道,由社会科学文献出版社出版、北京电影学院中国动画研究院会同北京大学文化产业研究院、中国传媒大学《中国动画年鉴》编辑部、河南省中原动漫研究院、广东漫友文化动漫研究所等研究机构共同编写的《中国动漫产业发展报告(2012)》发布。报告认为,国内的网络游戏收入,主要依靠硬件水平有限的三线甚至四线城市的网吧游戏群体。但未来有能力生存下来的游戏厂商,一定会做出更好、更符合市场需求的游戏产品,这也意味着网络游戏山寨时代即将结束。

商务印书馆(杭州)落户西溪创意产业园

2012年6月5日,商务印书馆(杭州)有限公司在西溪创意产业园举行了揭牌仪式。商务印书馆(杭州)有限公司由蔡志忠巧克力国际动漫有限公司和商务印书馆、无界文化教育集团共同注册成立,以数字出版为主,致力于搭建国际一流的动漫电子图书商务平台。

中国动漫集团厦门基地开业

2012年6月15日,中国动漫集团厦门基地在厦门软件园开业。开业庆典上,福建省信息化局授予中国动漫集团厦门基地(中娱文化股份有限公司)"软件人才培训基地"和"软件人才实训基地"的牌匾。全国16所高校与基地举行了合作签约仪式。

第八届中国国际动漫游戏博览会在沪开幕

2012年7月12日,由文化部、上海市人民政府主办,上海市文化广播影视管理局、(上海)国家动漫游戏产业振兴基地、上海东方传媒集团有限公司（SMG）承办的第八届中国国际动漫游戏博览会在上海举行。此次展会以"开放、融合、提升、共赢"为主题。上海动漫行业协会揭牌仪式同时举行。

"动漫北京"成果展开幕

2012年8月23日，2012"动漫北京"系列活动在全国农业展览馆开幕。北京知名动漫游戏企业齐聚一堂，展示首届原创民族动漫形象大赛优秀作品、北京动漫游戏产业龙头企业和品牌产品。同时，还开辟了动漫爱好者的互动区，举办动漫歌曲音乐会、漫画名家签售、漫画家讲座等活动。

第五届中国国际漫画节在穗举行

2012年9月28日，由新闻出版总署和广东省人民政府联合主办的第五届中国国际漫画节在广州举行，期间举办了以"微生活"为主题的第9届金龙奖颁奖典礼。本届比赛共颁出漫画类奖项11个，动画类奖项5个，单项奖7个，并有1部作品获得组委会特别奖，本届金龙奖评选首度设立的"中国漫画大奖"奖项最终空缺。

国家动漫园展示中心在天津开放

2012年10月27日，国家动漫园展示中心在天津正式对外开放。国家动漫园建筑面积1800平方米，分孵化、互动、创新、先锋四个部分进行展示，包括电子手绘动画、3D实时视频、流水墙等项目，让参观者通过实际互动操作体验动漫文化。同时，也可以通过宣传视频了解到虚拟摄影、面部捕捉等影视动漫制作技术。

动漫媒体高峰研讨会在厦门举行

2012年11月17日，动漫媒体高峰研讨会暨爱动漫两周年庆在福建厦门举行。与会各界人士围绕移动互联网时代动漫商业模式、国产原创动漫发展的合作等移动互联网时代动漫发展的议题进行了相关主题报告和学术探讨，并达成共识：动漫产业应积极借鉴互联网经营思维，抓住机遇，在互联网营销、产品创新、开放合作等方面积极探索，推进动漫产业的繁荣。

七、博客与播客

首家省级"政务微博矩阵"上线

2012年1月16日,由甘肃省政府新闻办和腾讯微博合办的甘肃"微博政务大厅"暨全国首家省级"政务微博矩阵"正式上线。甘肃所有市州和厅局委办都通过这一平台以"甘肃发布"为名播发新闻信息。"微博政务大厅"按照在实际工作中的结构搭建,形成统一的网络表达出口,及时发布权威信息、回应社会关切、正确引导舆论,在应对突发事件、宣传正面成果、在线服务群众等方面发挥集群作战效应。

优酷土豆合并

2012年3月12日,优酷和土豆宣布双方以100%换股的方式合并。新公司命名为优酷土豆股份有限公司(Youku Tudou Inc.),优酷股东及美国存托凭证持有者将拥有新公司约71.5%的股份,土豆股东及美国存托凭证持有者将拥有新公司约28.5%的股份。土豆保留其品牌和平台的独立性,以加强和完善优酷土豆的视频业务。

中国网络视频蓝皮书发布

2012年6月7日,DCCI互联网数据中心发布了《中国网络视频蓝皮书》,针对中国网络视频当前的行业现状、市场格局、未来趋向等作了数据调查和深度分析。DCCI《中国网络视频蓝皮书》数据显示,视频用户每周观看视频时长分布分别为:PC电脑12.6小时/周、电视9.0小时/周、平板电脑8.3小时/周,智能手机7小时/周。电视、PC电脑、智能手机、平板电脑四屏联动对视频用户实现全天近似无缝的跨媒介包围覆盖,一场跨屏蜕变正在发生。

新浪发布全国首份部委微博运营报告

2012年8月24日,新浪发布全国首份《部委微博运营发展模式》报告。报告介绍了新浪部委微博发展至今的总体概况,并总结出部委微博六种运营模式及其运营发展的四个重点。已有 17 个部委及部委级组织开通了新浪部委微博，运营着 44 个官方账号。部委微博已形成 6 种较为成熟、有规可循的运营模式，包括以铁道部官方微博为代表的联合其彼此独立的下属机构统一策划宣传的群管理模式，以外交部官方微博为代表的注重线上线下交流的微互动模式，以商务部微新闻为代表的发布权威内容的微新闻模式，以公安部为代表的长期或短期宣传专项活动的微活动模式，以国家地震台官方微博为代表的着重及时发布快报内容的微快报模式。

八、数码印刷

两项数字印刷国家标准工作会议在京召开

2012 年 1 月 5 日，全国印刷标准化技术委员会在北京召开《数字印刷品质量要求及检验方法》和《数字硬打样样张质量要求及检验方法》两项国家标准起草组第一次联席工作会议。会议对两个起草组的标准草案第一稿的框架、内容、技术细节等进行了认真的探讨与研究，并就草案的修改提出了大量具体的意见和建议。

凤凰出版传媒建成国内首条书刊印刷"数字流"

2012 年 4 月 25 日，江苏凤凰印刷数字技术有限公司正式开业，凤凰数字资产管理中心同时揭牌。该公司整合国际领先的印刷数字化技术，建成了包括创作、编辑、设计、校对、排版、印刷在内不间断的"数字流"，这是我国第一条书刊印刷数字化全流程。公司以高档印品印前制作、海外印刷业务拓展、印刷数字化技术推广、数字资产管理为运营方向，致力于实现"沟通无距离、过程无实物、质量无差异、资源可再生"的数字化运营模式。

河北数字印刷产业园石家庄基地奠基

2012 年 4 月 27 日，河北出版传媒集团公司投资建设的河北数字印刷产业园石家庄基地举行奠基开工仪式。基地总占地 200 亩，总建筑面积 7.9 万平方米，总投资 6 亿元。一期项目主要建设数字印刷中心、特种印刷中心、精品印刷中心，着重发展数字印刷、精品印制、包装装潢等。

方正携手新华传媒共谋按需印刷发展

2012 年 5 月 19 日，方正信产集团与新华传媒集团在第八届文博会上合作签约，双方就"云出版服务平台"为基础的电子书业务和"POD（按需印刷）"业务解决方案进行合作。通过建立"1＋1＞2"的合作模式，实现传统图书行业和新兴数字阅读产业的融合，协力打造基于互联网时代的新型阅读模式，共同为全球读者提供一站式数字阅读和移动阅读服务。

三个印刷标准化分技术委员会成立

2012 年 6 月 8 日，全国印刷标准化技术委员会的书刊印刷、网版印刷、包装印刷三个分技术委员会在深圳职业技术学院宣布成立。

方正喵喵印：打造按需印刷新平台

2012 年 7 月 26 日，上海方正数字出版技术有限公司推出喵喵印。喵喵印是基于互联网 B2B＋C 的按需印刷平台，以大众消费为主导方向。一期投资预计 5000 万元，主要在线业务包括出版物、泛商业和个性化按需印刷。喵喵印可以定制相册、画册、台历等多款创意印品。消费者可以将一些出版机构提供版权的书籍，结合个性化设计，通过数字印刷，定制个性出版物。

盛通股份将进军网络印刷

2012 年 8 月 16 日，北京盛通印刷股份有限公司董事会召开第二届董事会 2012 年第三次会议，确定正式进军网络印刷和进出口业务。

首届中国按需出版论坛聚焦产业转型

2012 年 9 月 27 日，首届中国按需出版论坛在首届中国国际新闻出版技术装备博览会现场举行，与会嘉宾共同探讨新媒体形式下面临的机遇与挑战。还就应用于按需印刷的 PUR 胶粘剂进行重点阐述，为按需出版的后道加工工艺实现绿色环保改造提供崭新的解决方案。

2012"数码印刷在中国"技术高峰论坛

2012年9月27日,2012"数码印刷在中国"技术高峰论坛在首届中国国际新闻出版技术装备博览会上举办,本届论坛由中国印刷科学技术研究所、中国印刷技术协会数字印刷分会共同主办,由科印传媒《数码印刷》承办。本届论坛的主题为"融合、创新、发展"。围绕论坛的主题分别从两个议题"按需出版印刷推动文化产业发展"和"商业与包装印刷加速数字化转型"进行了主题演讲和话题探讨。同期还举办了"科印杯"数码印刷作品大奖赛颁奖典礼及数字印刷应用培训等活动。

北京举办首届绿色印刷促进产业交流会

2012年12月7日,由北京市新闻出版局主办,北京印刷协会和必胜印刷网共同承办的首届北京绿色印刷促进产业交流会在京举行。本届交流会以"绿色、交流、合作、洽谈"为主题,由绿色印前、绿色耗材、节能减排等六大展区构成,主要展示国内外绿色印刷的最新技术工艺发展成果。是国内第一次以绿色印刷为主要内容的专题商务交流会。

方正与山东工业技师学院共建印刷行业产学研基地

2012年12月24日报道,北京北大方正电子有限公司与山东工业技师学院正式签署合作协议,共同建立教学、科研合作基地,双方将在教育教学、学生培养、应用技术研发等方面开展广泛深入的合作。

九、数字版权

中国 ISRC 中心揭牌

2012年2月16日,中国ISRC(国际标准录音制品编码)中心揭牌仪式在2012CPCC中国版权服务年会开幕式上举行。该中心将通过对ISRC编码的分配,实现相关制品在数字网络环境下的有效检索、版权信息确认及监测和版权费用结算认证等。

2012CPCC 中国版权服务年会在京开幕

2012年2月16日，2012CPCC 中国版权服务年会在京开幕。本届年会以"整合·突破"为主题，通过专题活动，多角度、多层次、立体式地展示中国版权保护中心版权公共服务体系建设的新业绩。活动包括"第二届 DCI 体系论坛——DCI 体系与数字音乐"、"企业版权资产管理论坛"、"全国版权交易共同市场论坛"、"中日创意产业促进联盟发起仪式"、"2012CPCC 中国软件服务年启动仪式"等。

电子商务中的知识产权纠纷与解决方案专家研讨会举办

2012年3月12日，电子商务中的知识产权纠纷与解决方案专家研讨会举办，此次研讨会由工信部电子知识产权中心举办，工业和信息化部科技司相关负责人，北京大学、人民大学、中国政法大学等相关科研机构的专家学者，中国软件联盟、中国互联网协会等相关社会团体负责人以及相关企业界代表出席。

网络著作权保护与行业发展研讨会举办

2012年3月16日，工业和信息化部电子知识产权中心和日本内容产品海外流通促进机构（CODA）举办网络著作权保护与行业发展研讨会，来自中日两国知识产权界的专家、学者、权利人组织代表分别介绍了各自的网络著作权保护法律政策及实践经验，对如何理解和界定网络服务提供商在为网络传播行为提供支持时是否已尽到了法律规定的义务提供了一些可借鉴的思路。

中美知识产权圆桌会议在京开幕

2012年4月12日，中美知识产权圆桌会议在北京开幕，本次会议的主题是讨论电子信息通信产业面临的知识产权问题。

天津首家国际版权交易市场揭牌

2012年4月26日，天津国际版权交易市场正式揭牌。这是天津市首家版权交易市场，该市场将面向企业和个人，提供包括版权登记、交易、融资、维权在内的全程服务。该市场注册资金 5000 万元，依托数字出版基地，打造和完善版权综合交易平台，为天津及整个环渤海地区打造数字版权产业及金融服务基地。

北京市版权局等向 16 家互联网企业发出倡议书

2012 年 5 月 31 日，北京市版权局联合中国互联网协会网络版权工作委员会向百度、新浪、搜狐等 16 家互联网企业发出了"加强绿色网络传播环境建设，开展弘扬正版，绿色行动月"倡议书。倡议提出，互联网企业应自觉贯彻落实《全国未成年人思想道德建设纲要》，积极提供绿色正版、健康有益的网络文学艺术作品，努力营造青少年健康成长的网络环境；应遵守网络版权管理相关的法律法规，积极推动互联网行业管理自律机制建设；积极传播体现时代发展和社会进步、弘扬民族优秀文化传统的互联网文艺作品，为青少年提供丰富多彩的精神文化产品。倡议希望互联网企业积极采取有效技术措施和管理手段，保护著作权人合法权利。同时要建立健全企业内部管理制度，加强人员培训，杜绝侵权盗版和不良内容的传播。

"构建新型数字版权流通环境——版权云"活动启动

2012 年 5 月 31 日，"构建新型数字版权流通环境——版权云"启动仪式暨新闻发布会在京举行，"版权云"行动由北京东方雍和国际版权交易中心联合中科院自动化所、北京超级云计算中心等十家机构发起，包括北京云视天创网络科技有限公司推出的"数字视频版权云分发"、北京版银科技有限责任公司推出的"社会化版权协作"、北京慧点东和信息技术有限公司推出的"基于版权核查的和解"等已在"版权云"框架下运行。

第四个国家版权贸易基地落户台儿庄

2012 年 8 月 13 日，台儿庄国家版权贸易基地揭牌仪式在台儿庄古城举行。这标志着台儿庄古城成为国内第四个、山东省唯一的综合性版权交易服务平台。基地致力于加快综合性展示交易场所建设，完善电子交易平台等各项配套设施，打造"技术先进、管理规范、运转科学"的公共版权贸易服务平台。充分发挥文化产业发展专项资金和民间文学艺术版权投资基金的引领作用，形成多渠道、多元化投融资机制，建设版权资源腹地、版权创意基地、版权发展高地。

"数字时代的版权跨界运营"研讨会在沪举办

2012年8月16日，由上海市版权局主办，上海市作家协会、上海版权服务中心和上海文化产权交易所承办的"数字时代的版权跨界运营"研讨会在上海举办。与会代表围绕面对数字化的挑战和全版权跨界运营的趋势，如何改变对版权资源的传统粗放式经营，实现对版权资源的跨媒体立体开发和深度加工，延伸并打通产业链上下游等话题进行了深入研讨。

重庆版权云端服务平台上线运行

2012年8月23日，重庆版权云端服务平台上线暨作品免费登记启动仪式在重庆邮电大学举行，这标志着全国首个政学企研携手，运用云计算和信息安全等技术开发建设的，集版权登记、评估、交易、监管、侵权证据保全等功能于一体的综合性平台正式上线运行。在重庆市范围内，所有机关、企事业单位及个人符合《著作权法》规定的普通作品，均可向市版权保护中心申请免费登记，成本费用由市财政专项资金补助。

2012BIBF北京国际版权贸易研讨会在京召开

2012年8月31日，由国家版权局主办的2012BIBF北京国际版权贸易研讨会在京召开，主题为"共性与差异——数字时代版权贸易的创新与发展"。研讨会由中国图书进出口（集团）总公司承办。与会嘉宾围绕"数字出版时代版权贸易的机遇、抉择与战略"、"数字出版时代的出版变革与渠道创新"两个议题展开深入研讨。

全国数字版权服务平台集文网上线

2012年9月11日，全国数字版权综合服务平台——集文网在杭州正式上线。集文网主要提供数字版权交易以及数字内容加工、发行和运营推广等服务。平台将会和中国移动手机阅读基地、中国电信数字阅读产品基地联合推出"手机出版直通车"计划，作者可以通过集文数字版权服务平台直接将作品接入两大阅读基地进行运营，缩短手机出版的产业链条，提高作者从手机出版中获得的收益。同时，作者还可以更深入自主地参与手机出版的各个环节，通过平台随时了解作品的点击信息、运营信息等。

数字环境下版权集体管理国际研讨会在杭州举办

2011年11月29日，中国国家版权局和国际复制权组织联合会（IFRRO）在杭州举办了数字环境下版权集体管理国际研讨会，这是双方首次合作在华举办国际会议。与会者就数字环境下国外著作权集体管理组织的做法和经验，及国际关注的版权立法、执法实践等议题进行交流。

中美网络版权执法研讨会在京举行

2012年12月4日，由中国国家版权局和美国专利商标局联合主办的中美网络版权执法研讨会在北京开幕。这是中美两国首次在网络版权执法合作及研究方面举办的国际性研讨会。双方围绕中美数字环境下版权侵权的主要类型及相关法律法规、网络执法的合作与协调、版权保护执法实践、权利人怎样与执法机关合作等议题进行了探讨。

华中国家版权交易中心正式运营

2012年12月28日，华中国家版权交易中心在武汉正式运营，并与首批会员单位代表签订了战略合作协议和版权代理协议，首场版权交易额达50.43亿元。该中心是继北京之后，经国家版权局批准建立的全国第二家、华中地区唯一国家级版权交易中心。中心的成立，将有效整合湖北及中部地区版权资源，培育版权要素市场，孵化版权企业，延伸版权产业链，搭建集版权展示、交易、投融资及各种商务活动为一体的多功能高端平台，实现版权资源使用效益最大化，为湖北文化产业发展打造新的经济增长点，形成华中地区版权产业高地。

十、电子阅读器与平板电脑

国产电子阅读器"轻"装亮相

2012年5月18日报道，汉王科技推出"黄金屋"电纸书，这款电纸书搭载汉王全新电子纸触控技术。整机重量约191g，产品厚薄度为8.4mm，是目前市场上最轻薄的6英寸电子阅读器产品。汉王"黄金屋"电纸书内置了汉王书城，包括汉王书城提供的数万册正版图书，多种报纸杂志资源，并设有专业词典功能，读者还可以通过无线上网，下载报纸以及资讯。

"赛伦纸"试水新商业模式

2012年5月18日，广州易博士数字出版集团在深圳文博会召开"赛伦纸"新产品发布会，提出全新的电子图书商业模式——"赛伦纸"模式，即由易博士阅读器与权利人应获得的版税共同构成电子图书的成本，电子图书按本销售和遵循纸书的码洋定价原则，通过出版机构、软硬件厂商、销售渠道三方合作进行资源整合和市场营销，实现互惠互利。"赛伦纸"模式提出了"载体化"概念，但保留了大部分传统的图书出版模式，如定价、版税及发行等，版税制与码洋定价原则将保证作者、出版社、发行渠道都能获得收益。

南都全媒体推出定制平板电脑

2012年6月1日，南都嘉华与南都全媒体集群共同打造的"南都PAI"平板电脑正式上市。"南都PAI"的软件应用产品以南都桌面为承载载体，聚合了包括南都新闻、南都阅读、南都视觉、南都视点、南都读书、南都DAILY、移动电视、PPTV等南都全媒体内容。

当当网电子阅读器"都看"发布

2012年7月25日，当当网正式发布电子阅读器产品，该产品定名为"都看"（英文：Doucon），可直接通过连接3G或Wi-Fi在书城购买电子书。阅读器于26日正式在当当网上预售，定位深度客户。"都看"定价599元，首批1万台预售价499元。"都看"采用6英寸16灰阶电子墨水屏，支持PDF、EPUB、HTML、TXT等电子书格式。此外"都看"还具备光学手指鼠标控制、红外感应翻页、语音输入、绑定微博分享书评等功能。

十一、综 合

中国电力传媒集团揭牌成立

2012年1月6日,由中国电力报社转企改制组建而成的中国电力传媒集团在京揭牌成立,负责经营《中国电力报》、《中国电业》、《网络导报》、中国电力新闻网、中国电力网络电视台、电力手机报、电力PAD、网络舆情监测以及图书音像、展览制作等传媒业务,同时涉足经营文化旅游、艺术品投资、房地产、酒店管理等项目,形成传媒、文化、实业三大板块共同推进的格局。

第七届中国传媒年会召开

2012年1月8日,第七届(2011)中国传媒年会在杭州召开。本届年会由传媒杂志社联合中国新闻文化促进会、中国广播电视协会及多家高校新闻传播学院共同主办,由浙江传媒学院、浙江日报报业集团承办。年会以"文化强国建设:传媒业的机遇与挑战"为主题,与会专家学者以及行业同仁围绕非时政类报刊转企改制、传统媒体与新媒体融合等话题展开交流。会议期间发布了《2011中国传媒创新报告》,中国新闻出版研究院在年会上宣布,在浙江传媒学院设立杭州科研基地并举行签字和揭牌仪式,进一步深化与浙江新闻院校的合作。

大型多媒体数码出版工程"大耳娃"产品首发

2012年1月9日,具有完全独立自主知识产权、国内首创专为幼儿智力开发研制的大型多媒体数码出版工程"大耳娃"产品首发上市。辽宁美术出版社在数字化手段的支持下,搭建形成提升幼儿知识技能和潜能开发的综合性数据资料库,集电子书、MP3、点读笔、电子词典等多种功能于一身的幼儿启智数码教育新型终端平台——《大耳娃智趣学习宝典》。该项目已经与美国、日本知名教育培训实体签署了战略合作协议,已与国内多家知名大学签署战略发展协议,就品牌的产业拓展和相关产业链条形成了明确的发展规划。

全民阅读蓝皮书发布

2012年1月10日,新闻出版总署出版管理司、全民阅读活动组织协调办公室、中国新闻出版研究院和深圳读书月组委会办公室在京联合发布《中国阅读:全民阅读蓝皮书(第二卷)》。蓝皮书由中国书籍出版社和海天出版社联合出版。

时代出版与英国Opus签署战略合作协议

2012年2月9日,时代出版传媒股份有限公司与英国Opus传媒集团在安徽合肥签署战略合作协议。双方在纸质出版、数字出版、服务印刷、资本合作等方面达成全方位合作,共同开拓中英及全球文化产品市场业务。

中国首届新媒体创业大赛启动

2012年2月16日,由中国期刊协会、新传媒产业联盟、浙江日报报业集团共同主办的中国首届新媒体创业大赛在京启动。本届大赛以"人文+科技"理念为主线,设"传媒梦工场"之星、新媒体创意之星、传媒人才创业特别奖等奖项,"传媒梦工场"将对具备市场前景的新媒体创业项目进行孵化。

《读者》投资20亿元在惠州建数字出版基地

2012年2月16日,广东省惠州市政府与读者出版集团共同举行读者(惠州)数字出版基地项目投资推介会。读者出版集团投资20亿元,在惠州建设数字出版基地,基地总体规划用地为300亩,总投资20亿元,一期筹措8亿元,主要用于基地基础设施建设和各类平台的搭建,首期项目将于2013年建成。读者(惠州)数字出版基地将建设一个大型的内容推送平台读者云图书馆,成立国内首家云计算的工业化数据加工中心,搭建大型的内容原创园区。

北语社与屯蒙数码携手开发数字出版

2012年2月17日,北京语言大学出版社与屯蒙(北京)数码科技有限公司在北京神州大厦就移动数字产品的开发、出版及传播签署战略合作协议。双方计划在5年内实现1000多种图书资源的深度开发,形成规模化的移动APP应用,并通过移动互联网数字资源平台,使汉语言文化学习应用产品快速进入国际营销渠道,从而开拓全球汉语言文化教学资源及服务。

中国新闻出版研究院举行全国数字出版巡回演讲

2012年2月21日和23日,中国新闻出版研究院分别在南京和太原举行全国数字出版巡回演讲。巡讲活动包括巡讲大会和座谈会。巡讲大会上,巡讲团专家就网络环境下数字内容产业发展态势、数字出版运营平台支撑技术及应用模式、立体多媒体电子书数据库《全景式新华书店》及《校园全景数字图书馆》创新应用、农家书屋数字化应用方案等进行了讲解。

山东出版集团牵手山东移动布局数字传媒

2012年3月1日,山东出版集团与山东移动在山东大厦签署战略合作协议,双方在手机报、电子杂志、专业网站和数字出版等方面展开全面合作。

江苏昆山举办数字农家书屋建设成果展

2012年3月13日,为期25天的数字农家书屋建设成果展在江苏省昆山市举办。昆山已在4个社区建立数字服务站点,每个社区配备近50台电子书阅读器以及相应的数字资源平台,村民可以直接在农家书屋借阅电子书阅读器,并可随时下载更新数字内容。数字农家书屋项目通过搭建命名为"文化粮仓"的数字内容管理平台,广泛整合基础教育资源、农业科技知识、书报刊、地方文化等数字内容,并结合手机、平板电脑等多种移动阅读设备,建设数字时代的"内容+平台+设备+用户群+服务"的文化服务体系,从而实现农家书屋的24小时阅读,为公众提供符合城乡阅读特点的全新阅读方式。

奇虎360任命首席隐私官

2012年3月15日,互联网安全服务提供商奇虎360公司宣布任命首席隐私官(CPO),这也是国内首家设立首席隐私官一职的互联网公司。首席隐私官负责处理360软件产品可能涉及用户数据的各项事务,包括规划和制定公司的隐私政策、审核各产品的用户使用协议、监督各产品的工作原理和信息处理机制等,以保证公司各软件产品的行为符合国家相关的法律法规,并通过与国际企业和各隐私保护组织的交流,提高和完善公司现行的隐私保护制度。

新华云盘上线运行

2012年3月19日,新华网自主研发的新华云盘系统上线运行,为用户提供云存储服务。新华云盘是一个基于云计算平台和浏览器模式的互联网应用系统,应用浏览器集成Web存储技术,用户无需下载安装软件,只需登录,就可以轻松实现文档、图片、音频、视频、软件等各种内容的文件在线存储。新华云盘为每个用户提供10GB的免费存储空间。

江苏教育厅牵手凤凰出版传媒集团

2012年3月27日,江苏省教育厅与凤凰出版传媒集团"共建江苏省职业教育数字化教学资源签约仪式"在南京举行,双方签署了《关于共同开发江苏省职业教育数字化教学资源的备忘录》。此次签约中,凤凰出版传媒集团旗下凤凰职业教育图书公司与职业教育学校的会计、机电、汽车、财经等各专业协作组牵头单位签订了精品课程研发协议。成立凤凰创壹软件有限公司,专门致力于提供职业教育教学内容改革、教学模式更新以及虚拟实训软件等一站式服务的数字解决方案。

数字出版内容国际传播平台应用示范项目启动

2012年4月7日,作为科技部"基于协同服务及评价体系的数字出版服务平台与示范"项目课题之一,获得科技部专项资金支持的数字出版内容国际传播平台应用示范项目正式启动。项目由中国出版集团所属中版集团数字传媒有限公司牵头,协同北京印刷学院、中国图书进口集团总公司和中国传媒大学联合申报与实施。该项目将产业经验、科研分析、数字平台技术结合,通过项目研发,形成可以广泛应用的资源应用与反馈评估服务体系。开发基于中国数字内容平台与国际合作平台的双向数据接口,建立用户行为分析模型、完成相关用户行为分析工具开发,以实现国内外平台的双向数据流动和数据统计、分析。

全国首家新媒体出版社揭牌

2012年4月7日,由安徽电子音像出版社更名的时代新媒体出版社有限责任公司在合肥正式揭牌，这是我国首家主动战略转型至新媒体出版领域的音像电子类出版单位。新媒体出版社以"新媒体、新技术、新业态、新产业链"为经营方向，以手机出版、网络出版和应用出版为三大主攻方向，借力先进的数字技术和新兴的传播手段，立足多媒体教育，实施立体化、跨媒体、多元化经营。

数字与新媒体产业技术创新联盟成立

2012年4月7日，由时代出版传媒股份有限公司牵头，国内多家高等院校、科研机构、出版单位、数字出版技术服务商、风险投资机构作为成员单位共同发起的数字与新媒体产业技术创新战略联盟在合肥成立。联盟旨在建设有安徽特色的区域创新体系，提升数字出版产业的技术创新能力与核心竞争力。该联盟通过联盟协议等契约关系，建立起成员之间"共同投入，联合开发，利益共享，风险共担，长期稳定"的合作机制，联手突破制约我国数字出版技术及应用产品产业发展的关键技术，构建共性技术平台，凝聚和培育创新人才，加速技术推广应用和产业化。

全国首家数字出版体验店亮相蓉城

2012年4月11日，全国首家数字出版实体店——文轩数字出版体验店在四川成都正式开业。体验店由新华文轩旗下的四川数字出版传媒有限公司打造，提供网络出版、多媒体阅读、电子书制作、按需印刷等数字出版全流程现场实体展示，以及用户自主体验环境，还有各种图书和个性化印品的到店下单、看样服务等。

中国新闻出版传媒集团与皖新传媒签署战略合作协议

2012年4月11日，中国新闻出版传媒集团有限公司与安徽新华传媒股份有限公司在合肥签署《战略合作协议》。此次合作通过新闻出版发行企业跨地区、跨行业合作，共同打造全媒体、数字化的新型产业链。双方共同推动"中国数字发行运营平台"项目落户安徽并实现产业化，同时拟向新闻出版总署申请建立国家数字（出版）发行基地，在安徽省发起并创建中国数字发行科技产业园区，共同打造中国数字发行运营平台。该产业园区还将打造云教育、数字

教育、数字创意等基地。

山东出台《关于加快发展数字出版产业发展的若干意见》

2012年4月12日，山东出台《关于加快发展数字出版产业发展的若干意见》。《意见》提出加快数字出版发展的目标："到'十二五'末，全省数字出版总产值力争达到新闻出版产业总产值25%，整体规模居于国内领先水平，形成5-8家各具特色、年产值和主营业务过亿元的具有国际竞争力的数字出版骨干企业，建设青岛数字出版基地，建设济南、烟台、淄博等数字出版创意产业园区，建设山东手机出版基地等重点项目，到2020年，基本完成山东省传统出版单位的数字化转型，实现数字出版产品数量、质量、规模、产业及各项指标明显增长。"

杭州国家数字出版产业基地揭牌

2012年4月29日，杭州国家数字出版产业基地授牌仪式在浙江省人民大会堂举行。杭州国家数字出版产业基地，通过优化结构、聚焦政策、整合内容、资本、技术、人才、信息等资源，逐步形成数字出版内容提供体系、数字出版物生产加工体系、数字出版传播体系、数字出版物市场体系和数字出版公共服务体系五大体系支持发展格局；重点打造数字阅读、数字教育、数字印刷、数字音乐、网络游戏、动漫出版、传媒数字化、数字技术应用等产业门类。基地已形成滨江数字出版核心园区、杭报数字出版园区、中国移动手机出版园区、中国电信数字阅读园区、华数数字出版园区、数字娱乐出版园区、滨江动漫出版园区、人民书店数字出版园区等8个功能园区组成。

无纸化教学在安徽试点

2012年5月2日，时代传媒旗下新媒体出版社推出的信息技术学科无纸化教学平台在安徽合肥、宣城等地的学校进行试点。该教学平台主要包括教师授课、学生听课、在线信息管理三个系统，让老师和学生可以通过网络进行教与学，方便地实现远程教学、布置作业、单独辅导等功能，是为安徽省初中年级信息技术学科量身打造的系统平台。该项目由时代新媒体出版社与安徽省教育科学研究院共同开发，是安徽省教育界、出版业为发展电子书包而做的内容准备。

全球移动互联网大会开幕

2012年5月10日，2012全球移动互联网大会（GMIC）在北京拉开帷幕，本届大会以跨界、融合、变革为主题，通过全球移动互联网产业的巅峰对话、G20闭门峰会等单元，探讨移动互联网领域的趋势与机遇。

深圳文博会新闻出版唱主角

2012年5月18日，第八届中国（深圳）国际文化产业博览交易会在深圳会展中心开幕。新闻出版馆由深圳出版发行集团总承办，设有5个展示交易区：新闻出版改革发展成就展区、数字出版展区、新书精品书展销区、音乐创意展区、绿色印刷展区。与会者在"2012文博会数字出版高端论坛·MPR国家标准与出版产业数字化升级转型"共同探讨如何进一步推动文化与科技融合，促进出版产业的数字化升级转型。全球华文数字出版中心落户前海备忘录签约仪式、赛伦纸发布会及项目签约仪式、腾讯公司与深圳三大文化集团战略合作协议签约仪式等20项签约仪式也在此间举办，其中，"赛伦纸项目"签约额度为2亿元。

首批国家级文化和科技融合示范基地公布

2012年5月18日，在文化和科技融合座谈会上，中宣部、科技部、文化部、国家广电总局、新闻出版总署等五部门联合发布了首批国家级文化和科技融合示范基地。北京中关村国家级文化和科技融合示范基地等16家被认定为首批国家级文化和科技融合示范基地。

中国数字发行运营平台进入实质运作阶段

2012年5月18日，中国新闻出版传媒集团有限公司与安徽新华传媒股份有限公司在第八届文博会上签署战略合作协议，共同推动"中国数字发行运营平台"项目的产业化建设。双方共同组建中国数字发行运营股份有限公司，通过新闻出版发行行业跨地区、跨行业重组，加快打造全媒体、数字化的新型产业链。

附 录

长江传媒与人教社签约数字教育协议

2012年5月18日，长江出版传媒股份有限公司与人民教育出版社就发展数字教育出版战略合作达成一致，并签订合作协议。双方在教育信息化领域优势互补、互惠互利，共同开发数字产品、建设数字平台，力争成为国家最权威的数字化教育内容提供商和最大的服务平台运营商。

人教社等与天朗签署 MPR 合作协议

2012年5月18日，在第八届文博会"数字出版高端论坛"上，人民教育出版社、中国出版集团、中原出版传媒集团、南方出版传媒公司、云南教育出版社、中国关工委教育发展中心、科大讯飞公司等单位，与天朗时代科技有限公司签署了 MPR 数字出版战略合作协议。这是《MPR 出版物国家标准》在新闻出版行业正式推广应用以来，MPR 出版物领域一次规模最大的签约。

同方知网创新数字出版服务

2012年5月18日，同方知网公司在第八届文博会上举办了由出版界专家和用户参加的数字出版平台建设和运营模式研讨会，介绍了一系列数字出版新技术、新产品和新服务模式。该公司的"腾云数字出版系统"可支持云出版和云服务，已在外研社等40多家出版社推广使用，并在产品出版和市场营销方面取得了明显成效。

深圳出版集团与腾讯达成战略合作协议

2012年5月19日，深圳出版发行集团与腾讯达成战略合作协议，双方在移动阅读平台、电子版权营销平台、教育资源整合以及文化影视等方面进行合作。在数字阅读方面，双方联合进行读书阅读微支付合作项目。同时深圳出版发行集团还成立了"深圳报业集团媒体新技术研发中心"，与腾讯集团在开拓移动新阅读平台的项目上展开合作。

首幅 MPR 国画作品问世

2012年5月19日，第一幅 MPR 多媒体中国画《神龙报春》在第八届文博会上展出。MPR 作品主要运用了二维码技术，该技术在书法、国画上的红色印章处内置二维码，只需用识别器在印章处轻轻一点，大屏幕上就会播映出书画家创作作品时的情境，并且还有作者感言、作者简介等音视频文件，使书画作品的内容更加丰富，同时也使得书画作品具备防伪功能。

中国云计算大会在京举行

2012年5月23日，以"发挥示范引领作用，推动云计算创新实践"为主题的第四届中国云计算大会在京举行。本次大会特别突出了各地政府、企业、创业公司和用户单位在云计算产业的引导作用和创新实践。为期3天的大会围绕着云计算核心技术架构、大数据、平台建设与应用、数据中心、存储与虚拟化、信息安全、移动互联网及新型终端等话题，举办了近百场主题演讲、讲座、论坛和专业培训。云计算大会由中国电子学会主办，来自政府部门、专业院校的数十位专家以及中国电信、中国移动、中国联通、IBM、华为、微软、阿里巴巴、百度等国内外知名IT企业的业内人士在大会论坛上就云计算实践现状及应用话题进行了讨论。

北京首家数字出版云中心成立

2012年5月24日，北京数字出版云中心在第四届中国云计算大会上宣布成立，是国内第二家将云计算与数字出版产业进行融合的云中心。该中心覆盖了后PC（个人电脑）时代、艺术云廊、数字文化社区和云自助等区域，为用户提供一站式的IT服务。其中艺术云廊联合了多家艺术品拍卖行、画廊等，将书画、古玩等艺术品的信息进行电子化处理，以三维图片、视频等形式，通过"云"端展示给更多爱好者。数字文化社区将图书、报纸、音乐、电影、游戏等数字内容通过云端发布，用户可以通过个人的云终端或社区云终端进行访问，享受"云"与传统技术融合所带来的科技成果。

广西日报传媒集团启用全媒体采编平台

2012年5月25日，广西日报传媒集团举行全媒体采编平台开通仪式，标志着全媒体采编平台成功实施并正式启用。该全媒体采编平台是广西报业最先进最全面的新闻信息生产平台，一线的记者可以第一时间从采访现场利用电脑、手机或其他移动终端，利用3G等移动网络发回文字、图片、视频等多媒体新闻，发布到报纸、网络、手机、移动媒体上，实现"前线记者—责任编辑—值班总编"实时在线的采编发一条龙机制。该平台进一步提高了采编发质量和效率，打造了一条"内容多源采集—内容编辑加工—内容多次发布—内容数据存储—内容多次出售"的内容产业化链条，完成多终端多平台的信息采集、加工、存储、发布和内容资源的整合，实现集团内报纸、网络、移动终端等多媒体的战略聚合，提升了媒体的核心影响力和竞争力。

中国航天科技集团向河北捐赠卫星数字农家书屋

2012年5月28日，中国航天科技集团公司向河北捐赠5010个卫星数字农家书屋，包括卫星数字接收、播放设备及服务费用在内折合资金达1553.1万元。这标志着卫星数字农家书屋试点工作正式展开。卫星数字农家书屋是利用卫星数字技术将多媒体文件、电子图书、杂志、报纸、音像等内容以数字方式投递到农家书屋中，农民可通过电视、投影、电脑等设备阅读和观看。每年可通过卫星数字技术提供2000多小时视频类节目、2000多册图书、几十种杂志和100多种报纸，并能保证天天更新。

首届数字出版大会亮相京交会

2012年5月29日，由中国出版集团公司、中国教育出版传媒集团有限公司、中国科技出版传媒集团有限公司联合主办，北京中文在线数字出版股份有限公司承办的首届数字出版大会亮相第一届中国（北京）国际服务贸易交易会。首届数字出版大会通过主旨演讲、共同宣言、合作签约等形式，共议国内外数字出版商业模式的创新成果和新机遇，促进出版与数字技术、信息网络技术的融合与共赢，构筑国际化高端交流与合作平台，推进中国数字出版走出去。与会代表围绕数字出版的机遇与挑战，中外数字出版合作交流进行了研讨。

中文数字图书将进驻2.5万家海外图书馆

2012年5月29日，英国出版科技集团与北京中文在线数字出版股份有限公司共同签署了"海外数字图书馆"项目合作协议。双方将基于教育类、科技类、医学类的数字图书展开合作：中文在线的版权资源和服务平台与英国出版科技集团所拥有的英捷特全球数字图书馆平台实现对接,前者的数字内容将通过英捷特平台实现在 2.5 万家海外图书馆的可见、可售,并通过跨库检索技术、用户行为分析技术,及时获知国外数字图书馆用户的使用情况,不断优化内容和服务。

中国出版发展论坛在银川召开

2012 年 6 月 1 日,中国出版发展论坛于第 22 届全国图书交易博览会期间召开,本届论坛聚焦"阅读·生活·传承"的主题,探索数字时代阅读发展方向,以及对社会、生活、文化传承的意义,与会嘉宾就阅读与生活、阅读与社会、阅读与文化传承、阅读与文化产业发展等内容展开对话。该论坛由新闻出版总署和宁夏回族自治区人民政府主办,中国新闻出版传媒集团、宁夏回族自治区新闻出版局、江苏凤凰出版传媒集团共同承办。

华夏黄河网正式上线

2012 年 6 月 2 日,华夏黄河网上线暨黄河出版传媒集团与同方知网战略合作签约仪式在银川举行。此次与同方知网开展战略合作,是黄河出版传媒集团加强数字出版业务,提升数字出版水平的重要措施。黄河出版传媒集团此次与同方知网通过招标结为合作伙伴,以期通过数字出版平台,促进信息服务向知识服务转变。

广西出台《关于加快数字出版产业发展的意见》

2012 年 6 月 6 日报道,广西壮族自治区人民政府办公厅出台《关于加快数字出版产业发展的意见》。《意见》提出加快广西数字出版产业发展的目标:用 10 年左右的时间,通过建设中国—东盟数字出版基地等重大产业项目,培育一批数字出版龙头企业,打造一批数字出版品牌,使广西数字出版产业成为国内数字出版产业发展的重要力量。《意见》还提出 6 项重点任务。

西安国家数字出版基地、国家印刷包装产业基地同时揭牌

2012 年 6 月 6 日,西安国家数字出版基地、西安国家印刷包装产业基地揭牌仪式在西安人民大厦会展中心举行。该基地第九个国家级数字出版基地,重

点发展手机出版、电子书、传统出版数字化、数字动漫与网络游戏、网络教育、数据库出版等六大业务板块。西安国家印刷包装产业基地是第二个国家级印刷包装产业基地，该基地以"立足陕西、面向西部、兼顾中部、辐射中亚"为目标。

第二届全国网络编辑技能竞赛颁奖大会在京举行

2012 年 6 月 8 日，由中国出版协会、中国编辑学会、韬奋基金会、中国出版集团公司、北京印刷学院共同主办的第二届全国网络编辑技能竞赛颁奖大会在北京印刷学院举行。大赛吸引了众多网络编辑从业人员和 100 多所高校相关专业师生以及数十家出版企业积极参与，最终学生组和职业组各有 6 名选手分获一二三等奖。大赛旨在落实新闻出版总署加强数字出版储备人才培养计划。

山东省内首个数字出版基地正式授牌

2012 年 6 月 12 日，山东省（青岛）数字出版基地授牌仪式在青岛举行，这是山东省内首个数字出版基地。青岛出版集团与海尔集团就双方互联网终端战略合作正式签约。双方商定共同研发运营数字出版发布平台，青岛出版集团作为内容提供商，将自身拥有版权或获取合法版权内容资源，向海尔集团用户提供电子图书阅读、在线网络视频以及图片点播等业务，实现共赢。

"数字出版与儿童出版"论坛暨第 27 届全国少儿出版社社长年会在京召开

2012 年 6 月 14 日，"数字出版与儿童出版"论坛暨第 27 届全国少儿出版社社长年会在北京召开。论坛和年会由中国出版协会少年儿童读物工作委员会主办，中国少年儿童新闻出版总社承办。来自全国 30 余家专业少儿出版机构的负责人参加了会议。

全国新闻出版标准化技术委员会成立

2012 年 6 月 28 日，全国新闻出版标准化技术委员会成立大会在京召开。标委会负责书、报、刊、音像电子出版物、数字出版物、网络出版物领域的国家标准制修订工作，是由国家标准化管理委员会直接管理的一级国家标准化技术委员会。经过委员审议，大会原则通过了标委会的《章程》和《秘书处细则》,并对《工作计划》提出了修改意见。

江西省局主办数字出版高峰论坛

2012年6月28日,由江西省新闻出版局主办、中文天地出版传媒股份有限公司承办,江西大江传媒网络有限责任公司协办的江西省数字出版高峰论坛在南昌举行。与会嘉宾就世界数字出版的发展情况、国内数字出版基地的建设情况、数字时代下出版传媒如何探索新的运营模式和如何做大做强数字出版产业等一系列重大问题进行探讨。

首届中国新媒体峰会暨中国首届新媒体创业大赛全国总决赛在杭州举行

2012年6月29日,由传媒梦工场承办的首届中国新媒体峰会暨中国首届新媒体创业大赛全国总决赛在杭州举行,本次大赛由中国期刊协会、新传媒产业联盟、浙江日报报业集团联合主办,传媒梦工场承办。"宇初网络"、"拨号精灵"等8个项目分获"传媒梦工场之星"称号和"新媒体创意之星"称号,赢得了获取优先投资及优先入驻传媒梦工场孵化基地的机会。

童书数字出版研讨会在京举行

2012年6月30日,"童书数字出版研讨会"在京举行,会议由接力出版社、接力儿童分级阅读研究中心、新阅读研究所联合主办。与会嘉宾以"童书数字化出版的创新与服务"为主题进行深入探讨。

新闻出版总署与中国联通签署战略合作备忘录

2012年7月2日,新闻出版总署与中国联通集团公司在京签署《推进数字出版产业发展战略合作备忘录》。

安徽出台《关于加快数字出版产业发展的意见》

2012年7月16日报道,安徽省政府办公厅出台《关于加快数字出版产业发展的意见》,提出到"十二五"末,安徽省数字出版年销售总收入力争达到400亿元以上,数字出版年出口额达到20亿元,数字出版产业整体规模居中西部地区领先水平。《意见》提出八项重点任务。

2012 中国数字出版年会开幕

2012 年 7 月 19 日，由新闻出版总署支持、中国新闻出版研究院主办的 2012 中国数字出版年会在北京国际会议中心开幕。本届数字出版年会主题是"数字出版：新发展 新举措 新期待"。年会设置了主论坛、分论坛、国家数字出版基地建设圆桌会议、出版集团数字传媒公司发展圆桌会议、贸易签约、成果展览展示等活动。主论坛发布了《2011－2012 中国数字出版产业年度报告》。首批全国新闻出版单位数字出版部门主任联盟成员会议与 2012 中国数字出版年会同期举行。

数字出版部门主任联盟工作会在京举行

2012 年 7 月 19 日，全国新闻出版单位数字出版部门主任联盟成员会议与 2012 中国数字出版年会同期举行。联盟成员会对联盟成立后的工作计划及由联盟主持的全国新闻出版单位数字出版工作调查情况进行了介绍和分析。此外，联盟根据工作情况召开联盟秘书长会议，并组织联盟成员开展学习调研。

卫星数字农家书屋设备捐赠仪式在京举行

2012 年 7 月 20 日，"卫星数字农家书屋设备"捐赠仪式暨农家书屋数字化建设分论坛在京举行，论坛由中国新闻出版研究院和航天数字传媒有限公司共同举办。航天数字传媒有限公司向全国 31 个省、自治区、直辖市和新疆生产建设兵团农家书屋办公室捐赠卫星数字农家书屋设备 320 套。

河北出版传媒集团投资建设新媒体产业园

2012 年 7 月 21 日，由河北出版传媒集团、上海元创投资管理公司等共同投资建设的 Park118 新传媒产业园暨广电网络产业中心举行奠基开工仪式。建成后，业态将涵盖出版物发行中心、广电网络产业中心、艺术展览中心及影视制作基地等。

张江国家数字出版基地体验中心落户上海张江国家数字出版基地

2012 年 7 月 26 日，我国首个数字出版体验中心——"张江国家数字出版基地体验中心"落户上海张江国家数字出版基地,并正式向公众开放体验。体验中心由张江国家数字出版基地和方正信息产业集团共同建设,面积达近2000多平方米,是国内第一家系统展示数字出版技术的基地展厅。

"数字时代的文化产业"论坛在冀举行

2012年7月28日,"数字改变生活,科技创新未来——数字时代的文化产业"论坛在河北省秦皇岛市举行,与会者围绕传统出版单位在数字时代如何转型升级和拓展市场等方面进行了探讨。如何开发适应数字时代的文化内容、拓展营销渠道以及实现人才升级等影响数字出版发展的关键性问题成为嘉宾们讨论的重点。该论坛由河北出版传媒集团主办。

2012中国数字图书馆可持续发展研讨会在昆明举行

2012年7月31日,由北京方正阿帕比技术有限公司主办的2012中国数字图书馆可持续发展研讨会在昆明举行。会议以"学科服务,开启高校数字图书馆的未来"为主题,聚焦图书馆学科服务的具体模式,探讨学科服务进一步的发展方向和服务重点。研讨会上,来自复旦大学、华中科技大学、上海交通大学等高校的图书馆馆长分享了当前高校基于用户信息行为的图书馆知识服务研究成果。方正阿帕比还发布的"高校学科知识服务平台"。

2012年全国科技与数字出版管理工作会

2012年8月9日,2012年全国科技与数字出版管理工作会在长沙召开。会议部署了下一年度新闻出版总署将重点围绕出版企业转型示范、数字出版基地建设、内容投送平台规范、专业社团筹建等方面工作,加快推进传统出版转型升级,促进数字出版产业快速发展。

重庆成立网络媒体协会

2012年8月9日,重庆市网络媒体协会正式成立,并发出自律倡议书,呼吁增强网络媒体行业自律,净化网络环境。重庆市网络媒体协会由依法在重庆登记注册的新闻网站、商业网站及提供互联网信息服务的机构自愿联合发起成立。协会旨在坚持"积极利用、科学发展、依法管理、确保安全"的方针,推进社会主义核心价值体系建设，建立行业自律机制，激发行业活力，推动网络文化繁荣发展。

百度云计算中心开工奠基

2012年8月19日，百度在山西阳泉市举行百度云计算中心项目奠基仪式。建成后的百度云计算（阳泉）中心可存储的信息量相当于20多万个中国国家图书馆的藏书总量。云计算中心一方面将全面支撑百度互联网业务，实现计算、存储的动态分配，进一步提升百度数据处理的稳定性和可靠性；另一方面，百度云计算（阳泉）中心还将面向社会，提供百度云存储、云操作系统、百度应用引擎（BAE）、基于数据分析的运营、云测试等一系列服务。

中国出版集团召开数字化战略推进会

2012年8月23日，中国出版集团公司召开数字化战略推进会，对集团数字化战略发展进行定位，确定了发展思路，并对集团公司数字化重点实施项目作了进一步部署。在会上，中国出版集团正式将数字化列入集团发展的六大战略。集团数字化战略发展的基本定位是：建设以集团优势内容资源为基础，开放式、国际化、延展性的内容集聚、传播、交易和服务功能的综合平台。工作的基本思路：以综合平台建设为基本定位和战略目标，以体制机制和业态创新为基本动力，以内容资源库建设为基础，以内容投送和交易平台为突破，逐步实现传统出版的内容集聚数字化，流程管理数字化和传播方式数字化。

2012北京国际出版论坛在京开幕

2012年8月28日，由新闻出版总署、国务院新闻办公室和中国民主促进会中央委员会共同主办，中国图书进出口（集团）总公司承办的2012北京国际出版论坛在京开幕。与会嘉宾围绕"数字环境下出版企业的生存与发展"这一主题展开深入探讨。

奥博科贝发布"奥博QikPg"

2012年8月29日，北京奥博科贝数字科技有限公司在京发布奥博（Qik-

Pg）数字内容出版平台。奥博服务器承载基础用户数据存储、用户行为数据存储、个性内容合成、系统管理、内容发布等功能；奥博设计师软件可在一台苹果电脑上快速地实现对视频、音频、动画、图片、文字、练习题和问卷、各种手势操作以及评论等交互式内容的组合排版，自动生成基于 PDF、HTML5 等标准的数字媒体格式；奥博阅读器，作为安装在移动阅读设备上的软件，可发布于苹果应用商店或企业内部应用发布系统，供读者快速购买、下载和更新数字内容。

2012 数字出版与文化传播国际学术论坛暨第八届全国电子网络编辑年会在京召开

2012 年 8 月 30 日，2012 数字出版与文化传播国际学术论坛暨第八届全国电子网络编辑年会在中国国际展览中心（新馆）召开。本次会议由北京印刷学院、中国编辑学会、中国图书进出口（集团）总公司联合主办，北京印刷学院新闻出版学院承办，以"促进我国出版传媒业的数字化发展、增进数字出版及新媒体领域的国际交流和合作、推进网络编辑及数字出版的专业研究"为宗旨，来自全球业界、学界代表及全国相关专业的高校师生共 150 余人与会。

吉林出版集团与麦格劳-希尔全媒体跨界合作

2012 年 8 月 30 日，以"携手共创美好明天"为合作主题，吉林出版集团与美国麦格劳-希尔教育出版集团在京签署战略合作框架协议。双方将在东北亚区域市场实现先行先试和重点突破；将在数字出版、教育培训中实现市场主导，共同推进；将在社科、教育、英语三大板块实现互利共赢；将在文化产品进出口中实现平等协商，合理对接。

第六届中国西部文博会开幕

2012 年 9 月 7 日，第六届中国西部文化产业博览会在陕西西安曲江国际会展中心开幕。本届西部文博会以"创新、改革、发展、繁荣"为主题，坚持"推动文化资源向文化资本转化"的核心功能，打造文化产业发展的区域性展示平台、行业性交流平台、专业性交易平台以及国际性合作平台。

2012 中国互联网大会开幕

2012 年 9 月 11 日，2012 中国互联网大会在北京国际会议中心开幕。为期 4 天的大会以"开放·诚信·融合"为主题，意在建设一个开放、诚信、融合的中国互联网。在大会开幕式上，中国电信、中国移动、中国联通负责人以圆桌对话形式展开观点碰撞。大会还同步举办互联网趋势论坛、国际互联网高峰论坛、中国互联网高层年会、中国移动互联网年会等分论坛。

广西数字图书馆推广工程启动

2012 年 9 月 12 日，广西数字图书馆推广工程启动仪式在广西图书馆举行，数字图书馆将覆盖到全区所有地市和 109 个县区级公共图书馆。

"商务印书馆精品工具书数据库"专家评审会在京召开

2012 年 9 月 18 日，"商务印书馆精品工具书数据库"专家评审会在京召开。商务印书馆出版的《新华字典》、《现代汉语词典》、《新华词典》、《古汉语常用字字典》等工具书，通过数字化整合，形成了集字、词、成语、俗语、谚语、歇后语、惯用语、名言及专科语等多类词汇于一体，词条量达 40 万的精品工具书数据库。

中国国际新闻出版技术装备博览会开幕

2012 年 9 月 26 日，由新闻出版总署和天津市人民政府主办的首届中国国际新闻出版技术装备博览会在天津开幕。这是新闻出版行业首个以展示技术装备为特色的展会。为期 3 天的展会围绕"新媒体、新技术、新平台"的主题，通过展览展示、交流贸易、高峰论坛、签约活动等多种形式，展示行业装备、器材及相关技术的最新成果，反映行业技术装备发展的新理念和新趋势。博览会期间还举办了新闻出版装备技术高峰论坛，全国农家书屋工程建设总结大会等重要活动。

龙源集团捐建天津"数字农家书屋"

2012 年 9 月 26 日，由天津市新闻出版局主办、中国光华科技基金会协办、龙源数字传媒集团承办的"天津农家书屋阅读平台"捐赠仪式在首届中国国际新闻出版技术装备博览会上举行。龙源数字传媒集团向天津市 11 个区捐赠了价值 44 万元的数字农家书屋阅读平台，同时，龙源与中国光华科技基金会共同向天津市 11 个区捐赠价值 55 万元的手机龙源网阅读卡。

新媒体国际协同创新促进中心成立

2012 年 10 月 10 日，"新媒体国际协同创新促进中心"揭牌仪式在中华世纪坛数字艺术馆举行，并举办了新媒体国际协同创新促进中心建设战略合作研讨会。新媒体国际协同创新促进中心，由国家新媒体产业基地北京新媒体联合实验室发起，汇集了 18 所在京院校，以及科研机构、行业协会、企业等，助推新媒体人才培养，并促进科技与文化的融合。

宁夏启动卫星数字农家书屋工程

2012 年 10 月 12 日，宁夏回族自治区人民政府与中国航天科技集团公司战略合作协议签约暨卫星数字农家书屋捐赠仪式在银川举行。这标志着宁夏卫星数字农家书屋全覆盖工程全面启动。中国航天科技集团公司向宁夏全区 2317 个行政村捐赠卫星数字农家书屋终端设备及一年的服务费；宁夏负责配套的显示设备。

"未来的书和书的未来——2012 数字阅读创新论坛"在杭州举行

2012 年 10 月 13 日，由杭州市文化创意产业办公室主办、杭州蓝狮子文化创意有限公司承办的"未来的书和书的未来——2012 数字阅读创新论坛"在杭州举行。本次论坛上，主题演讲贯穿全场，分别由内容提供商、内容运营平台、终端应用三大环节的代表分享各自对于数字出版行业的独到观点。

"数字传媒创新教学研究室"揭牌

2012 年 10 月 18 日，北京印刷学院第七届校地企合作周在京举办。北京印刷学院与人民教育出版社共建的"数字传媒创新教学研究室"同时揭牌，双方共同培养适合出版产业发展的数字传媒专业人才。围绕"协同创新，共促发展"的主题，举行了 2012 北京绿色印刷包装产业技术论坛、2012 中国印刷与包装学术会议、ICC 色彩管理技术研讨会、中国环境科学学会绿色包装专业委员会年会等活动。

辽宁省局与直播星共建"卫星数字书屋"

2012年10月19日,辽宁省新闻出版局与中国航天科技集团直播星公司在沈阳共同签署了《"卫星数字农家书屋"战略合作协议》。双方主要在数字出版发行领域进行合作。"卫星数字农家书屋"利用航天科技打造农家书屋新平台,将高品质的视频读物、音频读物、电子图书、杂志等内容以数字方式投递到任何一个农家书屋中,农民可通过电视、投影、电脑等设备阅读和观看,是以"内容多、更新快、覆盖广、成本低、可管控"为特点的新型农家书屋数字化运营管理和服务平台。

2012 移动开发者大会在京召开

2012年10月19日,2012移动开发者大会在京召开。此次大会由中文IT社区CSDN和创业平台创新工场联合主办,本届大会主题是"移动主流下的机遇与挑战",大会举办了包括平台与技术、产品与设计、移动游戏等在内的八个主题论坛,来自一线的研发、运营和管理的专业人士共同探讨移动互联网的发展趋势。大会同时设立了创业者沙龙、创新应用大赛与创新应用展。

《维护著作权人合法权益联合备忘录》签署

2012年10月29日报道,盛大文学与百度、搜狗、奇虎360、腾讯搜搜四家搜索引擎公司共同签署《维护著作权人合法权益联合备忘录》,此次备忘录的签署标志着版权企业和搜索引擎企业在著作权维护方面达成共识,也是业界企业联合自治的一次创举。

云时代媒体发展趋势研讨会在北京举行

2012年11月4日,由《京华时报》主办的2012繁荣峰会——云时代媒体发展趋势研讨会在北京举行,会议探讨了传统媒体如何向数字化转型及云报纸发展方向。此次峰会有4场论坛,分别是信息技术应用的发展趋势、媒体融合发展带来的机遇及挑战、云报纸发展方向及面临的挑战和云报纸产业平台构建。

首届韬奋出版人才高端论坛举行

2012年11月5日,由韬奋基金会、中国新闻出版研究院、中国新闻出版报社联合举办的首届韬奋出版人才高端论坛在京举行。本次论坛旨在探讨解决出版行业转企改制后人才培养和管理中凸显的新情况新问题,设主论坛和"编辑、数字出版与专业技术人才培养"等四个专题论坛。

时代新媒体出版社戏曲数字音乐平台上线

2012年11月6日,中国移动安徽公司联合安徽再芬黄梅文化艺术股份有限公司、安徽出版集团有限责任公司,在安庆市举办"再芬黄梅炫动感 移动戏曲新时尚——'再芬黄梅'彩铃上线仪式"。此次上线的"再芬黄梅"彩铃音乐盒作品,皆由著名黄梅戏艺术家韩再芬亲自演绎,由安徽出版集团旗下的时代新媒体出版社进行技术加工和整理,运用新媒体出版模式,不仅收录了包括《闹花灯》、《树上鸟儿成双对》在内的系列经典唱段,还推出一系列融入现代元素、引领戏曲时尚的黄梅歌。

中国新闻出版研究院在闽成立分院

2012年11月7日报道,新闻出版总署正式批准成立中国新闻出版研究院海峡分院。这是中国新闻出版研究院在地方设立的首家分院。海峡分院由中国新闻出版研究院和福建省新闻出版局共同组建。海峡分院在中国新闻出版研究院指导下,围绕两岸出版交流合作、海外华文出版物市场、全国省(区)域出版产业竞争力等问题开展研究,并适时举办两岸出版学术交流、两岸出版高端人才研讨等活动。海峡分院的具体工作依托福建省出版物审读审看审听中心开展。

江西首家新媒体公司挂牌成立

2012年11月13日报道,由中文天地出版传媒股份有限公司投资5000万元的江西新媒体出版有限公司正式挂牌。江西新媒体出版有限公司是在奇达网络科技有限公司基础上成立的,主要以大众阅读、数字教育为经营方向,以移动互联网为载体,开发互动出版物、网络游戏、动漫等新媒体出版物。

"全球影视与文化软实力实验室"在中国社会科学院揭牌

2012年11月16日,"全球影视与文化软实力实验室"在中国社会科学院揭牌,由中国社会科学院新闻与传播研究所媒介研究室与北京第二外国语学院英语学院共同建立。作为国内首个影视与文化软实力实验室,"全球影视与文化软实力实验室"是从事媒介与文化集成研究和创新实践的学术机构,同时也是一个多学科交叉的学科建设和科研教学平台。

党和国家重要文件、文献出版物首次实现纸质、数字同步出版

2012年11月21日,党的十八大报告和《中国共产党章程》的电子书在中国理论网、中国移动、当当网、京东商城、四川文轩九月网、中文在线等网络渠道上线发行。党和国家重要文件、文献出版物首次实现纸质、数字同步出版。

2012图书馆年会关注数字文化建设

2012年11月22日,2012年中国图书馆年会——中国图书馆学会年会·中国图书馆展览会在广东省东莞市举办。本届展会由文化部和广东省人民政府共同主办,以"文化强国——图书馆的责任与使命"为主题,全面展示中国图书馆现状及未来发展。重点展示公共数字文化建设与服务,以及相关企业的应用模式和解决方案。其中,以中版数字设备有限公司生产的一书一印中版闪印王为代表的新型集成式按需出版印刷设备集中亮相本届展览会。

国家新闻信息标准推介会在重庆召开

2012年11月29日,全国中文新闻信息标准化技术委员会在重庆召开国家新闻信息标准推介会暨西南地区媒体峰会。本次会议以"标准促进媒体创新"为主题,就新闻信息技术标准与媒体可持续发展、中文新闻信息标准与新媒体建设、新闻传播与知识服务、传统媒体转型过程中的标准化问题等议题进行深入研讨,并就促进媒体间的信息交流,进一步推动国家中文新闻信息标准在西南地区的应用达成广泛共识。

《中国文摘》歌华有线高清电视版上线

2012年12月12日，中国文摘周年盛放暨新媒体的三网融合之路高端论坛在北京举办，《中国文摘》歌华有线高清电视版同日正式上线，成为北京歌华有线"点播杂志"平台上首本财经读物、第一个中英双语阅读产品。同时《中国文摘》多语种多平台移动阅读新媒体项目入选2012年新闻出版改革发展项目库。

第十届中国国际网络文化博览会在京开幕

2012年12月14日，由文化部、科技部、工信部、新闻出版总署、国家广电总局、国务院新闻办、共青团中央、北京市政府等主办的第十届中国国际网络文化博览会在北京全国农业展览馆开幕。本届网博会下设三大主题论坛：以彰显网络文化产业繁荣的高峰论坛、以体现中国特色发展的应用游戏创新峰会、以网页游戏发展为核心的网页游戏高端论坛。

沪滇签署新闻出版战略合作备忘录

2012年12月18日报道，云南文化产业（上海）推介洽谈会在沪举行。上海市新闻出版局与云南省新闻出版局签署了战略合作备忘录，云南省新闻出版局与上海张江数字出版文化创意产业发展有限公司签署了《加快推进云南省数字出版产业发展战略合作框架协议》。此次推介会共签约了"云南民族文化数字出版产业园区"等18个项目，协议金额233亿元，其中10亿元以上的项目7个。

天津启建国内最大新闻出版装备产业基地

2012年12月18日报道，国内最大新闻出版装备产业基地在天津市北辰科技园区正式启动建设。该基地规划面积10平方公里，总体规划布局九个区域，分别为研发设计制作功能区、总部经济服务区、交易流通展示功能区、产业金融投资功能区、介质装备制作功能区、云印刷装备产业功能区、传媒出版数字化装备功能区、视听创新功能区、新闻出版孵化功能区。

第七届北京国际文化创意产业博览会开幕

2012年12月19日，以"文化融合科技，创新引领转型"为主题的第七届中国北京国际文化创意产业博览会在国家体育馆开幕。本届文博会由文化部、国家广电总局、新闻出版总署和北京市人民政府共同主办，在北京的 40 多个会展场馆展开。全国 26 个省（区、市）派出代表团参会，来自 6 个国际组织以及 15 个国家和地区的 50 多个代表团赴会交流和探讨文化创意产业的国际合作。

2012 中国新媒体年度盛典暨第五届新媒体节在京召开

2012 年 12 月 19 日，由新传媒产业联盟和第七届北京文博会组委会办公室主办、新传媒网和无微不至新媒体集团承办的 2012 中国新媒体年度盛典暨第五届新媒体节在京召开。全球首发了拥有完全自主知识产权的"微至 APP 云平台"，该平台由无微不至新媒体集团旗下研发团队开发，为各类用户建立 APP，根据用户的个性化需求开发出相关内容服务，并为用户提供不断升级、终身维护的"一站式"服务。

西京国际文化传媒产业基地落户北京 CBD

2012 年 12 月 20 日，西京国际文化传媒产业基地正式落户北京 CBD——定福庄国际传媒产业走廊签约仪式启动。该产业基地帮助更多致力于中华文化传播的传媒企业走出去。产业基地一期建设工程已经启动。

湖北出台《关于促进数字出版产业发展的意见》

2012 年 12 月 26 日报道，湖北省政府办公厅出台《关于促进数字出版产业发展的意见》。《意见》提出：到"十二五"末，全省数字出版企业达到 500 家，数字出版总产值占同期全省新闻出版业总产值 27% 以上；到 2020 年左右，全省数字出版企业达到 800 家，数字出版总产值占同期全省新闻出版总产值 30% 以上，培育 2 至 3 家年收入超过 50 亿元、10 家左右年收入过 5 亿元，具有较强竞争力的数字出版核心企业，建成结构合理、技术先进、充满活力、效益良好的数字出版产业体系。

（大事记由石昆根据《中国新闻出版报》、新华网、中国新闻网、中国出版网、《重庆晨报》、荆楚网、《京华时报》报道内容搜集整理）

图书在版编目（CIP）数据

2012-2013 中国数字出版产业年度报告／郝振省主编. —北京：中国书籍出版社，2013.7
ISBN 978-7-5068-3588-6

Ⅰ.①2… Ⅱ.①郝… Ⅲ.①电子出版物—出版工作—研究报告—中国—2012~2013 Ⅳ.①G239.2

中国版本图书馆 CIP 数据核字（2013）第 142862 号

2012-2013 中国数字出版产业年度报告

郝振省　主编

责任编辑	许艳辉　庞　元
责任印制	孙马飞　张智勇
封面设计	嘉玮文化
出版发行	中国书籍出版社
地　　址	北京市丰台区三路居路 97 号（邮编：100073）
电　　话	（010）52257143（总编室）　　（010）52257153（发行部）
电子邮箱	chinabp@vip.sina.com
经　　销	全国新华书店
印　　刷	河北省高碑店鑫宏源印刷有限公司
开　　本	787 毫米×1092 毫米　1/16
字　　数	473 千字
印　　张	28.75
版　　次	2013 年 7 月第 1 版　2013 年 7 月第 1 次印刷
书　　号	ISBN 978-7-5068-3588-6
定　　价	58.00 元

版权所有　翻印必究